工业和信息化部“十四五”规划教材
工业互联网应用技术系列教材

工业数据采集与监控系统

张　楠　**主　编**
陈　燚　**主　审**

電子工業出版社
Publishing House of Electronics Industry
北京·BEIJING

内 容 简 介

本书从应用的角度出发，以 EcoStruxure Machine SCADA Expert 软件为例详细介绍了工业数据采集与监控类软件专案开发的过程。全书共 4 个项目，对软件安装、软件许可与授权、专案创建、数据点创建、专案数据库创建、画面属性配置与通信等内容做了非常详细的介绍。

通过对本书的学习，读者可以由浅入深地学习使用 EcoStruxure Machine SCADA Expert 软件进行专案开发的整个过程，专业工程人员也可以从中获得更加全面的知识。EcoStruxure Machine SCADA Expert 软件兼容性较强，可通过对该软件的学习了解工业数据采集与监控类软件的使用方法。

本书内容全面、知识结构合理、语言简洁、案例丰富，可作为职业院校自动化类专业的教材，也适合自动化类专业的工程技术人员学习参考。

图书在版编目（CIP）数据

工业数据采集与监控系统 / 张楠主编. --北京：电子工业出版社，2023.4
ISBN 978-7-121-45435-6

Ⅰ. ①工… Ⅱ. ①张… Ⅲ. ①制造工业—数据采集 ②制造工业—数据管理 Ⅳ. ①F407.4

中国国家版本馆 CIP 数据核字（2023）第 067339 号

责任编辑：朱怀永
印　　刷：涿州市京南印刷厂
装　　订：涿州市京南印刷厂
出版发行：电子工业出版社
　　　　　北京市海淀区万寿路 173 信箱　邮编　100036
开　　本：787×1 092　1/16　印张：17.75　字数：454.4 千字
版　　次：2023 年 4 月第 1 版
印　　次：2024 年 1 月第 2 次印刷
定　　价：52.80 元

凡所购买电子工业出版社图书有缺损问题，请向购买书店调换。若书店售缺，请与本社发行部联系，联系及邮购电话：（010）88254888，88258888。

质量投诉请发邮件至 zlts@phei.com.cn，盗版侵权举报请发邮件至 dbqq@phei.com.cn。

本书咨询联系方式：（010）88254608，zhy@phei.com.cn。

前 言

本书作为工业数据采集及监控软件的入门书籍，从初学者的角度出发，全面详细地介绍了 EcoStruxure Machine SCADA Expert 软件的基础知识和具体应用，针对各知识点和技能点进行了细致的描述。为了给读者直观的认识，本书摒弃使用手册编写思路，而采用“知识点以实例说明，操作以真实界面展示”的方式。本书章节安排如下：项目 1 工业数据采集及监控软件认知与安装、项目 2 蓄水罐液位控制、项目 3 生产线管理、项目 4 堆垛机运行实时数据采集。

参与本书编写的有无锡职业技术学院的张楠、谢文凤、王芳琴、刘志刚、朱倩、徐海楠，南京师范大学的陈燚，施耐德电气（中国）有限公司的杨勇、蔡旺。张楠编写项目 1、2 和 3，谢文凤编写项目 4。全书由张楠担任主编，王芳琴负责最后统稿，陈燚担任主审，朱倩与徐海楠负责思政内容的审核，刘志刚、杨勇和蔡旺提供技术支持。

本书主编长期从事智能控制相关课程的教学与科研工作，具有丰富的教学和科研实践经验。本书是在“工业软件技术及应用”在线课程平台建设的基础上，将新知识体系结构、新技术、新方法、新应用等方面进行优化、整合、修改完善后得出的新成果，奉献给广大师生和工程技术人员以供学习和交流。

本书的特点是内容全面、注重实用、技术先进，同时包含丰富的案例资源。

在编写本书的过程中编者参考了相关文献，在此向这些文献的原作者深表感谢；同时，施耐德电气（中国）有限公司在软件和技术方面提供了大力支持，在此也表示感谢。

由于工业数据采集及监控技术更新迅速，加上编者水平有限，书中难免存在不足之处，敬请广大读者批评指正。

编　者

2022 年 2 月

目　录

项目 1　数据采集及监控软件认知与安装……1

任务 1.1　数据采集及监控系统认知……1
任务 1.2　数据采集及监控软件安装……6
任务 1.3　数据采集及监控软件许可与授权……14
任务 1.4　实践操作计划及练习……19

项目 2　蓄水罐液位控制……21

任务 2.1　专案创建……21
任务 2.2　数据点创建……23
任务 2.3　主画面创建……25
任务 2.4　子画面创建……30
任务 2.5　通信驱动程序配置……37
任务 2.6　实践操作计划及练习……40

项目 3　生产线管理……43

任务 3.1　类型创建……43
任务 3.2　类型数据点创建……49
任务 3.3　项目组合件创建……51
任务 3.4　画面群组创建……72
任务 3.5　静态对象创建……74
任务 3.6　动态属性配置……96
任务 3.7　警报创建……108
任务 3.8　趋势图创建……121
任务 3.9　通信配置……147
任务 3.10　数据库配置……161
任务 3.11　安全系统配置……178
任务 3.12　实践操作计划及练习……188

项目 4　堆垛机运行实时数据采集……190

任务 4.1　堆垛机专案创建……190
任务 4.2　水平运行实时数据采集……202

任务 4.3 趋势及警报信息采集……220
任务 4.4 分时电量数据采集……233
任务 4.5 当班绩效数据采集……240
任务 4.6 预防维护系统数据采集……259
任务 4.7 整体布局……271
任务 4.8 实践操作计划及练习……275

项目 1

数据采集及监控软件认知与安装

本项目教学课件

SCADA 是什么

任务 1.1　数据采集及监控系统认知

本任务教学计划

1.1.1　SCADA 系统智能工厂架构

新一代信息技术与制造业深度融合的智能制造正在全球引发新的工业革命。传统的工人+流水线+批量生产的工厂模式已不能满足制造业日益多样化、个性化的生产需求。中国作为制造业大国正面临着巨大的转型压力。劳动力成本迅速攀升、客户个性化需求不断增长，迫使制造企业从低成本竞争策略转向建立差异化竞争优势，加上国家和地方政府的大力扶持，使越来越多的大中型企业开启了智能工厂建设的征程。

智能工厂的建设要通过构建智能化生产系统、网络化分布生产设施，实现生产过程的智能化。在智能工厂中通过生产管理系统、计算机辅助工具和智能装备的集成与互操作来实现智能化、网络化分布式管理，进而实现企业业务流程、工艺流程及资金流程的协同，以及生产资源（材料、能源等）在企业内部及企业之间的动态配置。智能工厂作为智能制造的重要载体，需要对工厂、车间、产线、设备的各维度数据进行充分的收集、处理、分析和展现，而数据收集与监控系统（Supervisory Control And Data Acquisition，SCADA）承担着重要任务。各种数据的互联互通作为智能工厂建设的前提与基础逐步呈现出井喷式的发展势头。

智能工厂架构通常分为设备层、物联集成层、运营管理层和展现层。

设备层主要包括生产过程中的各类传感器、仪器仪表、数控机床、机器人等自动化设备。

物联集成层分为物联数据中心与物联集成使用两个部分。SCADA 体系中物联数据中心完成对生产过程中各类设备、仪表等的信息收集、处理、操控，同时也完成与生产信息化管理系统（MES）、仓库管理系统（WMS）等信息体系的数据交换，实现生产数据的有序流动。SCADA 体系中物联集成使用的功能包括设备监控、环境监控、能源监控、故障诊断等，以实现对生产的全面监控。

运营管理层主要指以 MES、WMS、企业资源计划系统（ERP）等为中心的信息体系，实现对计划调度、工艺履行、生产物流等生产各环节的整体管控。

展现层由 SCADA 体系根据展现目标、展现方式不同，可以分为大屏显示、PC 端 C/S 或 B/S 显示、看板显示及移动端显示等。

基于 SCADA 软件构建的数据采集与监控系统（SCADA 系统）涉及物联集成与展现层，甚至能够实现部分 MES 系统的功能。

1.1.2 SCADA 系统结构

SCADA 系统是分布式的数据采集与监控系统，国内常称之为监控组态软件。它最初主要是用于数据采集，如用作电力的监控系统、输油管线的监控系统。它的特点是控制点分散，一个系统可能覆盖方圆数千千米，如北美的油气管道监控系统，其通信结构复杂，不是一般控制系统所能比拟的。SCADA 系统的重点是监视和控制，可以实现部分逻辑功能，主要作为上位机使用。可以用于组成 SCADA 系统的设备很多，如远程测控终端 RTU、可编程控制器 PLC 等。SCADA 系统包含硬件、软件及通信三个组成部分。

1）硬件

硬件系统一般包括数据采集设备、控制设备及数据通信设备。SCADA 系统中的信号是数字量或者模拟量的，其典型数据采集及控制设备有开关量输入输出模块，模拟量采集控制模块等。数据通信设备一般都是基于数据通信方式而确定的，通信方式包括无线数据传输、现场总线传输、TCP/IP 网络传输、光纤传输及卫星通信。计算机一般安放在监控中心，对系统传送过来的数据进行分析整理，并且发出命令控制系统。在 SCADA 系统中硬件通常分为两个层面，即客户/服务器体系结构。服务器与硬件设备通信，进行数据处理和运算，而客户进行人机交互，如用文字、动画显示现场的状态，并可以对现场的开关、阀门进行操作。还有一种“超远程客户”，它可以通过 Web 发布在 Internet 上进行监控。硬件设备（如 PLC）一般既可以通过点到点方式连接，也可以以总线方式连接到服务器上。点到点连接一般通过串口（RS232），总线方式可以是 RS485、以太网等连接方式。

2）软件

SCADA 系统的软件部分由很多任务组成，每个任务完成特定的功能。服务器负责数据采集、数据处理（如量程转换、滤波、警报检查、计算、事件记录、历史存储、执行用户脚本等）。服务器间可以相互通信。有些系统将服务器进一步单独划分成若干专门服务器，如警报服务器、记录服务器、历史服务器、登录服务器等。各服务器逻辑上作为统一整体，但物理上可能放置在不同的位置。分类划分的好处是可以将多个服务器的各种数据统一管理、分工协作，缺点是效率低，局部故障可能影响整个系统。

3）通信

SCADA 系统中的通信分为内部通信、与 I/O 设备通信和外部通信。客户与服务器间及服务器与服务器间一般有三种通信形式，即请求式、订阅式与广播式。设备驱动程序与 I/O 设备通信一般采用请求式，大多数设备都支持这种通信方式，当然也有的设备支持主动发送方式。SCADA 系统通过多种方式与外界通信，如 OPC 方式，一般都会提供 OPC 客户端，用来与设备厂家提供的 OPC 服务器进行通信。因为 OPC 中有微软内定的标准，所以 OPC 客户端无须修改就可以与各厂家提供的 OPC 服务器进行通信。

1.1.3　基于 SCADA 系统的数据采集平台

SCADA 系统属于智能工厂系统架构的物联集成层，定位为数据的采集与监控、提供开放的协议与第三方系统互联、数据存储和分布式计算等。它是设备层与运营管理层的桥梁，构建车间级、厂级的数据集成平台，为上层应用提供统一的数据采集服务、统一的数据存储服务和数据查询服务。

在智能工厂中，基于 SCADA 系统的数据集成平台的功能包括以下几点。

（1）设备接入。可以将工厂、车间、产线、设备的各维度数据进行充分的集成，构建工厂数字化物联基础。

（2）统一的数据集成平台。提供数据存储支撑，完成现场数据管理，并以统一的标准接口实现与上层信息系统的数据交互。

（3）生产监控。将采集到的实时数据进行可视化展示，真实地反应工厂的生产过程。

（4）系统联动。作为设备与设备、事件与事件之间的桥梁，实现设备和系统间的联动控制，满足产线级协同生产、跨系统协同管理的要求。

（5）数据分析。将工业数据进行预处理与分析，辅助进行生产管理决策。SCADA 系统主要由以下部分组成：监控计算机、远程终端单元（RTU）、可编程逻辑控制器（PLC）、通信基础设施、人机界面（HMI）。使用 SCADA 可以构建大型和小型系统，这些系统的范围可以从几十个控制回路到几千个控制回路，具体取决于实际应用。

SCADA 系统具有以下几个特征。

（1）图形界面。方便人们可以直观地监视整个系统，可查看采集到的数据。

（2）系统状态动态模拟。监视控制系统一般都是实时性地把数据传送到监控中心，利用动态模拟可以很直观地监测系统。

（3）提供实时资料和历史趋势。将实时资料完整地记录下来，并且在此基础上利用相关的计算方式进行计算以得出相关数据。

（4）警报处理系统。当系统出现异常情况时，可以发出警报信息，并能及时处理相关问题。

（5）数据采集及记录。系统通过相关数据采集设备将分布在各个地点的数据采集到监控中心，并保存起来供系统使用。

（6）数据分析。一个系统如果只是对各个采集点的数据进行采集，其功能是不完整的，只有对数据进行相关分析，并且通过分析得出相关的结论以提供给人们参考，这样才是真正地起到作用。

（7）报表输出。将系统采集的数据进行分析之后，得出相关结论，形成报表输出。

本书将引导学习者利用 SCADA 软件 EcoStruxure Machine SCADA Expert（EMSE）建构拥有以上特征的数据采集与监控系统。

1.1.4　SCADA 系统发展历程

SCADA 系统自诞生之日起就与计算机技术的发展紧密相关。SCADA 系统发展历程如下。

第一代是基于专用计算机和专用操作系统的 SCADA 系统，如中国电力科学研究院为华北电网开发的 SD176 系统及日本日立公司为我国铁道电气化远动系统所设计的 H-80M

系统。这一阶段是自计算机运用 SCADA 系统起到 20 世纪 70 年代。

第二代是 20 世纪 80 年代基于通用计算机的 SCADA 系统。在第二代 SCADA 系统中，广泛采用 VAX 等计算机及通用工作站，操作系统一般是 UNIX。在这一阶段，SCADA 系统将电网调度自动化中与经济运行分析、自动发电控制（AGC）及网络分析结合到一起构成了 EMS 系统（能量管理系统）。第一代与第二代 SCADA 系统的共同特点是基于集中式计算机系统，并且系统不具有开放性，因而系统维护、升级及与其他设备联网等难度较大。

第三代是 20 世纪 90 年代，按照开放的原则，基于分布式计算机网络及关系数据库技术的能够实现大范围联网的 SCADA/EMS 系统。这一阶段是我国 SCADA/EMS 系统发展最快的阶段，各种最新的计算机技术都汇集进 SCADA/EMS 系统中。

第四代 SCADA/EMS 系统的基础条件已经诞生。该系统的主要特征是采用 Internet 技术、面向对象技术、神经网络技术及 Java 技术等，继续扩大 SCADA/EMS 系统与其他系统的集成，综合安全经济运行及商业化运营的需要。SCADA 系统在电气化铁道远动系统的应用上已经取得突破性进展，应用范围也有迅猛的发展。在电气化铁道远动系统方面已经成熟的产品有 HY200 微机运动系统、DWY 微机远动系统等。这些系统的性能可靠、功能强大，在保证电气化铁道供电安全、提高供电质量上起到了重要的作用。

1.1.5 SCADA 系统发展瞻望

据最新调查报告，到 2026 年，全球数据收集与监视操控系统（SCADA）市场价值将超过 500 亿美元。该报告是基于对组件、应用领域、区域展望、竞争性市场份额及 2026 年预测划分的 SCADA 市场等方面分析预测而得出的。

近年来，中国持续深化供给侧结构性改革，经济结构不断优化升级，SCADA 系统在智能制造、工业互联网快速发展及环保政策等诸多因素驱动下市场需求表现强劲，且行业应用多点开花。

SCADA 系统可谓现代工业发展的支柱，其应用领域非常广泛，主要应用在专案型行业中，大致可以分为以下三类。

第一类是过程工业，包括加工制造、发电、装配、炼油、石化等。

第二类是市政基础设施，包括自来水厂和供水管网、废水和污水处理系统、输油和输气管线、输电和供电系统、大型通信系统及城市警报系统等。

第三类是公共设施，包括对中大型建筑物、机场、码头及地铁等的空调监控、能源管理和安保监控等。

2019 年，在 SCADA 市场行业分布中，市政、公共设施、化工三个行业占据近一半市场份额，占比高达 40%以上。前十个行业中，市政、化工、冶金市场份额同比增长 20%～30%，增速位居前列；矿业、石油、公共基础设施增速较快，市场表现较好。

项目型行业增长主要得益于近年新能源需求不断上升，城市化进程加快促进市政建设规模快速扩张，铁路交通系统等公共设施不断完善，化工、冶金、矿业等投资需求日益旺盛。

当前，中国现代化建设正处于上升时期，在“新基建”热潮的推动之下，数字化基础设施建设迎来发展的黄金期，涉及通信、交通、电力等多个社会民生领域，5G、工业互联网、大数据及云计算等新型基础设施建设将全面强化数据连接能力，一批新专案和基础设施建设将形成全产业链带动效应，专案型市场进一步拉动 SCADA 系统应用需求。综合来看，随着产业结构优化的不断深入、工业 4.0 解决方案的日益普及等，SCADA 市场发展前景仍被看好。

随着智能制造在工业生产中的不断深入，现在许多工厂都会创建 SCADA 体系，智能工厂内的各类设备互联、数据收集、实时监控、生产管理等场景，是通过生产体系不同层级的不同产品来实现一体化管理的。

SCADA 系统趋于完善，行业应用走向成熟，其技术进步一刻也没有停止过，未来 SCADA 系统将向以下几个方向发展。

（1）产品平台化。SCADA 系统是自动化系统的实时数据源，为 MES 系统提供大量的实时数据。如果 SCADA 系统没有提供实时数据信息，所有其他系统都成为“无源之水”。所以 SCADA 系统如何与其他非实时系统连接成为 SCADA 研究的重要课题。下游用户和产品供应商均倾向于将 SCADA 系统作为基础平台，在此基础上集成管理控制、定位警报等多元化功能，最大化开发 SCADA 软件的相应功能。

（2）网络化。随着科技的进步，特别人工智能技术的快速发展，最终用户往往要求软件工程师足不出户就能监控所有的程序，这就要求设备数据的实时采集、更新存储、监控分析等功能软件都能及时进行跟踪监控。

（3）跨系统化。为了适应目前操作系统的多样性，未来的 SCADA 软件也需要具备跨多种操作系统应用的功能，提升其应用的灵活性。

（4）开放化。未来软件的特点具有开放性，软件采用“标准化技术”，比如 ActiveX、VBA、OPC（OLE for Process Control）等技术。当用户在实际应用的时候，如果软件的现有功能不能满足要求，用户可以根据自己的需求进行二次开发。

（5）应用领域多元化。人类社会将逐步进入信息化和智能化时代，SCADA 系统在农业、工业、交通、实验室等众多领域得到广泛应用。

【知识点总结】

1. 智能工厂架构通常包含设备层、物联集成层、运营管理层和展现层。

2. SCADA 系统包含硬件、软件及通信三个部分。

3. SCADA 系统属于智能工厂系统架构的物联集成层，是设备层与运营管理层的桥梁。

4. SCADA 系统发展已经历三代并迎来第四代。第一代是基于专用计算机和专用操作系统的 SCADA 系统，第二代是 20 世纪 80 年代基于通用计算机的 SCADA 系统，第三代是基于分布式计算机网络及关系数据库技术的大范围联网 SCADA/EMS 系统，第四代是采用 Internet 技术、面向对象技术、神经网络技术及 Java 技术等的扩大 SCADA/EMS 系统。

5. 未来 SCADA 系统将向产品平台化、网络化、跨系统化、开放化、应用领域多元化方向发展。

【学习足迹】

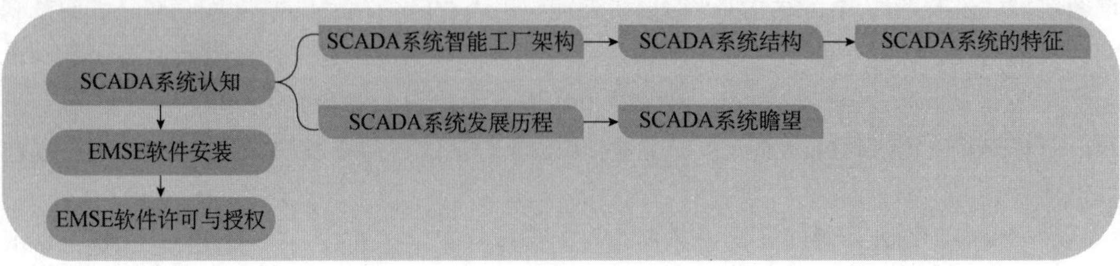

【思考与练习】

1. SCADA 系统是什么样的系统，在哪些行业中应用，它的组成包括哪些部分？
2. SCADA 系统具有什么特征？
3. 在学习本任务之前你认为可以对哪些电器元件进行数据采集与监控？

任务 1.2　数据采集及监控软件安装

本任务
教学计划

EMSE
软件安装

1.2.1　EMSE 软件介绍

EcoStruxure Machine SCADA Expert（EMSE）是用于开发 HMI、SCADA 和 OEE 仪表板的功能强大的软件，可以用于多数类专案。本书将以 EMSE 软件为例，介绍工业数据采集及控制类软件的使用，旨在为初次接触 SCADA 类软件或已有一定认知的学习者提供有用的信息。对于初学者，将在项目 2 及项目 3 中循序渐进地介绍整个专案的开发过程；有一定基础的学习者可以在项目 4 中找到更详细的说明、提示和故障排除信息。

EMSE 是一款 SCADA 类软件，应用场景包括单机控制、生产线控制、轻量级生产监控。EMSE 软件的功能特点如下。

（1）支持自定义类型、变量指针，具有简单易用、功能强大的组件功能，动画功能丰富。

（2）可支持用.NET 开发的控件；表格控件简单易用、功能强大；可通过 H5 Web Widget（H5 组件）制作组件、报表等功能，融合到 EMSE 软件上；支持手机的 H5 网页。

（3）支持群组画面显示，支持弹出对话视窗以开启多层次画面；协作服务器运用 Team Foundation Server 进行全面的嵌入版本控制及应用周期管理；支持 Apache Web ServerWeb 及 SMA 远程登录；组件丰富，可流畅地在各种装置上使用；多点触控可实现滑动、缩放等功能。

（4）具有强大的驱动能力，超过 270 种驱动程序，包括 Schneider Electric、Simens、CoDeSys、Beckhoff TwinCAT、Rockwell RSLogix 等；在 OPC 方面，支持 OPC DA（服务器客户端）、OPC HDA（服务器）、UA（客户端）、OPC .NET 3.0（客户端）及 OPC XML，其中 OPC DA 与 UA 也适用于 Windows CE 环境。

EMSE 软件是一款完整的开发工具，其主要功能如下。

（1）即时与历史警报。

（2）即时与历史趋势图及 SPC 功能。

（3）以 RTF、XML、PDF、HTML 及 CSV 等格式导出报表。

（4）可回溯操作人员操作记录或内部系统活动的历史记录。

（5）透过数据点变更、日期时间、频率或其他触发事件启动排程功能。

（6）VBScript 与 InduSoft Web Studio 的脚本语言。

（7）配方管理工具。

（8）冗余工具。

（9）PanelView 与 PanelMate 的转换工具。

完整的 EMSE 软件包括专案开发环境和专案运行环境两个部分，由软件许可证决定可以使用软件的哪一部分。在大多数情况下，第一件事是在主要工作站上安装完整的 EMSE 软件。因为在建立专案开发环境时，会安装其余部分组件，所以 EMSE 软件也可以安装在其他计算机和设备上。在计算机上安装完整的 EMSE 软件，以便开发 EMSE 软件专案，或使用计算机作为专案运行时的服务器或客户端。每个 EMSE 软件专案都包括以下几个部分。

（1）一个专案数据库，用于管理所有运行数据，包括内部数据和 I/O 数据。

（2）可配置的驱动程序，与可编程逻辑控制器（PLC）、远程 I/O 实时通信设备和其他数据采集设备进行通信。

（3）动画化的人机界面（HMI）和整体设备效率（OEE）仪表板。

（4）可选模块，如警报、事件、趋势、配方、报告、可编写脚本的逻辑、计划程序、专案、安全系统，以及完整的数据库界面等。

专案开发后，可以在开发工作站上运行，也可以下载到远程计算机运行。专案运行时服务器处理来自连接设备的 I/O 数据。根据专案参数，服务器或客户端做出反应，显示或保存数据。

EMSE 软件由几个独立的组件构成，这些组件可以安装在不同的平台上执行不同的功能。已完成的 EMSE 软件专案的体系结构取决于安装了哪些组件、在何处安装它们，以及如何将它们相互连接。表 1-1 列出了 EMSE 软件的可用组件。

表 1-1　EMSE 软件的可用组件

组件	功能	平台
Machine SCADA Expert	• 专案开发环境 • 数据点集成 • 专案运行时的远程管理 • 专案运行时 • 代理允许远程管理 • 专案客户端	• Windows • Windows Server • Windows Embedded Standard
Studio Database Gateway（StADOSvr）	支持专案运行时和外部数据库之间的通信，包括大多数 ADO.NET 兼容数据库	• Windows • Windows Server
Mobile Access Runtime	使专案运行时能够为平板计算机和智能手机提供 HTML5 增强的专案画面	• Internet Information Services （IIS） for Windows • any CGI-enabled web server （即 Apache）
Secure Viewer	专案客户端，作为一个独立的程序	• Windows • Windows Server • Windows Embedded Standard • Windows Embedded Compact

1.2.2 安装 EMSE 软件的系统需求

要安装和运行完整的 EMSE 软件，必须做好以下准备。

（1）一种兼容 Windows 系统的计算机，有标准的键盘、指针输入（如鼠标、触控板或触摸屏）和 SVGA-minimum 显示。

（2）已安装下列操作系统之一：

Windows 7 Service Pack 1；

Windows 8.1；

Windows 10；

Windows Server 2008 R2 Service Pack 1；

Windows Server 2012 R2；

Windows Server 2016；

Windows Embedded 7 Standard。

（3）已安装.NET Framework 4.8。

（4）已安装 Microsoft Internet Explorer 6.0 或更高版本。

（5）2 GB 可用存储空间。

（6）1 GB 空闲内存（RAM）。

（7）以太网或 WiFi 网络适配器。

推荐安装 Windows 的家庭高级版、专业版、企业版和终极版，它们包含了 Internet Information Services（IIS）的预装功能，可以使用 IIS 使瘦客户机和移动设备访问专案。不推荐安装 Windows 基本版本，因为它不包括 IIS，但如果不打算使用基于 Web 的特性，仍然可以使用它。

最后，必须拥有计算机上的管理员权限才能安装软件。

1.2.3 EMSE 软件安装步骤

安装 EMSE 软件的操作和事项如下。

（1）如果可能，关闭所有其他正在运行的程序。因为这些程序可能会使用大量的系统资源，因此会导致安装时间更长。但不建议停止或禁用 Windows 服务，如 Windows 卫士、Windows 更新等。

（2）执行以下操作：从官方网站（www.schneider-electric.com）下载安装程序压缩文件到计算机上；解压缩文件，打开文件夹，定位并运行安装程序（setup.exe setup）；安装向导开始运行并要求选择一种语言，选择“中文（简体）”，如图 1-1 所示。

图 1-1 安装语言选择

（3）选择安装语言后单击“确定”按钮，此选择决定了安装向导和专案开发环境用户界面的语言。在图 1-2 所示界面单击“安装”按钮，开始安装软件，安装完成后，可以为专案开发环境更改语言。在这一步骤中，系统会自动安装.NET Framework 4.8。

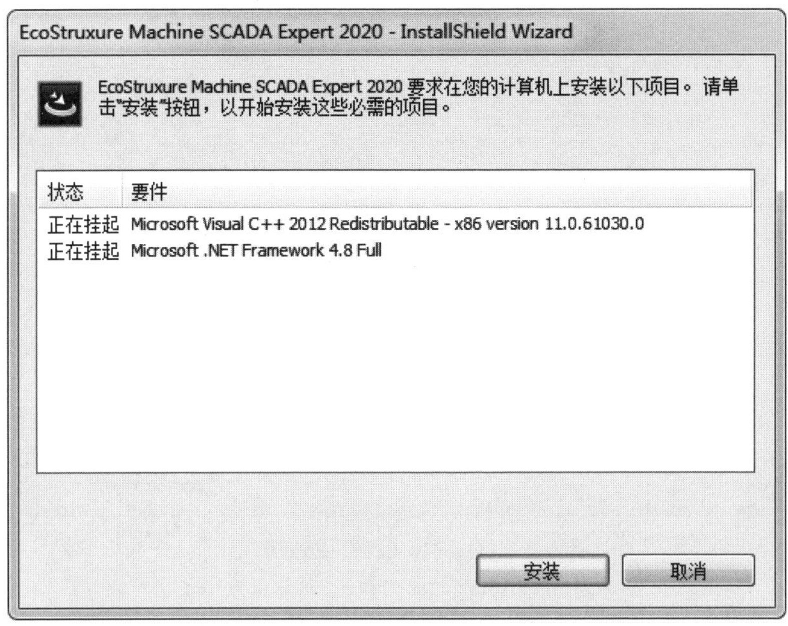

图 1-2　安装.NET Framework 4.8

（4）以上步骤完成后需要重启计算机，重启完毕，在安装向导的欢迎界面（见图 1-3），单击“下一步”按钮，继续安装。

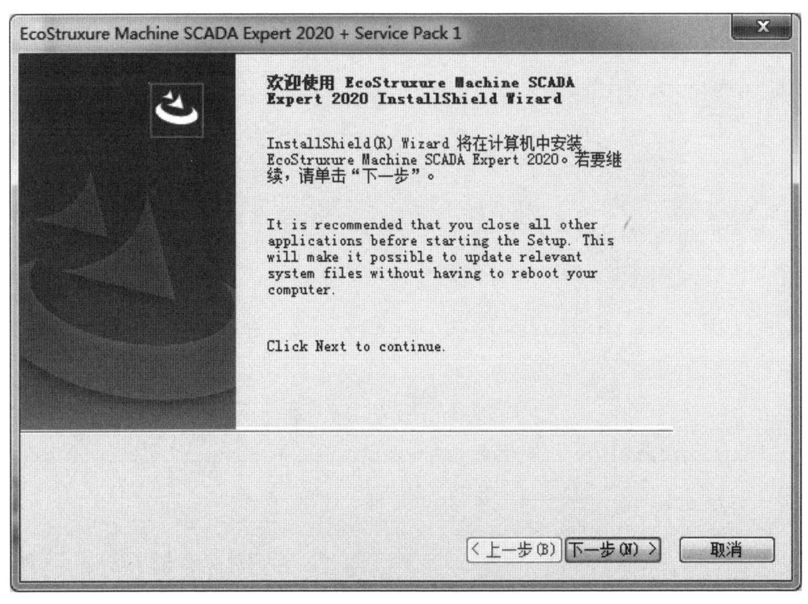

图 1-3　安装向导的欢迎界面

（5）在安装向导的许可证协议界面（见图 1-4），单击“是”按钮，接受协议并继续执行，或者单击“否”按钮，拒绝协议并退出安装向导。

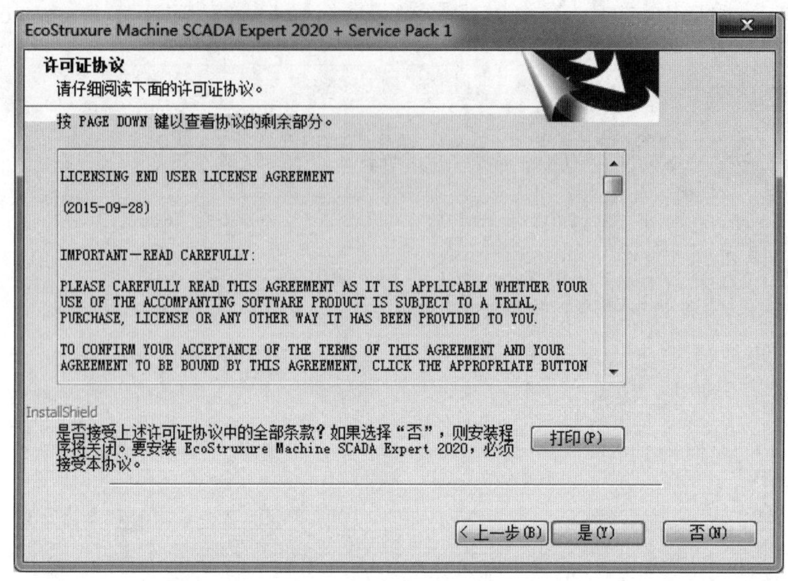

图 1-4　安装向导的许可证协议界面

（6）在安装向导的客户信息界面（见图 1-5），输入用户名和公司名称，然后单击“下一步”按钮。

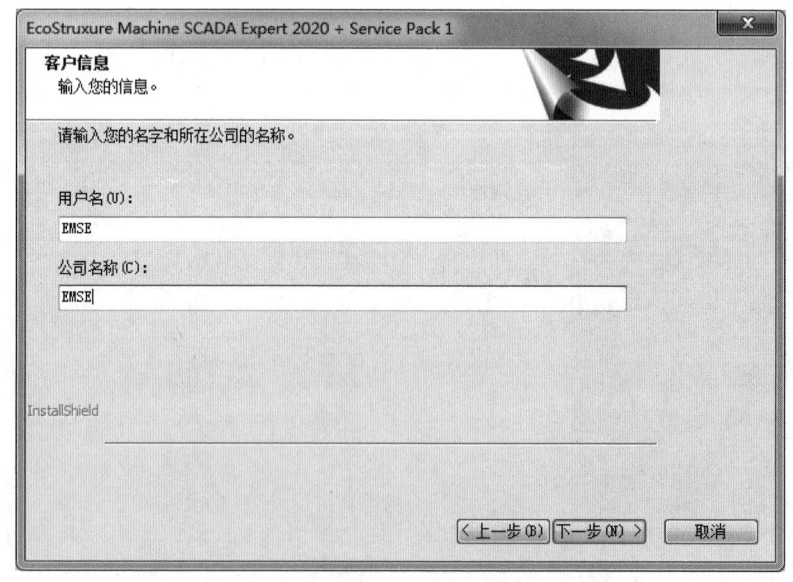

图 1-5　安装向导的客户信息界面

（7）在安装向导的选择目的地位置界面（见图 1-6），选择安装软件的文件夹（安装路径），然后单击“下一步”按钮。默认情况下，软件安装路径为 C：\Program Files（x86）\Schneider Electric\Machine SCADA Expert 2020\。

图 1-6　安装向导的选择目的地位置界面

（8）在安装向导的选择功能界面（见图 1-7），选择要安装的特定功能部件和组件（组件及其功能见表 1-2），然后单击“下一步”按钮；接着选择需要安装的功能，PDF Printing 功能与移动端访问功能可选。

（9）在安装向导的可以安装该程序界面（见图 1-8），单击“安装”按钮。

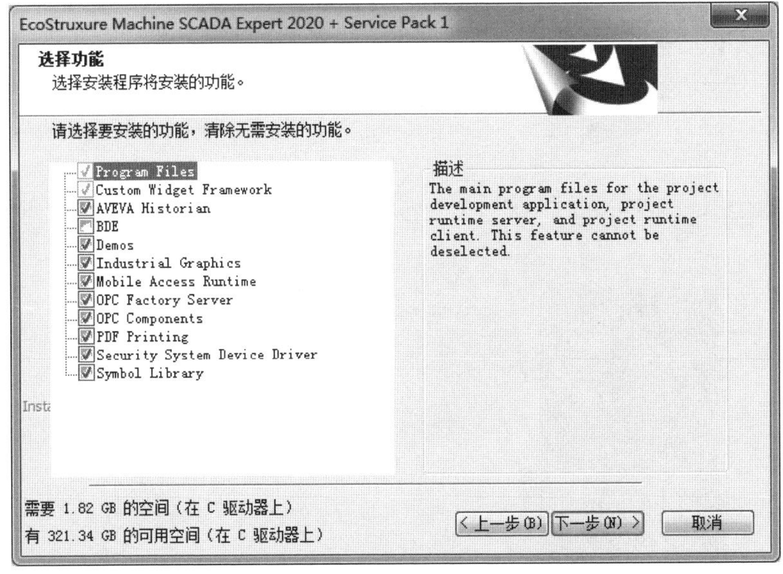

图 1-7　安装向导的选择功能界面

表 1-2　组件及其功能

组件	功能
Program Files	专案开发应用程序、专案运行时服务器和客户机的主程序文件，不能取消此功能
Demos	演示 EMSE 软件功能的预制专案

续表

组件	功能
OPC Components	与其他兼容 OPC 的设备通信所需的附加组件，包括 OPC DA（OPC Classic）、OPC UA、OPC.NET（OPC Xi）和 OPC XML-DA
PDF Printing	允许将运行报告保存为 PDF 文件的附加程序
Security System Device Driver	一个附加的键盘驱动程序，通过控制用户输入在运行时保证专案的安全性
Symbol Library	预先制作但可配置的画面对象库，如按钮、切换开关、仪表、刻度盘、指示灯等
Mobile Access Runtime	用于互联网信息（IIS）的附加程序，使专案运行时可被移动设备（如平板计算机和智能手机）访问的服务。该功能要求打开 IIS，由 ASP、ASP.NET 和扩展 ISAPI 打开及配置。EMSE 软件安装程序将尝试验证是否配置，如果没有，它将不会安装此功能

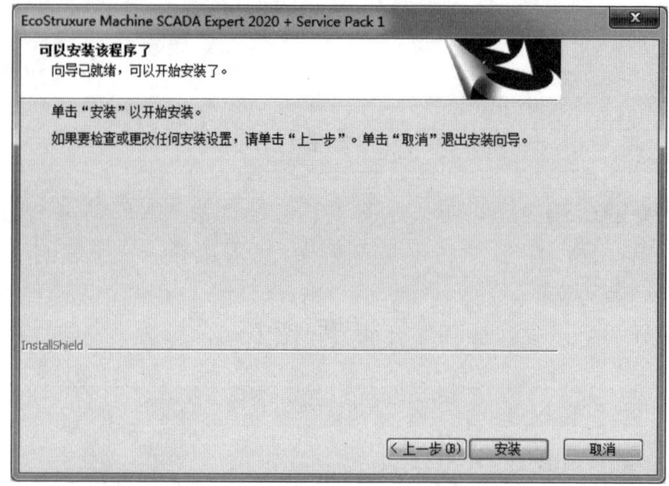

图 1-8　安装向导的可以安装该程序界面

软件安装完毕后，会显示安装向导的完成界面（见图 1-9）。

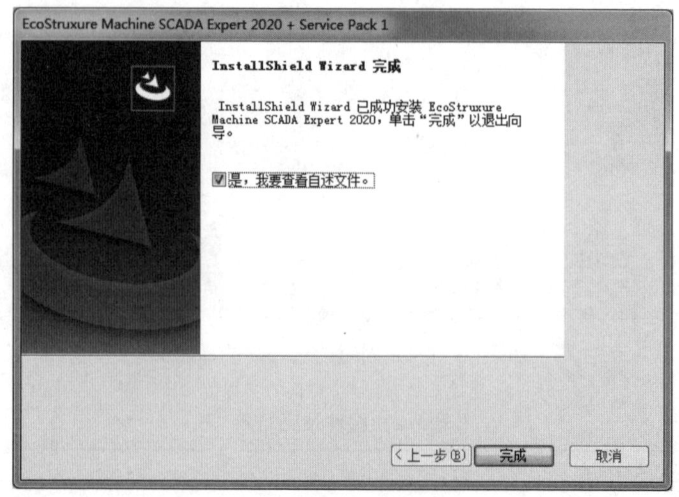

图 1-9　安装向导的完成界面

（10）单击“完成”按钮，关闭安装向导，打开 EMSE 软件界面（如图 1-10）。

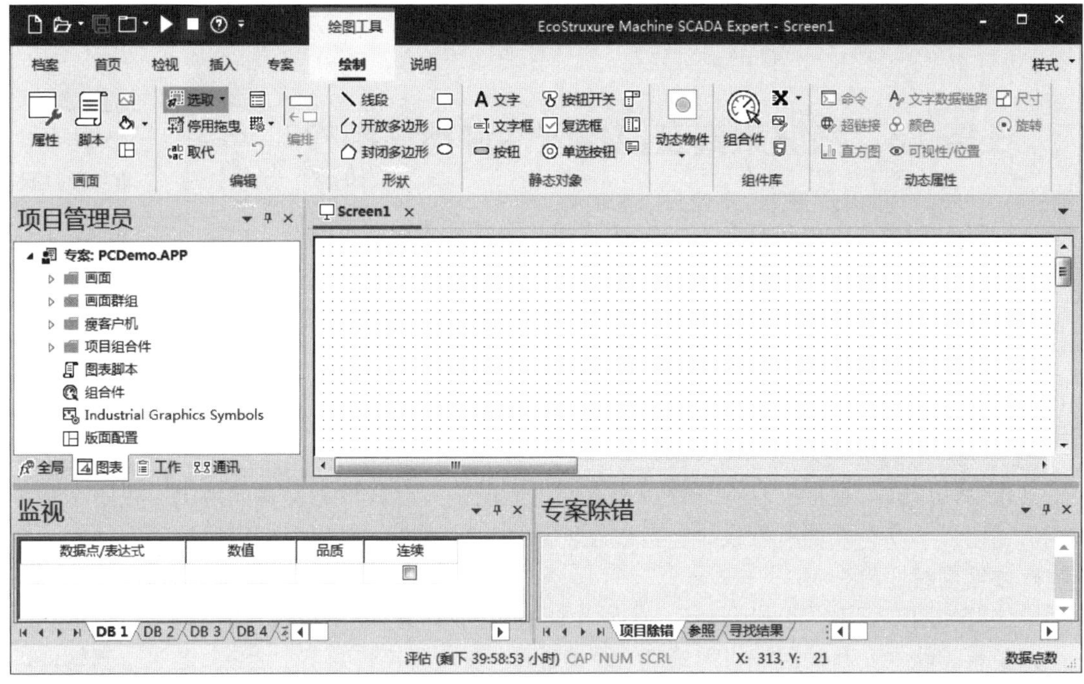

图 1-10　EMSE 软件界面

安装过程中若提示缺少 PDF 文档，忽略即可。EMSE 软件安装对计算机要求相对较高，安装过程也可能出现各种状况，可根据提示解决问题。

 拓展训练

完成 EMSE 软件安装，并开启图 1-10 所示界面。

【知识点总结】

1. SCADA 类软件 EMSE 的安装需要判断计算机软硬件条件是否支持。

2. EMSE 软件各组件有专案开发环境、数据点集成、远程管理、客户端、支持专案运行时和外部数据库之间的通信、使专案运行时能够为平板计算机和智能手机提供 HTML5 增强的专案画面、专案客户端程序等功能。

【学习定位】

【思考与练习】

1. EMSE 软件专案一般包含哪些内容？
2. 请查阅资料，简述工业软件与消费软件的区别。

本任务教学计划

EMSE 软件许可及授权

任务 1.3　数据采集及监控软件许可与授权

完整的 EMSE 软件包括专案开发环境和专案运行环境两个部分，由软件许可证决定可以使用软件的哪一部分。区分专案开发环境和专案运行环境很重要，利用专案开发环境可实现设计、开发、故障排除、部署和维护 EMSE 软件专案；专案运行环境负责运行专案，与外部数据库和设备进行通信，并为客户端提供专案画面。

1.3.1　许可

软件使用许可是指权利人与使用人之间订立的确立双方权利义务的协议。依照这种协议，使用人不享有软件所有权，但可以在协议约定的时间、地点，按照协议约定的方式行使软件使用权。

这种使用许可不同于权利转让，不发生所有权的移转或者所有权人的变更。当今世界，绝大多数的软件交易采用许可形式，如经销许可、复制生产许可等。通常，购买一套软件，或者在购买计算机时随机附送的系统软件，购买者所享有的绝不是该软件的所有权或者著作权，而仅仅是使用权。在这一交易中所产生的关于软件的合同即是软件使用许可合同。

与软件许可相关的信息一般包括以下几点。

（1）序列号。如果正在使用硬密钥许可，USB 硬密钥是唯一序列号。

（2）版本。例如 EMSE 软件的整体版本（如 7.1）。

（3）产品类型。专案运行时可以运行的最大产品类型（如果执行模式包括运行时）。产品类型决定了在单个专案中可以使用的专案数据点和通信驱动程序的最大数量。

（4）执行模式。指定下列选项之一。

- 仅开发版：可以开发一个专案，然后在一段有限的时间内运行它，仅用于测试。
- 仅运行时：可以设置一个专案运行不受限制的时间，但不能开发或修改该专案。
- 工程+运行时：可以开发一个专案，然后无限制地运行它。

（5）选项。可以由向导精灵导入附加选项、特性及第三方 HMI/SCADA 程序列表。

（6）Web 客户端。专案运行时可以同时连接的 Web 客户端的数量，一般来说，每个许可证都包含一个连接。

（7）安全查看器。专案运行时可以同时连接的安全查看器客户端的数量。每个许可证都包含一个连接。

（8）SMA 客户端。可以同时连接到服务器的移动访问和移动访问表格瘦客户机的数量，每个许可证都包含一个连接。

专案开发和运行时软件应具有相同的版本号。在发布产品的下一个版本之前提供较小的增强，每个服务包发行版都会取代前一个服务包发行版。例如，SP2 包含 SP1 的所有内容和所有新升级的文件，bug 修复和增强；SP3 包含 SP2 的所有内容及所有新的升级文件，bug 修复和增强等。

产品的新版本可以运行在旧版本中开发专案，但旧版本不能运行在新版本中开发或修改专案。在新版本中打开和修改专案将会把专案更新至新版本。例如，EcoStruxure Machine SCADA Expert 2020 可以运行在版本 EcoStruxure Machine SCADA Expert v8.1 中开发专案，但是 EcoStruxure Machine SCADA Expert v8.1 不能运行在版本 EcoStruxure Machine SCADA Expert 2020 中开发专案。

根据许可类型不同 EMSE 软件支持五种执行模式，见表 1-3。

表 1-3　EMSE 软件支持的执行模式

执行模式	EMSE 软件
评估模式	支持
演示模式	支持
仅开发模式	支持
仅运行模式	支持
开发+运行模式	支持

1）评估模式

第一次在计算机上安装 EMSE 软件时，该软件会在评估模式下运行 40 小时。此评估期包括运行产品模块的任何时间（工程或运行时）。可以连续使用这个评估期，如 4 天每天 10 小时，或者 8 天每天 5 小时，或者 3 天每天 10 小时加上 2 天每天 5 小时，以此类推。在评估模式下运行 40 小时后，评估期结束，程序自动转换为演示模式，直到申请有效的许可证。即使在计算机上重新安装该软件，也无法重新激活评估模式。

EMSE 软件的每个版本都有一个独立于其他版本的评估期。例如，EcoStruxure Machine SCADA Expert v8.1 的评估期过期后，其将是在演示模式下运行，因为没有安装许可证，当在同一台计算机上安装 EcoStruxure Machine SCADA Expert 2020，新版本将开始 40 小时评估阶段，旧版本将继续在演示模式下运行。

2）演示模式

允许将专案下载到远程站点，并运行用于测试或演示目的的专案；可以执行运行时的任务并使用调试工具（专案除错和监视窗口），但是它们会在连续运行 2 个小时后自动关闭；可以再次重启演示模式并再运行 2 个小时，以此类推。不能在演示模式下创建或修改画面、工作表或进行专案设置。

3）仅开发模式

仅开发模式是指在不受限制的时间内启用所有开发选项。此模式还允许连续运行任务和调试工具（监视窗口、专案除错窗口 LogWin 模块）72 小时。在此期间之后，这些任务将关闭，但可以重新启动它们并再运行 72 小时，以此类推。在仅开发模式时，只能将此许可证用于开发和测试。

4）仅运行模式

无限制地启用所有运行时的任务并使用调试工具（监视窗口、专案除错窗口和 LogWin 模块），但不能创建或修改画面或工作表。仅在运行时模式下可用的菜单选项与演示模式下列出的选项是相同的。

5）开发+运行模式

无限制地启用所有开发选项、运行时的任务并使用调试工具（监视窗口、专案除错窗口和 LogWin 模块）。无论执行模式如何，远程管理工具总是可用的，因此可以从远程站点上载文件或将文件下载到远程站点。

1.3.2 硬授权

硬授权是一种封装芯片，必须物理地连接到计算机的并行端口（LPT1）或 USB 接口。软件许可证存在于硬密钥中，并且不能与网络中多个其他软件副本同时共享此许可证。如果将硬密钥连接到另一台计算机，那么，就可有效地将许可证转移到该台计算机。使用并行端口硬密钥不会阻止将另一个设备（如打印机）连接到该端口。硬密钥应该对连接到并行端口的其他设备透明。实际应用时只需将硬密钥连接到计算机，然后将打印机电缆连接到硬密钥。但是，如果在同一个并行端口上安装多个硬密钥（针对不同的产品），可能会遇到问题。

从计算机的并行端口安装或删除硬密钥时要小心，强烈建议在安装或删除硬密钥之前关闭计算机并断开电源。

在使用 USB 硬密钥时，USB 端口不能与任何其他设备共享。

在安装软件的计算机或设备上安装硬授权时，只要将硬密钥连接到适当的端口（如 USB、LPT1）即可。对于 EMSE 软件，使用保护管理器实用程序确保软件设置为检查硬密钥。对于 EmbeddedView 或 CEView，如果软件不能识别硬件，那么它会自动检查软件锁。如果没有找到软件锁，可以使用 Windows 嵌入式设备上的远程代理实用程序来诊断该问题。不是所有的 Windows 嵌入式设备都能识别施耐德电气公司推出的 USB 硬钥匙技术。内部测试显示，只有 Windows 嵌入式设备完全支持 USB 闪存，其可以识别施耐德电气公司推出的 USB 硬钥匙。

如果要为完整的 EMSE 软件升级现有的硬密钥许可证，在开始此任务之前，必须确保计算机已安装完整的 EMSE 软件，并且 USB 硬密钥已连接。

为 EMSE 软件升级现有的硬密钥许可证的操作如下。

（1）在 EMSE 软件中，如果专案正在运行，则停止该专案，然后退出该程序。

（2）运行保护管理工具程序：单击“开始”→“所有应用”→“EcoStruxure Machine SCADA Expert 2020”→“EcoStruxure Machine SCADA Expert 2020 Register”，系统弹出“防护管理”对话框，如图 1-11 所示。

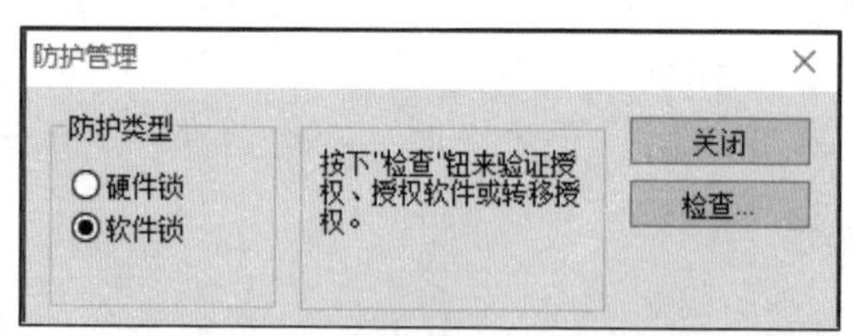

图 1-11 “防护管理”对话框

（3）选择“硬件锁”单选按钮，然后单击“检查”按钮。如果安装了有效的硬密钥许可证，即如果一个有效的 USB 硬密钥连接到计算机，则在“硬密钥设置”对话框中将显示该硬密钥上的设置。

（4）单击“更改许可证”按钮，在“更改许可证”对话框中显示唯一的网站代码，这是从 USB 硬密钥本身产生的。

（5）将站点代码发送到软件发行商。通常会将网站代码复制到剪贴板，然后将其粘贴至发送给软件发行商的电子邮件中。若要将其复制到剪贴板，单击“站点代码”框右侧的“复制”按钮即可。

（6）当收到相应的站点密钥时，将站点代码输入或粘贴到“站点密钥”框中，然后单击“授权”按钮（系统会提示确认）。新的许可证设置被写入 USB 硬密钥，然后显示一条确认消息。

1.3.3　软授权

当安装或运行软件时，软件将生成唯一的站点代码。可以将此站点代码发送给软件发行商，发行商将生成与站点代码匹配的站点密钥。可以使用站点密钥在计算机或目标设备上安装许可证，而不是将许可证存储在硬密钥上。

在开始安装或升级运行在安装了 Windows 操作系统的计算机上的 EMSE 软件的软密钥许可证之前，必须确保计算机上已经安装了完整的 EMSE 软件。此外，应该已经发布了有效的许可证或许可证升级。可以在发送站点代码时购买许可证，但这样做可能会增加停机时间。可以更新任何许可设置（如产品类型、客户端数量），也可以将软件升级到新版本。升级的成本取决于当前和新许可证设置之间的差异。

最后，必须具有计算机的管理员权限，才能运行保护管理器程序。

安装新的软密钥许可证和升级现有的软密钥许可证后都将覆盖现有的设置。

安装或升级 EMSE 软件的软密钥许可证的操作如下。

（1）在 EMSE 软件中，如果专案正在运行，则停止该专案，然后退出该程序。

（2）运行保护管理器实用程序：在 Windows 环境中，单击“开始”→“所有应用”→“EcoStruxure Machine SCADA Expert 2020”→“EcoStruxure Machine SCADA Expert 2020 Register”。

（3）如果“软件锁”单选按钮还没有被选中，选中“软件锁”单选按钮，然后单击“检查”按钮，打开“Softkey 设定”对话框。如果安装了有效的软密钥许可证，该对话框将显示相关设置，如图 1-12 所示；如果没有软件锁，则状态为“未找到授权”。

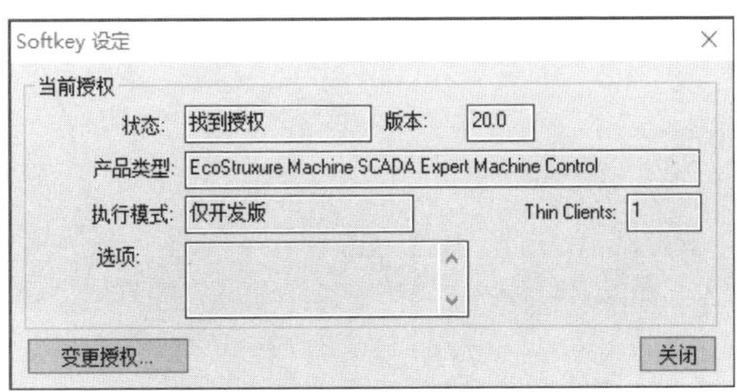

图 1-12　“Softkey 设定”对话框

（4）单击“变更授权”按钮，出现的对话框如图 1-13 所示。

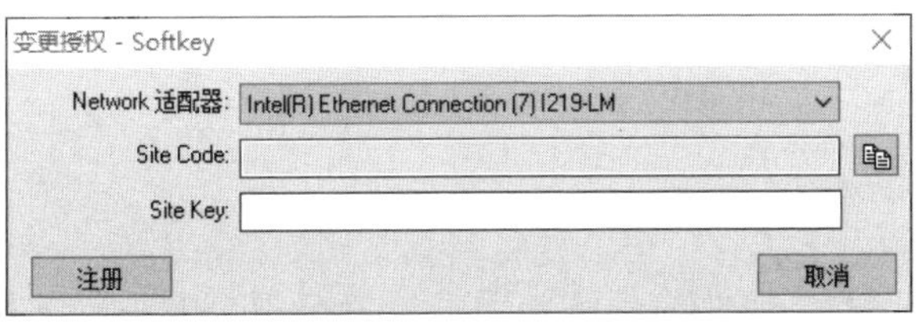

图 1-13　“变更授权-Softkey”对话框

（5）在网络适配器列表中，选择保护管理器作为生成唯一站点代码的网络适配器（又名 NIC）。保护管理器提供由网站代码生成网络适配器的 MAC 地址，并在某些情况下，如计算机运行在虚拟机或连接到一个 VPN 计算机可能有两个或多个网络适配器，网络适配器可以使用，应该选择计算机将在正常操作条件下使用的网络适配器。如果选择了另一个网络适配器，然后由于任何原因网络适配器变得不可用，那么软密钥许可证将失效。当然，如果只有一个网络适配器，选择该网络适配器即可。选择网络适配器时，系统将生成并显示站点代码。

（6）将站点代码发送到软件发行商。通常会将网站代码复制到剪贴板，然后将其粘贴到发送给软件发行商的电子邮件中并进行发送。

（7）当从软件发行商收到相应的站点密钥时，将站点代码输入或粘贴到“站点密钥”框中，然后单击“注册”按钮（系统会提示确认）。新的许可证设置后应进行保存，系统将自动显示一条确认消息。若未验证新站点密钥，则显示错误消息。如果出现这种情况，应检查是否正确输入了站点代码。

拓展训练

在任务 1.2 的基础上，完成 EMSE 软件授权，开启仅开发运行模式。

【知识点总结】

1. 软件使用许可是指权利人与使用人之间订立的确立双方权利义务的协议。依照这种协议，使用人不享有软件所有权，但可以在协议约定的时间、地点，按照约定的方式行使软件使用权。

2. 软件授权有硬授权和软授权两种形式。

【学习足迹】

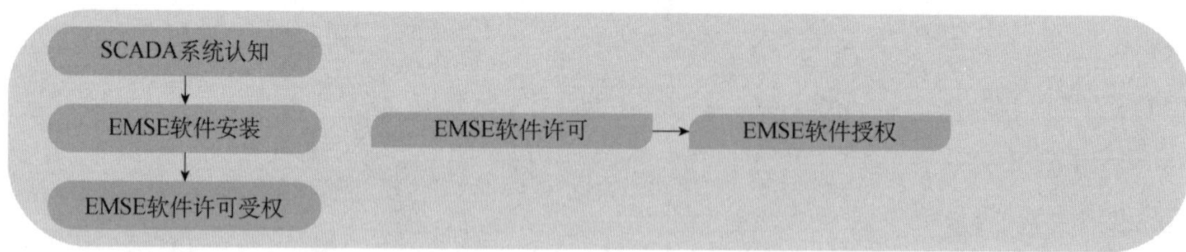

【思考与练习】

1. 软件使用许可是指什么？购买软件许可证就能得到软件的所有权吗？
2. 硬授权和软授权的区别是什么？

项目总结

本项目介绍了 SCADA 软件的基础知识及安装与授权。通过本项目的学习，应了解

SCADA 系统的定义、架构与组成、特征、发展历程和发展趋势，以及软件许可相关知识；应掌握 SCADA 软件的安装与授权，为后面项目的学习和操作奠定基础。

任务 1.4　实践操作计划及练习

完成实践操作计划及练习，填写表 1-4 。

表 1-4　实践操作计划及练习

姓名		日期	
班级		开始时间	
地点		完成时间	
姓名		日期	
序号	工作步骤	工具	笔记
1			
2			
3			
4			
5			
6			
7			
8			
9			
10			

填写表 1-5，完成自我评价。

表 1-5　自我评价

姓名		班级		权重	分值	实际得分
完成量				1.0	10	
准备充分程度				1.0	10	
计划合理程度				1.0	10	
数据采集及监控系统认知无误				1.0	10	
数据采集及监控软件安装操作无误				1.5	15	
软件许可认知无误				1.0	10	
数据采集及监控软件授权无误				1.5	15	
完成时间				1.0	10	
规范程度				1.0	10	
合计					100	
值得改进的地方						
自我评价		□非常满意　□满意　□不太满意　□不满意				

注：本评价不计入指导教师评价。

填写表 1-6，完成指导教师评价。

表 1-6　指导老师评价

姓名		班级		权重	分值	实际得分
完成量				1.0	10	
准备充分程度				1.0	10	
计划合理程度				1.0	10	
数据采集及监控系统认知无误				1.0	10	
数据采集及监控软件安装操作无误				1.5	15	
软件许可认知无误				1.0	10	
数据采集及监控软件授权无误				1.5	15	
完成时间				1.0	10	
规范程度				1.0	10	
合计					100	
值得改进的地方						
指导教师评价	□优秀　□良好　□中　□及格　□不及格					

项目 2

蓄水罐液位控制

本项目教学课件

蓄水罐液位控制动画

本项目将以蓄水罐液位控制专案为例介绍专案、数据点及画面的创建和设置方法。蓄水罐液位控制专案将配置两个画面。主画面为起始画面，包括主画面文字说明及画面跳转按钮，文字及按钮均为静态对象。子画面包括子画面文字说明、日期、时间、“退出”按钮、蓄水罐和滑块，其中日期及时间数据来源于系统数据点，退出专案的功能由 VBScript 编程实现，蓄水罐和滑块的关联由数据点实现。最后完成一个具有滑块控制的蓄水罐液位变化、画面说明、画面跳转、关闭及日期和时间显示功能的专案。如果具备硬件条件（可编程控制器、液位传感器及实体蓄水罐），在完成专案测试后，可以将该项目中的水平滑块替换为液位传感器，自动获取水箱内的液位值并显示。

任务 2.1　专案创建

本任务教学计划

专案创建

该任务将展示如何创建新专案（项目），包括如何为其命名和选择目标平台。

（1）单击开发环境左上角的“档案”图标，如图 2-1 所示，选择档案菜单中的“开新档案”命令，系统弹出“新增”对话框。

图 2-1　档案菜单

（2）单击“专案”选项卡。

（3）在“专案名称”文本框中输入专案名称。对于本任务，输入 tutorial。开发应用程序自动创建同名的新目录，并将专案文件分配到该目录（注意图 2-2 所示对话框中的“配置文件案”文本框）。若要将专案文件存放在默认项目文件夹之外的其他地方，单击“浏览”按钮并导航到首选位置。

（4）在“产品类型”列表中，选择要生成的专案类型。

（5）单击“确定”按钮，关闭“新增”对话框，系统自动弹出“项目精灵”对话框，如图 2-3 所示。

（6）在“分辨率”列表中选择“640×480”。

（7）单击“确定”按钮，关闭“项目精灵”对话框，在开发环境中创建新专案 tutorial。

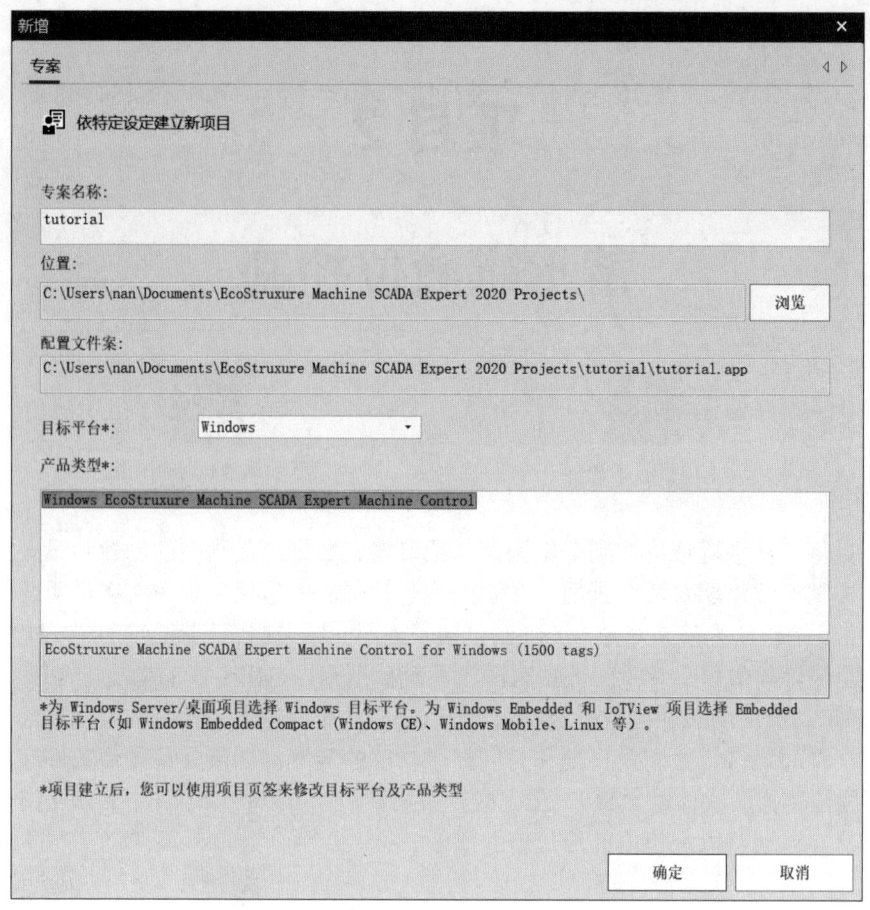

图 2-2 “新增”对话框

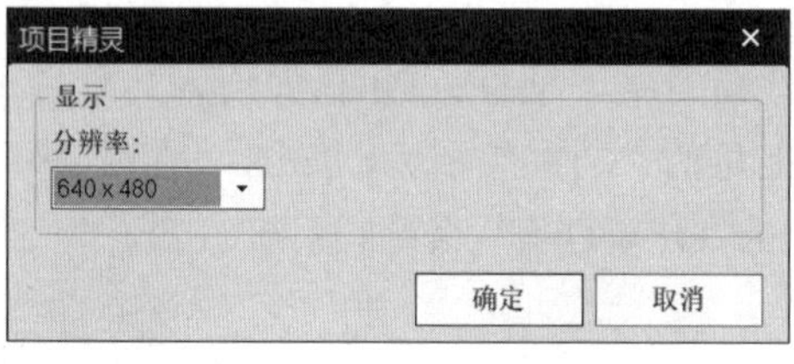

图 2-3 “项目精灵”对话框

 拓展训练

创建上文描述的专案“tutorial”。

【知识点总结】

1. 专案文件存储位置除默认路径之外，可自行选择。

2. 专案目标平台有 Windows 和 Embeded 两种，根据承载项目的设备类型（计算机或嵌入式设备）进行选择。

3. 产品类型需要根据数据点规模进行选择。

【学习足迹】

简单EMSE专案创建

EMSE专案创建：专案名称给定 → 专案存放位置设定 → 专案目标平台选择 → 专案产品类型选择 → 专案分辨率选择

↓

EMSE数据点创建

↓

EMSE主画面创建

↓

EMSE子画面创建

↓

EMSE通信驱动程序配置

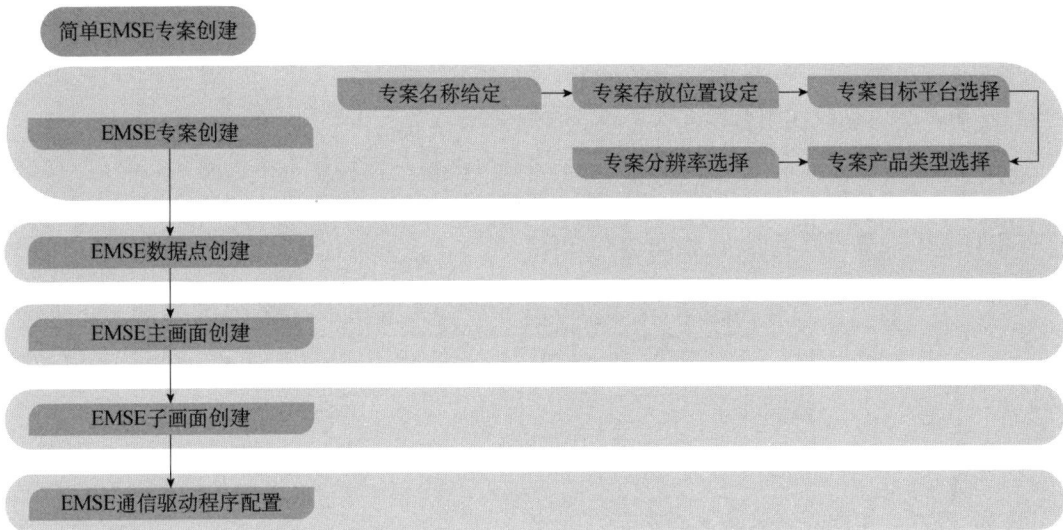

【思考与练习】

1. EMSE 软件开发环境中的“专案”相当于一般概念上的什么？
2. 专案的信息包含哪些内容？
3. 新建专案时，EMSE 软件专案的目标系统有哪些？

任务 2.2　数据点创建

本任务教学计划

数据点创建

本任务将展示如何通过将新数据点添加到专案变量数据表中来创建新数据点。数据点是保存值的任何变量。在专案中创建的所有数据点都存储在“专案变量”文件夹中，项目管理员窗口如图 2-4 所示。

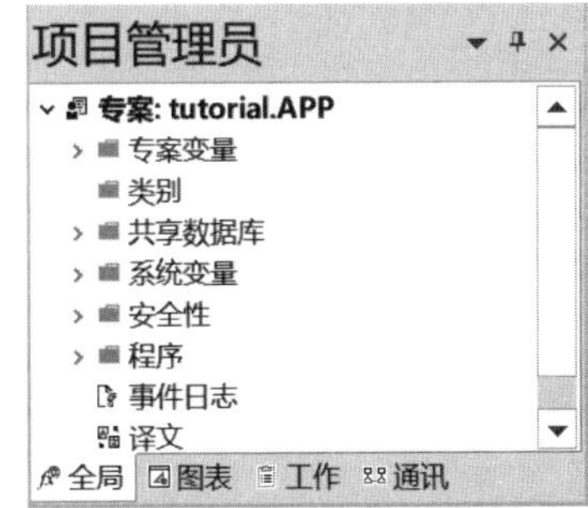

图 2-4　项目管理员窗口

创建数据点的过程如下：

（1）在项目管理员窗口中单击“全局”选项卡。

（2）双击“专案变量”以展开文件夹。

（3）双击“数据点总表”以打开项目变量“专案数据点”。

（4）使用以下参数为示例项目创建数据点。

① 名：指定一个唯一的数据点名称。本任务中选择 Level。

② Array：指定数据点的数组索引（简单数据点的数组为 0）。本任务中设置为 3。每个数组的索引都与三个蓄水罐中的一个有关，具体如下：

- [1]液位是 1 号蓄水罐的液位。
- [2]液位是 2 号蓄水罐的液位。
- [3]液位是 3 号蓄水罐的液位。

在本任务中，将不会使用[0]，即使它是一个有效的数据点。

③ 型：指定数据点的数据类型，包括布尔型、整数型、实数型、字符串型。本任务中选择整数。

④ 描述（可选）：仅为文档，输入数据点的描述。

⑤ 界：指定如何在服务器和客户端之间管理数据点。

• 如果希望数据点在服务器和客户端上有独立的值，应选择“本机端”。

• 如果希望数据点在服务器和客户端上共享相同的值，应选择“服务器”。

本任务中选择“服务器”，如图 2-5 所示。

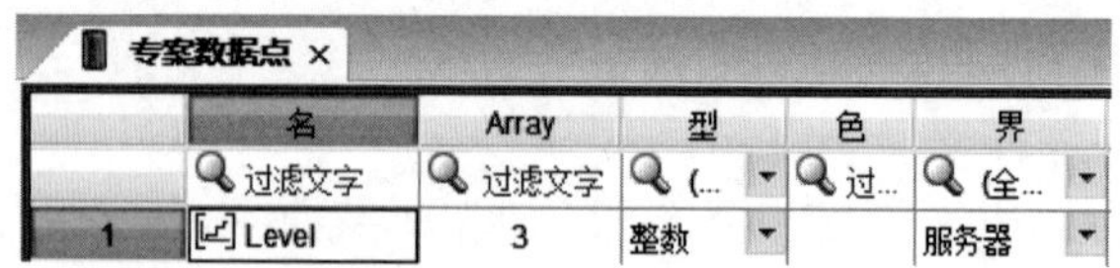

专案数据点 ×
名
Array
型
色
界
过滤文字
过滤文字
1
Level
3
整数
服务器

图 2-5　创建 Level 数据点

（5）保存并关闭专案数据点总表。

拓展训练

在任务 2.1 创建的专案“tutorial”中创建 Level 数据点。

【知识点总结】

1. 基本类型数据点有四种数据类型，即布尔型、整数型、实数型、字符串型。
2. 创建数组数据点就是创建一批指定规模的同种基本数据类型数据点。

【学习足迹】

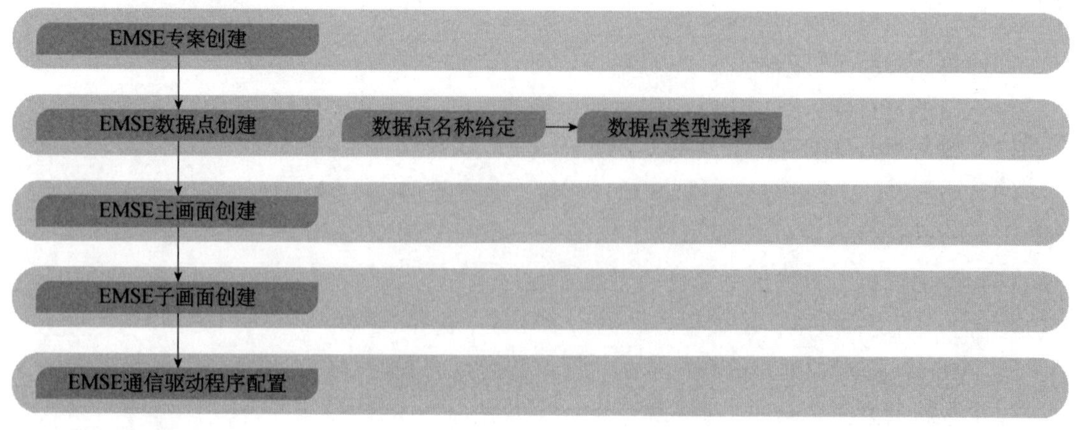

【思考与练习】

1. 新建数据点时，需要输入哪几种属性信息？
2. EMSE 软件中数据点的命名规则是什么？

3. EMSE 软件允许创建哪些类型的数据点？

4. 创建数据点后，是否可以在专案中的任何位置使用它？是否可以为多个对象或属性使用相同的数据点？

任务 2.3　主画面创建

本任务教学计划

起始画面指定

2.3.1　起始画面指定

下面将介绍如何打开专案并进行设置，以及如何指定在启动时显示某个画面。指定起始画面的操作步骤如下：

（1）如图 2-6 所示，在菜单栏的“专案”菜单的“设定”选项组中单击“画面”，系统弹出“项目设定”对话框，打开“查看器”选项卡。

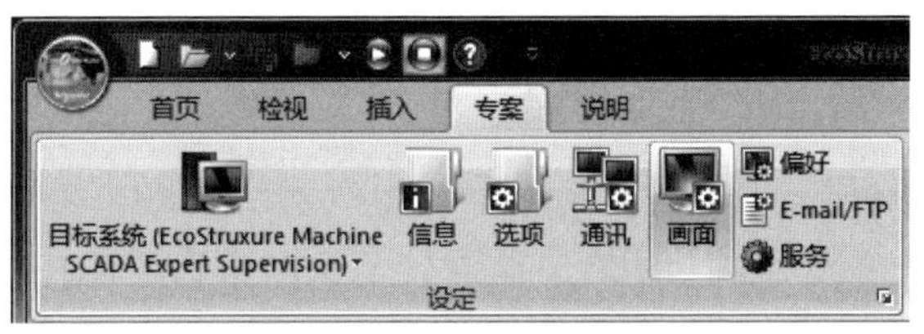

图 2-6　“专案”菜单

（2）如图 2-7 所示，在“起始画面”右侧的文本框中输入“main.scc”。当运行项目时，将首先自动显示主画面（或指定的任何画面）。可以在创建画面之前指定相应画面，但是如果画面已经创建，还可以从列表中选择该画面。

图 2-7　项目设定

（3）单击“确定”按钮。

主画面创建

2.3.2　主画面创建

下文将介绍如何创建第一个画面，并且该画面中包含一个打开另一个画面的按钮。

（1）在项目管理员窗口中单击“图表”选项卡，如图 2-8 所示。

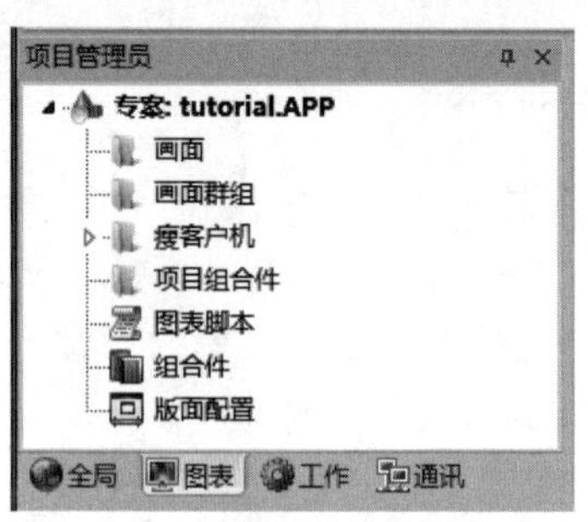

图 2-8　“图表”选项卡

（2）右键单击“画面”（利用开发应用程序为专案创建的所有画面都存储在此“画面”文件夹中），在快捷菜单中选择“插入”命令，系统弹出的“画面属性”对话框如图 2-9 所示。

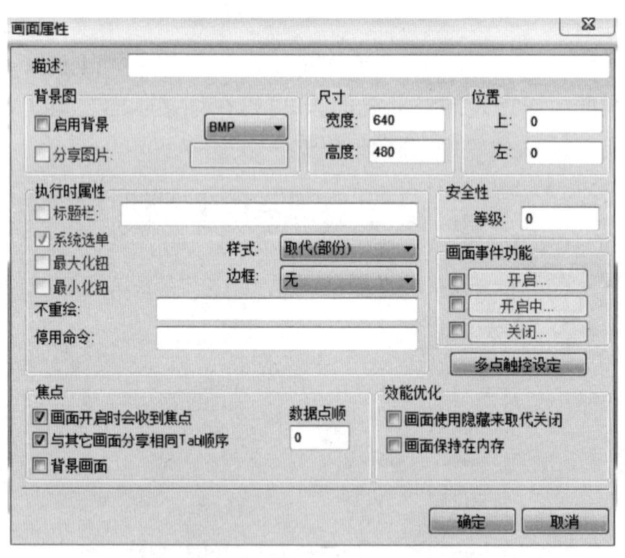

图 2-9　“画面属性”对话框

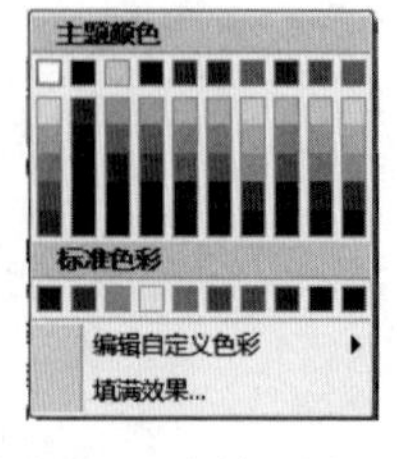

图 2-10　颜色选择器

（3）在“画面属性”对话框中设置画面属性，如尺寸和位置。本任务中单击“确定”按钮接受默认设置。关闭“画面属性”对话框，新的画面在工作区中被打开。

（4）在菜单栏“绘制”菜单的“画面”选项组中单击“背景颜色”，系统弹出颜色选择器，如图 2-10 所示。

（5）在颜色选择器中，选择浅灰色，该颜色立刻被应用到画面。

2.3.3　主画面标题绘制

主画面标题绘制

下面将介绍如何使用 Text 对象绘制主画面的标题。

（1）在菜单栏“绘制”菜单的“静态对象”选项组中单击“文字”，光标由箭头变为十字准星。

（2）单击画面编辑区域，输入 Welcome，然后按 Enter 键，将创建一个具有指定文本的新文本对象。

（3）双击该文本对象，打开“物件属性”对话框，如图 2-11 所示。

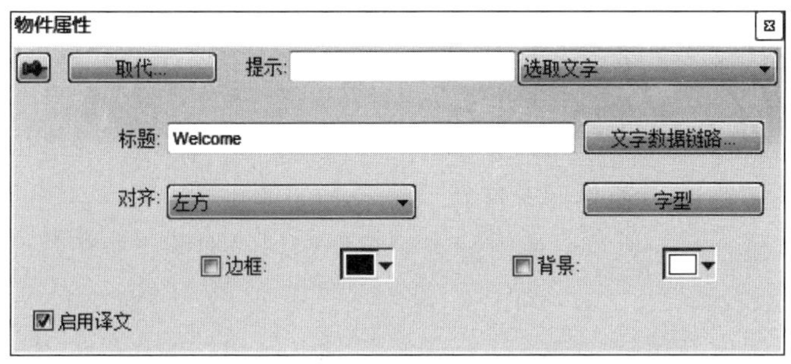

图 2-11　“物件属性”对话框

• 双击任何画面对象都会打开该“物件属性”对话框，对话框中显示的属性会根据对象的类型而改变。

• “物件属性”对话框左上方有一个大头针状按钮，用于控制该对话框是否保持打开状态。每次单击该按钮，按钮的状态和功能都会改变，具体如下：

当大头针状按钮被释放时，焦点被传递到画面上被选中的对象上。操作对象（复制、粘贴、剪切或删除）时，建议使该按钮保持释放状态。虽然“物件属性”对话框在顶部，但键盘命令（Ctrl+C、Ctrl+V、Ctrl+X 或 Del）可直接发送给对象。

当大头针状按钮被按下时，即使选中画面上的对象，焦点仍保持在“物件属性”对话框上。需要修改对象的设置，建议使该按钮保持按下状态。可以单击一个对象并直接在“物件属性”对话框中输入新的属性值（没有必要单击窗口将焦点移到该对象上）。此外，当大头针状按钮被按下时，单击画面，“物件属性”对话框不会自动关闭。

（4）单击“字型”按钮，打开“字型”对话框，进行字型设置。在本任务中设置“字型”为“Arial”，“字型样式”为“常规”，“尺寸”为“20”，“颜色”为蓝色，如图 2-12 所示。

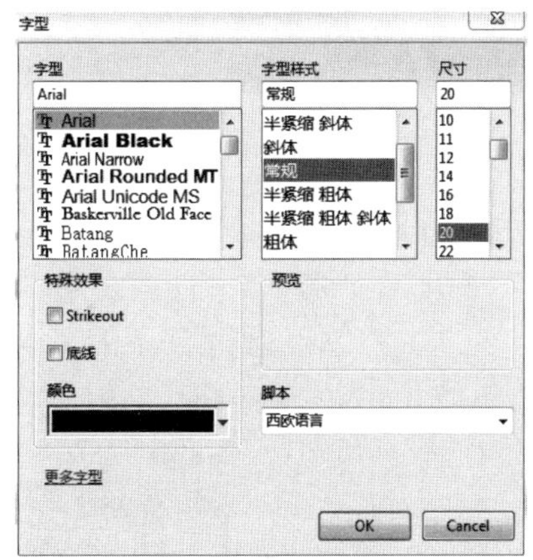

图 2-12　字型设置

（5）单击“OK”按钮，关闭“字型”对话框，字型设置应用于文本对象，如图 2-13 所示。

图 2-13　字型设置应用于文本对象

（6）关闭“物件属性”对话框。

2.3.4　画面跳转按钮绘制

画面跳转按钮绘制

下面将介绍如何绘制、配置用于打开另一个画面的按钮。

（1）单击菜单栏“绘制”菜单的“静态对象”选项组中的“按钮”，光标由箭头变为十字准星。

（2）在画面上单击并按住鼠标左键，然后拖动光标来绘制按钮对象。

（3）双击该对象以打开其属性对话框。

（4）在“标题”文本框中输入“点击此处开启子画面”，如图 2-14 所示。

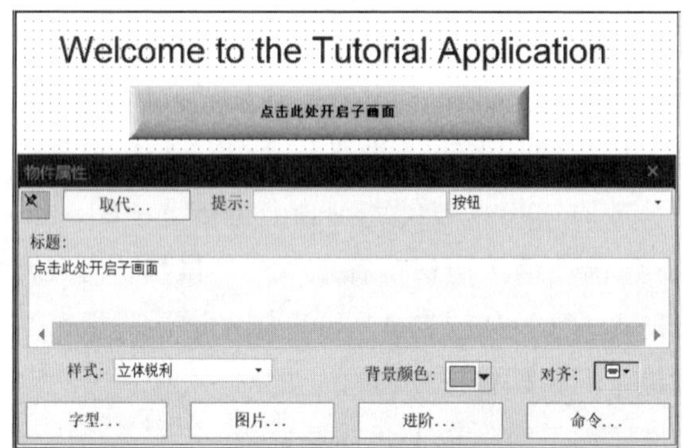

图 2-14　为按钮添加标题

（5）单击“命令”按钮，“物件属性”对话框中显示命令动画的属性。

（6）在“类型”列表中选择“开启画面”。

（7）在“开启画面”下的文本框中输入“synoptic.scc”，可以指定尚未创建的画面，如图 2-15 所示。

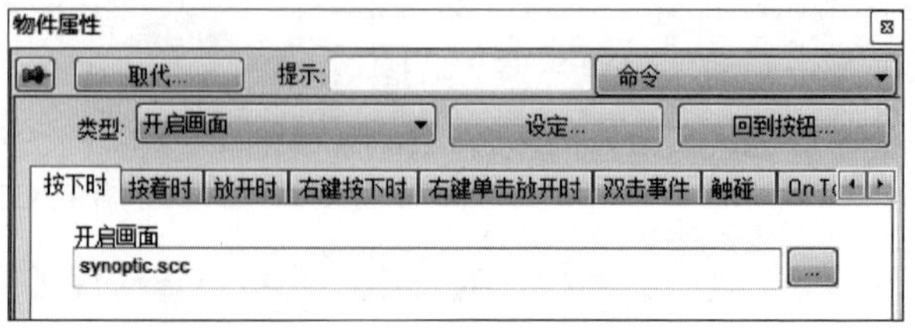

图 2-15　在按钮上配置打开画面的命令

（8）关闭“物件属性”对话框。

主画面保存及关闭

2.3.5　主画面保存及关闭

下面将介绍如何正确保存和关闭画面。

（1）单击开发环境左上角的“档案”图标，在档案菜单中选择“储存档案”命令，系统弹出“另存新档”对话框。

（2）在“文件名”文本框中输入“main”。

（3）单击“保存”按钮，该文件保存在项目文件夹中（在<项目名称>\Screen\main.scc处），并关闭“另存新档”对话框。

拓展训练

完成主画面的创建，如图 2-14 所示，其中“按钮”的功能是跳转画面。

【知识点总结】

1. 起始画面的指定可在已有画面或画面群组中选择，也可提前指定还未创建的画面或画面群组。
2. 创建画面的多种方式，以及需要设置的相关属性。
3. 绘制静态对象，此类物件可附加动态属性。

【学习足迹】

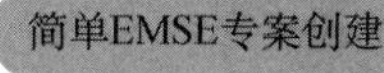

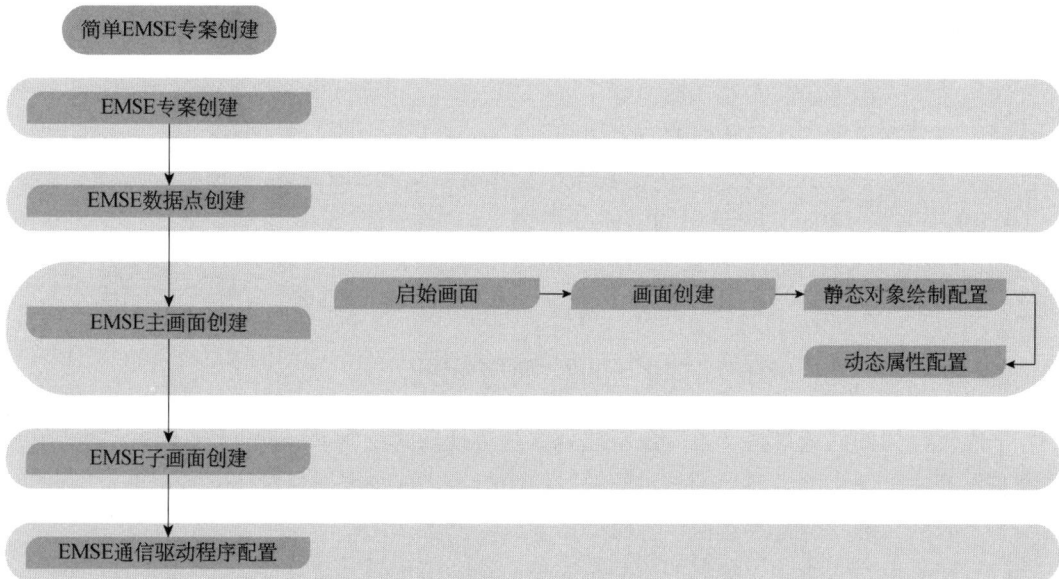

【思考与练习】

1. 画面创建完成后，生成画面文件的后缀名是什么？
2. 在“画面属性”对话框中可以为专案画面配置哪些属性？
3. 项目分辨率设置后，项目分辨率是否还可以更改？

4. 创建画面为专案提供图形界面，其中每个画面中可包含哪些控件？

任务 2.4　子画面创建

本任务教学计划

为本项目创建第二个画面，包括一个动态的液体容器和一些基本控件。

（1）在项目管理员窗口的“图表”选项卡中，右键单击“画面”，然后在快捷菜单上选择“插入”命令，系统弹出“画面属性”对话框。

（2）设置属性，如大小和类型。对于本任务，单击“确定”按钮接受默认设置。

（3）打开“另存新档”对话框。

（4）在“文件名”文本框中输入“synoptic”。

（5）单击“保存”按钮，该文件保存在此专案文件夹（Screen\synoptic.scc）中，并关闭“另存新档”对话框，不关闭画面。

2.4.1　子画面标题的绘制与配置

绘制子画面标题并进行配置的操作过程如下。

（1）在菜单栏“绘制”菜单的“静态对象”选项组中，单击“文字”。

（2）在画面上单击并输入“Syntactic Screen”，按回车键。

（3）双击该对象以打开其属性对话框。

（4）单击“字型”按钮打开“字型”对话框，然后进行字型设置。对于本任务，“字型”设置为“Arial”，“字型样式”设置为“粗体”，“尺寸”设置为“20”，“颜色”设置为蓝色。

（5）单击“OK”按钮，保存字型设置。

（6）关闭“物件属性”对话框。

（7）将文本对象移动到画面的左上角。

（8）单击开发环境左上角的“档案”图标，选择档案菜单中的“储存档案”命令，在“另存新档”对话框中进行保存设置。

Synoptic Screen

图 2-16　绘制标题后的画面

图 2-16 所示为绘制标题后的画面。

“日期”和“时间”的绘制与配置

2.4.2　“日期”和“时间”的绘制与配置

下面将介绍如何通过将文本对象链接到系统数据点来绘制“日期”和“时间”。日期和时间是保存本机站点的当前日期和时间的系统数据点，这些数据点对任何专案都可用。“日期”和“时间”的绘制与配置操作步骤如下。

（1）在菜单栏“绘制”菜单的“静态对象”选项卡中单击“文字”。

（2）在画面上单击，输入“Date：###########”，按回车键。

（3）双击该对象，打开其属性对话框，如图 2-17 所示。

（4）单击“文字数据链路”按钮，“物件属性”对话框更改为显示文字数据链路的属性。

（5）在“数据点/表达式”文本框中输入“Date”。在运行时，专案将文本对象的###########字符替换为系统数据点 Date 的值。

图 2-17　指定系统日期数据点

（6）关闭“物件属性”对话框。

（7）在菜单栏“绘制”菜单的“静态对象”选项卡中单击“文字”。

（8）在画面上单击，输入“Time：###########”，按回车键。

（9）双击该对象，打开其属性对话框，如图 2-18 所示。

（10）单击“文字数据链路”按钮，“物件属性”对话框更改为显示文字数据链路的属性。

（11）在“数据点/表达式”文本框中输入“Time”。在运行时，项目用系统数据点 Time 的值替换文本对象###########的字符。

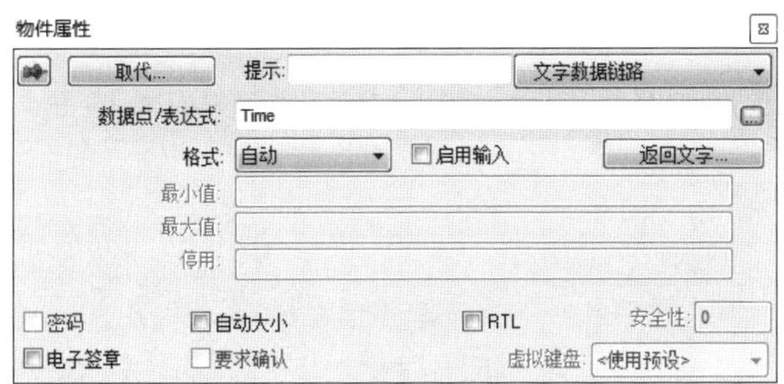

图 2-18　指定系统时间数据点

（12）关闭“物件属性”对话框。

（13）保存日期和时间对象。图 2-19 所示为创建 Date 和 Time 对象之后的画面。

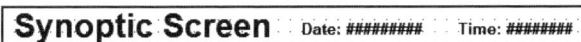

Synoptic Screen　Date: #########　Time: ########

图 2-19　完成日期和时间对象

2.4.3　“退出”图标的绘制与配置

“退出”图标的绘制与配置

绘制一个允许用户退出项目的图标并进行配置的操作步骤如下。

（1）在项目管理员窗口“图表”选项卡中双击“组合件”，将显示组合件库。

（2）在“组合件”文件夹中打开“系统组合件”，单击“Icons”。

（3）在“Icons”中选择“exit01”，如图 2-20 所示。

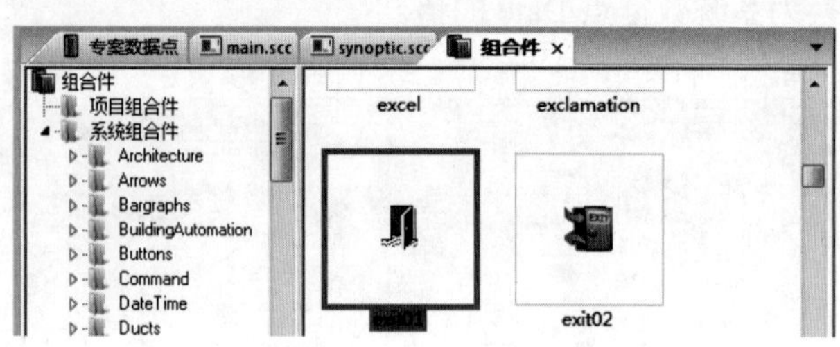

图 2-20　选择“exit01”

（4）单击该组合件，光标将改变以显示该组合件已准备好放置在画面上。

（5）切换回想要放置组合件的画面，然后单击，该组合件作为链接组合件对象放置，如图 2-21 所示。

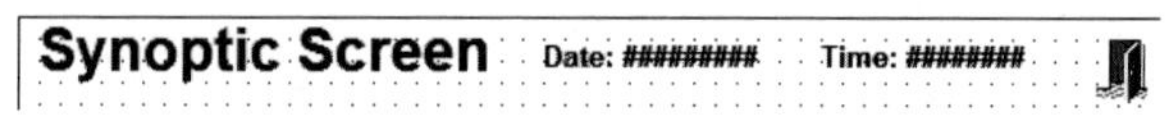

图 2-21　放置链接组合件对象

（6）当组合件对象仍然被选中时，单击“命令”（菜单栏“绘制”菜单的“动态属性”选项卡中），将此属性应用于组合件对象。

（7）双击该组合件对象，打开其属性对话框。

（8）在“类型”列表框中选择“VBScript”选项。

（9）在“按下时”下方的文本框中输入“$Shutdown（）”，如图 2-22 所示。Shutdown 是 EMSE 软件的内置脚本函数之一，可以在 VBScript 中使用，使用时在该函数名称前面加上符号$。

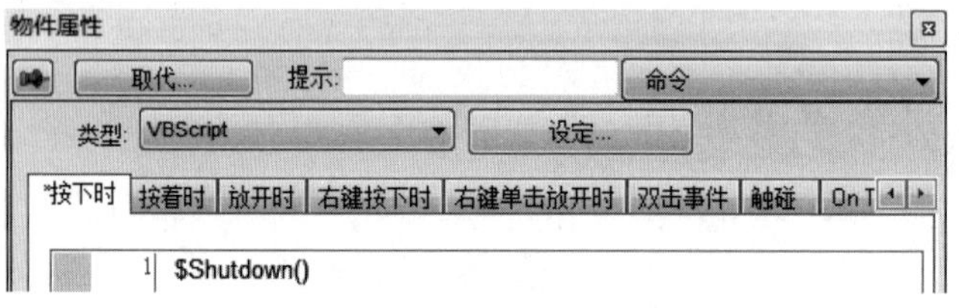

图 2-22　指定符号上的关机命令

（10）关闭“物件属性”对话框。

（11）保存组合件的设置。

至此，在运行时单击“exit01”组合件，专案将停止并退出到当前画面。

2.4.4　专案测试

专案测试的步骤如下。

（1）在档案菜单中选择“全部关闭”命令，所有打开的工作表都被关闭。

（2）在菜单栏“首页”菜单的“本机管理”选项组中单击“执行”命令。专案运行，并显示起始画面。

（3）单击跳转按钮打开子画面。

（4）关闭项目。

如果专案的任何部分没有按预期设置工作，切换回开发应用程序（Alt+选项卡），然后选择菜单栏“首页”菜单中的“停止”命令。

动画蓄水池的绘制与配置

2.4.5　动画蓄水罐的绘制与配置

下文将介绍如何从组合件库中选择动画蓄水罐并将其放置在画面上（类似于选择和放置“Exit”图标），然后将一些专案数据点与蓄水罐的属性关联起来。

（1）在项目管理员窗口的“图表”选项卡中，展开“画面”文件夹。

（2）双击“synoptic.scc”，将重新打开子画面工作表以进行编辑。

（3）双击项目管理员窗口“图表”选项卡中的“组合件”文件夹，将显示组合件库。

（4）浏览“系统组合件”文件夹“Tanks”子文件夹中的组合件，可以任选一个蓄水罐组合件，它们的功能基本相同，如图 2-23 所示。

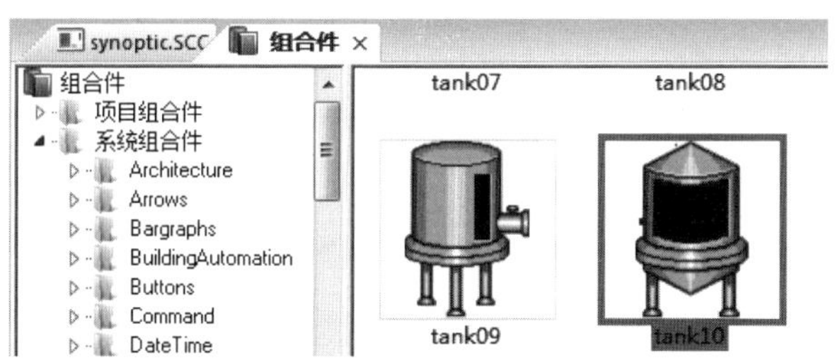

图 2-23　选择蓄水罐组合件

（5）单击“tank10”，光标将改变以显示该组合件已准备好放置在画面上。

（6）切换回想要放置组合件的画面，然后单击，将该组合件作为链接组合件对象进行放置。

（7）双击该组合件对象，打开其属性对话框。蓄水罐是不同对象和动画（例如矩形、条形图等）的排列，组合在一起作为一个链接组合件。可以通过编辑属性列表来修改此组合件的属性。在本任务中，修改与蓄水罐级别相关联的数据点，如图 2-24 所示。

图 2-24　蓄水罐组合件的属性

（8）对于属性“TagLevel”，删除现有值，然后输入“type Level[Index]”。由于之前没有在“专案数据点”数据库中创建数据点索引，因此会有一条警告消息询问是否进行创建。

（9）单击“确定”按钮，系统弹出“新数据点”对话框。

图 2-25　配置一个新数据点

（10）如图 2-25 所示，将“新数据点”对话框中的“数组”设置为“0”、“类型”设置为“整数”、“范围”设置为“本机端”。

（11）单击“确定”按钮，关闭“新数据点”对话框。

可以使用数据点索引来设置数据点级别的数组位置，并显示三个蓄水罐中的任何一个的液位，设置如下。

• 当 Index=1 时，蓄水罐对象显示 1 号蓄水罐的液位（即 Level[1]）。

• 当 Index=2 时，蓄水罐对象显示 2 号蓄水罐的液位（即 Level[2]）。

• 当 Index=3 时，蓄水罐对象显示 3 号蓄水罐的液位（即 Level[3]）。

另外，因为数据点作用域是本地，所以数据点可以同时为服务器和客户端站点提供不同的值。因此，本地用户（服务器）可以监视 1 号蓄水罐的液位，远程用户（即客户端）可以监视 2 号蓄水罐的液位。

（12）关闭“物件属性”对话框。

（13）保存创建的动画蓄水罐及其属性设置。

图 2-26 所示为创建蓄水罐 tank 对象后的画面。

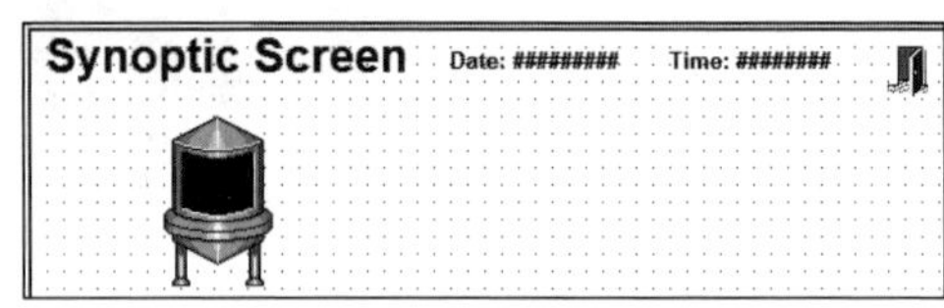

图 2-26　完成蓄水罐对象创建

水平滑块绘制与配置

2.4.6　水平滑块的绘制与配置

下面将介绍如何从组合件库中选择一个滑块组合件，然后将其链接到动画蓄水罐上。

（1）双击项目组合件窗口“图表”选项卡中的“组合件”文件夹，打开组合件库。

（2）打开“系统组合件”下的“Sliders”子文件夹，如图 2-27 所示。

（3）在“Sliders”子文件夹中选择滑块组合件（控件）“slider01”。可选择的滑块组合件的功能基本相同。

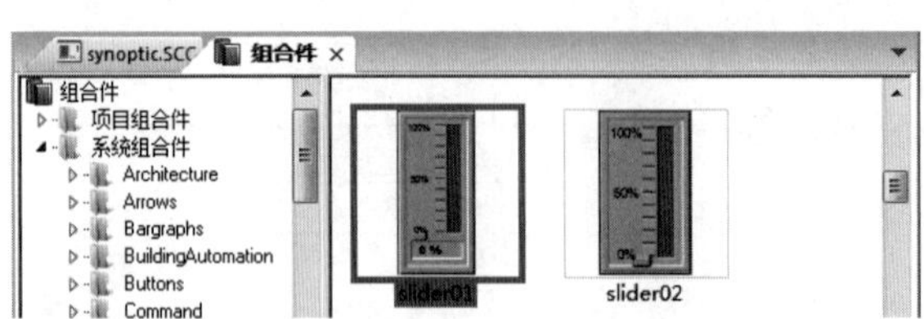

图 2-27　选择滑块组合件

（4）单击“slider01”组合件，光标将改变以显示该组合件已准备好放置在画面上。

（5）切换回想要放置组合件的画面，并在其中单击，将该组合件作为链接组合件对象进行放置。

（6）双击该对象，打开其属性对话框。

（7）对于属性“TagName”，删除现有值，然后输入“Level[Index]”。与蓄水罐一样，需要修改与滑块相关联的组合件属性。

（8）关闭“物件属性”对话框。

（9）保护创建的滑块组合件及其属性设置。

图 2-28 所示为已完成的水平滑块组合件。

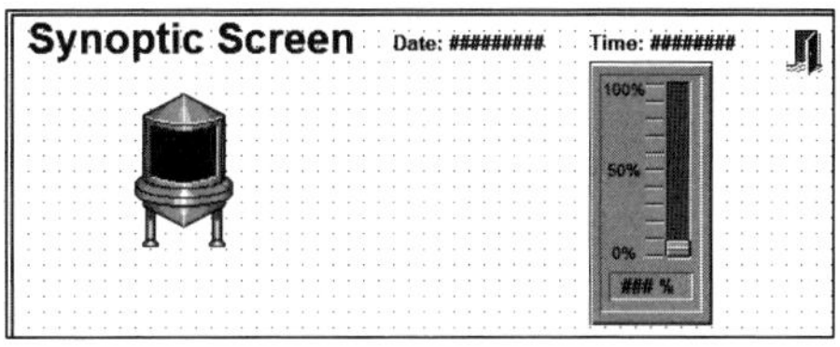

图 2-28　已完成的水平滑块组合件

2.4.7　蓄水罐选择器的绘制与配置

以下介绍如何绘制一个文本输入框，该文本输入框可用于更改画面上的动画蓄水罐所表示的实际蓄水罐。

（1）在菜单栏“绘制”菜单的“静态对象”选项组中选择“文字”命令。

（2）单击画面，输入“Tank：#”，按回车键。

（3）双击该对象，打开其属性对话框。

（4）单击“文字数据链路”按钮，“物件属性”对话框更改为显示文字数据链路动态属性，如图 2-29 所示。

（5）在“数据点/表达式”文本框中输入“Index”。

（6）选择“启用输入”复选框，系统将允许操作符在运行时为数据点输入一个新值。

（7）在“最小值”文本框中输入“1”。

（8）在“最大值”文本框中输入“3”。

图 2-29　设置数据链路动态属性

蓄水罐选择器的绘制与配置

（9）关闭“物件属性”对话框。

（10）在档案菜单中选择“储存档案”命令，进行保存设置。

创建蓄水罐选择器对象后的画面如图 2-30 所示。

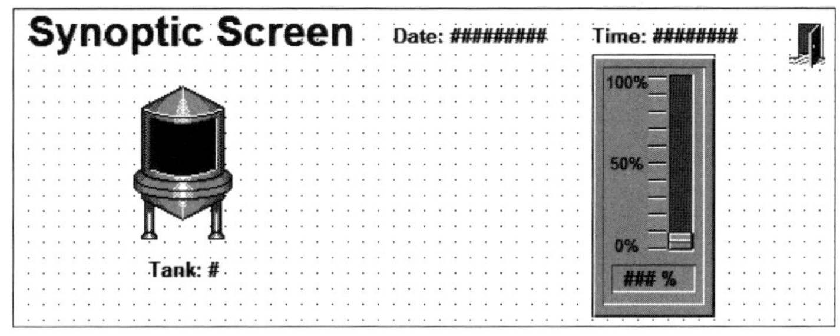

图 2-30　创建蓄水罐选择器对象后的画面

2.4.8 项目测试

下面将介绍如何使用水平滑块和蓄水罐选择器再次测试专案。

（1）在档案菜单中选择“全部关闭”命令，将关闭所有打开的工作表。

（2）在菜单栏“首页”菜单的“本机管理”选项组中选择“执行”命令，专案运行，显示起始画面。

（3）单击“点击此处开启子画面”按钮，打开子画面。

（4）在蓄水罐数据点上输入罐号（1、2 或 3），然后使用滑块调节罐面，可以查看和调整每个蓄水罐的液位。

（5）单击 exit 图标关闭项目。

如果项目的任何部分没有按预期设置工作，切换回开发应用程序（ALT+选项卡），然后单击菜单栏“首页”菜单中的“停止”命令。

拓展训练

完成子画面的创建，结果如图 2-30 所示，其中日期及时间显示当下系统数据点 Date 及 Time 值，退出组合件实现运行时退出专案，蓄水罐可由滑块对象控制液位，在蓄水罐下方可设置蓄水罐序号。

【知识点总结】

1. 系统数据点是具有预定义功能的预定义数据点，可以从数据库中添加、编辑或删除。
2. 系统组合件被调用后会存放在专案文件夹中，可以被为专案资源。
3. 在附加动态属性给物件时，可采用 EMSE 软件内置脚本函数。
4. 在利用 EMSE 软件构建 SCADA 系统时，可以通过画面测试或执行专案来实现专案测试。

【学习足迹】

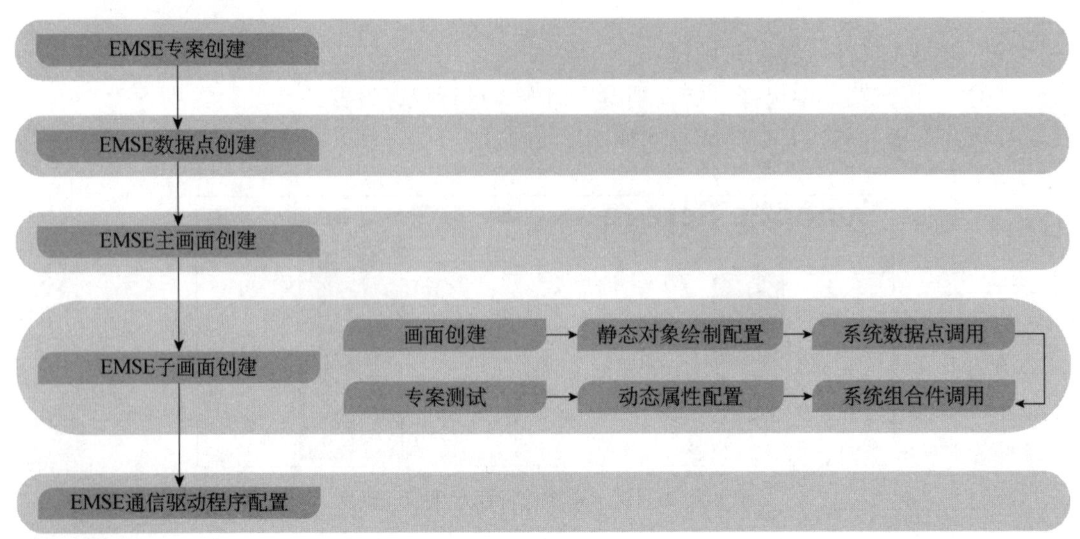

【思考与练习】

1. 如何在专案中获得系统时间？

2. 本任务中涉及哪些静态对象和动态属性？

3. 为了在结束专案测试时能够退出专案，如何设置组合件？涉及哪个 EMSE 软件内置脚本函数？

任务 2.5　通信驱动程序配置

本任务教学计划

1. 选择和配置驱动程序与外部 I/O 设备进行通信

（1）在项目管理员窗口中打开“通信”选项卡。

（2）右击“驱动程序”文件夹，在快捷菜单中选择“新增/移除驱动程序”命令，系统弹出“通信驱动程序”对话框。

（3）从“可用的驱动程序”列表中选择一个驱动程序，单击“选取”按钮。对于本任务，选择“MODBU”，该驱动程序被移到“选取的驱动程序”列表中，如图 2-31 所示。

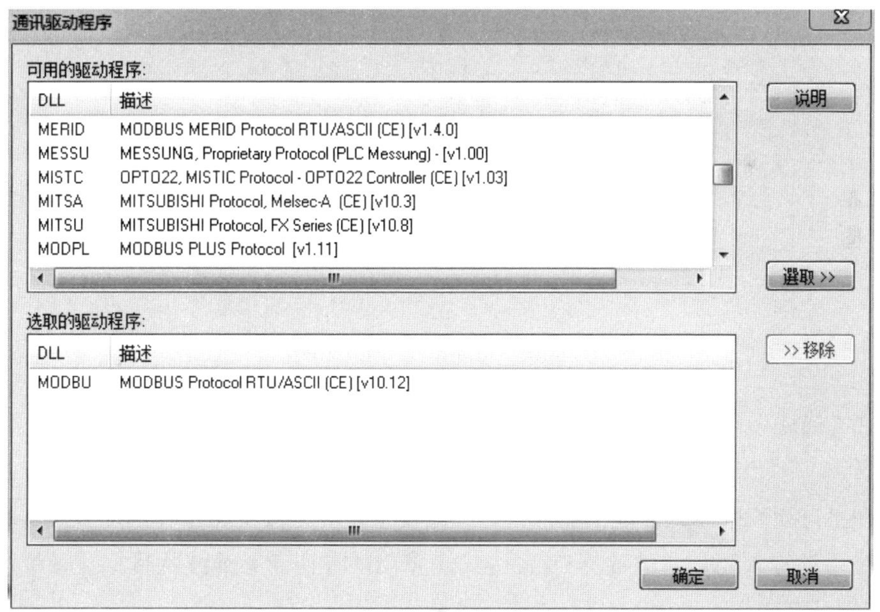

图 2-31　选择 MODBU 驱动程序①

（4）单击“确定”按钮，关闭“通信驱动程序”对话框，驱动程序被添加到专案的“驱动程序”文件夹中。

（5）在项目管理员窗口“通信”选项卡中，右击“MODBU”文件夹，在快捷菜单中选择“设定”命令，如图 2-32 所示，系统将弹出通信设置的“MODBU:”对话框，如图 2-33 所示。

① EMSE 软件界面中的通讯应为通信。

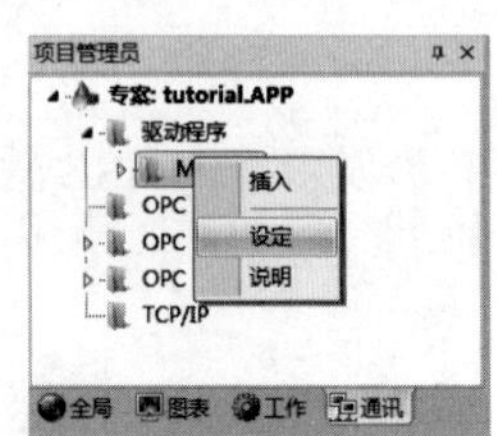

图 2-32 驱动程序设定

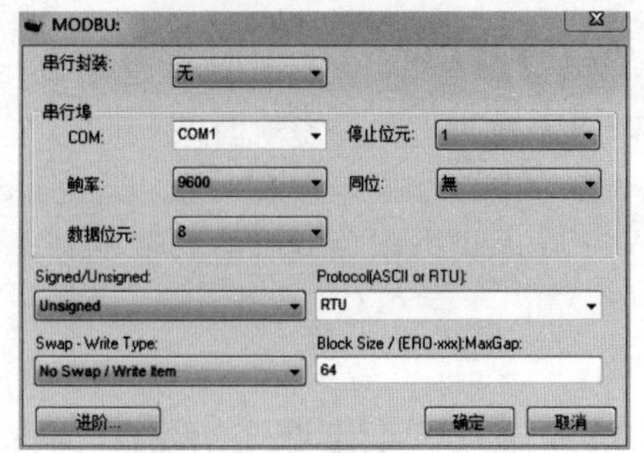

图 2-33 “MODBU:”对话框

（6）根据需要为目标设备进行设置。对于本任务，接受默认设置。

（7）单击“确定”按钮关闭对话框。

（8）在项目管理员窗口中，右击“MODBU”文件夹，然后在快捷菜单中选择“插入”命令，一个名为“MODBU001.DRV”的新驱动程序工作表被创建。

（9）打开驱动程序工作表，设置工作表标题，如图 2-34 所示。

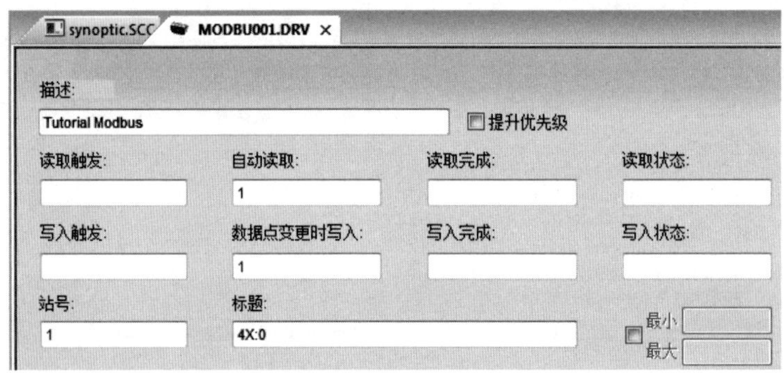

图 2-34 设置驱动程序工作表

① 在“描述”文本框中输入“Tutorial Modbus”。此设置仅用于文档，不以任何方式影响专案运行。

② 在“自动读取”文本框中输入“1”。此设置是一个接受布尔值的触发器。如果值为 1，无论是手动输入还是通过数据点/表达式计算，都将使专案继续从目标设备读取数据点值，即使值没有变化。

③ 在“数据点变更时写入”文本框中输入“1”，这个设置也是一个触发器。值为 1 使专案仅在这些值发生变化时才将数据点值写入目标设备，而不是持续地将这些值写入。该设置节省系统资源，并在运行时提高性能。

④ 在“站号”文本框中输入“1”，表示这个驱动程序要访问的 I/O 设备号，通常 PLC 被指定为装置# 1。

⑤ 在“标题”框中输入“4X:0”，必须使用特定于驱动程序的格式。MODBU 驱动程序的格式是“register_type：initial_offset”。寄存器型数据点及其描述见表 2-1。

表 2-1　寄存器型数据点

寄存器型数据点	描述
0X	线圈的状态
1X	输入状态
3X	输入状态
4X	存储寄存器
ID	从机 ID

（10）在工作表正文中，输入数据点及其关联的设备地址，如表 2-2 所示。

表 2-2　数据点设备地址

数据点名称	位址	完整设备地址
Level[1]	1	4X：1 （存储寄存器 1）
Level[2]	2	4X：2 （存储寄存器 2）
Level[3]	3	4X：3 （存储寄存器 3）

① 在“数据点名称”字段中输入专案数据点的名称。

② 在“位址”字段中输入要添加的值，形成完整的设备地址。

（11）在档案菜单中选择“储存专案”命令。

（12）当提示选择窗体号码编号时输入“1”，然后单击“确定”按钮，完成的工作表如图 2-35 所示。

	数据点名称	位址	除	加
	过滤文字	过滤文字	过滤文字	过滤文字
1	Level[1]	1	0.000000	0.000000
2	Level[2]	2	0.000000	0.000000
3	Level[3]	3	0.000000	0.000000

图 2-35　完成的工作表

2. 运行期间监视设备 I/O

下面介绍如何使用“专案除错”窗口在运行时监视设备 I/O。

（1）在菜单栏“首页”菜单的“本机管理”选项组中单击“执行”命令，专案运行，并显示起始画面。

（2）按“Alt+Tab”键切换回开发应用程序。

（3）在“专案除错”窗口中右击，在快捷菜单中选择“设定”命令，系统弹出“登入设定”对话框。

（4）选择“设备读取命令”“设备写入命令”“协议分析”复选框。

（5）单击“确定”按钮，关闭“登入设定”对话框，即可在运行时监视设备 I/O。

拓展训练

选择和配置驱动程序，实现与外部 I/O 设备通信。

【知识点总结】

1. 通信驱动程序与外部 I/O 设备的对应关系。
2. 通过 EMSE 软件界面下方窗口实时监控专案运行。

【学习足迹】

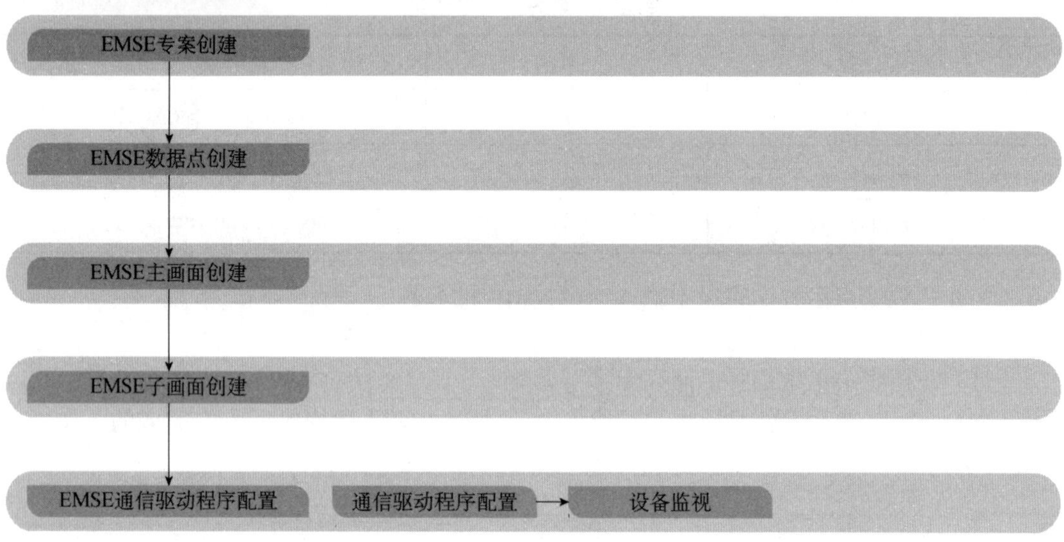

【思考与练习】

1. EMSE 软件通信驱动程序有多少种？
2. 在 EMSE 软件的哪个窗口可以监控专案的运行情况？

项目总结

本项目以简单的蓄水罐液位控制为例，展示 SCADA 系统的基本构建过程。通过本项目的学习，应掌握 EMSE 软件专案的创建、画面的创建、部分静态对象的绘制、部分动态属性的设置、专案测试和设备通信等知识和技能，了解专案架构的基本流程，为学习复杂专案奠定一定基础。

任务 2.6　实践操作计划及练习

进行实践操作计划及练习，填写表 2-3。

表 2-3　实践操作计划及练习

姓名			日期	
班级			开始时间	
地点			完成时间	
序号	工作步骤		工具	笔记
1				
2				
3				
4				
5				
6				
7				
8				
9				
10				

填写表 2-4，完成自我评价。

表 2-4　自我评价

姓名		班级		权重	分值	实际得分
完成量				1.0	10	
准备充分程度				1.0	10	
计划合理程度				1.5	15	
专案创建设置无误				0.5	5	
数据点创建及使用无误				0.5	5	
系统组合件使用无误				0.5	5	
简单静态对象绘制无误				1.0	10	
文字数据链路设置无误				1.0	10	
简单脚本使用无误				1.0	10	
项目测试操作无误				0.5	5	
完成时间				1.0	10	
规范程度				1.0	10	
合计					100	
值得改进的地方						
自我评价	□非常满意　□满意　□不太满意　□不满意					

注：本评价不计入指导教师评价。

填写表 2-5，完成指导教师评价。

表 2-5　指导老师评价

姓名		班级		权重	分值	实际得分
完成量				1.0	10	
准备充分程度				1.0	10	
计划合理程度				1.0	10	
专案创建设置无误				0.5	5	
数据点创建及使用无误				0.5	5	
系统组合件使用无误				0.5	5	
简单静态对象绘制无误				1.0	10	
文字数据链路设置无误				1.0	10	
简单脚本使用无误				1.0	10	
项目测试操作无误				0.5	5	
完成时间				1.0	10	
规范程度				1.0	10	
合计					100	
值得改进的地方						
指导教师评价	□优秀　□良好　□中　□及格　□不及格					

项目 3

生产线管理

本项目教学课件

生产线管理动画

本项目将以生产线管理专案为例介绍 EMSE 软件数据点、画面、通信、数据库及安全系统方面的相关知识和具体操作步骤。生产线管理专案涉及多个画面，包括数据展示画面、控制管理画面、报表画面、趋势图画面、警报画面、过程控制画面和触控画面。随着专案复杂度的提高，专案涉及类型数据点、项目组合件、画面群组、静态对象、动态属性、趋势图和警报、通信、数据库及安全系统等对象和功能。

本任务教学计划

任务 3.1 类型创建

参照项目 2 创建专案的过程，创建名称为“生产线管理”的专案，其中分辨率为 1920×1080、起始画面为 Startup.SG。

“生产线管理”专案需要创建多种类型，专案类型详见表 3-1。

表 3-1 专案类型

类型名称	类型数据点名称	类型
cFeatures_ActiveObjects	Selection	整数
	SelectionText	字符串
	CheckBoxEnable	整数
	CheckBoxAuto	整数
	PushButtonMomentary	整数
	PushButtonMaintained	整数
	PushButtonLatched	整数
	PushButtonUnlach	整数
cFeatures_Alarms	Mode	整数
	FilterTrigger	整数
	PrintTrigger	整数
	Digital1	整数
	Digital2	整数
	Analog	实数

续表

类型名称	类型数据点名称	类型
cFeatures_Animations	DatainputNum	整数
	DatainputText	字符串
	Datainput	字符串
	Dataoutput	字符串
	PosX	实数
	PosY	实数
	HyperLinkWeb	字符串
	CmdOnDown	整数
	CmdOnDownOnUp	整数
	CmdWhileOnDown	整数
cFeatures_MultiTouch	Rotation	实数
	PosX	实数
	PosY	实数
	Size	实数
	RotationZoom	实数
	DualEnabler	整数
	DualCmd	整数
	TouchPoint1	整数
	TouchPoint2	整数
	TouchPoint3	整数
	TouchPoint4	整数
	TouchPoint5	整数
	AlarmPanel	实数
cFeatures_MultiTouch_Fingers	X	整数
	Y	整数
	On	整数
cFeatures_Recipes	Edit	整数
	Actual	整数
cFeatures_Trends	PenSin	实数
	PenRampUp	整数
	PenWaveUp	实数
	PenOnOff	整数
	PenCos	实数
	PenRampDown	整数
	PenWaveDown	实数
	PenRandom	实数
	PenAnalog	整数
cIndustries_ControlPanel	ModeManual	整数
	GenSel	整数
	Fault	整数

续表

类型名称	类型数据点名称	类型
cIndustries_ControlPanel	OverLoad	整数
	Power	整数
	SP	实数
	PV	实数
	Angle	实数
cIndustries_Energy	Tank1Volume	整数
	Tank2Volume	整数
	MixerState	整数
	MixerFault	整数
	MixerCmd	整数
	MillingState	整数
	MillingFault	整数
	MillingCmd	整数
	Production	整数
	ProductionTarget	整数
	ModeManual	整数
cIndustries_Food	ModeManual	整数
	Step	整数
	counter	整数
	Production	整数
	Msg	字符串
	Motor	整数
	Level	整数
	Valve	整数
cIndustries_Machinery	ModeManual	整数
	Step	整数
	counter	整数
	Production	整数
	Msg	字符串
	Motor	整数
	Level	整数
	Valve	整数
cIndustries_OilAndGas	OilFlow	实数
	OilPressure	实数
	State	整数
cIndustries_OvenFurnace	FurnaceCmd	整数
	FurnaceState	整数
	FurnaceFault	整数
	Temperature	整数
	ModeManual	整数

续表

类型名称	类型数据点名称	类型
cIndustries_Process	Analog	实数
	Valve	整数
cIndustries_Solar	Power	实数
	Compass	实数
cIndustries_Wastewater	Cmd	整数
	State	整数
	Fault	整数
	FlowAeration	实数
	FlowWAS	实数
	FlowRAS	实数
cIndustries_Water	Pump1	整数
	Pump2	整数
	Pump3	整数
	Pump4	整数
	Valve	整数
	Level1	整数
	Level2	整数
	Level3	整数
	Pressure	整数
cIndustries_Wind	Brake	整数
	Speed	实数
	Temperature	实数
	Power	实数
	Wind	实数
	Fault	整数
	Angle	实数
cOEM	ProductName	字符串
	ProductVer	字符串
	URL	字符串
	MobileAccess	字符串
cSimulation	Ramp	整数
	RampSin	实数
	CycleOn	整数
	SinWave	实数
	CycleCounter	整数
	CosWave	实数
cSolutions_OEE	IdleTime	整数
	OperationTime	整数
	TotalTime	整数
	MissedSpeed	实数

续表

类型名称	类型数据点名称	类型
cSolutions_OEE	ActualSpeed	实数
	MaximumSpeed	实数
	BadParts	整数
	GoodParts	整数
	TotalParts	整数
	BreakDowns	整数
	LongStops	整数
	AvailabilityLoss	整数
	ShortStops	整数
	ReducedSpeed	整数
	PerformanceLoss	整数
	StartupRejects	整数
	ProductionRejects	整数
	QualityLoss	整数
	Availability	实数
	Performance	实数
	Quality	实数
	OEE	实数
	OEETarget	实数
	Trigger	整数
	SelMachine	整数
	SelPeriod	整数
cSolutions_PackML	Status_StateCurrent	整数
	Status_StateChangeInProgress	布尔
	Status_StateRequested	整数
	Command_CntrlCmd	整数
	Command_CmdChangeRequest	布尔
	Status_StateCurrentLabel	字符串
csysLocal	HomeImageId	整数
	HomeImageMessage	字符串
	HomeImageIndex	整数
	HomeImagePause	整数
	HomeImageNext	整数
	HomeImagePrevious	整数
	NavGroup	字符串
	NavScreen	字符串
	NavLabel	字符串
	NavScreenName	字符串
	LanguageName	字符串
	LanguageCode	整数

续表

类型名称	类型数据点名称	类型
csysLocal	IsServer	整数
	IsSMA	整数
	URLPrefix	字符串
csysServer	ConnectionString	字符串
	Week	整数
	WeekDayName	字符串
	MonthName	字符串

以类型 cFeatures_ActiveObjects 为例，在项目管理员窗口的“全局”选项卡中右击“类别”，选择“插入类别”命令，如图 3-1 所示。

系统弹出“插入类别”对话框，要求输入插入类别的名称，如图 3-2 所示。输入需创建类别的名称为“cFeatures_ActiveObjects”。

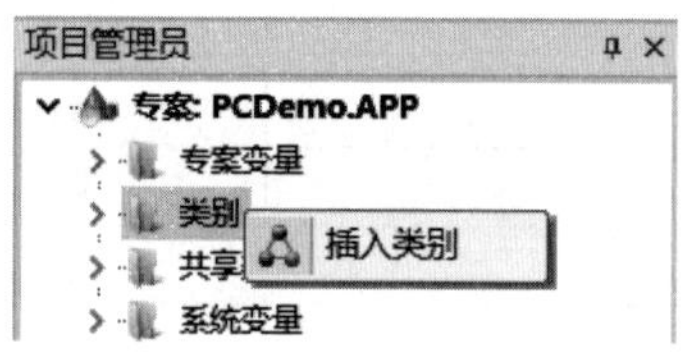

图 3-1　插入类别

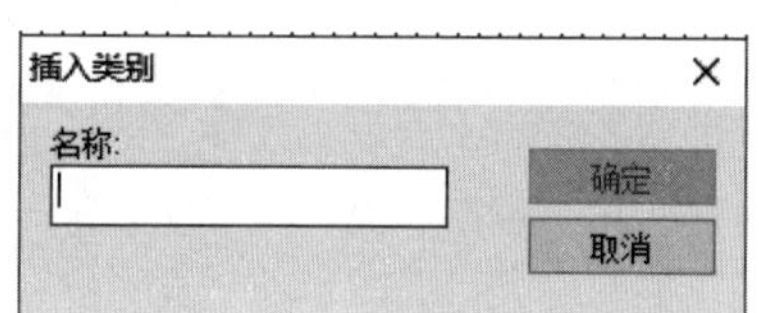

图 3-2　插入类别名称

此时，在项目管理员窗口的“全局”选项卡中单击“类别”，双击“数据点总表”打开“类别”工作表，逐一添加类型 cFeatures_ActiveObjects 中的 8 个数据点及对应数据类型，如图 3-3 所示。

以上工作完成后，即可在专案“数据点总表”中创建新数据点时选择创建的类型，如图 3-4 所示。

类别: cFeatures_ActiveObjects

	名称	类型
1	Selection	整数
2	SelectionText	字符串
3	CheckBoxEnable	整数
4	CheckBoxAuto	整数
5	PushButtonMomentary	整数
6	PushButtonMaintained	整数
7	PushButtonLatched	整数
8	PushButtonUnlatch	整数

图 3-3　类别数据点工作表

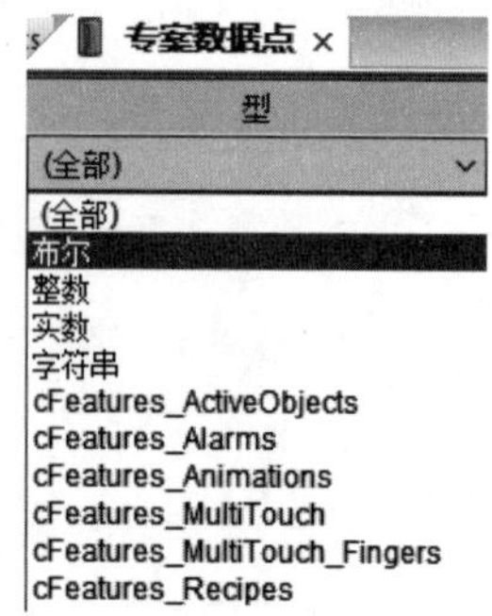

图 3-4　数据点类型

拓展训练

完成表 3-1 中所有专案类型的创建。

【知识点总结】

1. 创建的新类型内部可包含多个不同类型的数据点。
2. 新建的类型将出现在数据点类型下拉选单中。

【学习足迹】

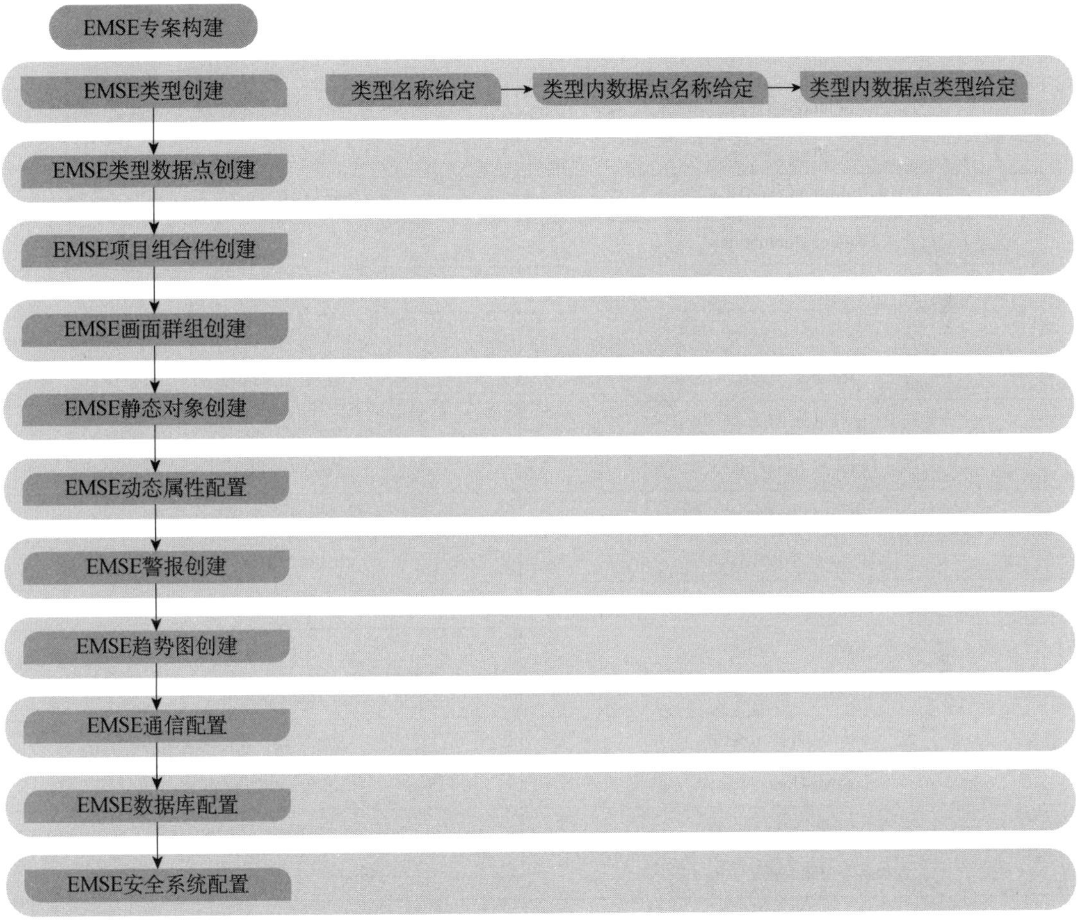

EMSE专案构建

EMSE类型创建　类型名称给定 → 类型内数据点名称给定 → 类型内数据点类型给定

↓

EMSE类型数据点创建

↓

EMSE项目组合件创建

↓

EMSE画面群组创建

↓

EMSE静态对象创建

↓

EMSE动态属性配置

↓

EMSE警报创建

↓

EMSE趋势图创建

↓

EMSE通信配置

↓

EMSE数据库配置

↓

EMSE安全系统配置

【思考与练习】

1. 类型名称是数据点名称吗？
2. 定义的类型名称将出现在 EMSE 软件的何处？

任务 3.2　类型数据点创建

本任务教学计划

类型数据点创建

参照项目 2 创建数据点的过程，实现表 3-2 所列类型数据点的创建。

表 3-2　类型数据点

数据点名称	数据类型
sysServer	csysServer

续表

数据点名称	数据类型
Simulation	cSimulation
OEM	cOEM
sysLocal	csysLocal
Industries_Machinery	cIndustries_Machinery
Solutions_PackML	cSolutions_PackML
Solutions_OEE	cSolutions_OEE
Industries_Energy	cIndustries_Energy
Industries_OvenFurnace	cIndustries_OvenFurnace
Features_Animations	cFeatures_Animations
Features_ActiveObjects	cFeatures_ActiveObjects
Features_Recipes	cFeatures_Recipes
Features_Trends	cFeatures_Trends
Features_Alarms	cFeatures_Alarms
Features_MultiTouch	cFeatures_MultiTouch
Industries_Water	cIndustries_Water
Industries_OilAndGas	cIndustries_OilAndGas
Industries_Food	cIndustries_Food
Industries_Wind	cIndustries_Wind
Industries_Solar	cIndustries_Solar
Industries_Process	cIndustries_Process
Industries_ControlPanel	cIndustries_ControlPanel
Industries_WasteWater	cIndustries_Wastewater
Features_Multitouch_Fingers	cFeatures_MultiTouch_Fingers

此处创建的类型数据点使用了任务 3.1 创建的专案类型。这种类型数据点与单个数据点不同，类型数据点相当于多个单个数据点的集合；也与数组数据点不同，类型数据点的多个单个数据点可以定义为不同的基本数据类型。

拓展训练

完成表 3-2 中类型数据点的创建。

【知识点总结】

1. 类型数据点是允许在数据点总库中进行高度封装的结构型数据点。
2. 类型数据点使用形式为“类型数据点名称.内部数据点名称”。

【学习足迹】

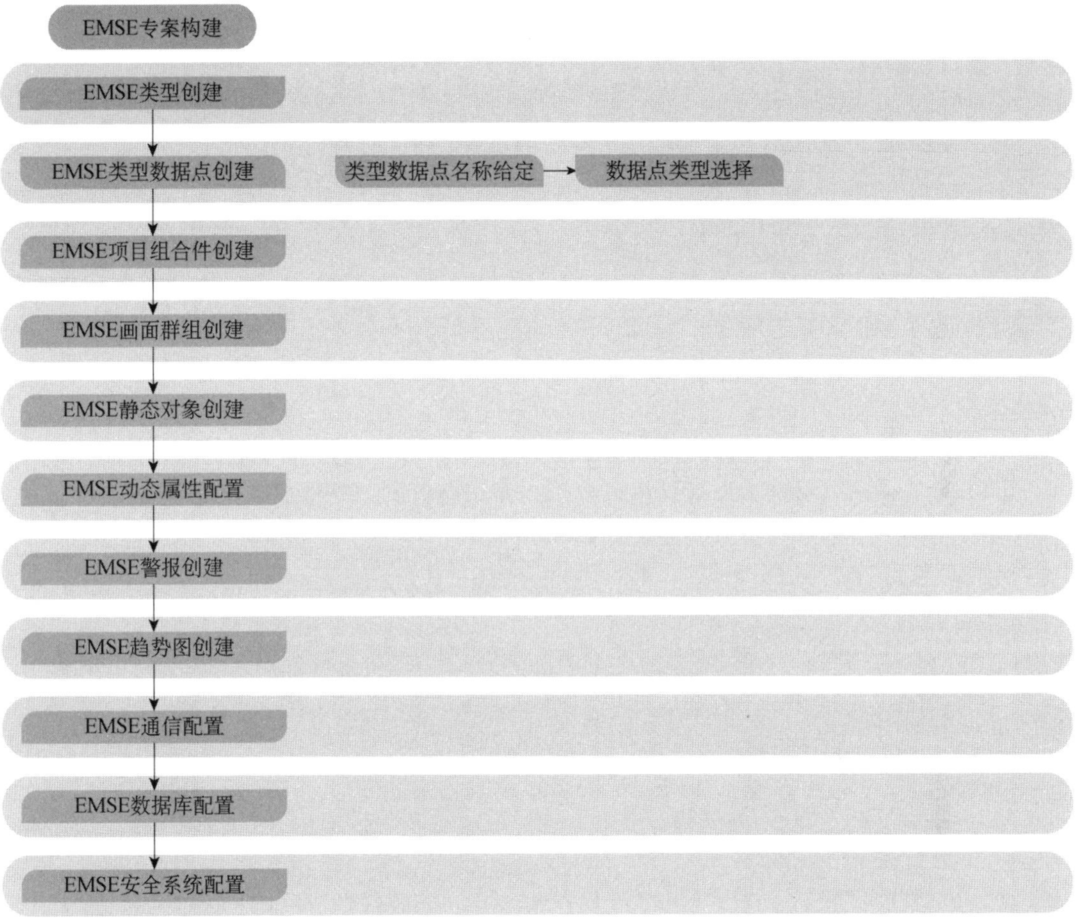

EMSE专案构建

EMSE类型创建

EMSE类型数据点创建　类型数据点名称给定 → 数据点类型选择

EMSE项目组合件创建

EMSE画面群组创建

EMSE静态对象创建

EMSE动态属性配置

EMSE警报创建

EMSE趋势图创建

EMSE通信配置

EMSE数据库配置

EMSE安全系统配置

【思考与练习】

1. 阐述类型数据点与单个数据点及数组数据点的区别。
2. 创建的类型是否可以多次使用来创建类型数据点？

任务 3.3　项目组合件创建

本任务教学计划

组合件创建

3.3.1　组合件的创建

1）创建主组合件

要创建主组合件并保存到“组合件”文件夹，操作步骤如下。

（1）使用静态对象和动态物件的任意组合来设计组合件，与绘制专案画面方法一致，例如绘制矩形窗格中的 3 个复选框，如图 3-5 所示。

（2）选择要保存为组合件的对象或组，如图 3-6 所示。

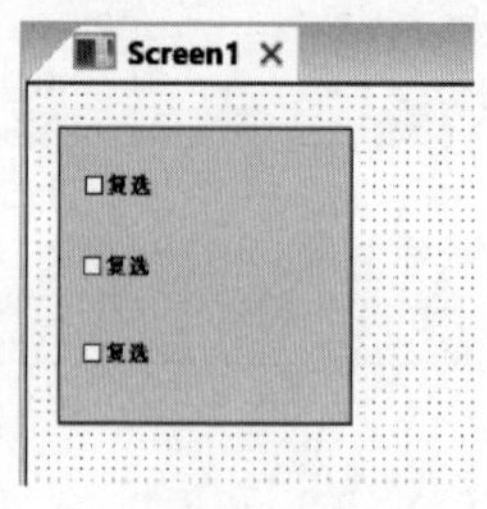

图 3-5 绘制复选框

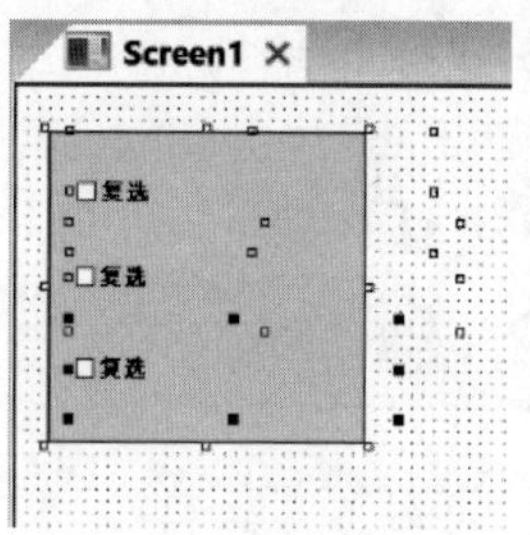

图 3-6 选择对象

但是在某些情况下，可能希望先对对象进行分组。组合件只能有一个提示，如果多个对象上配置了提示，则当对象作为组合件一起保存时，不会显示这些提示。要设置整个组合件的提示，必须先对对象进行分组，然后为各组对象配置提示。当将组保存为组合件时，该提示将一直延续。

（3）右击所选内容，选择快捷菜单中的“建立组合件”命令，如图 3-7 所示。

（4）系统弹出“另存为”对话框，提示为新组合件确立文件名。组合件文件（*.sym）保存在项目的“Symbol”文件夹中，如图 3-8 所示。

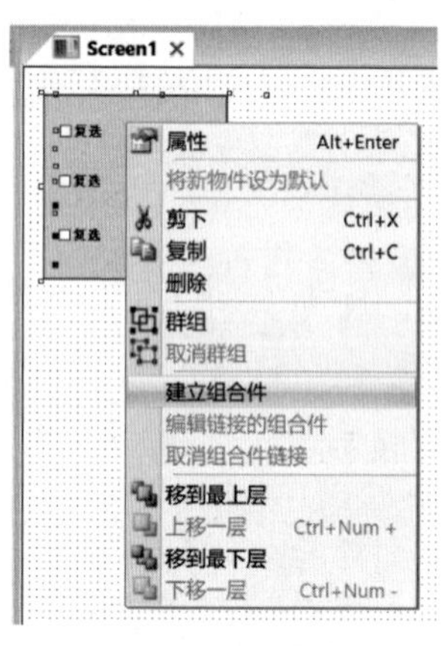

图 3-7 建立组合件

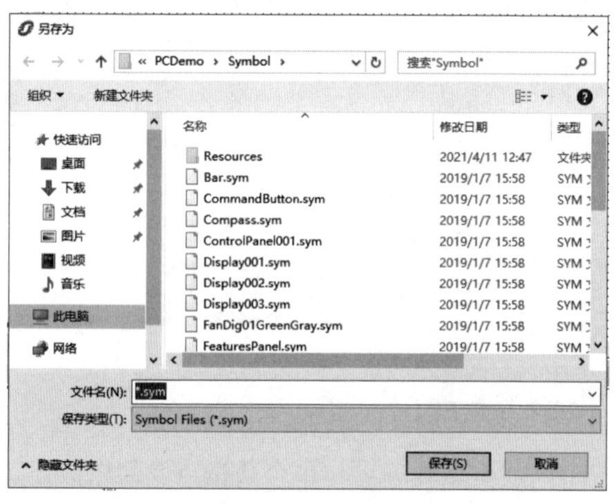

图 3-8 保存组合件文件

（5）单击“保存”按钮，组合件将显示在项目管理员窗口“图表”选项卡“项目组合件”文件夹中，也可以在组合件库的“项目组合件”文件夹中找到，如图 3-9 所示。

图 3-9 项目管理员窗口中显示的组合件文件

采用上述组合件保存方式，则每个副本都将具有相同的属性。如果希望在每次重用组合件时能够自定义属性，必须在组合件上定义自定义属性。

本专案中需要创建表3-3中所列的项目组合件。

表3-3 项目组合件

项目组合件名称	含义
Bar.sym	
CommandButton.sym	命令按钮
Compass.sym	指南针
ControlPanel001.sym	控制面板001
Display001.sym	显示001
Display002.sym	显示002
Display003.sym	显示003
FanDig01GreenGray.sym	
FeaturesPanel.sym	
Gauge01.sym	计量器
Indicator.sym	标志
LanguageFlag.sym	语种旗帜
NavGroup.sym	
NavScreen.sym	
NavScreenButton.sym	
OMACPackMLBlock.sym	
Panel.sym	
PumpDig01GreenGray.sym	泵
RecipeData.sym	
Switch2Pos01.sym	
ValueDisplay001.sym	
Valve.sym	阀
ValveInd.sym	阀
ValveS.sym	阀
ValveVer.sym	阀
WindTurbine.sym	风力机

2）编辑主组合件

可以在保存主组合件后对其进行编辑，添加或删除组合件中的对象或定义其上的自定义属性，对主组合件所做的任何更改将自动更新到每个画面中的每个链接副本。

编辑组合件的操作步骤如下。

（1）右击“项目组合件”文件夹中的组合件文件，然后从快捷菜单中选择“编辑”命令，如图3-10所示。

将打开组合件编辑器，如图3-11所示。此组合件编辑器的工作方式与常规画面编辑器相同，只不过窗口中的每个对象都是组合件的一部分。如果在组合件编辑器中添加、移动或删除对象，可能会更改组合件的尺寸或形状，并中断使用组合件的任何画面的位置。

图 3-10　编辑组合件文件

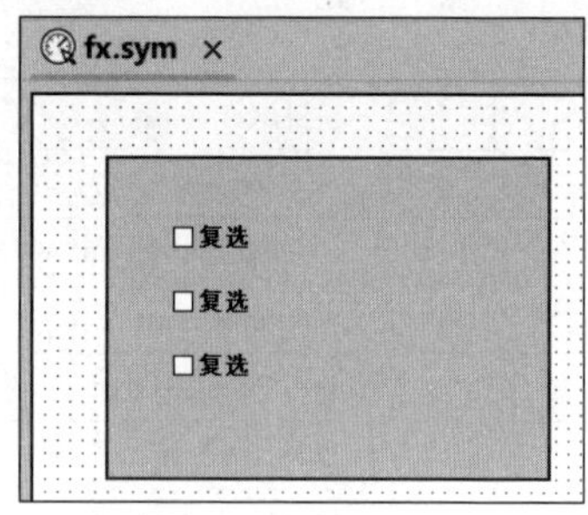

图 3-11　组合件编辑器

除了添加、移动或删除组合件中的对象，还可以编辑其属性，需要根据组合件的使用地点和方式自定义某些属性。在图 3-11 所示示例中，需要自定义 3 个复选框的标题、与复选框关联的数据点及窗口本身的标题。

（2）选择组合件中的矩形，定义其标题。要配置标题、表达式或值，可按照以下语法定义自定义属性：#[Category.]Property：[Value]。其中，Category 是相关属性集合的可选名称，如所有标题或所有复选框的值。如果没有为属性指定类别，它将自动列在“Main”类别下。Property 是数据点特定属性的标题。Property 是每个属性所必需的，并且必须总是跟着一个冒号（：）。Value 是属性的可选默认值。矩形物件属性对话框和矩形标题自定义属性对话框分别如图 3-12、图 3-13 所示。

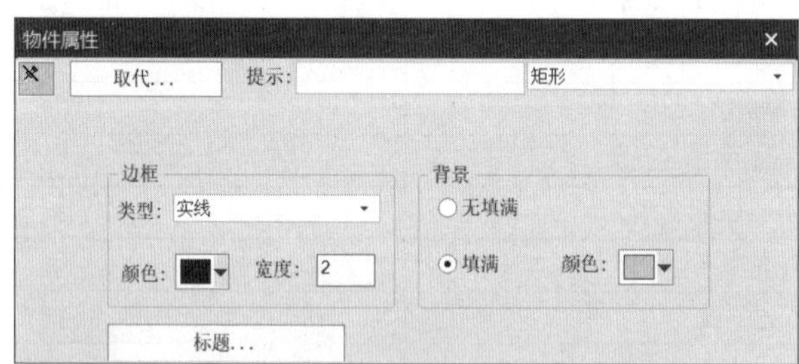

图 3-12　矩形物件属性对话框

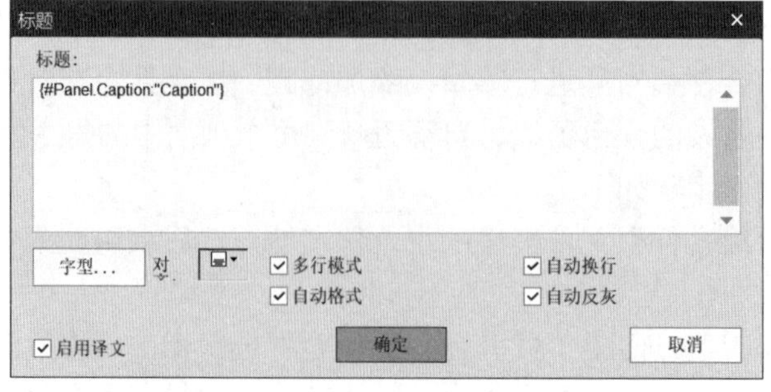

图 3-13　矩形标题自定义属性对话框

（3）选择组合件中的第一个对象并打开其“物件属性”对话框，如第 1 个复选框，如图 3-14 所示。

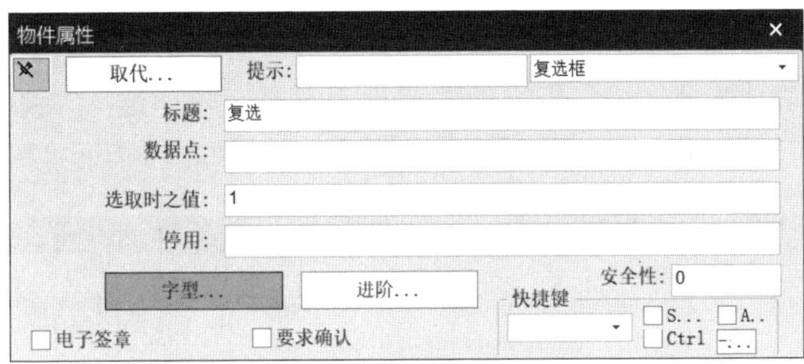

图 3-14　第一个复选框对象的“物件属性”对话框

（4）在复选框对象的“物件属性”对话框中可以设置“标题”、“数据点”和“选取时之值”等参数项。根据画面的不同，某些物件属性需要特定类型的值，如字符串、布尔值或数值。对于这些属性，必须将自定义属性声明括在大括号{}中，如图 3-15 所示。

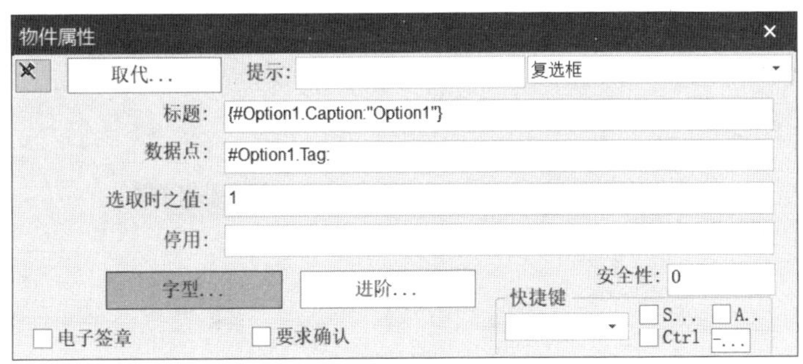

图 3-15　复选框自定义属性声明

（5）根据需要重复步骤（3）和（4），以定义组合件上的其他自定义属性。在复选框对象示例中，完成设置的组合件可在画面中查看具有图 3-16 所示的所有属性。

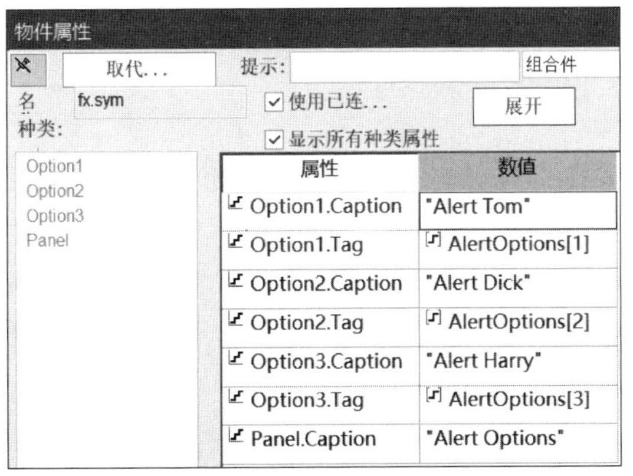

图 3-16　组合件上的自定义属性

（6）保存组合件并关闭组合件编辑器。

（7）在菜单栏“首页”菜单的“工具”选项组中选择“验证”命令，这将更新项目中组合件的所有现有链接副本。

3）向自定义属性添加工具提示

为组合件中可用的每个自定义属性配置说明。创建组合件后，使用组合件编辑器打开它，在组合件编辑器中右击（不在组合件本身），从快捷菜单中选择“编辑组合件属性”命令，在系统弹出的“组合件属性”对话框配置组合件的属性，如图 3-17 所示。

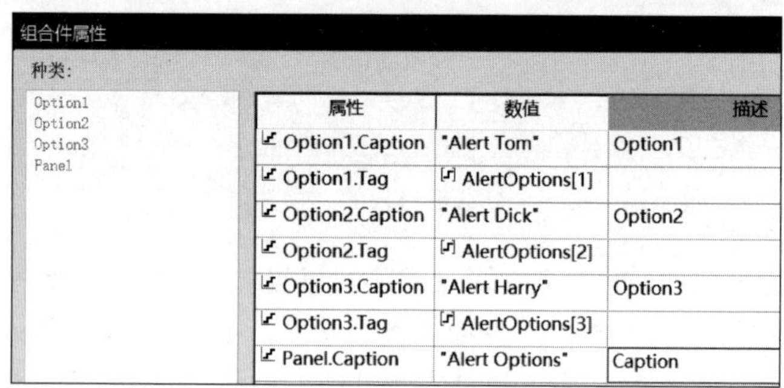

图 3-17　配置组合件的属性

将值分配给画面上组合件的自定义属性时，使用者只需在属性名称上移动光标即可显示提示，如图 3-18 所示。

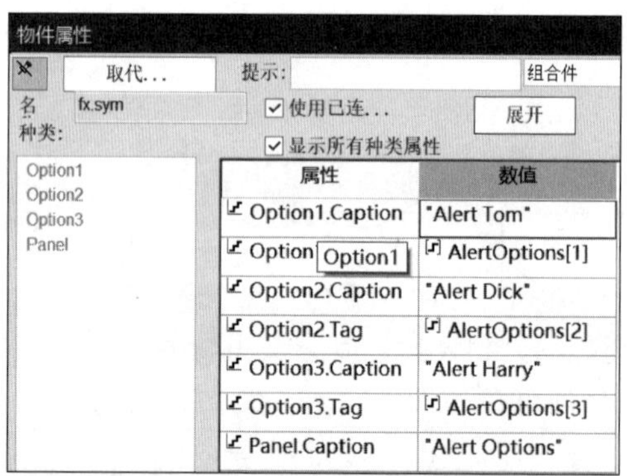

图 3-18　显示属性描述的工具提示

4）密码保护组合件

为任意使用者制作的组合件设置密码，以防止其他使用者对其进行编辑或修改，保护组合件，操作步骤如下。

（1）在“项目组合件”文件夹中，右击所需的组合件文件（.sym），然后从快捷菜单中选择“密码保护”命令，系统弹出“编辑保护”对话框，如图 3-19 所示。

（2）在“新密码”文本框中输入密码。

（3）在“确认密码”文本框中再次输入密码。

（4）单击“确定”按钮。

完成此项工作后，每当尝试编辑组合件或取消组合件链接副本时，系统都会提示输入密码。

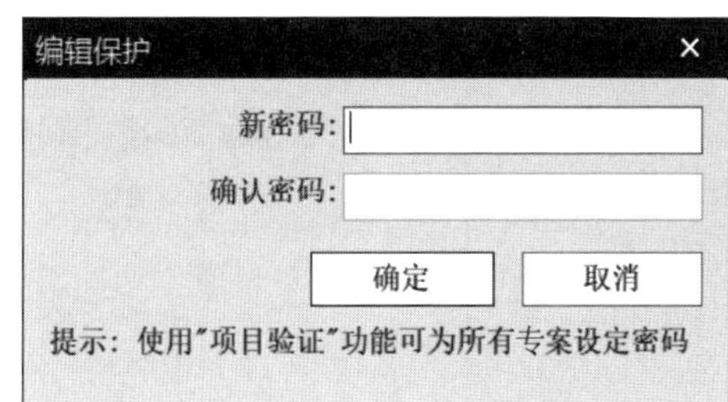

图 3-19　“编辑保护”对话框

5）将使用者制作的组合件提供给其他专案

使用者制作的组合件通常仅在最初创建和保存这些组合件的专案中可用，但是也可以将使用者制作的组合件发送到“系统组合件”文件夹，使其可用于所有专案，操作步骤如下。

（1）在项目管理员窗口的“组合件”文件夹中，右击所需的组合件文件（.sym），从快捷菜单中选择“发送到系统组合件”命令，系统弹出“另存为”对话框，自动指向 EMSE 软件程序目录的“组合件”子目录，而不是项目文件夹的“组合件”子文件夹，如图 3-20 所示。

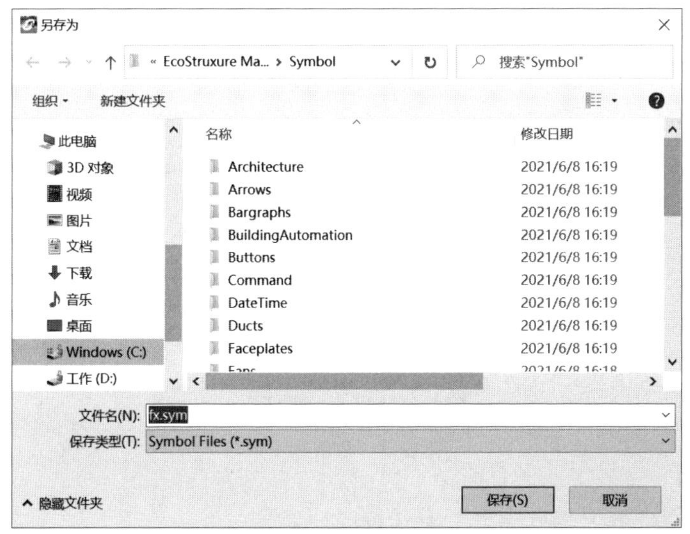

图 3-20　保存组合件

（2）选择保存组合件文件的位置。可以选择现有类别文件夹之一，也可以创建新的类别文件夹。

（3）单击“保存”按钮，组合件文件将保存在设置的位置，组合件将显示在组合件库的“系统组合件”文件夹中，如图 3-21 所示。

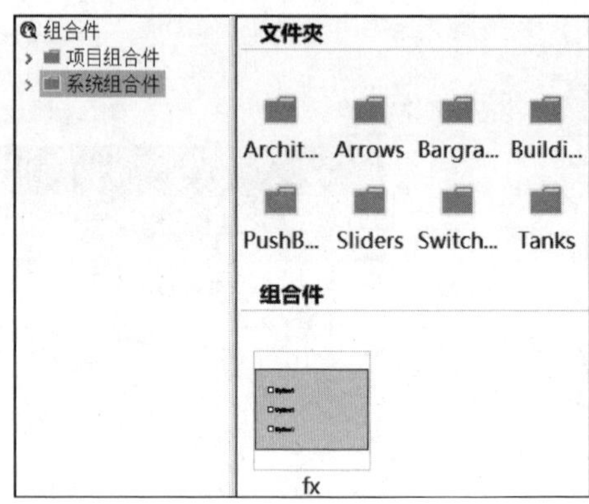

图 3-21 “系统组合件”文件夹

6）在专案画面中插入组合件

在专案画面中插入组合件，然后完成其自定义属性配置，操作步骤如下。

（1）从“画面”文件夹中打开所需的专案画面，或插入新画面。

（2）通过执行以下任一操作打开组合件库。

- 在菜单栏“绘制”菜单的“组件库”选项组选择“组合件”命令。
- 双击项目管理员窗口“图表”选项卡中的“组合件”。
- 在要插入组合件的画面中右击，选择快捷菜单中的“插入链接之组合件”命令。

（3）从组合件中选择需要的组合件，然后在画面上单击放置，如图 3-22 所示。插入组合件后，可以像在画面上任何其他对象一样对其进行操作。可以将该组合件与其他对象对齐分布，也可以为其配置动态属性，但应先完成组合件的自定义属性配置。

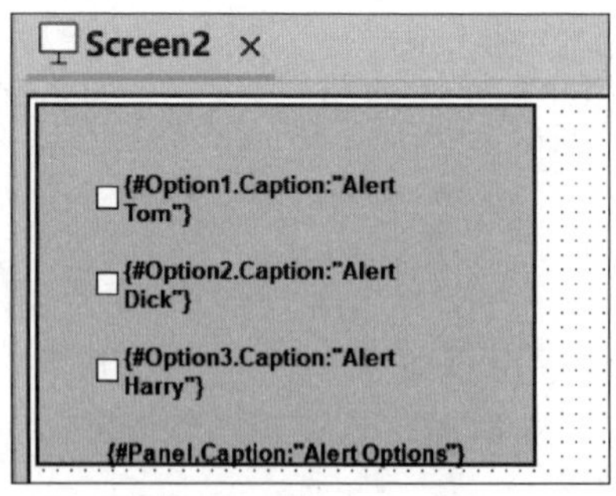

图 3-22 放置组合件

（4）打开组合件的“物件属性”对话框。

（5）单击“展开”按钮，系统弹出“组合件属性”对话框。若要同时查看所有属性，选择“显示所有种类属性”复选框，根据需要输入属性值。

（6）单击“确定”按钮，关闭“组合件属性”对话框，然后关闭“物件属性”对话框。自定义属性在运行时解析，如图 3-23 所示。

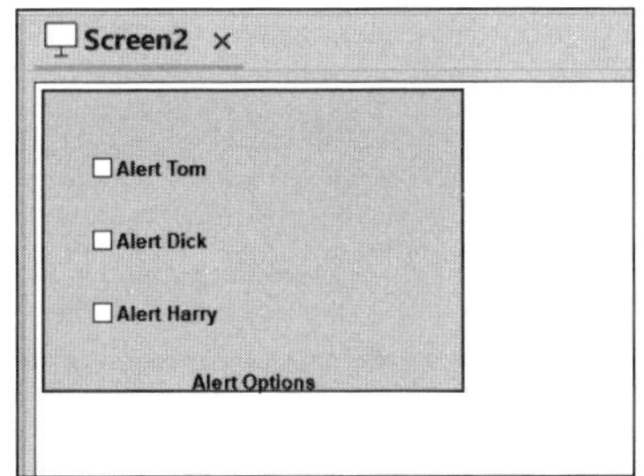

图 3-23　编辑（顶部）和运行时（底部）的组合件

3.3.2　ActiveX 控件的创建

在“绘制”菜单的“组件库”选项组中选择“ActiveX 控件”命令，打开“插入 ActiveX 控件”对话框，可以通过该对话框在画面上配置 ActiveX 控件。

当“插入 ActiveX 控件”对话框打开时，它包含 PC 上注册的所有 ActiveX 控件，如图 3-24 所示。

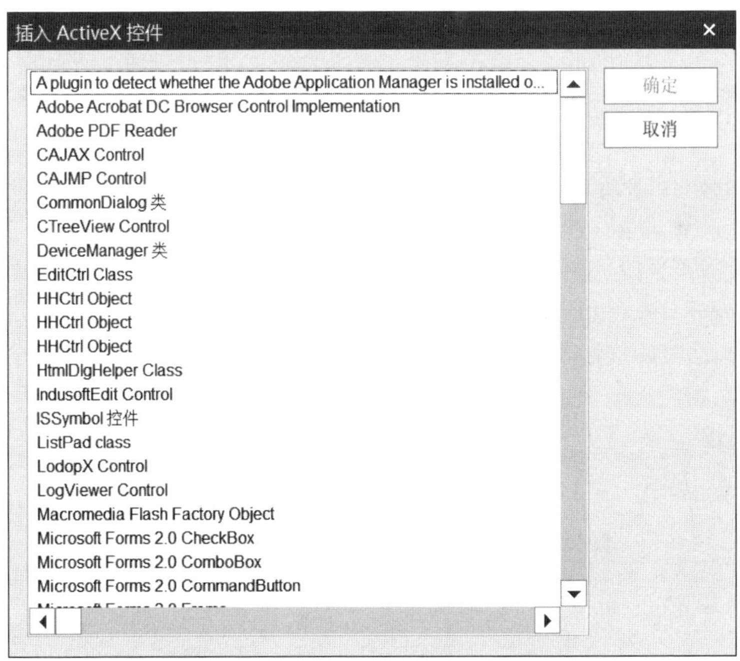

图 3-24　“插入 ActiveX 控件”对话框

ActiveX 控件是按照标准设计的控件。由于 EMSE 软件是 ActiveX 控件的容器，因此可以在使用 EMSE 软件创建的画面中配置和运行 ActiveX 控件。ActiveX 控件可以提供以下接口。

- 属性：其值可以读取或为专案写入的数据点（如对象颜色、文件名、URL 等）。
- 方法：专案可以触发 ActiveX 控件的函数（如打开对话框、执行计算等）。
- 事件：可以触发专案中表达式执行的内部消息（如鼠标单击、下载完成等）。

每个 ActiveX 控件支持的属性、方法和事件的名称取决于具体需求。

有以下两种不同的方法将专案与 ActiveX 控件进行交互。

- 通过使用 ActiveX 函数 Xget（）、XSet（）和 Xrun（）。
- 通过使用“物件属性”对话框配置对象。

双击 ActiveX 控件，打开“物件属性”对话框，如图 3-25 所示。

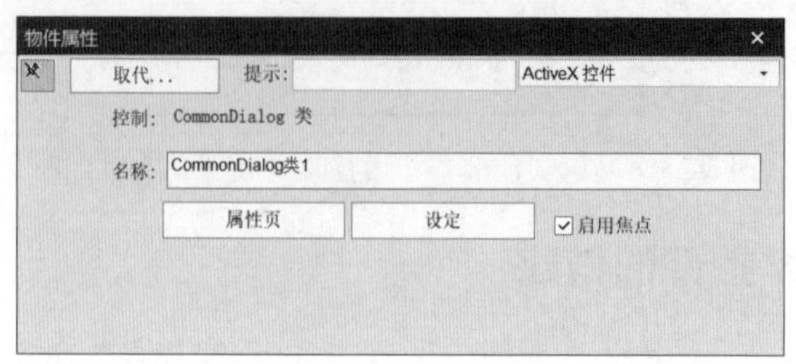

图 3-25 ActiveX 控件的“物件属性”对话框

“物件属性”对话框显示 ActiveX 控件的名称。通常每个 ActiveX 控件都是在本地计算机上注册的*.dll 或*.ocx 文件。必须为 ActiveX 控件配置名称（如 CommonDialog 类 1），用于在调用内置脚本语言中提供的 ActiveX 函数时引用对象的名称。

单击“属性页”按钮可打开用于配置静态属性的标准对话框。此对话框中的位置和选项取决于每个 ActiveX 控件的实现。使用此接口可以设置在运行时不更改的属性（固定属性）。

单击“物件属性”对话框中的“设定”按钮将打开“设定”对话框，允许执行以下操作。

- 将数据点与 ActiveX 控件的属性关联。
- 基于数据点更改 ActiveX 控件的触发方法。
- 配置脚本，在 ActiveX 控件发生事件时执行脚本。

下文中的画面截图描述了 Acrobat 3D Office 控件。每个 ActiveX 控件的属性、方法和事件的名称各不相同，但配置接口相同。

1）配置属性

“属性”选项卡包含 4 个字段，如图 3-26 所示。

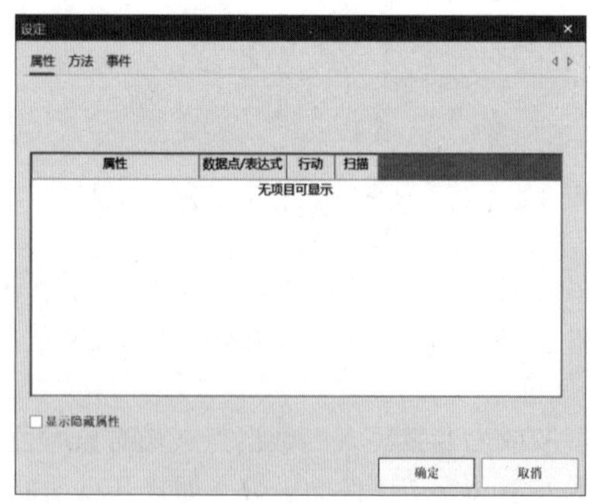

图 3-26 “属性”选项卡

- 属性：列出 ActiveX 控件提供的所有属性图标，并指示其属性类型，见表 3-4。

表 3-4　属性图标及类型

属性图标	属性类型
	布尔
	整数
	实数
	字符串

- 数据点/表达式：此字段中配置的数据点与 ActiveX 控件各自的属性关联。
- 行动：根据表 3-5 所列行动描述定义在“数据点/表达式”字段中配置的数据点或表达式与 ActiveX 控件属性之间的接口方式。

表 3-5　行动描述

行动	描述
取得	读取 ActiveX 控件属性的值，写入“数据点/表达式”字段中的数据点/表达式
设定	将“数据点/表达式”字段中配置的数据点或表达式中的值写入 ActiveX 控件属性
取得+设定	执行取得和设定两个操作。当 EMSE 软件打开配置 ActiveX 控件的画面时，在“数据点/表达式”字段中配置的数据点将用 ActiveX 控件属性的值更新
设定+取得	执行设定和取得两个操作。当 EMSE 软件打开配置 ActiveX 控件的画面时，ActiveX 控件属性将对在“数据点/表达式”字段中配置的数据点值进行更新

- 扫描：根据表 3-6 所列扫描描述定义轮询方法，从 ActiveX 控件取得值。

表 3-6　扫描描述

扫描	描述
否	只有在 ActiveX 控件的画面打开且 ActiveX 控件向 EMSE 软件发送消息以更新此数据点时，才读取并写入“数据点/表达式”字段中配置的数据点
是	EMSE 软件继续轮询 ActiveX 控件属性的值，并更新在“数据点/表达式”字段中配置的数据点

2）配置方法

“方法”选项卡包含 4 个字段，如图 3-27 所示。

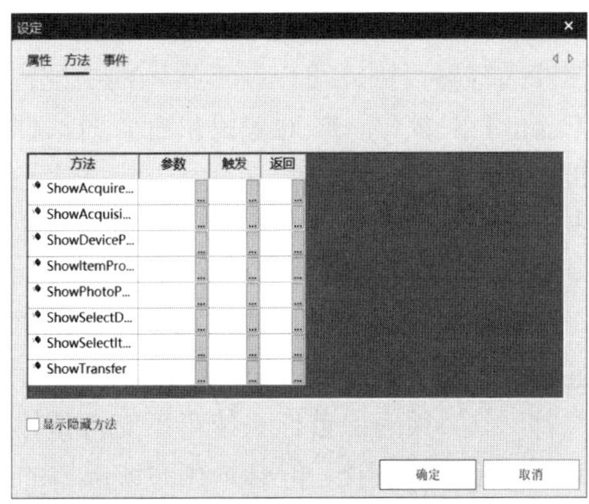

图 3-27　“方法”选项卡

• 方法：列出 ActiveX 控件提供的所有方法。

• 参数：此字段中配置的数据点与相应 ActiveX 控件方法的参数关联。如果该方法不支持任何参数，则“参数”字段中显示“<无>”固定文本。否则可以在 ActiveX 控件的“参数”字段中输入关联的数据点。当“方法”中需要使用多个单个参数时，用逗号分隔。

• 触发：当在此字段中配置的数据点更改时，将执行 ActiveX 控件对应的方法。

• 返回：在此字段中配置的数据点接收方法返回的值（如果有）。

3）配置事件

“事件”选项卡包含 3 个字段，如图 3-28 所示。

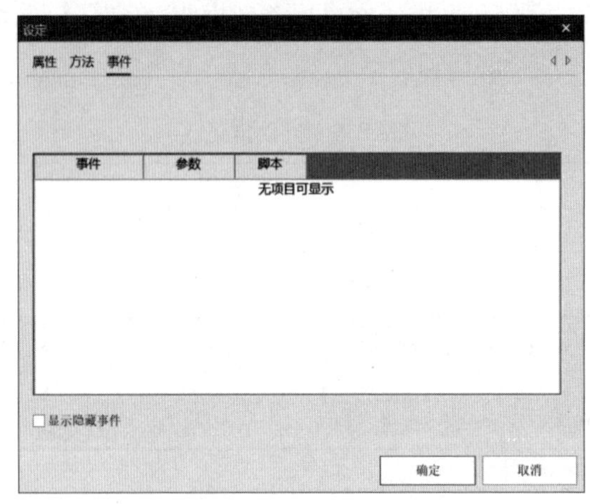

图 3-28 “事件”选项卡

• 事件：列出 ActiveX 控件提供的所有事件。

• 参数：此字段中配置的数据点与相应 ActiveX 控件的事件参数关联。如果事件不支持任何参数，则“参数”字段中显示“<无>”固定文本，否则可以输入与 ActiveX 控件的参数关联的数据点。当事件具有多个参数时，可以用逗号将每个参数分隔。

• 脚本：当 ActiveX 控件触发事件时，将执行在此字段中配置的脚本。

3.3.3 .NET 控件创建

.NET 控件是根据 Microsoft .NET 框架进行设计的，该框架是模块化编程技术的标准。由于 EMSE 软件是.NET 控件的容器，因此可以在专案画面中配置和运行.NET 控件。.NET 控件的函数包含在 .NET Control 对象中，该对象提供配置对话框。

.NET 控件包括以下接口。

• 属性：其值可以读取或为专案写入的数据点（如对象颜色、文件名、URL 等）。

• 方法：项目可以触发的.NET 控件中的函数（如打开对话框、执行计算等）。

• 事件：可以触发项目中表达式执行的内部消息（如鼠标单击、下载完成等）。

每个 .NET 控件支持的属性、方法和事件因控件的具体功能而异。

在专案中使用.NET 控件时，必须确保目标系统可以支持该控件，并确保控件的正确安装与注册。专案支持指向 .NET 控件的链接，但必须在系统部署的设备上安装这些控件。此外，当在远程客户端打开的画面上使用 .NET 控件时，还必须在客户端工作站上手动安

装 .NET 控件。默认情况下，Microsoft Windows 操作系统会安装大量控件，但其他控件将由第三方提供商提供。

1）选择和设置.NET 控件

要在专案画面中选择并配置.NET 控件，操作步骤如下。

（1）在“绘制”菜单的“组件库”选项组中选择“.NET 控件”命令，系统弹出“.NET Framework Components”对话框，如图 3-29 所示。

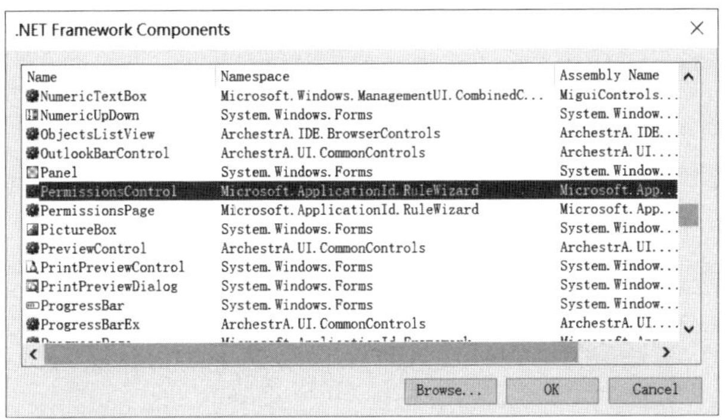

图 3-29 “.NET Framework Components”对话框

图 3-29 所示对话框列出了计算机上安装和注册的所有.NET 控件，但 EMSE 软件不一定支持所有列出的控件。若要放置在专案画面中，控件必须满足以下要求。

- 控件必须使用.NET Framework 2.0、3.0 或 3.5 版本构建，不支持使用.NET Framework 4.0 或更新的版本构建控件。
- 控件必须使用窗体（WinForm）而不是 Windows 演示文稿（WPF）进行设计，不支持使用 WPF 设计的控件。但是可以使用第三方开发工具（如 Visual Studio）来封装基于 WPF 的控件，以便在 EMSE 软件中使用。
- 控件必须设计为使用者控件。
- 在任何情况下都不支持 DataGrid 和 DataGridView 控件。作为替代，EMSE 软件使用专属的数据表格对象。

（2）从列表中选择一个控件，然后单击“确定”按钮，在专案画面中配置该控件，也可以单击“浏览”按钮，查找计算机上未注册的控件。

（3）默认情况下，新的.NET 控件将放置在专案画面的左上角，单击该控件可将其拖动到任意位置。

（4）放置控件后，双击它则可打开其“物件属性”对话框，如图 3-30 所示。

图 3-30 .NET 控件的“物件属性”对话框

“物件属性”对话框显示.NET 控件的名称。必须为选中的控件配置名称（如PermissionsControl1），此名称用于在使用脚本语言时引用控件（Vbscript 和内置脚本）。

单击“属性页”按钮则可打开用于配置静态属性的标准对话框（如果有）。此对话框中的位置和选项取决于每个.NET 控件的实现。使用此接口可以设定在运行时不应更改的属性（固定属性）。

单击“物件属性”对话框中的“成员”按钮将打开“成员”对话框，允许执行以下操作。

- 将数据点与.NET 控件的属性关联。
- 基于数据点更改.NET 控件的触发方法。
- 配置脚本，在.NET Events 控件发生事件时执行这些脚本。

尽管属性、方法和事件的名称因控件而异，但任何.NET 控件的配置接口都相同。

2）配置属性

“属性”选项卡包含 4 个字段，如图 3-31 所示。

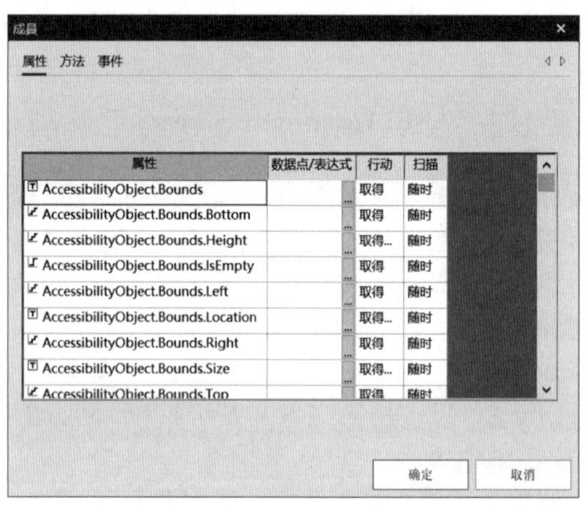

图 3-31 “属性”选项卡

- 属性：列出.NET 控件中可用的所有属性，并指示其类型。
- 数据点/表达式：此字段中配置的数据点与.NET 控件各自的属性关联。
- 行动：根据表 3-7 所列行动描述定义在“数据点/表达式”字段中配置的数据点或表达式与.NET 属性之间的接口方式。

表 3-7 行动描述

行动	描述
取得	读取.NET 控件属性的值，然后写入“数据点/表达式”字段中的数据点/表达式
设定	将“数据点/表达式”字段中配置的数据点或表达式中的值写入.NET 控件属性
取得+设定	执行取得和设定两个操作。当 EMSE 软件打开配置.NET 控件的画面时，在“数据点/表达式”字段中配置的数据点将用.NET 控件属性的值更新
设定+取得	执行设定和取得两个操作。当 EMSE 软件打开配置.NET 控件的画面时，NET 控件属性将对在“数据点/表达式”字段中配置的数据点值进行更新

- 扫描：定义从参数取得值的轮询规则。

3）配置方法

“方法”选项卡如图 3-32 所示，相关字段介绍如下。

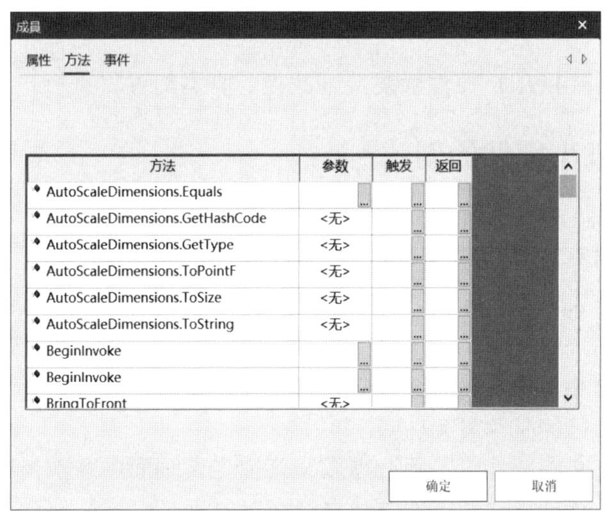

图 3-32　“方法”选项卡

- 方法：列出.NET 控件中可用的所有方法。
- 参数：此字段中配置的数据点与相应的方法关联。如果该方法执行不支持任何参数，将以固定文本“<无>”显示；否则可以进入，标记需要关联的参数。当方法具有多个参数时，可以用逗号将每个参数进行分隔。执行方法时，数据点的值将写入方法的输入参数，或者在执行方法后，.NET 控件将参数的值写入输出参数。
- 触发：当在此字段中配置的数据点的值更改时，将执行.NET 控件的对应方法。
- 返回：此字段中配置的数据点接收方法返回的值（如果有）。

4）配置事件

“事件”选项卡包含 3 个字段，如图 3-33 所示。

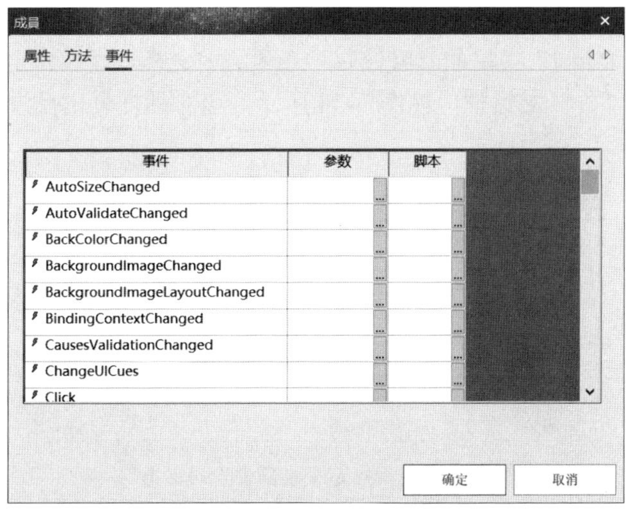

图 3-33　“事件”选项卡

• 事件：列出来自 .NET 控件的所有可用事件。

• 参数：此字段中配置的数据点与相应的事件关联。如果事件不支持任何参数，则显示固定文本<无>，否则可以输入需要关联的参数。当事件具有多个参数时，可以用逗号对参数进行分隔。

• 脚本：当事件由.NET 控件触发，则此处的脚本配置将执行。

3.3.4 自定义小部件的创建

自定义小部件是一种画面对象，在专案画面框中显示符合 HTML5 的外部网页。小部件可以实现网页在浏览器中查看时的效果。

自定义小部件是 ActiveX 和.NET 控件的替代，仅在 Microsoft Windows 系统上支持。事实上，每个小部件本质上是一个小型的嵌入式浏览器窗口，用于加载设置的网页。与 ActiveX 和.NET 控件相比，这些网页在使用之前不需要编译、安装或注册。当将专案下载到目标设备时，它们包含在专案文件中。

为专案创建自定义小部件库，那么可以在任何专案画面中多次使用这些小部件。小部件的每个实例都是具有自身物件属性的独立画面对象。

创建新的小部件（或编辑现有小部件）时，可以为该小部件定义属性和事件。

• 属性用于在网页和项目之间交换数据。类似于 PLC 中的内存寄存器，即将它们与专案数据点关联，然后在它们的值更改时读取/写入数据点。

• 事件用于触发项目中的操作。根据设计和使用方式，网页可以通过小部件将事件发送到的项目，然后这些事件会触发脚本在专案中执行。

自定义小部件的所有实例具有相同的基本属性和事件，因为这些实例只是库中主实例的副本，但可以配置每个实例的物件属性，以便关联不同的数据点并附加不同的脚本。

至于网页本身，可以使用 HTML5、CSS 和 JavaScript 开发。当创建新小部件并将其添加到专案库中时，EMSE 软件将自动在项目文件夹中创建 Web 文件。

1）插入自定义小部件

使用自定义小部件命令创建新的自定义小部件，然后将其添加到专案的库中。创建新的自定义小部件的操作步骤如下。

（1）在菜单栏“绘制”菜单的“组件库”选项组中选择“插入自定义小部件”命令。将弹出“自定义小部件”对话框，如图 3-34 所示。该对话框列出已添加到项目库的所有小部件。

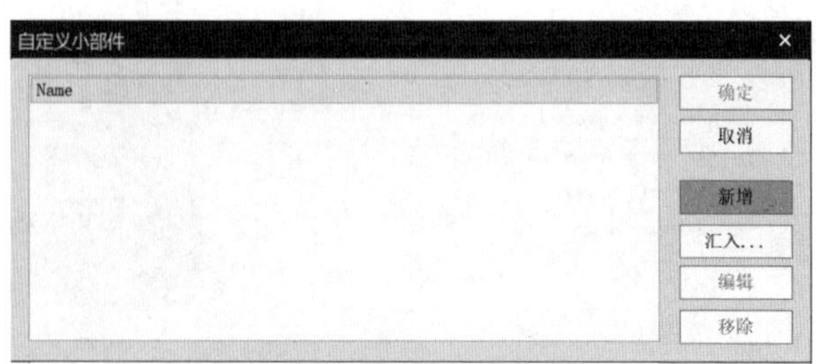

图 3-34 “自定义小部件”对话框

2）单击“新增”按钮，系统弹出创建小部件的“自定义小部件”对话框，如图 3-35 所示。

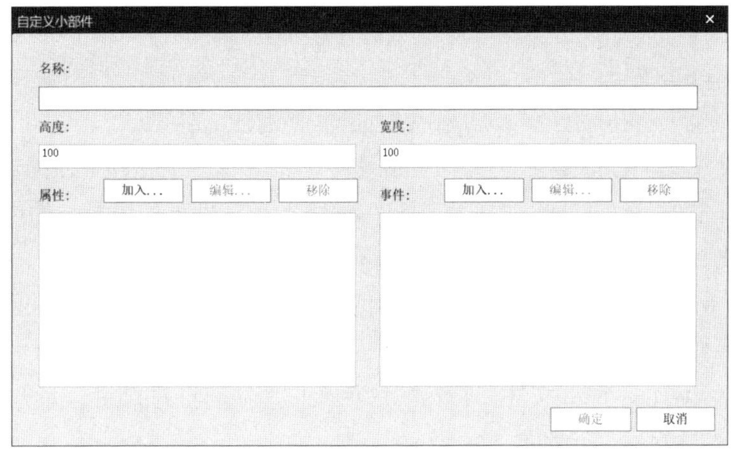

图 3-35 创建小部件的“自定义小部件”对话框

（3）在“名称”文本框中输入小部件的名称，名称中不能包含任何空格。

（4）在“高度”和“宽度”文本框中输入小部件添加到项目时应具有的默认高度和宽度（单位为像素）画面。

（5）若要向小部件添加属性，执行以下操作。

- 在“属性”区域中，单击“加入”按钮，系统弹出“加入”对话框。
- 在“名称”文本框中输入属性的名称。
- 单击“确定”按钮将属性加入到小部件，然后关闭对话框。
- 对要加入的每个属性重复操作。

以上是所有小部件基本属性的通用设置。若要自定义小部件的特定实例属性（将不同数据点与该实例上的属性关联），需要配置小部件的物件属性。

（6）若要向小部件加入事件，执行以下操作。

- 在“事件”区域中，单击“加入”按钮，系统弹出“加入”对话框。
- 在“名称”文本框中输入事件的名称。
- 单击“确定”将事件加入小部件，然后关闭该对话框。
- 对要加入的每个事件重复操作。

以上是所有小部件基本事件添加的通用操作。若要在小部件的特定实例（将不同的脚本附加到该实例上的事件）上自定义事件，需要配置小部件的物件属性。

（7）完成上述操作后，单击“确定”按钮，创建小部件。

（8）如果要立即插入某个小部件，在小部件列表中选择该小部件，然后单击“确定”按钮，关闭“自定义小部件”对话框，此时小部件将插入到专案画面中。

（9）如果要关闭“自定义小部件”对话框，而不插入此小部件的实例，单击“取消”按钮。

2）编辑自定义小部件的 Web 文件

编辑自定义小部件的 Web 文件，以开发小部件的内容并链接小部件的属性和事件。

在开始操作之前，应该熟悉如何使用 HTML5、CSS 和 JavaScript 开发网页。此外，必须已创建自定义小部件，并加入专案的库中。只有将小部件加入库中，才能在专案文件夹中自动创建关联的 Web 文件。

Web 文件应位于<project name>\Web\Widgets\<widget name>\。

每个自定义小部件实际上包含 3 个 Web 文件，但只有 2 个文件是使用者可编辑的。

• Index.html 是网页本身。它是在项目画面中的小部件框架中显示的内容。可以编辑网页的整个正文（<body>和</body>之间的所有内容）。

• custom_widget.js 是与网页关联的 JavaScript 函数库。需要编辑这些函数，以便将小部件的属性和事件链接到网页的实际内容。

不要编辑<widget>.wjson 文件，它包含自定义小部件的重要设定。

3）插入并配置自定义小部件

小部件的所有实例共享相同的基本属性和事件。当创建小部件并加入专案库中时，这些属性和事件相同，但可以为每个小部件实例自定义属性和事件。具体地说，可以配置实例的物件属性，以便将数据点与属性关联，并附加脚本到事件。

要插入和配置自定义小部件，操作步骤如下。

（1）打开专案画面。

（2）在菜单栏”绘制”菜单的“组件库”选项组中选择“插入自定义小部件”命令。

（3）系统弹出“自定义小部件”对话框，此对话框列出已加入专案库的所有小部件。

（4）在列表中，选择要插入到专案画面中的自定义小部件，然后单击“确定”按钮，关闭对话框并插入新小部件。

（5）如有必要，使用标准画面编辑工具调整小部件的尺寸和位置。

（6）若要打开小部件的“物件属性”对话框，执行以下任一操作。

• 选择小部件对象，然后在菜单栏“绘制”菜单的“编辑”选项组中选择“属性”命令。

• 右键单击小部件对象，然后在快捷菜单中选择“属性”命令。

• 双击小部件对象，弹出该小部件的“物件属性”对话框，如图 3-36 所示。主部件名称显示在“自定义小部件”右侧，小部件实例的名称显示在“名称”文本框中。

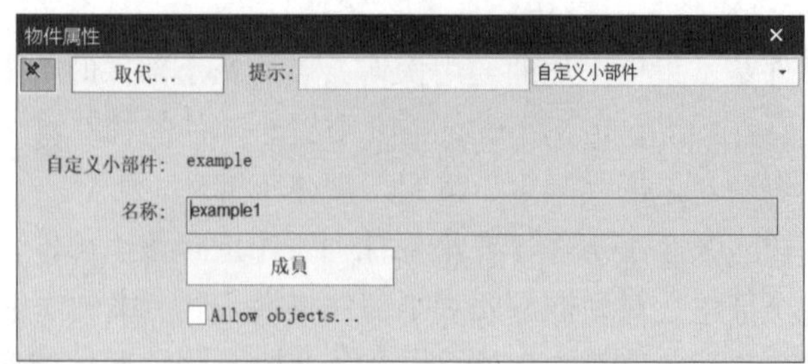

图 3-36　小部件的“物件属性”对话框

（7）单击“成员”按钮，系统弹出“成员”对话框，成员即创建自定义小部件时定义的所有属性和事件，选择成员并加入专案库中。

（8）单击“属性”选项卡，然后为列表中的每个属性输入应与属性关联的数据点/表达式。每当数据点/表达式的值发生更改时，都会更新小部件 Web 文件中的属性值。每当属性值发生更改时，都会更新关联的数据点。

（9）单击“事件”选项卡，然后为列表中的每个事件添加一个脚本。

- 在“脚本”框中，单击“...”按钮，系统弹出标准脚本编辑器。
- 与其他 VBScript 界面一样编写脚本。
- 单击“确定”按钮，保存脚本并关闭脚本编辑器。每当从小部件的 Web 文件收到设置的事件时，都会执行脚本。

（10）单击“确定”按钮，关闭“成员”对话框。

（11）关闭“物件属性”对话框。

4）为自定义小部件配置 Web 服务器

如果使用 Web 服务器将项目服务配置在客户端，则必须执行一个附加步骤，以便为自定义小部件配置该 Web 服务器。在开始操作之前，应该熟悉如何配置和运行 Web 服务器，例如 Windows 的 Internet 信息服务。此外，假定已为客户端访问配置了专案，Web 服务器正在运行，并且远程使用者正在使用标准客户端。如果仅使用本地模块查看在同一台计算机上运行的项目，则不需要执行任何操作。

简而言之，当使用者打开包含自定义小部件的专案画面时，小部件会尝试从特定 URL 加载其 Web 文件。该 URL 可能会有所不同，具体取决于开发和部署项目，因此必须明确 Web 文件在服务器上的位置。为此，需要创建从项目网站到 Web 文件的直接链接。

为自定义小部件配置 Web 服务器，具体操作如下。

（1）打开 Windows“控制面板”，运行“管理工具”→“Internet Information Services（IIS）管理器”。

（2）在 Internet Information Services（IIS）管理器中，右击项目的网站 website，然后在快捷菜单中选择“加入虚拟目录”命令，系统弹出“添加虚拟目录”对话框。

（3）在“别名”文本框中输入“Custom Widget”。

（4）在“物理路径”文本框中输入项目文件夹的完整文件路径，或单击“...”按钮打开一个标准的 Windows“浏览器文件”对话框，查找和选择项目文件夹。

（5）在“传递身份验证”下方单击“连接为”按钮，系统弹出“连接为”对话框。

（6）在“路径凭据”下选择“特定用户”单选按钮，然后单击“设置”按钮，系统弹出“设置凭据”对话框。

（7）在“设置凭据”对话框中输入有权访问项目文件夹的计算机上的 Windows 用户的用户名和密码。默认情况下，服务器仅有权访问网站自身物理路径中的文件。这是为了确保网站的访问者不会未经授权访问计算机的其他文件。因此，如果创建指向网站物理路径外部位置的虚拟目录，则需要授予 Web 服务器访问该位置的权限。

（8）单击“确定”按钮，关闭“设置凭据”对话框，返回“连接为”对话框，Windows 用户的名称显示在“特定用户”文本框中。

（9）单击“确定”按钮，关闭“连接为”对话框并返回“添加虚拟目录”对话框。

（10）单击“确定”按钮，关闭“添加虚拟目录”对话框。

（11）名为 CustomWidget 的虚拟目录将加入专案的网站。

（12）退出 Internet Information Services （IIS）管理器。

3.3.5 图片绑定

下面介绍如何使用“绑定图片”命令将外部图片文件链接到画面对象，以便可以轻松地在专案中使用图片或在运行时更改图片。首先需要确保画面工作表处于打开和可编辑状态。此外，必须确定图片文件的确切存储路径。如果希望将图片文件与专案文件的其余部分一起下载到目标系统，则必须保存在专案文件夹中，如 Machine SCADA Expert 2020 Projects\<project name>\Web。

如果图片文件位于网络或目标系统的其他位置，必须掌握完整的文件路径。

链接到外部映像文件需要完成以下操作。

（1）在菜单栏“绘制”菜单的“组件库”选项组中选择“绑定图片”命令，系统弹出“打开”对话框。

（2）通过该对话框查找并选择图片文件，然后单击“确定”按钮。

在 Windows 目标系统上运行的专案支持以下图片文件类型：Windows 位图（.bmp）、Windows 元文件（.wmf、.emf）、JPEG（.jpg、.jpeg）、PNG（.png）、TIFF（.tif、.tiff））、AutoCAD DXF（.dxf）。

在 Windows 嵌入式目标系统上运行的专案支持以下图片文件类型：Windows 位图（.bmp）、JPEG（.jpg、.jpeg）、PNG（.png）、TIFF（.tif、.tiff））、GIF （.gif）、可交换图片文件（.Exif）。

为提高兼容性，推荐使用 PNG 格式，图片作为“绑定图片”对象将加入画面中。

（3）双击画面对象，系统弹出“物件属性”对话框，选择“绑定图片”选项，如图 3-37 所示。

图 3-37 绑定图片

（4）在“连结档”文本框中检查链接。

如果图片文件位于 Web 文件夹中，则链接是相对文件路径。如果图片文件位于其他位置，则链接是绝对文件路径。

可以在 Web 文件夹中设置文件夹，如输入 MyPictures\Picture1.bmp，则路径为 <project name>\Web\MyPictures\Picture1.bmp。

（5）如果要在专案运行时更改链接，从而更改图片，可用专案数据点取代文件路径，操作步骤如下。

① 在“连结档”文本框中，选择文件路径，然后将其复制到剪贴板。

② 将“连结档”文本框中的文件路径取代为大括号中的字符串数据点（如{MyLinkedPicture}）。

③ 如果数据点不存在，系统将提示创建该数据点，此时创建该数据点作为字符串数据点。

④ 将数据点的起始值设定为复制到剪贴板的文件路径。通过将文件路径粘贴到数据点的“起始值”文本框中（在专案数据点总表“数据点属性”对话框中），或通过配置启动脚本，在专案运行时设定数据点值。

使用正确配置的专案数据点，每当数据点值在运行时发生更改时，链接都将刷新。数据点值的格式必须与普通链接相同，位于 Web 文件夹中的文件的相对文件路径，或存储在网络或目标系统其他位置的文件的绝对文件路径。

（6）如果希望图片中某些部分对画面背景透明，选择透明色，在“透明色”列表中选择“颜色码”或“跟踪点”。

① 如果选择“颜色码”，输入一个“数据点/表达式”，该“数据点/表达式”将提供所需透明色的 24 位颜色码。

② 如果选择“追踪点”，单击并拖动动态属性画面上的对象的追踪点，直到追踪点位于所需透明色的样本上。

（7）关闭“物件属性”对话框。

（8）如果在项目设定中启用“效能控制”功能，则每个图片文件将保存在内存中，然后从内存加载，而不是从专案文件夹或网络上的设置位置加载。这将提高运行时的性能，因为从内存加载文件比从硬盘加载文件快。

（9）如果不希望缓存图片文件，或者如果要确保文件的最新版本始终从设置位置加载，则应停用“效能控制”功能。

拓展训练

完成表 3-3 中的项目组合件创建并使用这些项目组合件。

【知识点总结】

1. 项目组合件可由系统组合件编辑得到，可重复使用，专案的项目组合件可供其他专案使用。

2. ActiveX 控件是按照标准设计的控件。

3. .NET 控件是根据 Microsoft .NET 框架进行设计的，该框架是模块化编程技术的标准。

4. 自定义小部件是一种画面对象，在专案画面框中显示符合 HTML5 的外部网页。

5. 使用“绑定图片”命令将画面对象链接到外部图片文件，以便可以轻松地在专案中使用图片或在运行时更改图片。

【学习足迹】

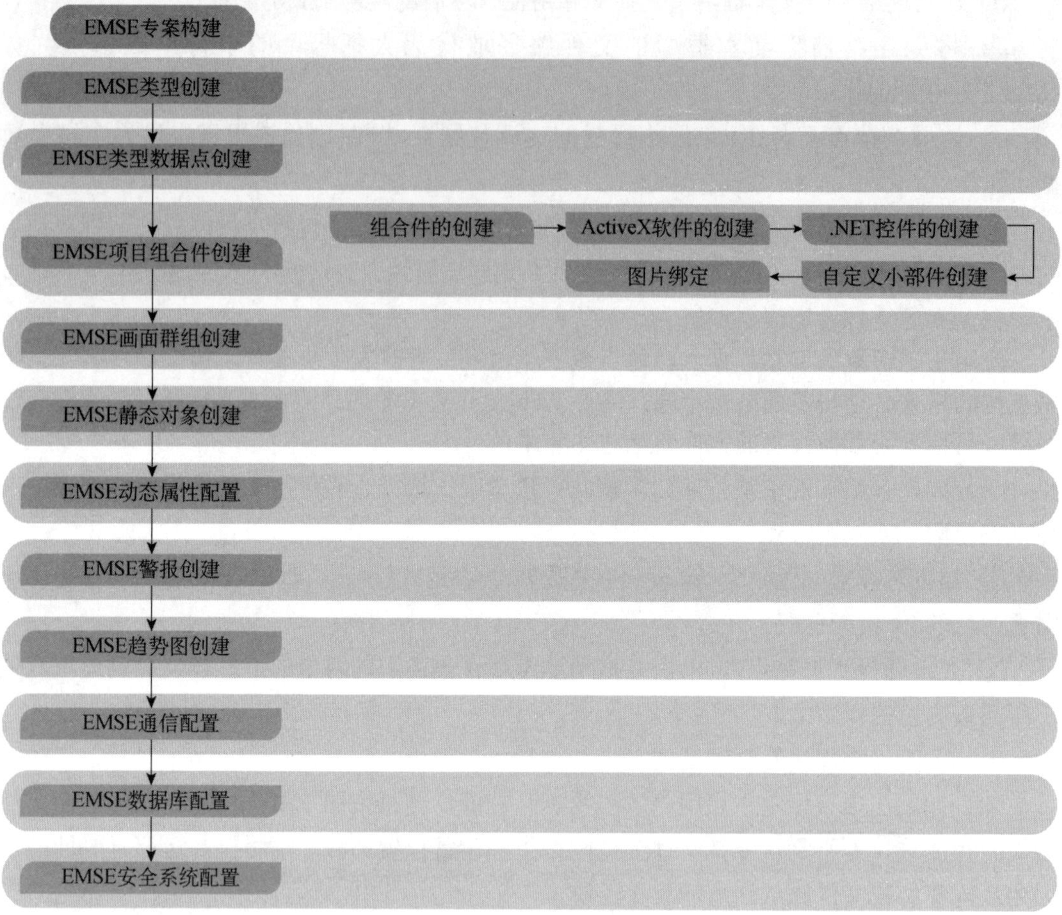

EMSE专案构建
EMSE类型创建
EMSE类型数据点创建
EMSE项目组合件创建：组合件的创建 → ActiveX软件的创建 → .NET控件的创建 → 自定义小部件创建 → 图片绑定
EMSE画面群组创建
EMSE静态对象创建
EMSE动态属性配置
EMSE警报创建
EMSE趋势图创建
EMSE通信配置
EMSE数据库配置
EMSE安全系统配置

【思考与练习】

1. 项目组合件保存后文件类型是什么？
2. 项目组合件是否能够在创建后共享给其他专案使用？

本任务教学计划

画面群组创建

任务 3.4　画面群组创建

画面群组将“画面”文件夹中的多个画面组合成一副画面，这样许多画面中不变的部分不再需要反复绘制，在减轻工作量的同时，保证了多幅画面中不变部分的画面对象的尺寸和位置的一致性。

创建新的画面群组，操作步骤如下。

• 在菜单栏“插入”菜单的“图表”选项组中选择“画面群组”命令，系统弹出“插入画面群组”对话框，如图 3-38 所示。

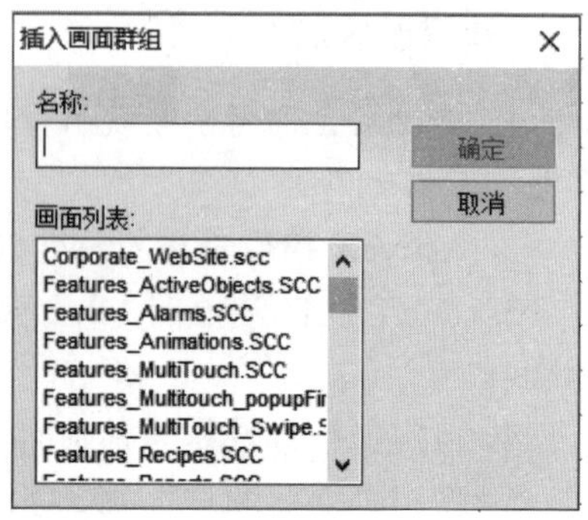

图 3-38　“插入画面群组”对话框

• 在“名称”文本框中输入新画面群组的名称。

• 通过从“画面列表”列表中选择画面，为该画面群组选择一组画面。要选择多个画面，在单击画面名称时按住 Ctrl 键，完成后释放 Ctrl 键。

• 此列表仅包含当前位于“画面”文件夹中的画面。

• 单击“确定”按钮，关闭“插入画面群组”对话框。

要删除特定的画面群组，右击其子文件夹，然后单击要删除的画面。

拓展训练

专案画面分辨率为 800×600，版面配置包括以下三个部分：

（1）标题画面（占整体高度 15%），画面名称为标题区，并添加背景颜色。

（2）车间画面（占整体高度 45%），画面名称为车间区，并添加背景颜色。

（3）检视画面（占整体高度 40%），画面名称为监控区，并添加背景颜色。

起始画面群组名称为 Startup。

【知识点总结】

1. 画面群组可以将多个画面进行组合，以便它们可以同时打开。
2. 画面群组可以设置为起始画面。
3. 画面群组可以充分利用已有画面组成不同的画面。

【学习足迹】

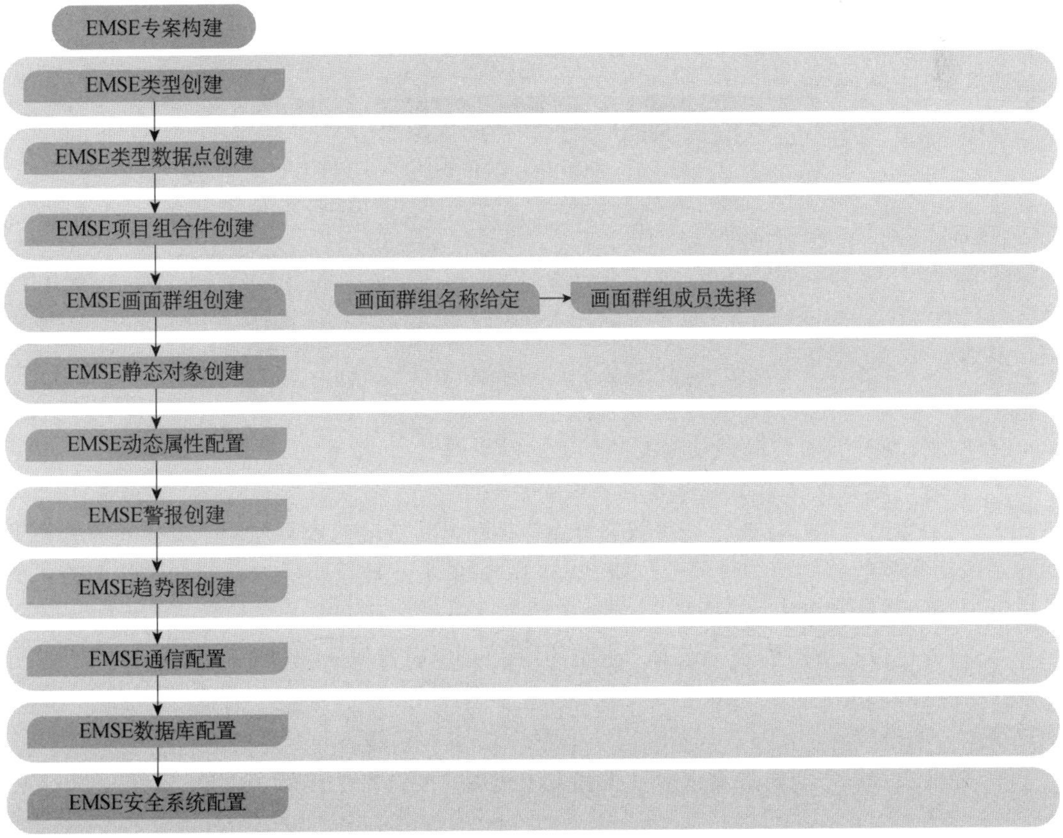

【思考与练习】

1. 画面群组文件的后缀名是什么？
2. 多个画面群组可以再次进行群组组合吗？
3. 画面群组可以设置为专案的起始画面吗？

任务 3.5　静态对象创建

本任务教学计划

菜单栏“绘制”菜单的“静态对象”选项组中共有 9 个对象（命令）：如图 3-39 所示，静态对象比简单图形需要进行更多的参数设置。

文字对象创建

图 3-39　静态对象

3.5.1　文字对象创建

在“绘制”菜单的“静态对象”选项组中选择“文字”命令，系统弹出文字对象的“物件属性”对话框，如图 3-40 所示。

（1）在绘图区域中单击，光标闪烁，输入对应的文字内容。

（2）输入完毕，双击新文字，查看该文字对象的“物件属性”对话框。

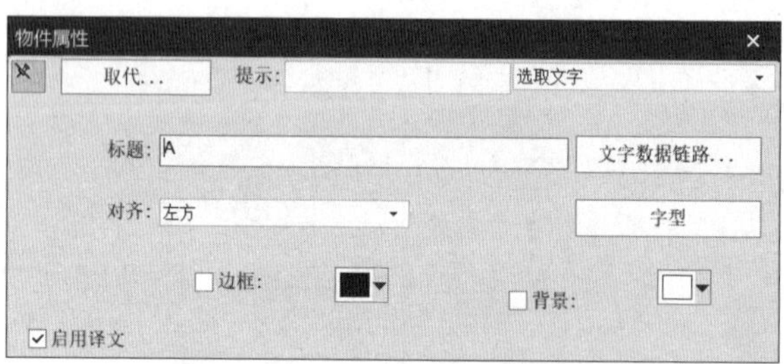

图 3-40　文字对象的“物件属性”对话框

在“物件属性”对话框中设置文字对象的以下属性。

- 标题：通过该文本框可修改文字对象名称。
- 文字数据链路：单击“文字数据链路”按钮，将该动态属性应用于文字对象。如果标题不包括文字数据链接的任何占位符（###），则单击此按钮也会自动追加这些字符，但是自动追加的字符宽度可能不足以显示全部信息，需要自行调节。
- 对齐：可从下拉列表中选择“左方”“中间”“右方”选项以对齐文本。
- 字型：单击“字型”按钮，为文字设置字型样式。当“字型”对话框显示时，可以设置字型、字型样式、尺寸、特殊效果、颜色、脚本等参数。
- 边框：勾选“边框”复选框，设置文本边框。要选择边框颜色，单击“颜色”下拉按钮，选择需要的颜色，然后关闭对话框。

• 背景：勾选“背景”复选框，设置背景颜色。要选择背景颜色，单击“颜色”下拉按钮，选择需要的颜色，然后关闭对话框。

• 启用译文：勾选该复选框，为文本设置外部翻译文件。

拓展训练 1

为专案“生产线管理”的画面“Features_Alarms”绘制文字对象“ALARMS”，如图 3-41 所示。虽然 ALARMS 是一个单词，但由于字体大小不一致，A（Arial 字体 48）和其他字母（Arial 字体小一）是不同的两个文字对象。

图 3-41　文字对象

3.5.2　文字框对象创建

文字框对象创建

文字框对象支持输入和输出单行或多行文本。下面将介绍如何创建文字框对象。

在 EcoStruxure Machine SCADA Expert v7.1 版本之前，在画面上输入和输出文本的唯一方法就是绘制文字对象，然后向其应用文字数据链接动态属性。但是，这仅限于每个对象为单行文本，并且需要额外的步骤来组合对象、动态属性及背景或边框形状。

新的文字框对象是一个操作系统样式的文本输入/输出框，可以配置为显示多行。当对象与数组关联时，文字框的每一行对应一个数组元素，第 1 行是数组索引 0，第 2 行是数组索引 1，第 3 行是数组索引 2 等。

文字框对象的工作方式与文字数据链接动态属性相似。绘制和配置文字框对象的操作如下。

（1）打开画面进行编辑。

（2）在菜单栏“绘制”菜单的“静态对象”选项组中选择“文字框”命令，光标变为十字形。

（3）在画面上绘制所需的对象，然后进一步移动或调整其尺寸（如有必要）。

（4）双击对象，系统弹出文字框的“物件属性”对话框，如图 3-42 所示。

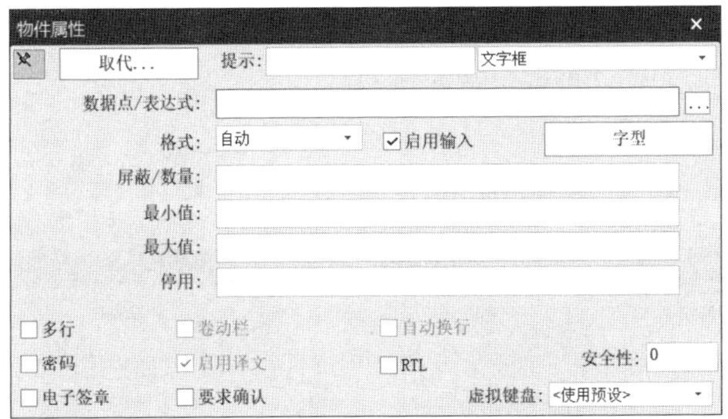

图 3-42　文字框的“物件属性”对话框

（5）在“提示”文本框中输入在光标悬停在该对象上时的显示提示。

（6）在“数据点/表达式”文本框中输入数据点或表达式。数据点可用于输入或输出，表达式只能用于输出。

（7）在“格式”下拉列表中设置数据点/表达式的数值（如果有）显示在画面上的格式。备选项有十进制、十六进制、二进制和自动。如果选择“自动”，则该值将根据函数创建的虚拟表进行格式化。

（8）默认情况下，勾选“启用输入”复选框。如果在运行时不允许用户输入，则取消选中该复选框。

（9）在“屏蔽/数量”文本框中输入一个限制输入的值。

（10）在“最小值”和“最大值”文本框中输入用户将接受的最小值和最大值（如果有）。

（11）在“停用”文本框中输入数据点或表达式的名称。当数据点/表达式的值为非零时，对象将被禁用。

（12）若要使对象接受或显示多行文本，勾选“多行”复选框。选择该复选框后，“卷动栏”和“自动换行”复选框将变为可选，同时“密码”复选框变为不可选。

（13）若要使输入文本显示为混淆文本（如********），勾选“密码”复选框。

拓展训练 2

在专案“生产线管理”的画面“Features_Animations”中，需要绘制“Text Box （scroll）：”文字框对象，其中对应的数据点是 Features_Animations.DataInputScroll；需要绘制“Text Box（multi-line）：”文字框对象，其中对应的数据点是 Features_Animations.DataInputMultiLine。设置时，在“物件属性”对话框中勾选“多行”“卷动栏”“自动换行”复选框。文字框对象如图 3-43 所示。

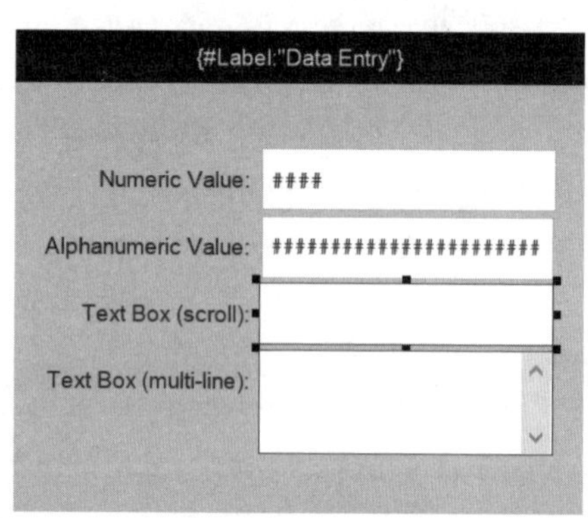

图 3-43　文字框对象

3.5.3　按钮对象创建

在“绘制”菜单的“静态对象”选项组中选择“按钮”，创建自定义尺寸的按钮，操作步骤如下。

按钮对象创建

（1）单击绘图区域并拖动鼠标，创建按钮。

（2）当按钮的尺寸达到要求时，松开鼠标按钮。

（3）双击对象，打开按钮对象的“物件属性”对话框，如图 3-44 所示。

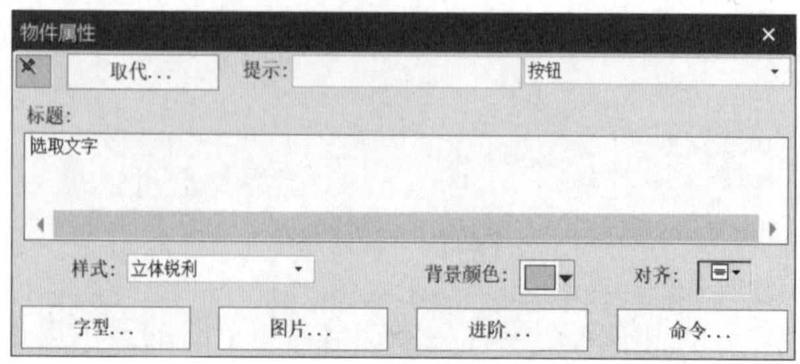

图 3-44　按钮对象的“物件属性”对话框

使用“物件属性”对话框为按钮配置以下参数。

① 标题：可将数据点放置于大括号中（如{数据点名称}），以实现在按钮标题中显示数据点的值。

② 样式：按钮有以下几种样式。

• 立体锐利：凸起的圆形按钮，角有点锐化，适用于触摸屏显示。

• 立体柔和：带柔化角的凸起圆形按钮，适用于触摸屏显示。

• OS 样式：用于匹配专案客户端运行的操作系统，适用于运行 Web 客户端或安全查看器的 Windows 桌面。

• 标准：平面按钮。

③ 背景颜色：为按钮选择背景颜色。

④ 对齐：选择按钮标题的对齐方式。

⑤ 图片：通过单击“图片…”按钮将图片文件插入按钮。在“图片”对话框中可设置以下参数。

• 档：输入图片文件的文件路径，还可以单击文本框右侧的“…”按钮，系统弹出标准 Windows 文件浏览器。

• 尺寸：默认值情况下，图片以其实际尺寸显示。若要更改尺寸，可在“尺寸”下拉列表中选择“自定义”，然后配置图片所需的宽度和高度（以像素为单位）。

• 位置：选择图片相对于标题的位置。

• 位移：设置偏移量（以像素为单位）。

• 透明色：指定图片中的一种颜色为透明，背景颜色将透过这些区域显示。

⑥ 进阶：通过单击“进阶…”按钮，进行进阶设置。在“进阶”对话框中可设置以下参数。

• 多行模式：检查时，允许按钮的标题以多行显示。

• 自动换行：选中时，对象文本会自动换行（如有必要）。

• 自动反灰：当应用到按钮的命令动态属性被禁用或由于安全系统而禁用时，将按钮的标题变为灰色。

• 自动格式：勾选该复选框，则标题中包含由大括号括起来的小数（如{1.2345}）或实数类型的数据将根据函数“SetDecimalPoints（）”对数据进行格式化。

⑦ 命令：单击该按钮，自动将命令动态属性应用于按钮对象，并切换到动态属性的“物件属性”对话框。

拓展训练 3

在专案“生产线管理”的画面“Features_ Animations”中，需要绘制“3D Sharp Confirm”按钮对象，字体为“Arial 10 号”，如图 3-45 所示。

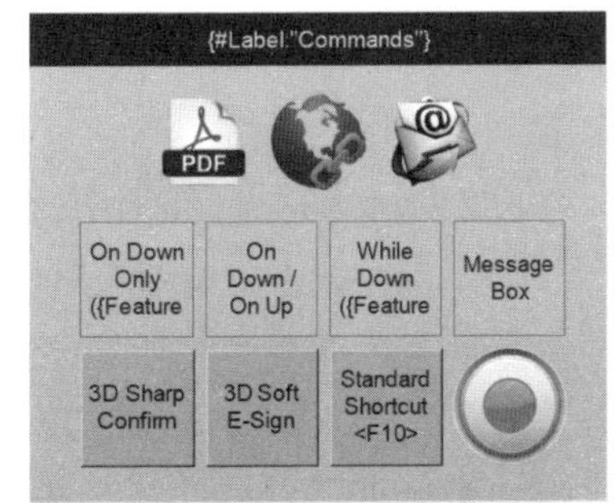

图 3-45　按钮对象

3.5.4 按钮开关对象创建

在菜单栏“绘制”菜单的“静态对象”选项组中选择“按钮开关”命令，创建按钮开关。EMSE 软件提供以下预配置的按钮开关类型。

① 瞬时（默认）：按下按钮开关时更改状态（打开或关闭），释放按钮开关时恢复为初始状态。当打开画面时，此类型按钮开关始终以初始状态显示。

② 交替：按下按钮开关时更改状态（打开或关闭），但在释放按钮开关时不会恢复到初始状态。必须再次按下该按钮开关才能更改为初始状态。此类型按钮开关可在画面上更改时保持其状态。

③ 闩锁：按下按钮开关将保留更改状态（打开或关闭），直到通过更改重置数据点才能恢复初始状态。

EMSE 软件还提供以下按钮开关样式。

① 带面板和指示灯的矩形。

② 没有面板或指示灯的矩形（默认）。

按钮开关对象创建

③ 带 3D 的矩形；

④ 具有浮动外观的矩形。

向画面添加一个或多个预配置的按钮开关，操作步骤如下。

（1）选择“按钮开关”静态对象，将光标置于画面上。

（2）单击并拖动，创建并调整矩形按钮的尺寸。

（3）按钮开关尺寸和文本字型决定了可显示的文本量及触摸屏上可触摸区域的大小。若需要在给定空间中显示较长的消息，可调整按钮开关的尺寸或更改字型。

（4）双击对象，打开按钮开关对象的“物件属性”对话框，如图 3-46 所示。

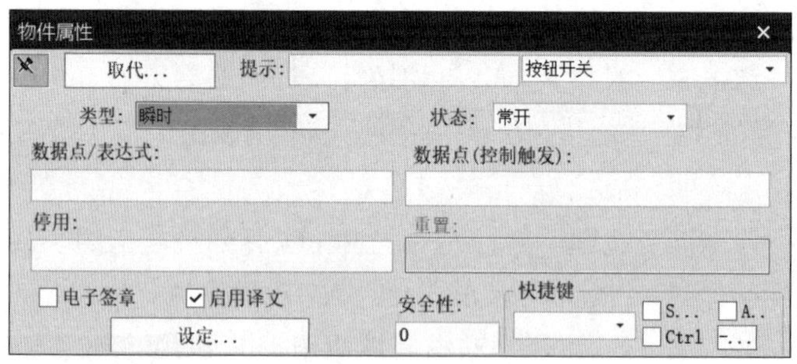

图 3-46　按钮开关对象的“物件属性”对话框

在图 3-46 所示对话框中配置以下参数。

① 类型：单击“类型”下拉按钮，选择按钮开关类型。

② 状态：单击“状态”下拉按钮，设置按钮的默认状态，有常开（默认）及常闭两种类型。

③ 数据点/表达式：在文本框中可输入以下内容。

- 数据点，配置状态区域接收写入值。

• 要执行的表达式，配置按下按钮开关的状态。

④ 数据点（控制触发）：在该文本框中输入一个设置值，当数据点值与设置值匹配时，按钮开关将更改为设置颜色，此功能的实现须在“设定”对话框（见图 3-47）中同时定义了颜色和数据点值。如果该文本框留空，则当按下按钮开关时，指示器会自动更改颜色。

⑤ 停用：在该文本框输入数据点值，该数据点值为非零值时禁用该按钮开关。默认情况下，该文本框为空，即启用了“命令”动态属性。

⑥ 重置（仅适用于闩锁按钮类型）：在“重置”文本框中输入数据点值，控制按钮开关的锁定状态。输入零，按下按钮开关后该按钮开关将保持锁定状态。输入非零值，按下闩锁按钮后，该按钮开关将取消闩锁。必须将数据点重置为零，才能再次按下按钮开关。

⑦ 电子签章：勾选“电子签章”复选框后，系统将提示用户在执行动态属性之前输入电子签章。

⑧ 快捷键：设置键盘键或创建组合键，以便在没有光标设备（鼠标或触摸屏）或其他情况时切换按钮。在“快捷键”文本框中输入键，或从下拉列表中选择非字母数字键，不可使用单个字符或键。

勾选“Shift”、“Ctrl”或“Alt”复选框，创建组合键。

单击“...”按钮，系统弹出“功能键”对话框，修改组合键。选择左、右、左或右设置键盘组合键中的 Shift、Ctrl 或 Alt 键。如果选择左或右，将在执行命令时，这些键中任一键与下拉列表中设置的键结合使用。

⑨ 安全性：在该文本框中输入值，作为该按钮开关的安全级别。如果用户没有达到设置的安全级别，则按钮开关将变为禁用状态。如果用户满足安全级别要求，或者该文本框留空，则按钮开关保持为可用状态。

⑩ 设定：单击“设定...”按钮，打开“设定”对话框，在该对话框中可为设置按钮开关样式和状态等参数，如图 3-47 所示。

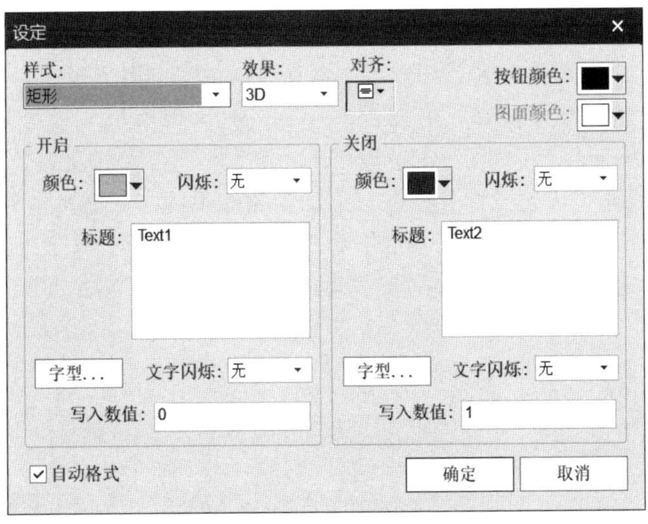

图 3-47　“设定”对话框

图 3-47 所示对话框的参数配置如下。

① 样式：单击“样式”下拉按钮，选择按钮开关样式，样式有矩形（默认）和带指示钮矩形。

② 效果：单击“效果”下拉按钮，在下拉列表中有两个选项。

- 平面（默认）：具有阴影的平面按钮开关对象。
- 3D：按钮开关有斜面边缘，在按下时有压到画面上的效果。

可以组合使用“样式”和“效果”参数创建不同的按钮开关，如图 3-48 所示。

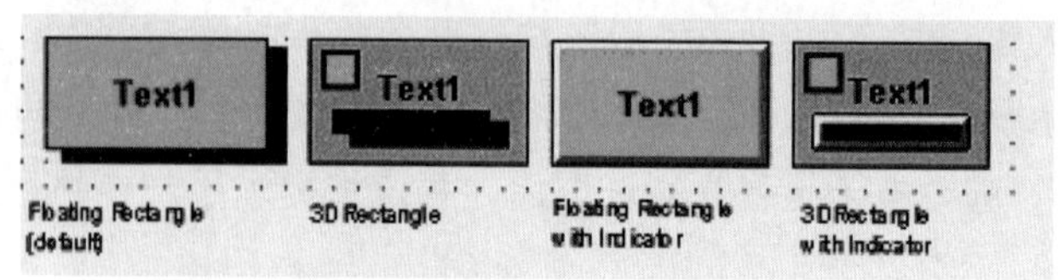

图 3-48　按钮开关样式

③ 按钮颜色：在“按钮颜色”下拉列表中设置按钮开关按钮区域的默认颜色，该按钮区域包括指示钮和面板。

④ 图面颜色：在“图面颜色”下拉列表中设置或更改包含指示钮的按钮开关图例板区域的默认颜色。图面包含按钮和指示钮，如果按钮样式不包含指示钮，该下拉列表将变为禁用状态。

⑤ 开启和关闭：以下参数用于配置按钮开关在其打开和关闭状态下的外观。

- 颜色：单击“颜色”下拉按钮，设置每个状态中指示钮的默认颜色。如果选择了不包含指示钮的按钮样式，则可以使用该下拉列表为每个状态设置按钮开关颜色。
- 闪烁：单击“闪烁”下拉按钮，设置在“颜色”下拉列表中设置的颜色是否闪烁，以及每个状态的闪烁速度，包括无（默认）、慢速和快速三种类型。如果将颜色设置为闪烁，它将在“颜色”下拉列表中设置的颜色和图面颜色（如果是指示钮）或按钮颜色（如果是按钮）之间交替。
- 标题：在该文本框输入按钮开关的标题。
- 字型：单击“字型”按钮，弹出“字型”对话框，可以通过该对话框设置或更改每个状态消息的字型。
- 文字闪烁：单击“文字闪烁”下拉按钮，设置文本是否闪烁及每个状态的闪烁速度，包括无（默认）、慢速和快速三种类型。与闪烁的颜色不同，闪烁文本为出现与消失交替。
- 写入数值：在“写入数值”文本框中输入数值。当按钮处于对应状态（开启或关闭）时，EMSE 软件将此值写入“物件属性”对话框的“数据点/表达式”文本框中设置的数据点。

 拓展训练 4

在专案“生产线管理”的画面“Features_ActiveObjects”中，需要绘制 Momentary 的“Off”按钮开关对象，类型为“瞬时”，状态为“常开”，对应数据点是 Features_ActiveObjects.PushButtonMomentary，如图 3-49 所示。

图 3-49　按钮开关对象

3.5.5　复选框对象创建

复选框对象创建

下面介绍如何在画面中创建复选框对象。

在菜单栏“绘制”菜单的“静态对象”选项组中选择“复选框”命令，在画面上创建复选框对象。

（1）单击画面区域并拖动光标以绘制复选框及其标题。

（2）当对象达到目标尺寸时，释放鼠标。

（3）双击对象，打开复选框对象的“物件属性”对话框，如图 3-50 所示。

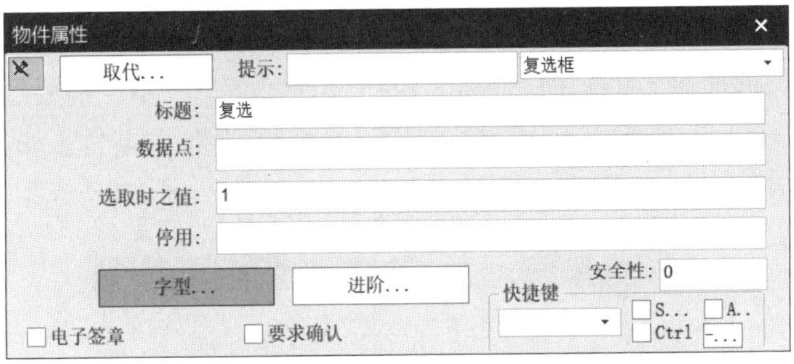

物件属性
取代...　提示：　复选框
标题：复选
数据点：
选取时之值：1
停用：
字型...　进阶...　安全性：0
快捷键
S...　A..　Ctrl　-...
电子签章　要求确认

图 3-50　复选框对象的“物件属性”对话框

在复选框对象的“物件属性”对话框中为复选框对象配置以下参数。

① 标题：在该文本框中输入复选框的标题。

② 数据点：当用户在运行时单击该复选框时，将更新此数据点的值。如果没有设置，此数据点的值用于指示对象的当前状态。

③ 选取时之值：设置用于复选框对象被勾选时赋予数据点的值，指示该对象处于被选状态。

④ 停用：输入数据点或表达式，控制复选框对象的启用和停用。输入非零值时，将停用复选框对象。

⑤ 要求确认：勾选“要求确认”复选框后，将在运行时提示确认操作。

⑥ 进阶：单击“进阶...”按钮，打开“进阶”对话框，如图 3-51 所示。

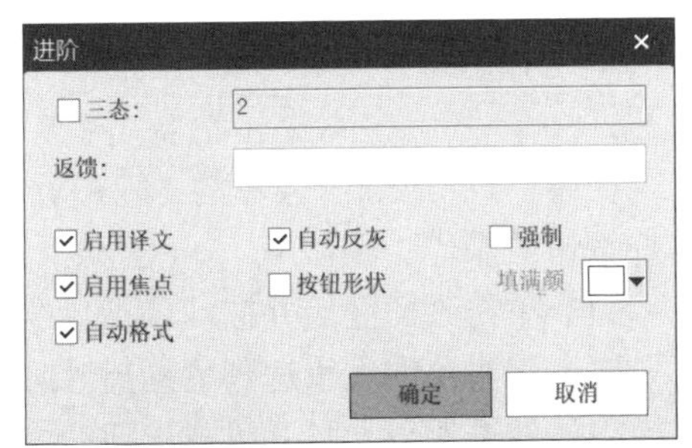

图 3-51　“进阶”对话框

• 三态：如果该复选框被勾选，则该复选框对象具有第 3 个状态。

- 反馈：指示对象状态的值（FALSE、TRUE 或三态状态）。当“反馈”文本框中配置的值等于在“选取时之值”中配置的值时，状态设置为真。当在“反馈”文本框中配置的数据点的值等于在三态中配置的数据点值时，状态设置为三态。当这些条件都不满足时，状态设置为假。如果“反馈”文本框留空，则在“数据点”文本框中配置的数据点将用作反馈数据点。
- 强制：勾选“强制”复选框后，无论数据点的值是否发生变化，当用户勾选该对象时强制数据点数据库监视该数据点。
- 启用焦点：勾选“启用焦点”复选框后，对象可以在运行时通过导航键接收焦点。
- 按钮形状：勾选“按钮形状”复选框后，控件将显示为按钮，而不是标准复选框标准形状。
- 填满颜色：在勾选了“按钮形状”复选框的前提下，利用“填满颜色”下拉列表可设置按钮的填充颜色。

拓展训练 5

在专案“生产线管理”的画面“Features_ActiveObjects”中，需要绘制“Enable”和“Automatic”的复选框对象，如图 3-52 所示，对应数据点是 Features_ActiveObjects.CheckBoxEnable 和 Features_ActiveObjects.CheckBoxAuto。

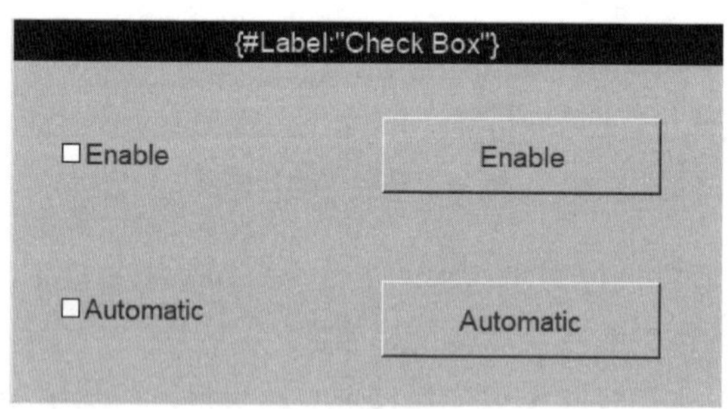

图 3-52　复选框对象

3.5.6　单选按钮对象创建

单选按钮对象创建

单选按钮对象可用于画面绘制，用户可以从画面上的多个单选按钮中选择一个单选按钮。

在菜单栏“绘制”菜单的“静态对象”选项组中选择“单选按钮”命令，在画面上创建单选按钮的操作步骤如下。

（1）单击画面区域并拖动鼠标，绘制单选按钮及其标题。

（2）当对象的大小达到目标尺寸时，释放鼠标按钮。

（3）双击对象，打开单选按钮的“物件属性”对话框，如图 3-53 所示。

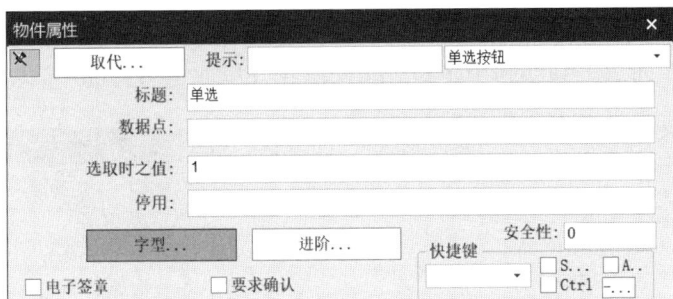

图 3-53　单选按钮的“物件属性”对话框

单选按钮的“物件属性”对话框涉及的参数与复选框对象基本一致。单击“进阶...”按钮，系统弹出“进阶”对话框，如图 3-54 所示。该对话框相关配置内容也可参考复选框对象关联的“进阶”对话框。

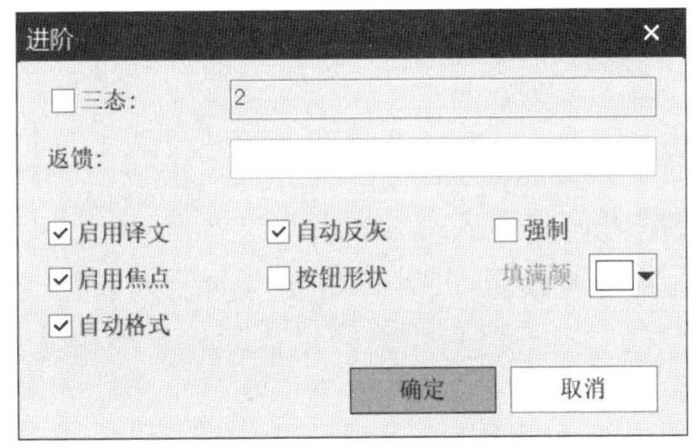

图 3-54　“进阶”对话框

拓展训练 6

在专案“生产线管理”的画面 Features_ActiveObjects 中，需要绘制一周七天的单选按钮对象，字体为 Arial，字号为 8 号，选择其中一天，对应图 3-55 右侧所示天数的单选按钮显示凹陷，七天所有矩形为一个组合件。

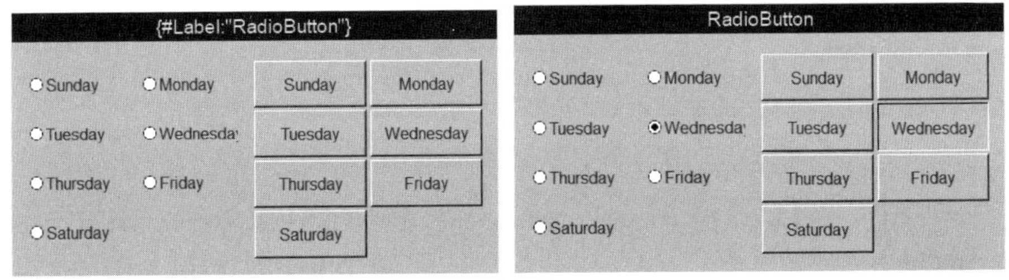

图 3-55　单选按钮对象

下拉选单对象创建

3.5.7　下拉选单对象创建

在菜单栏“绘制”菜单的“静态对象”选项组中选择“下拉选单”，用户可从其下拉菜单中选择单个标签（命令）。如果下拉菜单中的标签较多，则启用滚动条。在运行时，如果从下拉菜单中选择一个标签，下拉菜单将隐藏自身，所选标签将显示在下拉菜单中。

双击下拉选单对象，系统弹出下拉选单的“物件属性”对话框，如图 3-56 所示。

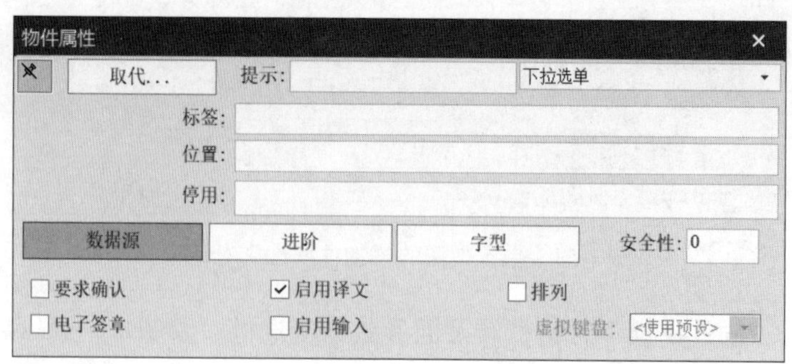

图 3-56　下拉选单的“物件属性”对话框

图 3-56 所示对话框的参数设置说明如下。

① 标签：在该文本框中输入字符串数据点，运行时该数据点用于接收下拉选单对象中被选选项的值。

② 位置：在该文本框中输入整数数据点，运行时该数据点用于接收下拉选单对象中被选选项的序号，更改此数据点值将更改显示的选项。

③ 停用：在该文本框中输入数据点，若该数据点的值为非零，则停用此下拉选单对象；若输入零或将文本框留空（默认），则启用命令动态属性。如果停用下拉选单，则在运行时显示为暗灰色。

④ 数据源：单击“数据源”按钮，系统弹出“数据源”对话框。

⑤ 进阶：单击“进阶”按钮，系统弹出“下拉选单-进阶”对话框，如图 3-57 所示。

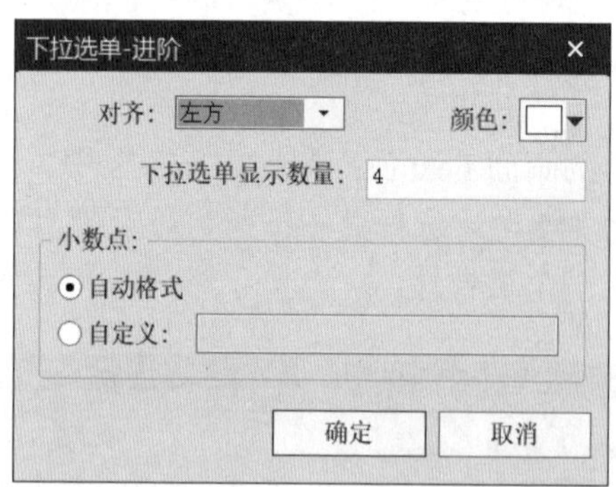

图 3-57　“下拉选单-进阶”对话框

- 对齐：单击“对齐”下拉按钮，设置下拉选单对象列表中选项对齐的方式，包括左方、中间和右方。
- 颜色：单击“颜色”下拉按钮，设置下拉选单的背景颜色。
- 下拉选单显示数量：在该文本框中输入整数，设置用户单击下拉选单对象时显示的选项数。
- 小数点：该区域包含两个单选按钮，用于选择在画面上显示十进制数的显示方式。

自动格式：十进制值将由 SetDecimalPoints 函数创建的虚拟表进行格式化。

自定义：选择“自定义”单选按钮后，需要在对应文本框中输入要显示的小数位数。

⑥ 排列：勾选“排列”复选框后，选项内容将按字母顺序排列。仅当数据源为数组数据点类型时，此复选框才可用。

⑦ 电子签章：选中此复选框后，系统将提示用户在执行动态属性之前输入电子签章。

⑧ 启用输入：选中该复选框，则允许操作员在“标签”字段中将该标签的内容输入标签来选择标签。

⑨ 虚拟键盘：用于此对象的虚拟键盘类型。

1）数据源

打开“数据源”对话框，对将在下拉选单对象中显示的标签进行设置，如图 3-58 所示。

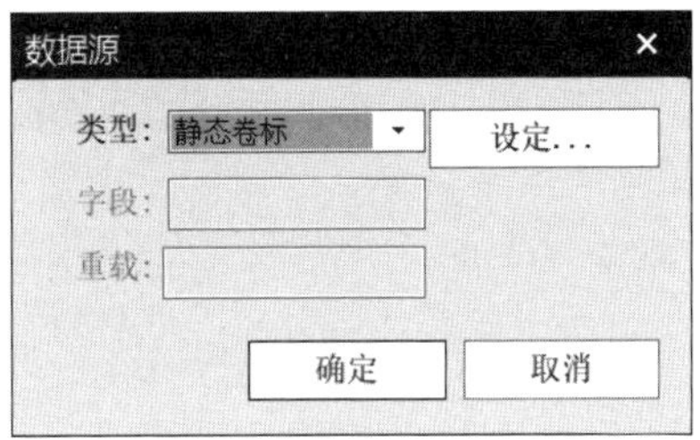

图 3-58　“数据源”对话框

① 类型：选择要使用的数据源类型，然后单击“设定...”按钮以配置数据源。

② 字段（仅适用于文本文件和数据库）：设置要从哪个数据源读取字段/列。

③ 重载（仅适用于文本文件和数据库）：输入数据点名称。当设置数据点的值更改时，下拉选单将从数据源重新加载标签。

2）数据源类型：静态卷标

当“类型”设置为“静态卷标”时，可以在如图 3-59 所示对话框中设置静态卷标。

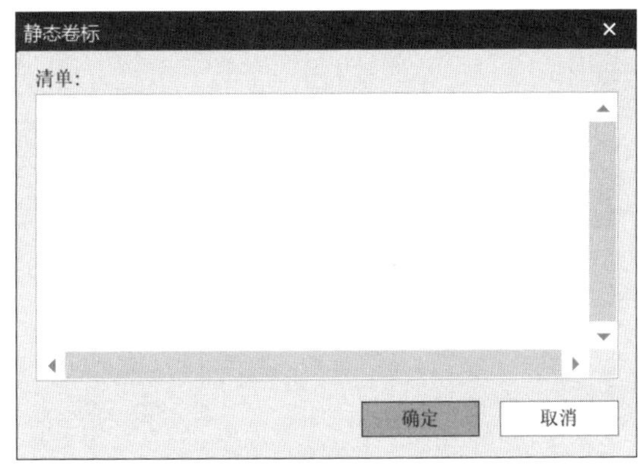

图 3-59　“静态卷标”对话框

输入标签（每行一个标签）就像编辑纯文本文件一样。

标签不会以任何方式排序，因此务必按实际的显示需求对其排序，其中第一行是位置 0，第二行是位置 1，以此类推。

完成后单击“确定”按钮。

3）数据源类型：数据点数组

当“类型”设置为“数据点数组”时，可以在如图 3-60 所示对话框中设置数据点数组。

① 数据点数组：在该文本框中输入包含下拉选单选项的字符串数组名称。

② 项目数量：在该文本框中输入应显示选项的个数。

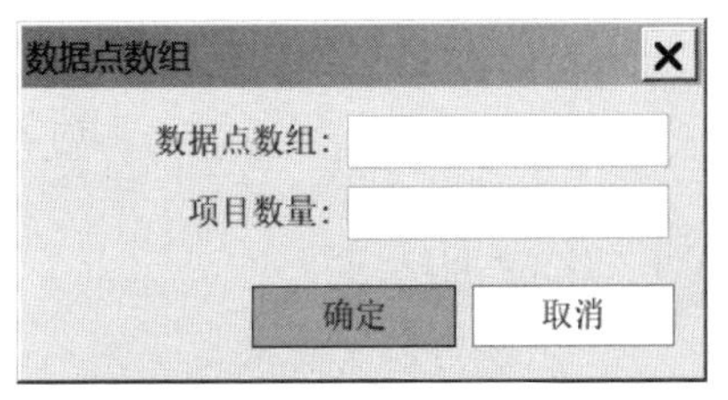

图 3-60　“数据点数组”对话框

完成后单击“确定”按钮。

4）数据源类型：表格数据-文本文件

当“类型”设置为“表格数据-文本文件”时，可在如图 3-61 所示对话框中设置文本文件。

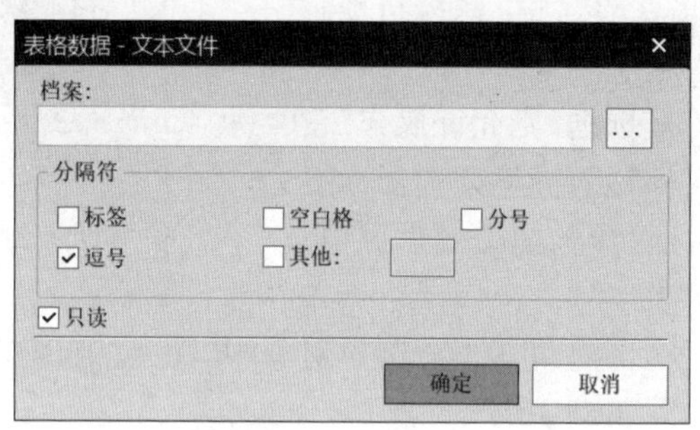

图 3-61 “表格数据-文本文件”对话框

① 档案：在该文本框中输入文本文件源的名称。可以输入文件名及其路径，也可以单击“...”按钮进行浏览。如果文件存储在专案文件夹中，则可以省略名称中的路径。

② 分隔符：设置数据源文件中使用的分隔符。例如，如果将从 CSV（逗号分隔值）文件中读取数据，选中“逗号”复选框。通过选中“其他”复选框并在旁边的文本框中输入分隔符来选择自定义分隔符。

完成后单击“确定”按钮。

5）数据源类型：数据库

当“类型”设置为“数据库”时，可在如图 3-62 所示对话框中设置数据库。

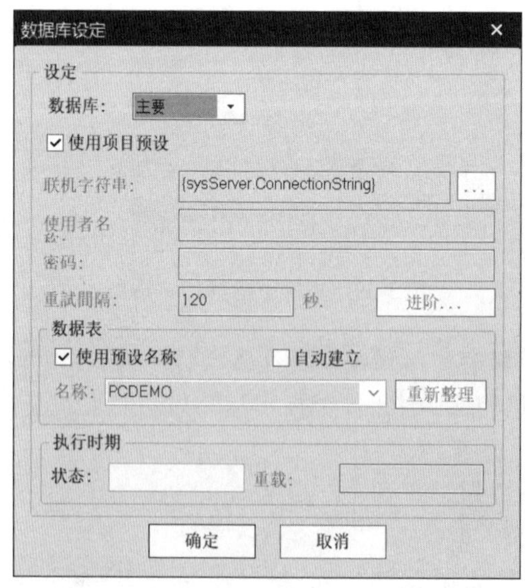

图 3-62 “数据库设定”对话框

 拓展训练 7

在专案“生产线管理”的画面“Features_ActiveObjects”中，需要绘制下拉选单对象，设置显示 7 行选项，字体为 Arial，字号为三号，标签为 Features_ActiveObjects.SelectionText，位置为 Features_ActiveObjects.Selection，数据源为“静态卷标”，选项分别为“Sunday”“Monday”“Tuesday”“Wednesday”“Thrusday”“Friday”“Saturday”，如图 3-63 所示。

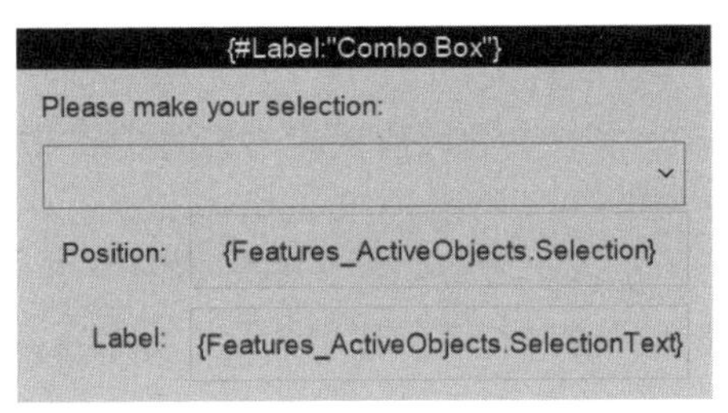

图 3-63　下拉选单

列表框对象创建

3.5.8　列表框对象创建

列表框对象的作用是显示需要用户选择的选项列表。当用户选择消息时，其相应的数值将写入专案数据点。如果选项列表太长，列表框对象的可查看区域无法容纳全部选项，则为该对象提供滚动条。

用户可以浏览列表框并做出选择，具体取决于设计专案界面的方法。

- 使用鼠标或触摸屏输入拖动列表的滚动条，然后选择一条消息。
- 按回车键或键盘上的方向键等。
- 使用已配置的画面控件（如按钮开关、链接符号）函数来发布等效的密钥代码。

通常当运行专案时，列表框对象将显示消息列表。在仅包含一个列表框对象且没有文本输入框的画面上，列表框对象将自动处于活动状态。在包含多个列表框对象和文本输入框的画面上，可以使用光标或 Tab 键来选择和激活列表框对象。

要将列表框对象添加到画面，具体操作步骤如下。

（1）在菜单栏“绘制”菜单的“静态对象”选项组中选择“列表框”命令。

（2）在画面上绘制列表框对象，然后拖动对象的控点，调整其尺寸。对象的高度和字型尺寸决定了可见的消息数，对象的宽度决定了消息长度的可见数。绘制对象后，可以调整尺寸和字型，以允许更多消息在给定空间中显示。

（3）双击对象，打开列表框对象的“物件属性”对话框，如图 3-64 所示。

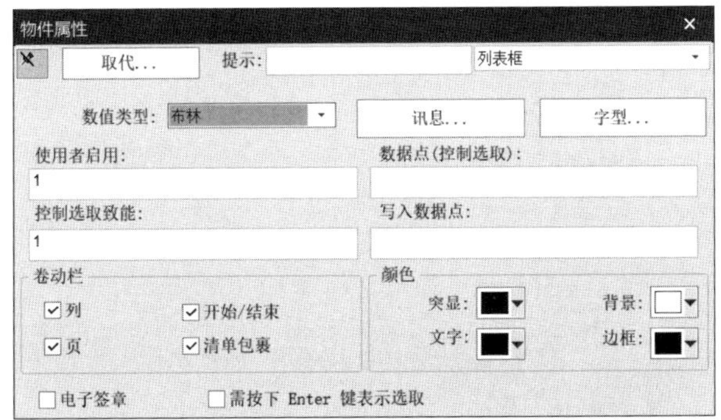

图 3-64　列表框对象的“物件属性”对话框[①]

---

① EMSE 软件界面中，讯息应为信息。

图 3-64 所示对话框的参数设置说明如下。

① 数值类型：单击“数值类型”下拉按钮选择用于为列表框编制索引。

② 信息：单击“信息”按钮，打开“信息设定”对话框，如图 3-65 所示。

③ 使用者启用：在该文本框中输入数据点、表达式或非零值，在专案运行时选择消息。默认值为 1 或已启用。

④ 控制选取致能：在该文本框中输入数据点、表达式或（非零）编号，在专案运行时选择消息。默认值为 1 或已启用。

⑤ 数据点（控制选取）：在该文本框中输入整数或布尔型数据点，基于消息值字段指向所选消息。可以使用“控制启用”和“使用者启用”字段来控制操作员或进程是否可以更改此数据点。

⑥ 写入数据点：在该文本框中输入字符串数据点，接收上次选择消息的消息值。当关闭并重新打开包含列表框对象的画面时，EMSE 软件使用此数据点的值来确定在列表框中选择的最后一条消息。

⑦ 卷动栏。

- 列：选中该复选框，在列表框对象滚动条中包含设置和向下箭头。
- 页：选中该复选框，在列表框对象滚动条中包括页面向上和向下翻页箭头。
- 开始/结束：选中该复选框，在列表框对象滚动条中包含主箭头和结束箭头。
- 清单包裹：选中该复选框，以在列表框的开头或结束处继续显示和滚动消息列表（从相反端开始）。

⑧ 需按下 Enter 键表示选取：选该复选框，要求使用者按 Enter 键（或发布等效键代码）进行选择。

⑨ 颜色。

- 突显：设置用于突显消息的颜色（默认值为蓝色）。

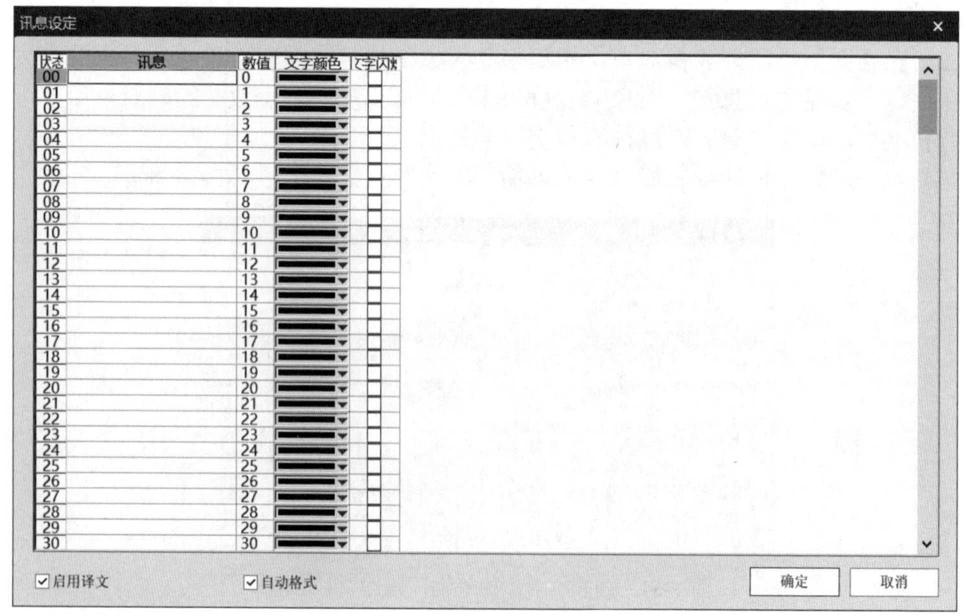

图 3-65 “信息设定”对话框

- 文字：设置用于突显消息文字的颜色（默认值为黑色）。
- 背景：为列表框背景设置颜色（默认为白色）。
- 边框：为列表框边框设置颜色（默认值为黑色）。

图 3-65 所示对话框的设置如下。

① 状态（只读）：使用此字段查看索引的单个消息。EMSE 软件根据所选的数值类型对此字段进行编号。

- 布林：提供两个有效状态，数据点为 0 或 1。
- 整数：提供 256 个有效状态，数据点为 0～255。
- LSB（低字节）：提供 32 个有效状态（整数值中的 32 位），数据点为 0～31。

② 讯息：在该字段输入要在列表框对象中显示的字符串。

③ 数值：在该字段输入与设置的读取/搜索数据点值匹配的消息值。

④ 文字颜色：在该字段设置消息文本前景的颜色。仅在未选择消息时显示颜色。

⑤ 文本闪烁：选中该复选框，使其在选择时以每秒一次的速度闪烁。

⑥ 启用译文：选中该复选框，在运行时使启用翻译功能。

⑦ 自动格式：选中该复选框，系统将根据函数创建的格式对值进行格式化。

拓展训练 8

在专案“生产线管理”的画面 Features_ActiveObjects 中，需要绘制列表框对象，如图 3-66 所示，字体为 Arial，字号为 10 号，数值类型为布林，数据点为 Features_ActiveObjects.Selection，写入数据点为 Features_ActiveObjects.Selection，讯息设定如图 3-67 所示。

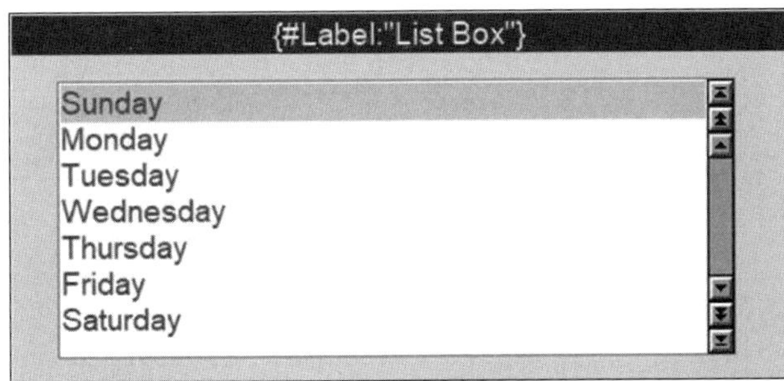

图 3-66　列表框对象

讯息设定

状态	讯息	数值	文字颜色	文字闪烁
00	Sunday	0		☐
01	Monday	1		☐
02	Tuesday	2		☐
03	Wednesday	3		☐
04	Thursday	4		☐
05	Friday	5		☐
06	Saturday	6		☐

图 3-67　讯息设定

3.5.9 智能信息对象创建

智能信息对象创建

智能信息对象可以通过更新关联专案数据点的值在运行时更改消息和图片。智能信息对象的类型如下。

① 信息：允许在单个画面对象中显示多条消息中的任何一个。

② 多状态指示：能够在单个画面对象中显示多条消息中的任何一个，还可以显示包含消息的位图图片。

③ 多状态开关按钮：能够显示消息和位图图片。此对象也类似于多位置开关，因为它允许在运行时单击对象来增加消息。

不同类型的智能信息对象在显示消息和图表、写入数据点及控制画面等方面有所不同。但是，所有对象类型都可以接收进程输入（读取数据点值），以确定要显示的消息。

向画面添加智能信息对象，具体操作如下。

① 在“绘制”菜单的“静态对象”选项组中选择“智能信息”命令。

② 在画面上绘制智能信息对象，然后拖动对象的控点以调整其尺寸。

③ 可以使用对象的高度、宽度和字型尺寸来确定可以在画面上显示的文本量和位图图片的尺寸。

④ 双击对象，打开智能信息的“物件属性”对话框，如图 3-68 所示。

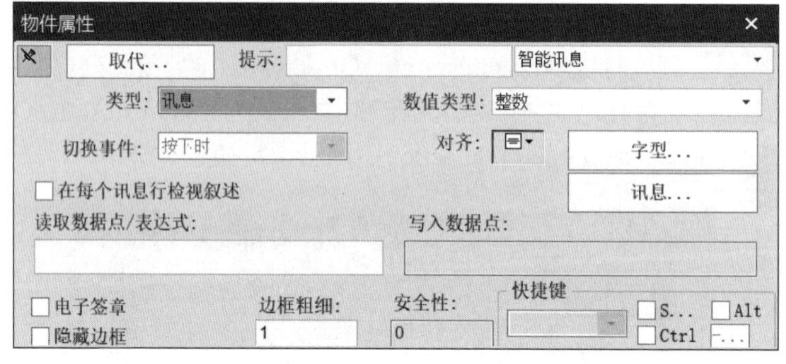

图 3-68 智能信息的“物件属性”对话框

图 3-68 所示对话框的参数设置说明如下。

① 类型：单击下拉按钮，选择智能信息对象类型。设置对象类型以确定对象在运行时的状态及其支持的功能，包括信息（默认）、多状态指示、多状态开关按钮三种类型。

② 数值类型：选择用于索引消息列表值的类型。

- 布林：提供两种有效状态。当要根据布林值（0 或 1）显示两条不同消息之一时，选择此选项。
- 整数（默认值）：提供 500 个有效状态。当要根据整数型数据点中的特定值显示不同的消息时，选择此选项。
- LSB：提供 32 个有效状态（整数值中的 32 位）。

③ 切换事件（仅适用于多状态开关按钮）：选择以下选项之一以设置消息的更改方式。

- 按下时：单击对象时切换到下一条消息（默认值）。
- 按着时：在对象上按住鼠标时，连续切换到下一条消息。

• 放开时：当释放对鼠标时切换到下一条消息。

④ 对齐：选择智能信息对象显示文本的对齐方式。

⑤ 每个信息行检视叙述：取消选中此复选框时，在运行时仅计算读取数据点/表达式，其计算结果确定显示哪条消息；选中此复选框时，每条消息都有自己的数据点/表达式。

⑥ 读取数据点/表达式：输入专案数据点或表达式，该值确定对象在运行时显示哪条消息。

⑦ 信息：单击该按钮，显示“设定”对话框，可以在其中为对象配置消息。

⑧ 写入数据点（可选且仅适用于多状态开关按钮）：输入专案数据点的名称。

⑨ 电子签章：选择此复选框后，系统将提示使用者在执行动态属性之前输入电子签名。

⑩ 隐藏边框：选择此复选框时，对象的线边框不可见。

⑪ 边框粗细：定义围绕对象绘制的线条的粗细（以像素为单位）。

⑫ 安全性（仅适用于多状态开关按钮）：对象/动态属性所需的系统访问级别。

⑬ 快捷键（仅可选且可用于多状态开关按钮）：选择多状态按钮类型时，使用键盘转到下一条消息的快捷方式。此选项在不提供鼠标或触控，仅有键盘作为物理接口时，创建对象尤其有用。

1）信息配置

对象的行为及“设定”对话框的位置取决于是否选择了每个消息行上的表达式，如图3-69所示。

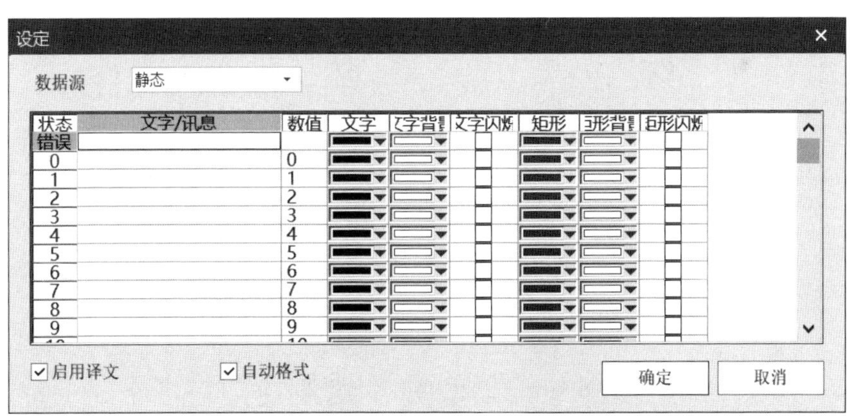

图3-69　为每条消息行配置不同的数据点/表达式

数据源：由对象显示消息的源。

• 静态：消息被配置并直接存储在对象上。为每个可能的状态配置工作表行。

• 文本文件：消息从外部源文件加载。在源文件文本框中输入路径（相对于专案文件夹）。

表3-8中的“描述”列只描述了与每条消息关联的属性的含义，而不考虑数据源。

表3-8　参数描述

参数	描述
文字/信息	在运行中选择时将显示的消息（文本）
数值（清除每条消息行上的表达式时）	与每个文本/信息关联的唯一值

续表

参数	描述
数据点/表达式（选择每个消息行上的检查表达式时）	与每个文本//信息关联的数据点/表达式
文字颜色	运行时显示消息的前景颜色
文字背景	运行时显示消息的背景颜色
文字闪烁	如果选中，消息文本将在运行时闪烁
矩形颜色	消息后面矩形的线条颜色（边框）
矩形背景	消息后面矩形的背景（填充）颜色
矩形闪烁	如果选中，消息后面的矩形将在运行时闪烁
图表文件	位图文件的路径和名称（*.BMP）（如果有），在运行中选择与其关联的消息时将显示的 BMP）（如果有）。如果未设置路径，位图文件必须存储在专案文件夹中
透明	如果已选中“透明”复选框，选择图表文件中透明的颜色
已透明	如果选中“已透明”复选框，则在“透明”字段中选择颜色，使其在图表文件中为透明

使用外部文本文件而不是静态值的主要优点是，在运行时能够通过动态更改文本文件的内容来灵活地更改消息。数据源类型选择“文本文件”时对应的“设定”对话框如图 3-70 所示。

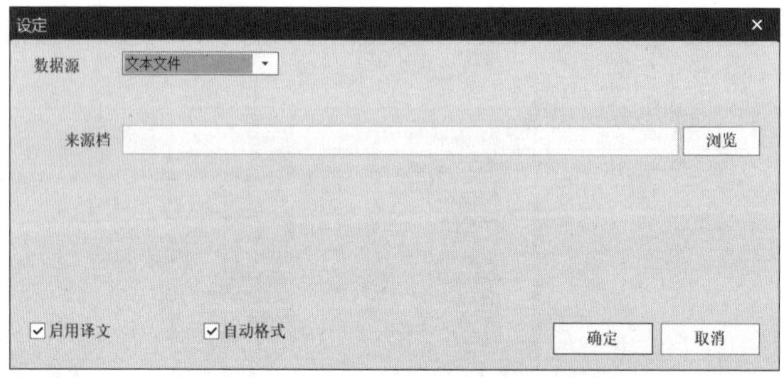

图 3-70　智能信息对象数据源设定

文本文件必须以 CSV 格式（逗号分隔值）创建，其中逗号字符（,）用于划分文件每行（行）中的列（数据）。因此，可以使用任何 CSV 编辑器，如使用微软记事本和微软 Excel 创建 CSV 文件的消息及其属性智能信息对象。

CSV 文件中文本文件参数及默认值见表 3-9。

表 3-9　CSV 文件中文本文件参数及默认值

列	参数	默认值
1	文本/信息	-
2	数值	-
3	文字颜色	0
4	文字背景颜色	16777215

续表

列	参数	默认值
5	文字闪烁	0
6	矩形颜色	8421376
7	矩形背景颜色	16777215
8	矩形闪烁	0
9	图表文件	-
10	透明	0
11	已透明	0

配置具有逗号字符作为消息一部分的文本消息时，必须在引号之间配置整个消息；否则逗号将被解释为数据分隔符，而不是消息的一部分。

2）更改多个画面对象的属性

在更改两个或多个画面对象共有的属性之前，必须在画面编辑器中打开专案画面。可以更改的属性取决于是选择相同类型还是不同类型的多个对象。如果对象的类型相同，可以更改特定于该类型的属性。例如，如果选择多个按钮对象，则可以更改特定于按钮对象的属性，如图 3-71 所示。

图 3-71　多个选定按钮开关的物件属性

相反，如果选择不同类型的多个对象，可以更改所有对象共有的属性，如图 3-72 所示。这不仅包括外观属性（如边框和背景），还包括功能属性（如停用、安全性、启用转换和电子签章）。某些属性可能不适用于所有对象，如按钮开关没有边框，矩形对象没有安全性。

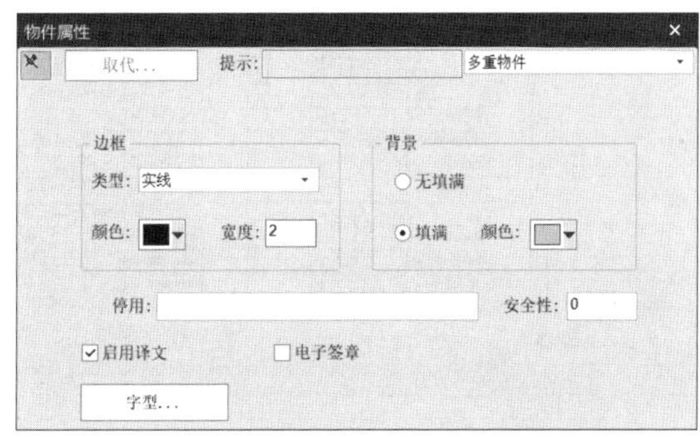

图 3-72　不同类型的多个对象的物件属性

在这两种情况下，“物件属性”对话框中都显示最后一个选定物件属性的当前值。

只有当实际更改属性的值时，更改才会应用于所选对象。其他所有属性保持不变，与“物件属性”对话框中显示的值不一样。

更改多个画面对象的属性的操作如下。

（1）在画面编辑器中，执行以下任一操作。

- 按住键盘上的 Shift 或 Ctrl 键，然后单击要更改的每个对象。
- 使用光标围绕要更改的所有对象绘制选择框，确保对象已被选中。

（2）执行以下任一操作。

- 在“绘制”菜单的“编辑”选项组中选择“属性”命令。
- 右击所选对象，然后在快捷菜单上选择“属性”命令。
- 在键盘按 Alt+Enter 键。将显示所选对象的“物件属性”对话框。

（3）更改要更改的属性值，然后关闭该对话框。更改将应用于所有选定的对象。

拓展训练 9

在专案“生产线管理”的画面 Features_ActiveObjects 中，需要绘制“Message Display”智能信息对象，如图 3-73 所示。类型为信息，数值类型为整数，对齐方式为中间，字体为 Arial，字号为 10 号，读取数据点/表达式为 Features_ActiveObjects.Selection，写入数据点为 Features_ActiveObjects.Selection，信息设定如图 3-74。

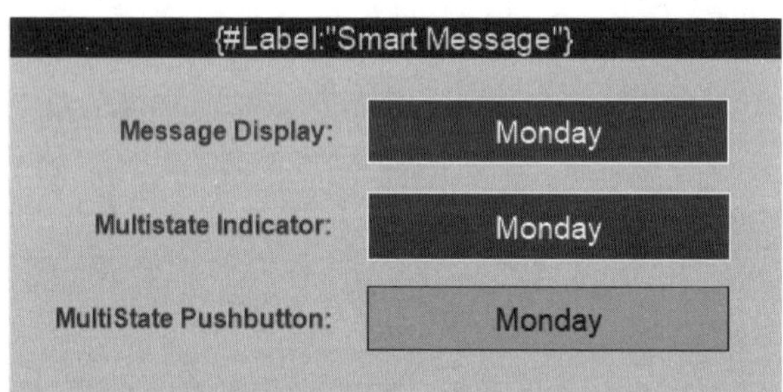

图 3-73 智能信息对象

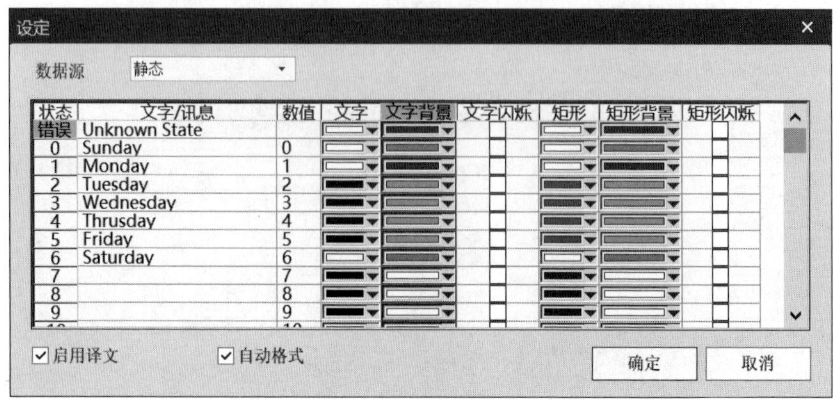

图 3-74 信息设定

【知识点总结】

1. 静态对象是可互动的对象，比简单图形需要进行更多的参数设置，对应的命令位于菜单栏“绘制”菜单中。

2. 静态对象“文字”可设置的动态属性为“文字数据链路”。

3. 静态对象“文字框”可设置为接收外界输入，可设置安全性。

4. 静态对象“按钮”可设置的动态属性为“命令”。

5. 静态对象“按钮开关”“复选框”“单选按钮”“智能信息”可关联数据点，可设置安全性。

6. 静态对象“下拉选单”可选择数据源，可设置安全性。

7. 静态对象“列表框”可关联数据点。

【学习足迹】

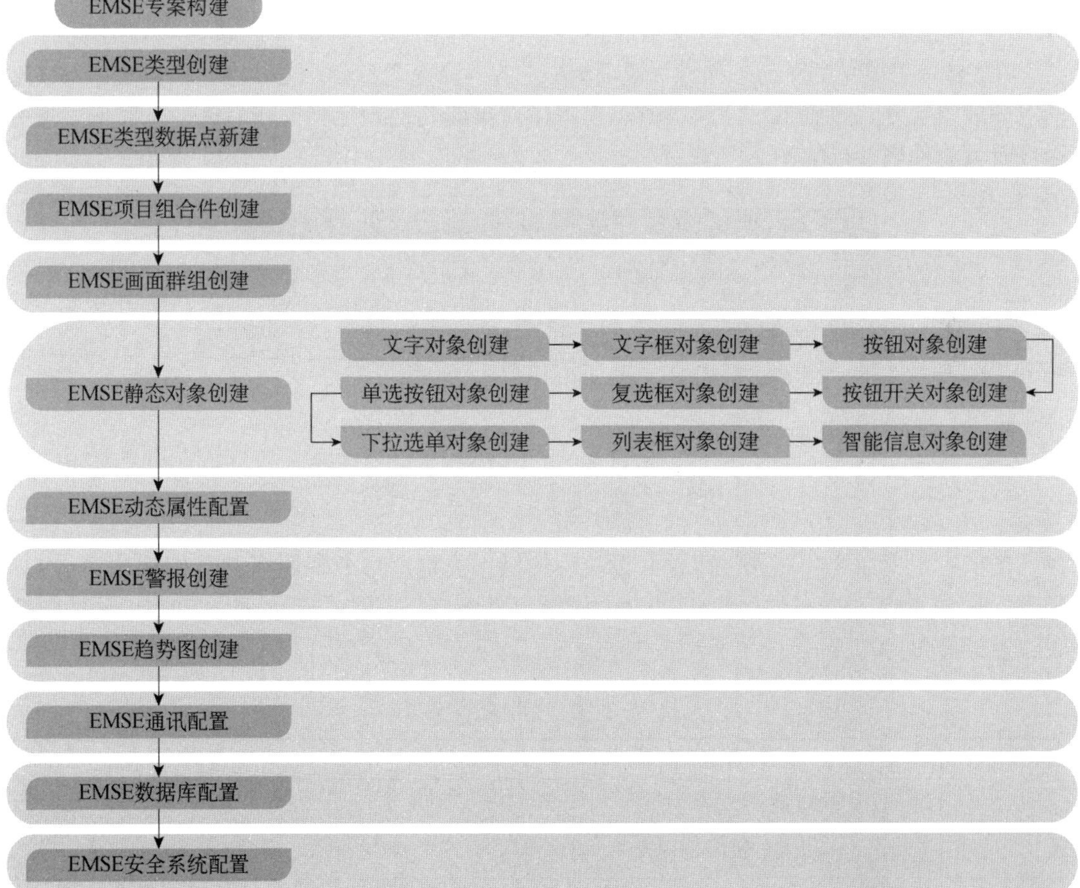

【思考与练习】

1. EMSE 软件中脚本开发采用的是哪种编程语言？

2. EMSE 软件画面上可选的静态对象有哪些？

3. 列表框对象的数值类型是哪三种？

4. 智能信息对象通过关联专案数据点实现什么样的效果？

任务 3.6　动态属性配置

本任务教学计划

“动态属性”选项组如图 3-75 所示。动态属性即基于数据点值动态修改物件属性。某些动态属性还允许执行命令或将值插入数据点。

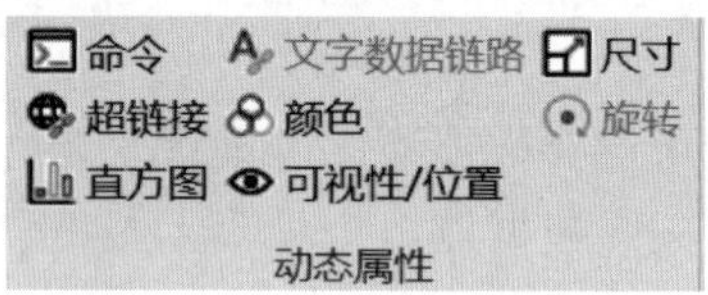

图 3-75　“动态属性”选项组

3.6.1　命令动态属性配置

命令动态属性配置

在“绘制”菜单的“动态属性”选项组中选择“命令”命令，可以将动态属性加入选定的对象或组合件。设置该动态属性则可在单击对象或其他预定义操作后进行。双击对象可以查看其物件属性，如图 3-76 所示。

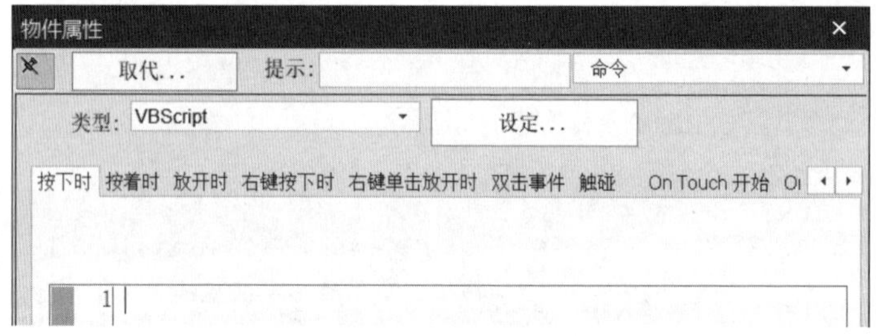

图 3-76　命令的“物件属性”对话框

类型：定义命令动态属性事件必须执行的操作类型。每个事件都需要定义类型，可以配置相同的命令动态属性，也可以为不同的事件配置不同类型的操作。EMSE 软件支持表 3-10 所列的类型。

表 3-10　类型及描述

类型	描述
内建语言	允许使用 EMSE 软件内置语言配置脚本。选择此类型后，使用者可以为“表达式”字段中的每个事件配置最多 12 个表达式。表达式从第一行依次执行，直到触发事件时的最后一行。每个表达式的结果都将写入“数据点”列中配置的数据点（如果有）
VBScript	允许使用标准的 VBScript 语言配置脚本。选择此类型后，使用者可以在命令动态属性的 VBScript 编辑器中配置脚本
开启画面	在触发事件时打开特定画面。此类型等效于 Open 函数。可以在“打开画面”字段中输入画面名称
关闭画面	在触发事件时关闭特定画面。此类型等效于“关闭”函数。可以在“关闭画面”字段中输入画面名称。还可以在此字段中的中括号[]内输入字符串数据点。执行事件时，专案将尝试关闭相应画面
数据点设置	在触发事件时设定数据点。可以在“设定数据点”字段中输入数据点名称或通过浏览文件选择。执行事件时，专案会将值 1 写入此字段中配置的数据点

续表

类型	描述
数据点重置	在触发事件时重置数据点。可以在“重置数据点”字段中输入数据点名称或通过浏览文件选择。执行事件时，专案会将值 0 写入此字段中配置的数据点
数据点切换	在触发事件时切换数据点。可以在“切换数据点”字段中输入数据点名称或通过浏览文件选择。执行事件时，专案将切换在此字段中配置的数据点值

命令动态属性支持为每个事件设置对应的数据点，也支持为同一命令动态属性配置多个事件。

① 按下时：当使用者用鼠标左键单击对象时，执行命令脚本一次。

② 按着时：在对象上按下鼠标指针时，连续执行命令/脚本。命令/脚本的执行周期（毫秒）由“配置”对话框的“速率”参数项进行设定。图 3-76 显示的 VBScript option，意为尽可能快地执行。

③ 放开时：当使用者释放对象上的鼠标左键时，执行命令/脚本一次。

④ 右键按下时：当使用者用鼠标右键单击对象时，执行命令/脚本一次。

⑤ 右键单击放开时：当使用者释放对象的鼠标右键时，执行命令/脚本一次。

⑥ 双击事件：当使用者使用鼠标左键双击对象时，执行命令/脚本一次。

⑦ 触碰、On Touch 开始、On Touch Delta、结束触碰：用于多点触控激活命令。

设定…：启动“设定”对话框，其中命令动态属性可以完全配置。

“设定”对话框：如图 3-77 所示，将进一步设定命令的动态属性。

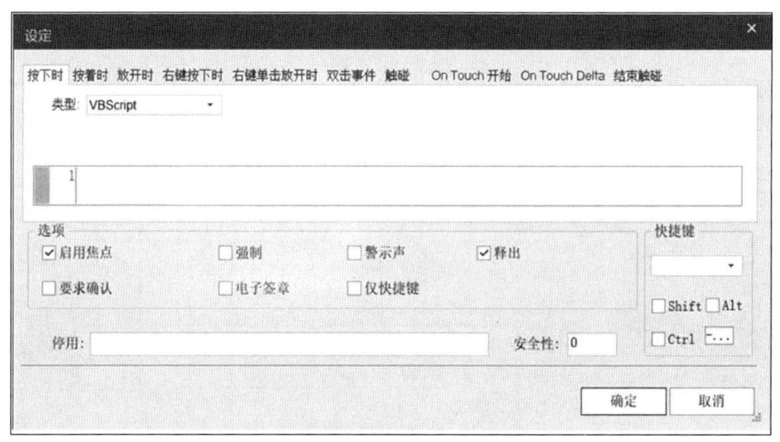

图 3-77　“设定”对话框

不同类型事件的“设定”对话框其设定内容基本相同，相关参数项如下。

① 选项。

• 启用焦点：勾选此复选框时，动态属性对象可以通过导航键接收焦点。

• 强制：勾选此复选框时，接收值的任何专案数据点都将触发事件，使数据点由新值恢复到原值。

• 警示声：勾选此复选框时，执行命令期间将播放短蜂鸣音。此复选框用于向使用者提供音频反馈，指示已执行命令。

• 释出：勾选此复选框时，当光标（或手指）离开对象区域（无论是否释出按钮）时，将执行放开时事件。

• 要求确认：选中此复选框后，使用者在执行命令之前必须确认回答预设问题。此复选框用于避免程序运行期间的关键事件意外触发。

• 电子签章：选中此复选框后，系统将提示使用者在执行命令之前输入电子签章。

• 仅快捷键：勾选此复选框时，使用者只能使用键盘快捷方式执行命令。

② 停用：当此文本框中配置的表达式结果为真（值不为 0）时，使用者操作将被停止。

③ 安全性：使用命令动态属性所需的安全访问级别。

④ 快捷键：用于使用键盘触发按下时和放开时等事件的快捷方式。此参数项为在不提供鼠标或触摸屏等设备提供备用方式。

• Shift、Ctrl、Alt：勾选这些复选框以创建键组合件，即组合件包含 Shift、Ctrl、Alt 键和下拉列表中设置的按键。

• 单击浏览“...”按钮，打开功能键对话框，对组合件进行修改。可以选择 Shift、Ctrl、Alt 键在键盘上的左、右、左或右的位置。如果选择左或右，则任一组合件被激活都会执行命令。

拓展训练 1

在专案“生产线管理”的画面 Features_Animations 中，创建“3D Sharp Confirm”按钮对象，运行过程中单击该按钮将弹出查看器，单击“确认”按钮后弹出信息框“Hello world”，单击“确认”按钮可关闭信息框，如图 3-78、图 3-79 所示。

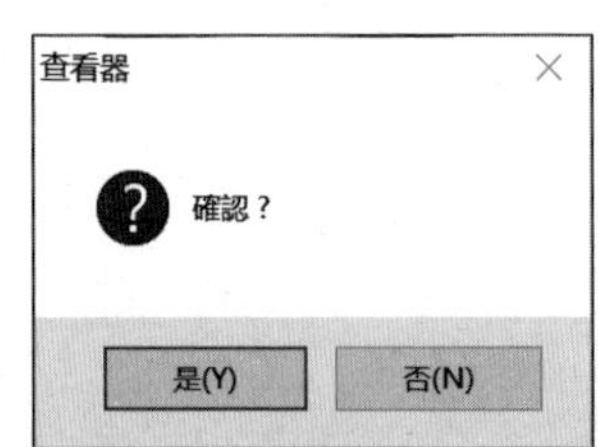

图 3-78　按钮对象

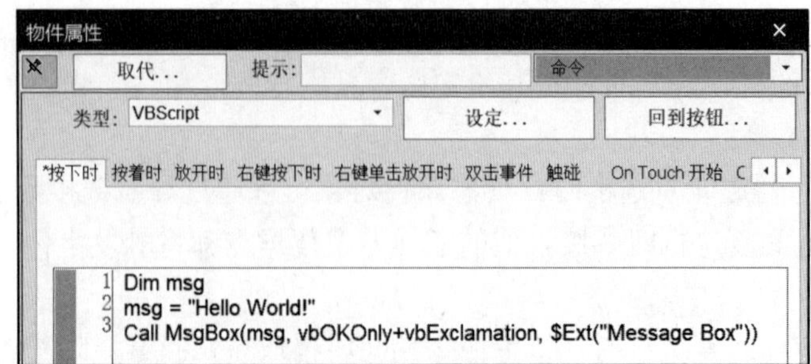

图 3-79　命令动态属性

3.6.2　超链接动态属性配置

通常，在画面中单击“超链接”按钮，系统将动态属性加入选定的对象或组合件。此动态属性可以实现单击对象时以启动默认浏览器并加载预先设置的 URL，双击对象时以打开“物件属性”对话框，如图 3-80 所示。

图 3-80　超链接的“物件属性”对话框

超链接动态属性配置

图 3-80 所示对话框中的参数项设置说明如下。

① 超链接类型：单击下拉按钮，从列表中选择专案加载 URL 时使用的协议。

② URL：输入要加载的 URL 地址。

③ 停用：在此文本框中输入大于零的值，以停用所选对象的超链接命令动态属性。

④ 电子签章：选中此复选框后，系统将提示使用者在执行动态属性之前输入电子签章。

⑤ 安全性：在此文本框中输入值以设置对象的安全级别。如果使用者登录但没有达到所需的安全级别，则专案将停用对象的超链接命令。

拓展训练 2

在专案“生产线管理”的画面 Features_Animations 中，为图 3-78 所示的图片对象 PDF 添加超链接动态属性，“超链接类型”选择“其它”，“URL”为“{GetProductPath（）}DRV\MOTCP.PDF”，以此运行时单击该图片将打开一个 PDF 文件。

3.6.3　直方图动态属性配置

在画面中，单击直方图，将向选定对象加入直方图属性，双击直方图对象将打开“物件属性”对话框，如图 3-81 所示。

图 3-81　直方图的“物件属性”对话框

直方图动态属性配置

直方图的“物件属性”对话框中参数项设置说明如下。

① 数据点/表达式：输入计算直方图的数据点或表达式，还可以单击“...”按钮来浏览现有数据点或表达式的目录。

② 最小值：在此文本框中输入数值或数据点值，以定义用于计算条形的高度（如果垂直）或宽度（如果水平）的最小值。

③ 最大值：在此文本框中输入数值或数据点值，以定义用于计算条形的高度（如果垂直）或宽度（如果水平）的最大值。

④ 前景色：设置条形的填充颜色，单击下拉按钮，打开“颜色”对话框，选择所需颜色，然后关闭该对话框。

⑤ 方向：单击选择“垂直向”或“水平向”单选按钮以设置直方图的方向。

⑥ 定位：单击选择“往上移”、“中间”或“往下移”单选按钮，在绘制直方图时设置最大值和最小值的方向。

拓展训练 3

在专案“生产线管理”的画面 Features_ Animations 中，为图 3-82 下方的矩形对象添加直方图动态属性，“数据点/表达式”设置为“second+1”（second 为系统数据点），“最小值”为“#Min：1”，“最大值”为“#Max：60”，“前景色”为绿色，“方向”选择“水平向”，“定位”为“往下移”。

图 3-82　直方图动态属性对象

3.6.4　文字数据链路动态属性配置

在画面中，选择“文字数据链路”命令，将动态属性附加到所选对象。应用文字数据链路后，如果使用键盘或画面键盘运行专案，则允许实时插入和显示数据点值。

双击对象以打开其“物件属性”对话框，如图 3-83 所示。

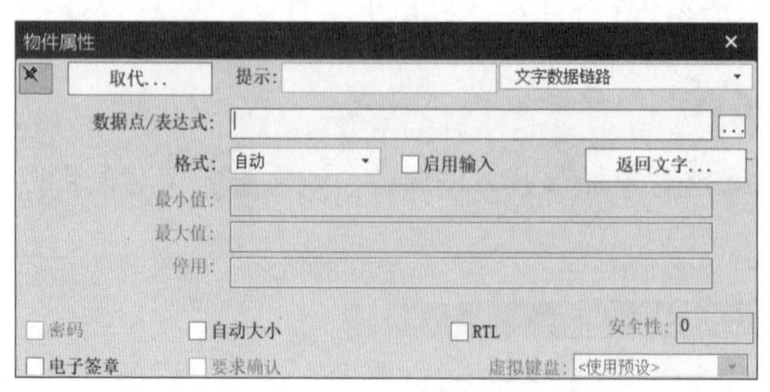

图 3-83　文字数据链路的“物件属性”对话框

文字数据链路动态属性配置

图 3-83 所示对话框中参数项设置说明如下。

① 数据点/表达式：在该文本框中输入以下任一类型。

- 执行输入或输出操作的数据点名称。
- 执行输出操作的表达式。

• 单击浏览“...”按钮，打开对象查找器以查找现有的数据点或表达式。

② 格式：单击下拉按钮，设置数据点或表达式在画面上显示的格式。下拉列表中可选项包括十进制、十六进制、二进制和自动。如果选择“自动”选项，则该值将根据函数创建的格式要求进行格式化。此项设置不会更改它设置的数据点或表达式。

③ 启用输入：勾选此复选框以允许使用者输入数据点。取消选中此复选框则仅显示数据点或表达式的输出。

④ 返回文字：单击该按钮，返回基础文字。

⑤ 最小值：输入与此文本对象关联的数据点的最小值。不允许使用者输入低于此值的数字。

⑥ 最大值：输入与此文本对象关联的数据点的最大值。不允许使用者输入大于此值的数字。

⑦ 密码：选中此复选框，通过将文本取代为星号（*）来隐藏密码文本条目。

⑧ 自动大小：选中此复选框可自动调整文字的尺寸以适应输出。如果选中“启用输入”复选框，此复选框不可用。

⑨ 电子签章：选中此复选框后，系统将提示使用者在更改数据点值之前输入电子签章。

⑩ 虚拟键盘：用于设定此对象使用的虚拟键盘类型。需要在查看器中进行“虚拟键盘”设定，然后配置此接口的虚拟键盘。

⑪ 停用：在此文本框中输入大于零的值以停用数据点的数据输入属性。

⑫ 安全性：在此文本框中输入值以设置特定数据输入对象的安全级别。

拓展训练 4

在专案“生产线管理”的画面 Features_Animations 中，为图 3-84 中“Numeric Value:”后对应文字对象添加文字数据链路动态属性，“数据点/表达式”设置为整数类型的“Num”，“格式”设置为“自动”，勾选“启用输入”，“最小值”为“0”，“最大值”为“100”。

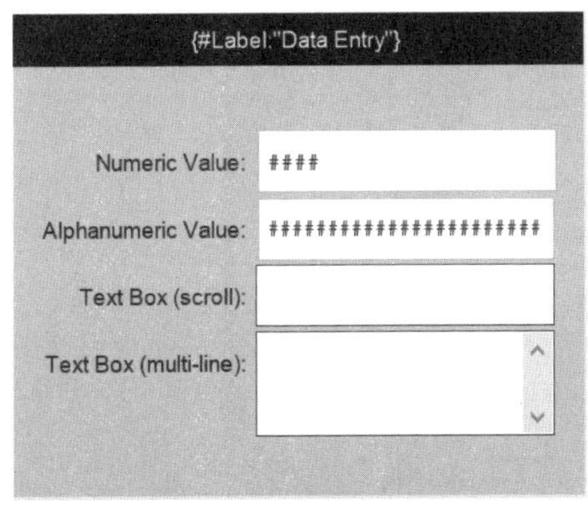

图 3-84　文字数据链路对象

颜色动态属性配置

3.6.5　颜色动态属性配置

在画面中，选择“颜色”命令，可将动态属性加入所选对象。“颜色”动态属性允许在运行时根据数据点或表达式的值修改对象的颜色。双击对象则打开其“物件属性”对话框，如图 3-85 所示。

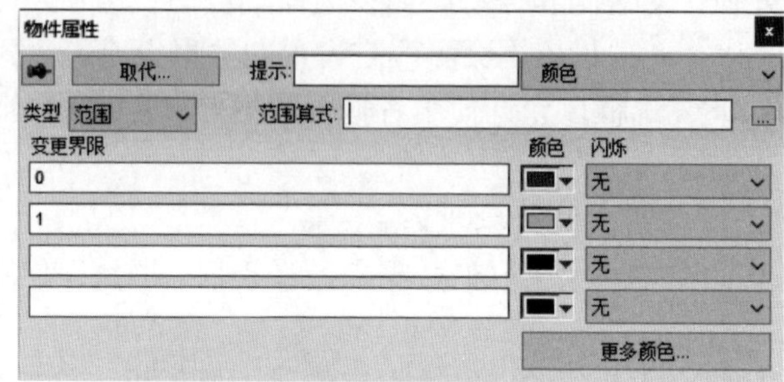

图 3-85　颜色的“物件属性”对话框

图 3-85 所示对话框中参数项设置说明如下。

① 类型：确定此动态属性的工作模式。

• 范围：选择此类型时，可以为此动态属性设置最多四个限制（更改限制）和每个限制的颜色。当在“范围算式”文本框中输入的数据点或表达式的值达到限制时，与相应限制关联的颜色将应用于对象。

• 颜色码：选择此类型时，可以直接设置应用于对象的颜色码，使用代码可以应用更多颜色到设备对象。

② 范围算式：输入数据点或表达式的名称。当“类型”为“范围”时，EMSE 软件将数据点/表达式的结果与设置的更改限制进行对比，以确定所选对象的正确颜色。当“类型”为“颜色码”时，此文本框的输入将设定应用于对象的颜色。

③ 变更界限：输入颜色更改的限制值（数值常量或数据点）。如果单击“更多颜色...”按钮，则最多可以为颜色动态属性配置 16 个不同的限制，如图 3-86 所示。

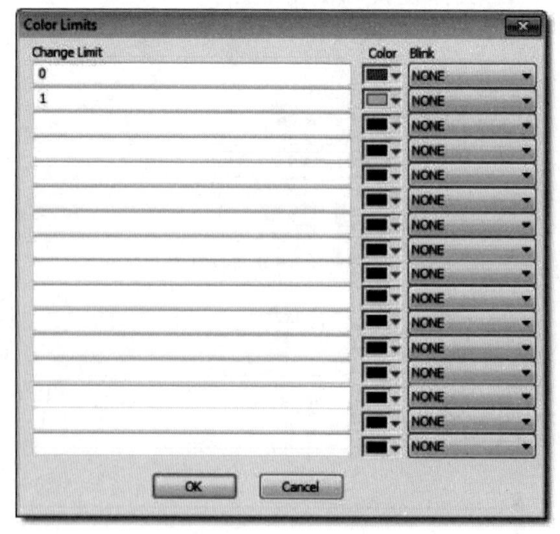

图 3-86　颜色限制对话框

④ 颜色：打开“颜色”对话框，选择需要的颜色。

⑤ 闪烁：单击下拉按钮，设置颜色是否会闪烁及颜色变化的速度。

拓展训练 5

在专案“生产线管理”的画面 Industries_Process 中，为椭圆对象添加颜色动态属性，“范围算式”为“BlinkSlow”（BlinkSlow 为布尔型的系统数据点），“变更界限”设置为“1”，“颜色”为橄榄绿色，“闪烁”设置为“无”，如图 3-87 所示。

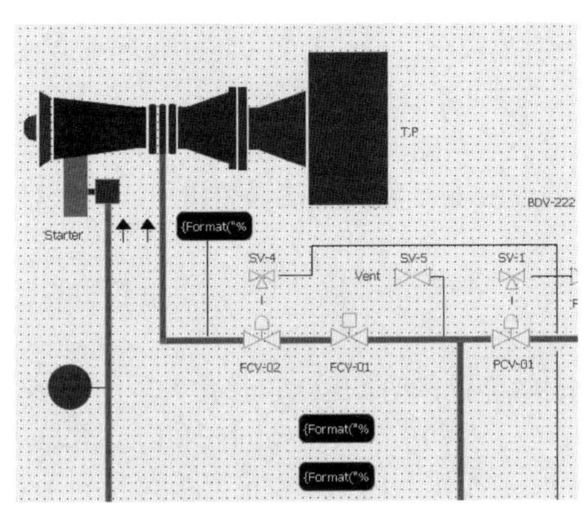

图 3-87　颜色动态属性对象

可见性/位置动态属性配置

3.6.6　可见性/位置动态属性配置

“可见性/位置”动态属性允许水平和垂直移动对象。在画面中，选择“可见性/位置”命令，将动态属性加入所选对象。双击对象则打开其“物件属性”对话框，如图 3-88 所示。

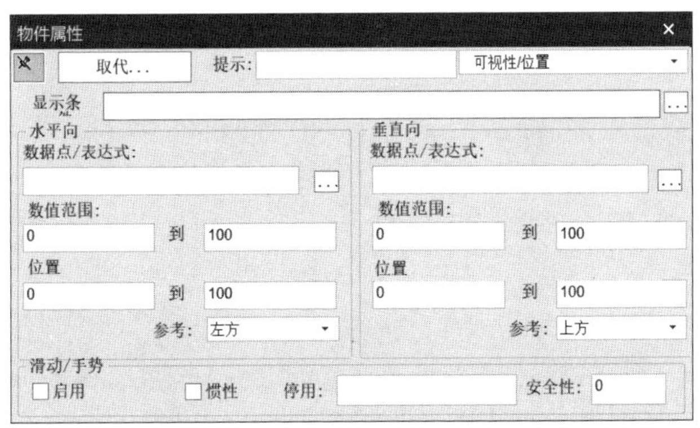

图 3-88　可见性/位置的“物件属性”对话框

图 3-88 所示对话框中参数项设置说明如下。

① 显示条件：在此文本框中配置数据点或表达式以控制对象的可见性。当数据点/表达式的值为 0（FALSE）时，对象处于隐藏状态；当值为非零（TRUE）或该文本框留空时，该对象是可见的。数据点/表达式不仅控制可见性，还控制对象的不透明度，其值（从 0 到

1）决定了不透明度的百分比。例如，数据点/表达式的值为 0.8，表示对象具有 80%的不透明度。该值可以在运行时更改，使对象显示为淡入淡出。须在专案设定中选中“启用增强图表”复选框才能使用此功能。

② 水平向/垂直向：设定对象在画面上的移动方向。

数据点/表达式：配置一个数据点/表达式，该数据点/表达式将在运行时确定对象的位置；当值更改时，对象将在画面上移动。是否可以配置数据点或表达式取决于是否选择了“滑动/手势”区域中的相应复选框

如果未选择“滑动/手势”区域中的相应复选框，在此文本框中配置数据点或表达式。

如果选择“滑动/手势”区域中的相应复选框，则在此文本框中仅配置专案数据点（整数或实数类型）。当最终使用者手动移动对象时，新值将写回数据点。

对于水平位置，数据点/表达式的值随着对象向右侧移动而增加，并随对象向左移动减小。对于垂直位置，数据点/表达式的值随着对象向下移动而增加，随着对象向上移动而减小。

③ 数值范围：输入数据点/表达式的最小值和最大值。如果实际值超出其范围，则忽略该值，并改为限制内的值。

④ 位置：输入值以设置对象可从起始位置移动多远（以像素为单位）。起始位置等于“0，0”。大于 0 的值允许对象向右移动，小于 0 的值允许对象向左和向上移动。在运行时，对象的位置与其范围内的数据点/表达式值成正比。例如，如果位置为 0 到 100，范围为 0 到 10，则数据点/表达式值中的每个增量都将移动对象 10 个像素，水平和垂直都是如此。

⑤ 参考：选择画面上的水平和垂直位置。仅当将“尺寸”动态属性加入同一对象时，此参考点才有意义。对象的位置始终基于此参考点，而不考虑对象的尺寸或形状。

⑥ 滑动/手势：启用多点触控手势时，使用者可以使用单指或双指的“滑动”手势移动对象。位置的更改将写回数据点/表达式文本框中配置的专案数据点。

- 启用：勾选该复选框，在此特定对象上启用手势，该功能须同时为专案和画面启用多点触控功能。
- 惯性：勾选此复选框，可将惯性应用于此对象，以便它自然减慢速度，而不是在使用者停止触摸时突然停止。
- 停用：配置数据点/表达式。当其值为 TRUE（即非 0）时，此对象上手势无效。
- 安全性：输入使用者在此对象上使用手势的最低安全级别。

拓展训练 6

在专案“生产线管理”的画面 Features_Animations 中，为“3D Sharp Confirm”按钮对象的可视性/位置动态属性中添加显示条件为数据点 second。

3.6.7 尺寸动态属性配置

“尺寸”动态属性允许在运行时增加或减小对象的尺寸。

在画面中，选择“尺寸”命令，为对象加入动态属性。双击对象则打开其“物件属性”对话框，如图 3-89 所示。

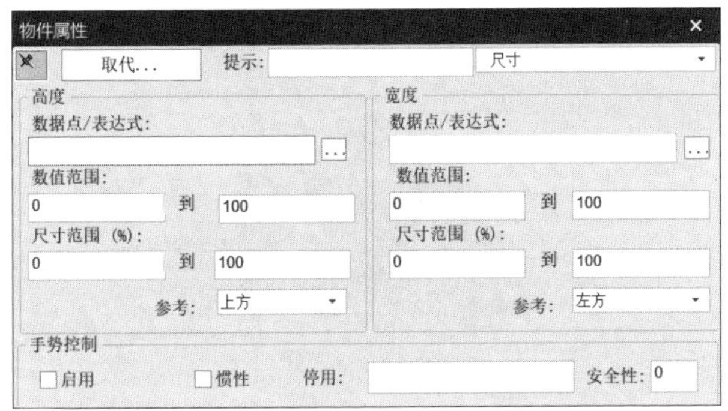

图3-89　尺寸的“物件属性”对话框

图3-89所示对话框中参数项设置说明如下。

① 高度/宽度：配置对象在画面上的移动方向和尺寸。

• 数据点/表达式：配置一个数据点/表达式，用于确定对象在运行时的尺寸；当值更改时，对象将在画面上调整尺寸。是否可以配置数据点/表达式取决于是否选择了“手势控制”下的相应复选框。

如果未选择“手势控制”下的相应复选框，在此文本框中配置数据点/表达式。

如果选择“手势控制”下的相应复选框，则仅在此文本框中配置专案数据点（整数或实值类型）。当使用者手动调整对象的尺寸时，新值将写回数据点。

• 数值范围：输入数据点的最小值和最大值。如果数据点的实际值超出其范围，则忽略该值，并改为使用限制范围值。

• 尺寸范围（%）：输入对象尺寸的最小值和最大值。最小值可以低至0（使对象不可见），最大值为所需的最大高度。100是对象在画面工作表中绘制时的原始尺寸，200是原始尺寸的两倍等。对象的尺寸与其范围内的数据点值成正比。例如，如果尺寸范围（%）为0到100，值范围为0到10，则值的每个增量都会将对象尺寸增加10%。

• 参考：选择一个参考点以确定对象将更改尺寸的方向。

② 手势控制：启用多点触控手势后，使用者可以使用双指“捏”和“拉伸”的手势在运行时调整对象的尺寸。尺寸更改将写回“数据点/表达式”文本框中配置的专案数据点。

• 启用：选择该复选框以在此特定对象上启用手势。该功能须同时为专案和画面启用多点触控功能。

• 惯性：选择该复选框可将惯性应用于此对象，以便它自然减慢速度，而不是在使用者停止触摸时突然停止。

• 停用：配置“数据点/表达式”。当其值为TRUE（非0）时，此对象上手势无效。

• 安全性：输入使用者在此对象上使用手势的最低安全级别。

 拓展训练7

在专案“生产线管理”的画面Features_MultiTouch中，为图3-90中图片对象（图片存储路径为Resources\PowerGenerator.png）添加尺寸动态属性，其中高度和宽度的“数据点/表达式”为“Features_MultiTouch”，“数值范围”为“0～100”，“尺寸范围（90）”为“50～130”，“参考”设置为“中间”，在“手势控制”区域中勾选“启用”和“惯性”复选框。

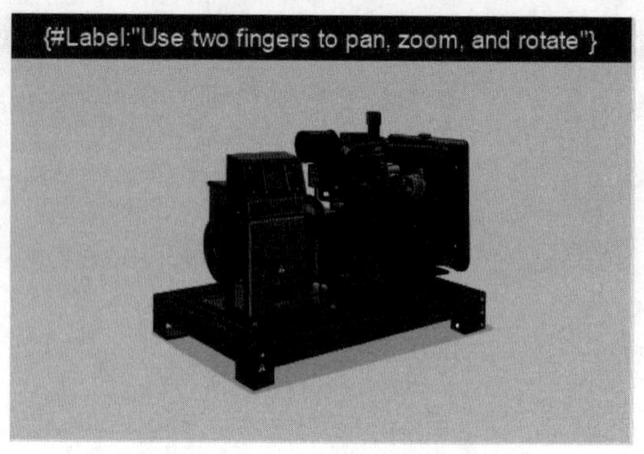

图 3-90　尺寸动态属性对象

3.6.8　旋转动态属性配置

在画面中，选择“旋转”命令，为开放多边形、封闭多边形、位图或绑定图片等对象添加旋转动态属性。添加动态属性后，双击该对象则打开其“物件属性”对话框，如图 3-91 所示。

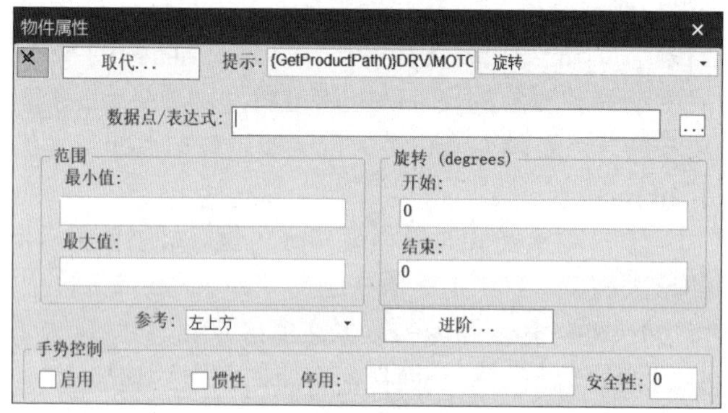

图 3-91　旋转的“物件属性”对话框

图 3-91 所示对话框中参数项设置说明如下。

① 数据点/表达式：设置一个数据点/表达式，用于确定对象在运行时的角度；当值更改时，对象将在画面上旋转。是否可以设置数据点或表达式取决于是否选择了“手势控制”下的相关复选框。

- 如果未选择“手势控制”下的相关复选框，在此文本框中设置数据点或表达式。
- 如果选择“手势控制”下的相关复选框，则仅在此文本框中设置专案数据点（整数或实值类型）。当使用者手动旋转对象时，新值将写回数据点。

② 范围：输入“数据点/表达式”允许的最小值和最大值，最小值与最大值范围以外的值将被忽略。

③ 旋转（degrees）：输入开始和结束位置（以度为单位）。对象最多旋转 360°，且默认为顺时针旋转。

④ 参考：选择以下选项之一作为旋转对象的旋转中心点。

- 左上方：对象的左上角。
- 左下方：对象的左下角。

- 中间：对象的中心。
- 右上方：对象的右上角。
- 右下方：对象的右下角。

可以通过“进阶”对话框微调旋转轴的位置。

⑤ 进阶：单击该按钮则打开“进阶”对话框，如图 3-92 所示，在其中可以进行以下设定。

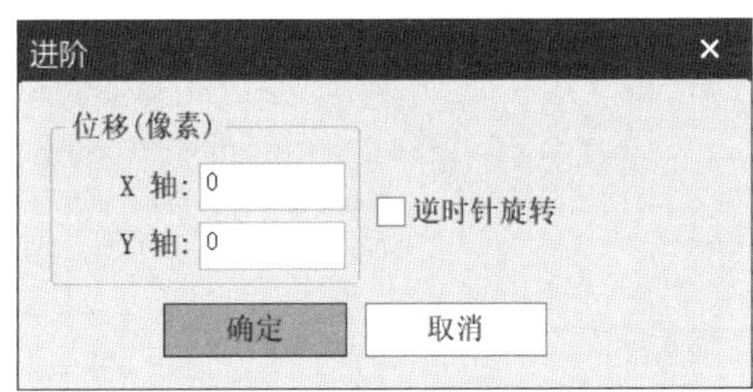

图 3-92　旋转—进阶“物件属性”对话框

- 位移（像素）：输入在 *X* 轴和或 *Y* 轴上偏移参考（旋转轴）的像素数。
- 逆时针旋转：选中（启用）此复选框可使对象逆时针旋转，而不是顺时针旋转。

⑥ 手势控制：启用多点触控手势后，使用者在运行时可以使用双指“转”的手势旋转对象。角度的变化将写回“数据点/表达式”文本框中设置的专案数据点。

- 启用：选择该复选框可在此特定对象上启用手势，该功能须同时为专案和画面启用多点触控功能。
- 惯性：选择该复选框可将惯性应用于此对象，以便它自然减慢速度，而不是在使用者停止触摸时突然停止。
- 停用：配置数据点/表达式。当其值为 TRUE（非 0）时，此对象上手势无效。
- 安全性：输入使用者在此对象上使用手势的最低安全级别。

拓展训练 8

在专案“生产线管理”的画面“Features_MultiTouch”中，为图 3-90 中图片对象添加旋转动态属性，其中高度和宽度的“数据点/表达式”为“Features_MultiTouch.Rotation-Zoom”，“范围”设置为“−360～360”，“旋转”设置为“−360～360”，“参考”设置为“中间”，在“手势控制”区域中勾选“启用”和“惯性”复选框。

【知识点总结】

1. 动态属性“命令”可设置“安全性”，可采用多种类型，本书中多采用“Vbscript”和“开启画面”，对对象操作可运行预定的程序，达到对应的效果。
2. 动态属性“超链接”可设置“安全性”，可实现单击对象以启动预设 URL。
3. 动态属性“直方图”主要使用在图形对象上，关联数据点或表达式，作为动态显示之用。
4. 动态属性“文字数据链路”可设置“安全性”，关联数据点或表达式。

5. 动态属性“颜色”主要用于丰富显示效果。

6. 动态属性“可见性/位置”可设置“安全性”，可控制对象的可见性及不透明度等显示的效果。

7. 动态属性“尺寸”及“旋转”可设置“安全性”，可进行适用于触摸屏的“手势控制”的相关设置。

【学习足迹】

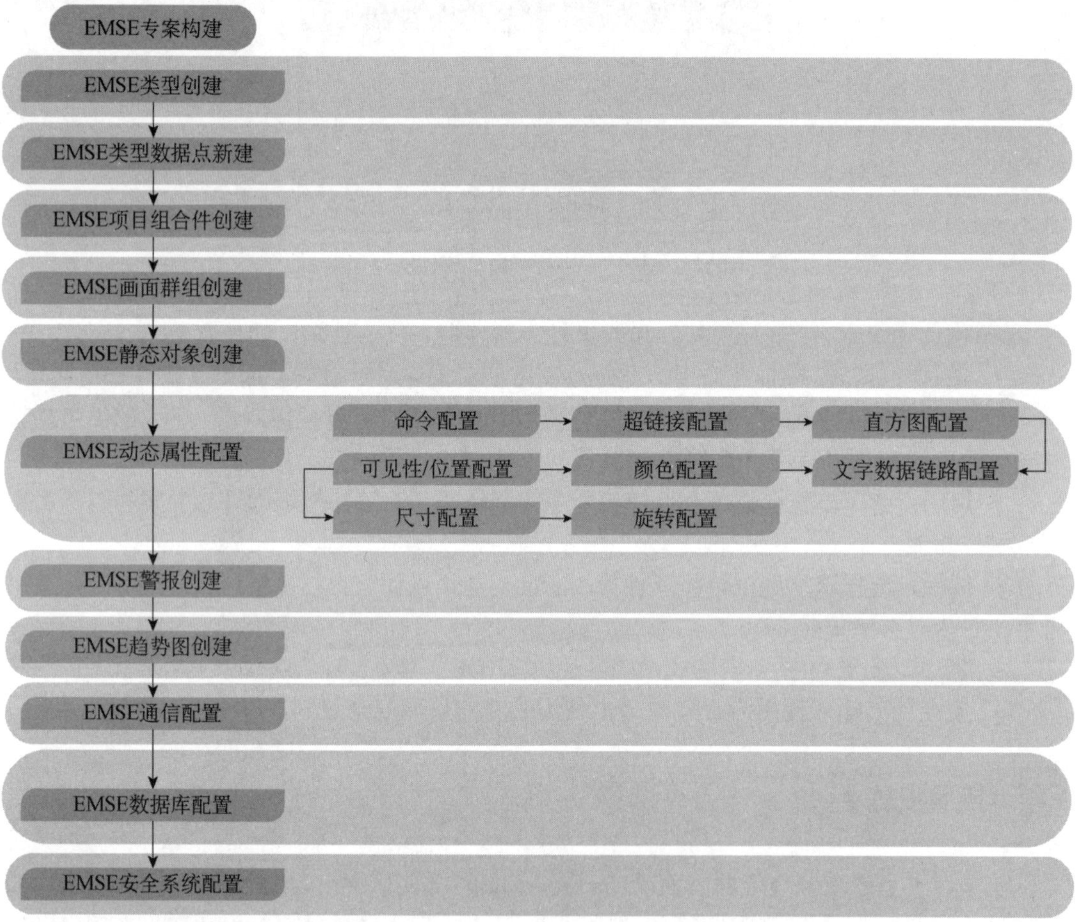

EMSE专案构建
EMSE类型创建
EMSE类型数据点新建
EMSE项目组合件创建
EMSE画面群组创建
EMSE静态对象创建
EMSE动态属性配置
命令配置 → 超链接配置 → 直方图配置
文字数据链路配置 ← 颜色配置 ← 可见性/位置配置
尺寸配置 → 旋转配置
EMSE警报创建
EMSE趋势图创建
EMSE通信配置
EMSE数据库配置
EMSE安全系统配置

【思考与练习】

EMSE 软件可以为画面上的对象设置哪些动态属性？

任务 3.7　警报创建

本任务教学计划

警报工作表的创建

3.7.1　警报工作表的创建

“警报”文件夹允许配置与每个组相关的警报组与数据点。警报工作表定义专案生成的警报消息。警报的主要目的是通知操作员系统运行过程中出现的问题或异常情况，以便及时采取纠正措施。

警报工作表由后台任务模块执行。该任务模块将处理所有警报的状态，并保存警报消息到历史记录。后台任务模块不会为操作员提供信息显示，如果需要提供，则需在画面上创建和配置“警报/事件控制”画面对象。

若要创建新的警报工作表，以下任一操作均可实现。

• 在菜单栏“插入”菜单的“工作窗体”选项组中选择“警报”命令。

• 右键单击“专案管理员”中的“工作”文件夹，然后在快捷菜单中选择“插入”命令。

• 单击“档案”菜单中“开新档案”，单击“档案”选项卡，然后选择“Alarm Work-sheet”命令。

要编辑现有的警报工作表，应双击并打开警报工作表，如图 3-93 所示。

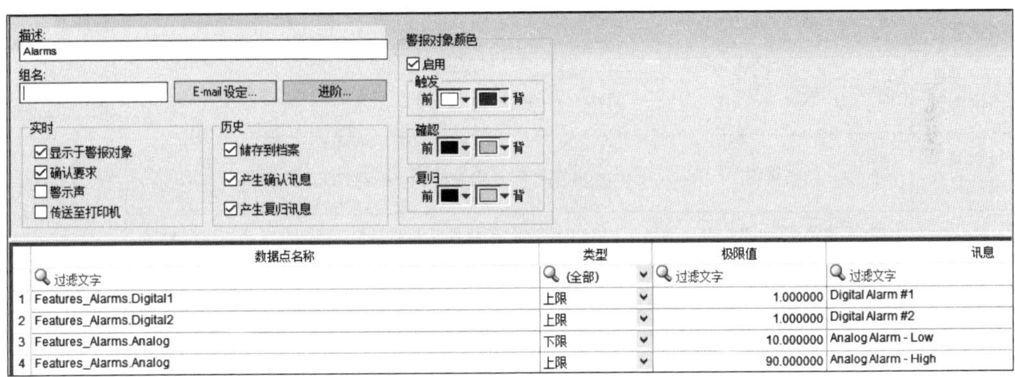

图 3-93　警报工作表

EMSE 软件支持创建多个警报组（工作表），每个组可以进行独立（如消息颜色、启用/禁用历史记录日志等）配置。

每个警报工作表由以下两个方面组成。

• 标题：应用于同一警报组中配置的所有数据点和警报的设定。这些设定允许根据警报事件（如打印警报、通过电子邮件发送警报等）配置邮件的格式和必须触发的操作。

• 主体：配置警报消息与警报条件。

1）警报工作表标题

表 3-11 描述了警报工作表标题的设定。

表 3-11　警报工作表标题

参数项	说明	形式
描述	警报组的说明。它显示在工作区中。此文本框仅用于文档	文本（最多 80 个字符）
组名	警报组的名称。在运行时，操作员可以通过警报/事件控件对象的“内置筛选器”对话框根据报警组名称筛选警报	文本（最多 32 个字符）
E-mail 设定	启动“电子邮件设定”对话框，可以在其中根据警报条件配置自动发送电子邮件的设定	按钮
进阶	启动“进阶”对话框，配置警报的进阶设定	按钮
实时 > 显示于警报对象	选中后，警报可显示在警报/事件控件对象上	复选框

续表

参数项	说明	形式
实时>确认要求	选中时，警报需要确认。在这种情况下，警报将持续显示在警报/事件控件对象（联机模式）上，直到它们被确认	复选框
实时>警示声	选中时，计算机在有警报时开启并持续发出警示声	复选框
实时>传送至打印机	选择该复选框后，警报消息在创建警报后将仅传递到外部批处理文件。可以编辑此批处理文件，文件位于 EMSE 软件程序文件夹中	复选框
历史>储存到档案	选中后，警报消息在变为触发状态时存储在历史记录日志中	复选框
历史>产生确认讯息	选中后，警报消息在确认时存储在历史记录日志中	复选框
历史>产生复归讯息	选中后，警报消息在规范化时存储在历史记录日志中	复选框
警报对象颜色>启用	选中后，根据警报组中配置的颜色，此组中配置的警报将显示为每个警报状态分配的颜色	颜色
警报对象颜色>前景和背景	可以为警报/事件控件对象上显示的警报配置文本前景色和背景色。每个警报状态可以使用不同的颜色架构显示。 触发：警报处于触发状态且未确认； 确认：警报处于触发状态并已确认； 复归：不再活动且未确认	颜色

2）警报工作表的 E-mail 设定

EMSE 软件能够在发生警报事件时自动发送电子邮件。电子邮件使用标准 SMTP（邮件传输协议）发送。因此，只需要一个有效的电子邮件账户与 SMTP 服务器和 POP3 服务器即可完成配置，如图 3-94 所示。

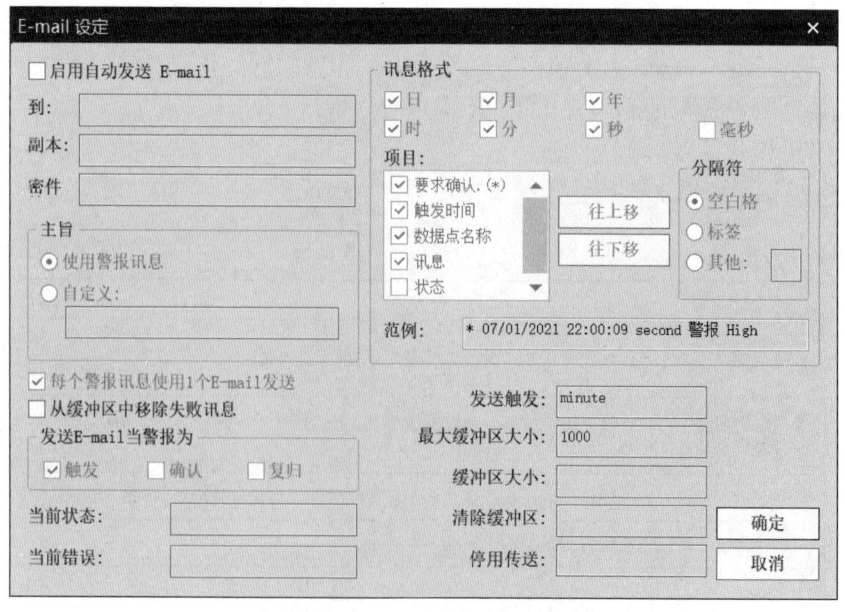

图 3-94　警报工作表的 E-mail 设定

E-mail 设定见表 3-12。

表 3-12　E-mail 设定

参数项	说明	形式
启用自动发送 E-mail	与警报关联的数据点的名称	复选框
到、副本、密件	将电子邮件发送到的目标地址	文本或{数据点}（最多1024 个字符）
主旨	选择“使用警报信息”单选按钮时，警报消息本身用作要发送的电子邮件的主题。选择“自定义”单选按钮时，可以将自定义文本配置为发送警报时的主题	单选按钮及文本（最多1024 个字符）
每个警报信息使用 1 个 E-mail 发送	勾选此复选框时，每个警报将在单个电子邮件中并逐一发送。否则在触发发送时，所有警报消息将缓冲并仅在一封电子邮件中发送。当“主旨”设置为“使用警报信息”时，无法禁用（取消选中）此复选框	复选框
从缓冲区中移除失败讯息	勾选此复选框时，即使尝试发送电子邮件后电子邮件发送失败，也将警报从缓冲区中删除。否则消息将保存在缓冲区中，直到成功发送或缓冲区存储量达到最大	复选框
发送 E-mail 当警报为	允许配置警报事件生成电子邮件。 触发：当警报变为活动状态时。 确认：当警报被确认时。 复归：当警报被规范化时	复选框
当前状态	在此文本框中配置的数据点（如果有）将更新为专案并尝试发送的当前或最后一封电子邮件的当前状态。 −2：INDMail.DLL 版本。 −1：INDMail.DLL 库已损坏。 0：未执行 SendEmailExt 函数。 1：发送电子邮件。 2：最后一封电子邮件已成功发送； 3：发送最后一封电子邮件时出错	数据点
当前错误	在此文本框中配置的数据点（如果有）将更新为错误消息，描述专案尝试发送的最后一封电子邮件的结果。因此，在此文本框中配置数据点时，此数据点必须是字符串类型	数据点
信息格式	此界面允许根据警报事件配置通过电子邮件发送邮件的实际格式。 日、月、年、小时、分钟、秒、毫秒：选中的复选框将构成警报消息的时间戳。 专案：选中的复选框将组成每个警报的电子邮件。可以使用“向上移动和向下移动”单选按钮配置专案的顺序。 分隔符：允许选择在此接口中签入的项之间使用的分隔符。 进行设定时，“示例”文本框会根据配置的设定显示信息格式的示例	复选框和单选按钮
发送触发	生成警报事件时，数据将保存在内部缓冲区（内存）中。当在此文本框中配置的数据点值更改时，内部缓冲区上的电子邮件将发送到“收件人”和“抄送”文本框中配置的地址。成功发送后，电子邮件将从内部缓冲区中删除	数据点
最大缓冲区大小	可同时存储在内部缓冲区中的警报消息（事件）的最大数量。当达到此限制时，缓冲区遵循 FIFO（先输入、先输出）规则，在生成较新的消息时尽快释出较旧的消息，保证缓冲区不会超过此文本框中配置的限制	数据点或编号
缓冲区大小	在此文本框中配置的数据点（如果有）将更新为当前存储在内部缓冲区中的消息（事件）数	数据点
清除缓冲区	当在此文本框中配置的数据点更改值时，将删除缓冲区中当前存储的所有消息（事件）。这些消息将永远不会发送	数据点
停用传送	当此文本框中配置的数据点的值为 TRUE 时，电子邮件功能将暂时禁用。禁用电子邮件功能时生成的警报事件不会存储在内部缓冲区中。此外，在这种情况下不会发送电子邮件，即使“发送触发”文本框中配置的数据点发生变更	数据点

3）警报工作表的进阶设定

警报工作表的进阶设定如图 3-95 所示。

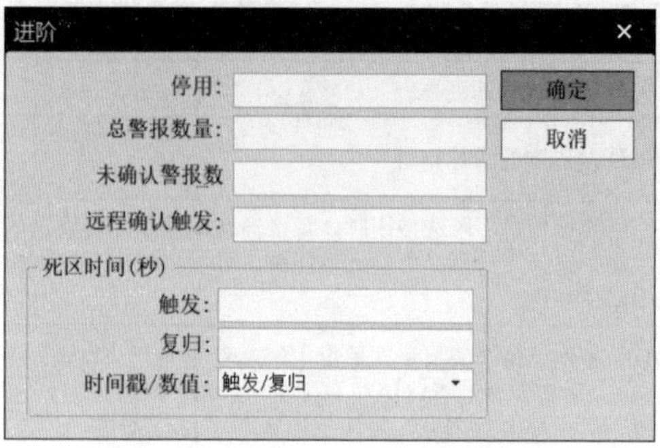

图 3-95　警报工作表的进阶设定

表 3-13 详细介绍警报工作表中“进阶”设定的各项内容。

表 3-13　进阶设定

参数项	说明	语法
停用	当其中配置的数据点值为 TRUE 时，此组中配置的所有警报都暂时禁用。此参数项可用于在特殊条件下（如在维护期间）禁用警报	数据点
总警报数量	在此文本框中配置的数据点（如果有）将更新为此组的警报数（当前处于触发状态）	数据点
未确认警报数	在此文本框中配置的数据点（如果有）将更新为此组的警报数（当前处于触发状态且尚未确认）	数据点
远程确认触发	当在此文本框中配置的数据点值更改时，将确认来自此组的所有活动警报。此参数项可用于确认警报，而不管操作员执行什么操作	数据点
死区时间>触发	每个警报在激活之前必须持续保持其警报状态，以执行此文本框设置的时间段。此文本框可用于避免在间歇性条件下（如噪声）产生警报。如果此文本框留空，则警报在条件为 TRUE 时将变为触发状态	数据点或编号
死区时间>复归	在实现复归之前，每个警报必须在此字段设置的时间段内连续远离其警报状态。此参数项可用于避免在间歇性条件下（如噪声）使警报正常化。如果此文本框留空，则警报在条件不再为 TRUE 时将恢复正常。	数据点或编号
死区时间>时间戳/数值	每个警报维护上次重要活动的时间戳及数据点在该时间的值。可以选择更新时间戳的活动类型。 触发/复归（默认）：死区结束的时间，即警报被激活或复归的时间。 上次数据点更改：数据点的值上次在死区期间更改的时间。 启动条件：死区启动的时间	组合

4）警报工作表正文

警报工作表正文见表 3-14。

表 3-14　警报工作表上正文

参数项	说明	形式
数据点名称	与警报关联的数据点的名称	数据点
类型	警报类型。 上上限：如果数据点值大于或等于设置的限制，则激活警报。 上限：如果数据点值大于或等于设置限制，则激活警报。 下限：如果数据点值小于或等于设置限制，则激活警报。 下下限：如果数据点值小于或等于设置的限制，则激活警报。 比例：如果数据点值在给定期间内的变化超过设置限制，则激活警报。 偏移+：如果数据点值大于或等于数据点的偏差设定点加上限制，则	复选框

续表

区域	说明	形式
类型	激活警报。 偏移-：如果数据点值小于或等于数据点的偏差设定点减去限制，则激活警报。 如果选择“比例”，则还必须在数据点属性对话框中设置检查频率（如每分钟一次）。如果选择“偏移+”或“偏移-”，则还必须在数据点属性对话框中设置偏差设定点	复选框
极限值	与每个警报关联的限制，限制可以在运行时动态修改	数量
讯息	与警报关联的消息。该消息可以显示在警报/事件控件对象或存储在历史警报或通过电子邮件发送，具体取决于警报组标题的设定	文本或{数据点}（最多 256 个字符）
优先	与警报关联的优先级编号。在警报/事件控件对象上显示警报时，操作员可以按优先级对警报进行筛选或排序	编号（从 0 到 255）
选取	与警报关联的别名（如区域 A、区域 B 等）。在警报/事件控件对象上显示警报时，操作员可以按其选择值筛选或排序警报	文本（最多 7 个字符）
自定义字段	将在历史记录中保存的其他自定义字段。可以在“专案设定”的“选项”中设定自定义字段数（最多 10 个）	任何

5）排序或筛选工作表中的行

对工作表中的行进行排序或筛选，以便更轻松地浏览行或查找特定项。可在以下类型的工作表中对行进行排序或筛选。

- 专案变量、共享数据库和系统变量数据点总表。
- 翻译表格工作表。
- 除报表和脚本之外的所有任务工作表。
- 所有通信工作表。

警报工作表可按字母或数字、按选定列、按升序（0～9、A～Z）或降序（Z～A、9～0）等进行排序，按名称和按类型排序的警报工作表分别如图 3-96、图 3-97 所示。

	数据点名称
	过滤文字
3	Features_Alarms.Analog
4	Features_Alarms.Analog
1	Features_Alarms.Digital1
2	Features_Alarms.Digital2

图 3-96　按名称排序的警报工作表

类型
(全部)
上限
上限
上限
下限

图 3-97　按类型排序的警报工作表

过滤文字是根据在所选列中输入的任何字符串完成的，仅显示与字符串匹配的行。过滤文字示例如图 3-98、图 3-99 所示。

	数据点名称
	feature
1	Features_Alarms.Digital1
2	Features_Alarms.Digital2
3	Features_Alarms.Analog
4	Features_Alarms.Analog

图 3-98　以“feature”过滤警报工作表行

	数据点名称	类型
	feature	上限
1	Features_Alarms.Digital1	上限
2	Features_Alarms.Digital2	上限
4	Features_Alarms.Analog	上限

图 3-99　以类型为“上限”过滤警报工作表行

对行进行排序或过滤文字的操作如下。

① 对行进行排序，右击要排序的列标题，在快捷菜单中选择“升幂排序”命令，则按升序排序；选择“降序排序”命令，则以按降序排序。当前顺序（即排序的方向）由列名称右侧的箭头指示。

② 若要撤销排序并还原行的原始顺序，右击列标题并在快捷菜单中选择“停用排序”命令。

③ 要过滤文字行，输入要在工作表的顶部行中匹配的字符串，然后按 Tab 键或回车。可以使用*和？作为字符串中的通配符。

• *匹配任何数量的字符，包括无字符。例如，Tag*将匹配数据点 Tag、Tag3、Tag34567、TagA 和 Tag_TEMP。

• ？只匹配一个字符。例如，Tag？只匹配 Tag3 和 TagA，而 Tag?????匹配项 Tag34567 和 Tag_TEMP。

此外，可以按多个列过滤文字，仅显示所有列中与过滤文字器字符串匹配的行。

④ 若要撤销过滤文字并还原行的原始顺序，删除输入的字符串，然后按 Tab 键或回车。

对工作表的行进行排序或过滤文字仅有助于工作表的编辑，它不会更改工作表在运行时的执行方式，行将按其原始编号顺序（即最左列）执行，除非实际移动或删除行。

拓展训练 1

创建警报工作表文件 ALARM001.ALR。主题部分：“描述”为“Alarms”，“实时”要求勾选“显示于警报对象”和“确认要求”复选框，“历史”要求勾选全部复选框，“警报对象颜色”勾选“启动” 复选框，触发前景设置为白色、背景设置为红色，确认前景设置为黑色、背景设置为绿色，复归前景设置为黑色、背景设置为蓝色。正文部分：“数据点名称”为“Features_Alarms.Digital1”，上限极限值为“1”，“信息”为“Digital Alarm #1”；“数据点名称”为“Features_Alarms.Digital2”，上限极限值为“1”，“信息”为“Digital Alarm #2”；“数据点名称”为“Features_Alarms.Analog”，下限极限值为“10”，上限极限值为“90”，“信息”为“Analog Alarm-Low”；“数据点名称”为“Features_Alarms.Analog”，“类型”为“下限”，“极限值”为“10”，“信息”分别为“Analog Alarm-Low”和“Analog Alarm-High”。

3.7.2 警报控件的创建

警报控件的创建

使用“警报/事件控件”工具将警报或事件控件加入专案画面。创建和配置警报/事件控件的操作如下。

① 在“绘制”菜单的“动态物件”选项组中选择“警报/事件”命令。

② 在画面中单击，然后拖动鼠标以创建和调整对象的形状。

③ 双击对象可打开其“物件属性”对话框，如图 3-100 所示。

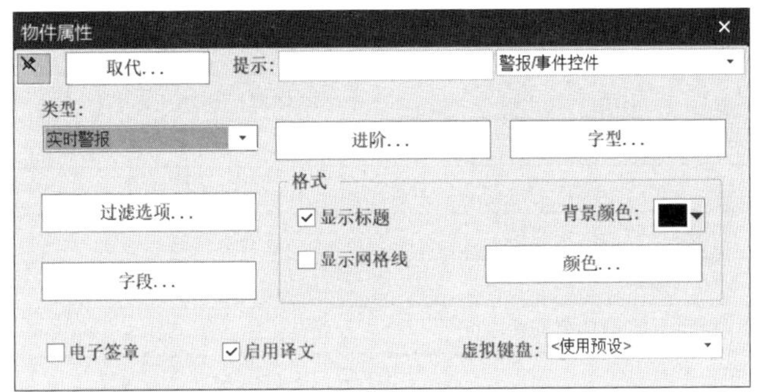

图 3-100　警报/事件控件的“物件属性”对话框

图 3-100 所示对话框中参数项设置如下。

① 在“类型”下拉列表中选择警报/事件模式。

- 实时警报：仅显示警报工作表中配置的当前警报消息。
- 历史警报：仅显示来自历史警报数据库的警报消息。
- 历史警报+事件：显示警报历史记录数据库中的警报消息和事件历史记录数据库中记录的事件。
- 事件：仅显示事件历史记录数据库中记录的事件。

② 电子签章：选中此复选框后，系统将提示用户在执行动态属性之前输入电子签章。

③ 启用译文：选中此复选框，使用“翻译表”启用邮件的外部翻译。

④ 虚拟键盘：用于此对象的虚拟键盘类型，需要在查看器中设定。

1）过滤选项

若要在运行时过滤选项警报消息，单击“过滤选项...”按钮，打开“过滤选项”对话框，为警报控件对象设置过滤选项参数，如图 3-101 所示。

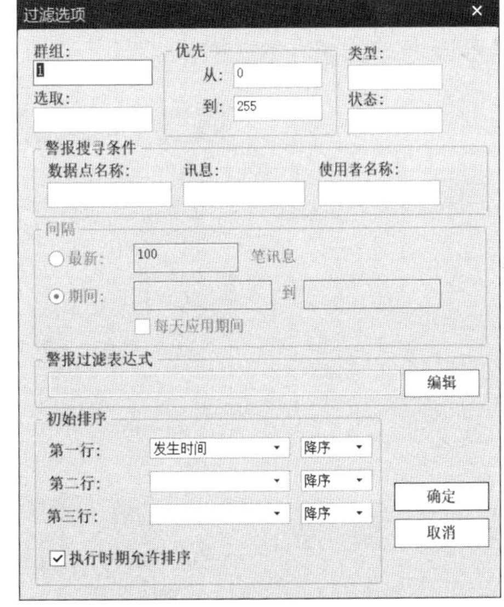

图 3-101　“过滤选项”对话框

① 使用“群组”文本框按警报工作表编号过滤警报消息。工作表在“警报”文件夹中，在项目管理员窗口的“工作”选项卡中进行组织，从 1 开始。如果设置群组为 0，则将显示所有工作表。可以使用符号来设置群组的范围，如 1、3、5-6。

② 使用“选取”文本框按警报工作表上配置的“选取”文本过滤警报消息。

③ 在“优先”区域中，使用“从”和“到”文本框按警报工作表上配置的优先级过滤警报消息。在这些文本框中输入数值以分隔优先级范围。

④ 使用“类型” 文本框按警报类型（例如上上限、上限、下限、下下限、比例、偏移+和偏移−）过滤警报消息。可以使用逗号设置多个类型。

⑤ 使用“状态” 文本框按警报状态过滤警报消息，将此文本框留空实际上与输入值 0 相同，状态值描述见表 3-15。

表 3-15　状态值描述

值	描述
0	所有警报（默认）
1	所有活动警报和未确认警报
2	所有活动警报和已确认警报
3	所有非活动警报和已确认警报
4	所有非活动且未确认的警报

⑥ 在“警报搜寻条件”区域中，使用“数据点名称”“信息”“使用者名称”文本框设置过滤警报消息的条件。

⑦ 在“间隔”区域，设定基于最新 x 条消息或者时间段过滤警报消息。如果未设置任何间隔，则仅显示当天的警报消息。

⑧ 使用“警报过滤表达式”过滤不需要的消息，仅显示满足表达式的消息。要输入过滤表达式，单击“编辑”按钮，打开警报过滤表达式对话框。警报过滤表达式必须遵循基本语法，可以使用逻辑运算符 AND、OR 和 NOT 同时组合多个条件，还可以使用括号来建立操作顺序；可以在警报过滤表达式中使用通配符（*和？），还可以在运行期间通过设置专案数据点和在大括号中内置函数来更改警报过滤表达式。

⑨ “初始排序”区域用于设定默认排序。从列组合框中选择排序类型，然后选择升序或降序排序。最多可以配置三个级别的排序。

⑩ 如果允许用户在运行时更改排序顺序，勾选“执行时期允许排序”复选框。

2）字段

单击“字段...”按钮，打开“字段选取”对话框，可以在该对话框中设置对象中列的显示属性，如图 3-102 所示。

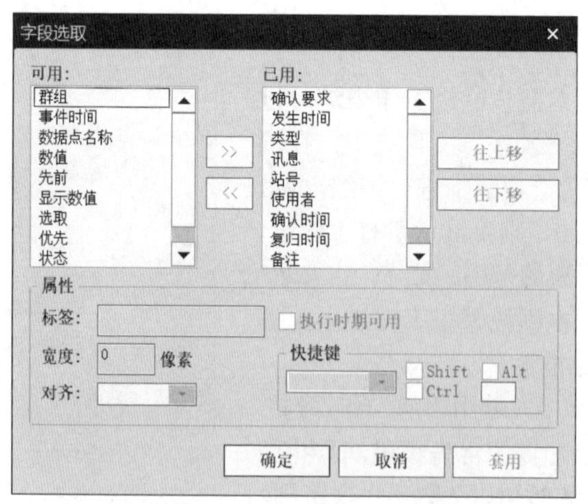

图 3-102　“字段选取”对话框

① “可用”下拉列表中包含可用于此对象的所有列类型。“已用”下拉列表中包含当前用于对象的所有列类型。

② 单击“»”和“«”按钮，用于在两个下拉列表之间移动所选内容。

③ 单击“往上移”或“往下移”按钮可重新排列“已用”列表中列的顺序。

④ 在“属性”区域，通过对“标签”和“宽度”进行设置，可在运行时更改默认列标签和宽度。

⑤ 在“对齐”下拉列表框中设置列内警报消息文本的对齐方式（左方、中间或右方）。

⑥ 勾选“执行时期可用”复选框，允许用户在运行时将选定的列加入已用列表中。

⑦ 设置“快捷键”区域，为每个列分配快捷方式。允许使用键盘键而不是鼠标按任何列对警报控件对象上的信息进行排序。

完成后，单击“确定”按钮，关闭“字段选取”对话框。

3）进阶

单击“进阶...”按钮，打开“进阶”对话框，为警报控件对象设置进阶属性，如图 3-103 所示。

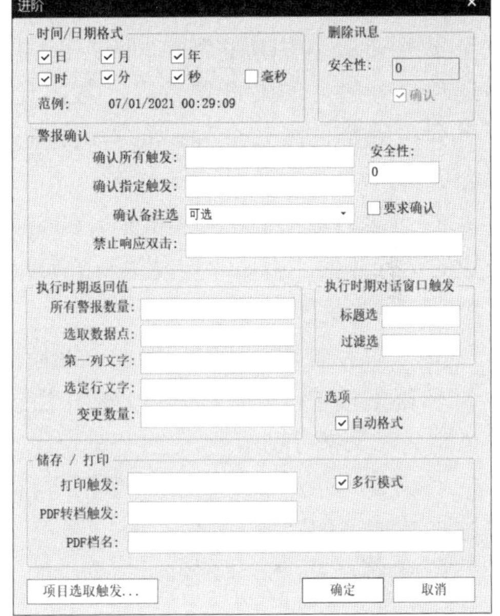

图 3-103　“进阶”对话框

① 设置“时间/日期格式”区域，以控制警报消息中显示的日期和时间信息。勾选相应复选框则会在显示中包含该元素。

② 在“删除信息”区域中设定控件为何安全性级别时可以从警报历史记录中删除警报消息。

• 安全性：在该文本框中设置可以删除警报消息的安全级别。只有那些具有安全级别的用户才能删除警报消息。

• 确认：选择此复选框，则要求用户在实际删除所选警报消息之前进行确认。

③ 在“警报确认”区域中设定如何确认警报。

• 确认所有触发：输入数据点以接收值。当数据点值更改时，它指示已确认警报对象中的所有消息。

• 确认指定触发：输入数据点以接收值。当数据点值更改时，它指示已确认警报对象顶部的消息。

• 确认备注选：选择“停用”、“可选”或“必填”选项之一，以确定用户在确认警报后是否可以或必须输入注释。

• 禁止响应双击：输入数值或数据点/表达式。当系统确认该项值为 TRUE（非零）时，用户无法通过双击来确认警报。例如，可以使用此参数项强制操作员单击另一个按钮以确认警报，或者防止在客户端上确认警报。

• 安全性：输入数值以设置哪个安全级别可以确认警报消息。只有具有设置级别的用户才可以响应。

• 要求确认：选择此复选框以显示用户尝试确认单个警报时的提示对话框。

④“执行时期返回值”区域用于设定取得有关运行时警报的消息。

• 所有警报数量：输入整数型数据点，以查看 EMSE 软件使用“过滤选项”对话框中设置的参数过滤选项警报对象后仍保留多少警报。

• 选取数据点：输入字符串型数据点，使最终用户能够单击警报消息以查看与该消息关联的数据点的名称。

• 第一列文本：输入专案数据点或数组的名称（字符串型）。该数据点或数组将接收警报/事件控件第一行列的内容。如果设置数据点，则列将由选项卡分隔。如果设置数组，数组元素将各接收一列。如果数组不够大，无法接收所有列，则将丢弃其余列。每当第一行更改时（由于新的警报/事件，或者仅仅是因为行已重新排序）都会更新设置的数组。

• 选定行文字：输入专案数据点或数组的名称（字符串型）。该数据点或数组将接收警报/事件控件中所选行（即用户单击的行）的列的内容。如果设置数据点，则列将由选项卡分隔。如果设置数组，数组元素将各接收一列。如果数组不够大，无法接收所有列，则将丢弃其余列。每当所选行发生更改时（每当用户单击另一行）设置数组都会更新。

• 变更数量：输入专案数据点的名称（整数型）。该数据点将收到警报/事件控件中更改数的运行计数。例如，当发生新的警报或确认警报时，配置的数据点的值将递增，重新排序行不计为更改。

⑤ “执行时期对话窗口触发”区域用于设定允许用户在运行时自定义对象。

• 标题选项：输入数据点名称。当数据点值更改时，系统会打开一个对话框，允许用户自定义对象中可见的列。

• 过滤选项：输入数据点名称。当数据点值更改时，系统会打开一个对话框，允许用户过滤选项对象中可见的列。

⑥ 选项：选中该复选框时，列中的十进制值将根据函数 SetDecimalPoints 创建的虚拟表格式化。

⑦ “储存/打印”区域用于设置运行期间警报的打印。

• 打印触发：切换此文本框中配置的数据点时，警报/事件控件对象的当前状态将发送到默认打印机。

• PDF 转档触发：切换此文本框中配置的数据点时，警报/事件控件对象的当前状态将保存为 PDF 文件，位于 PDF 文件名设置的位置。

• PDF 档名：输入要保存 PDF 文件的完整文件路径和名称。还可以使用“标签”语法。

• 多行模式：勾选此复选框时，打印输出或 PDF 将按可用列空间进行格式化，并且每个单元格中的文本将被换行，以便显示所有内容。

单击“专案选取触发...”按钮，打开图 3-104 所示对话框。

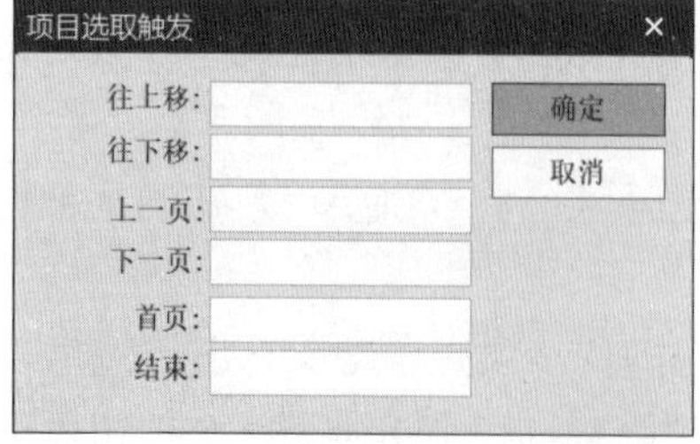

图 3-104 “项目选取触发”对话框

可以使画面上的警报控件对象向往上移、往下移、上一页、下一页、首页和结束，或者通过配置相应的数据点转到画面末尾。每当配置数据点的值发生更改时，警报控件对象将按此方式导航。这对于将导航控件加入画面非常有用。

⑧ 完成后，单击“确定”按钮，关闭“进阶”对话框。

3）格式

在“物件属性”对话框的“格式”区域中配置运行期间警报/事件控件对象的外观。

① 选中“显示标题”复选框以显示对象上的标题，标题显示列标签，如图 3-105 所示。

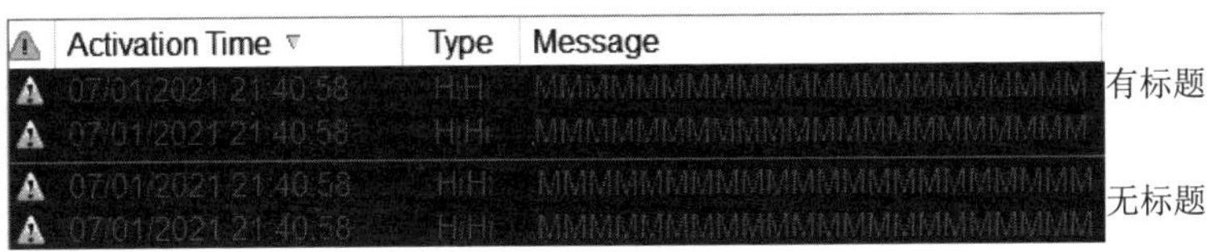

图 3-105　显示标题

② 选中“显示网格线”复选框以显示对象中的网格线，如图 3-106 所示。网格线可以更轻松地区分对象中的单个行和列。

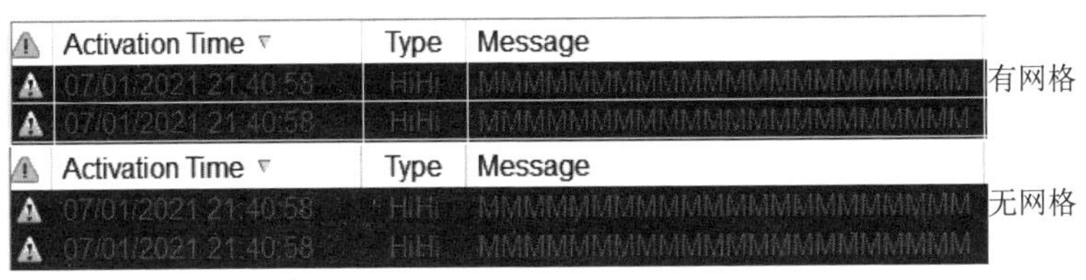

图 3-106　显示网格线

③ 使用“背景颜色”列表框为对象选择背景颜色。单击下拉按钮，打开调色板，然后选择相应颜色。

④ 单击“颜色”按钮，打开“颜色”对话框，如图 3-107 所示，在该对话框为特定警报选择背景和前景色。这些颜色将覆盖警报工作表中已选择的默认颜色。这对于突出显示特殊警报很有用。

图 3-107　“颜色”对话框

在警报工作表的每一行，可以使用与“过滤选项”对话框中类似的条件配置警报子集，然后为该子集选择自定义背景和前景色。

① 在“群组”字段中，输入警报组/工作表的编号，可以使用逗号和破折号来设置组的范围。

② 在“触发”字段中，选择“全部”（触发和正常）、“触发”或“正常”（仅复归警报）。

③ 在“确认”字段中，选择“全部”（已确认警报和未确认警报）、“已确认”（仅已确认警报）或“未确认”。

④ 在“选取”字段中，输入在警报工作表中配置的选择文本。可以该字段留空。

⑤ 在“优先”字段中，输入在警报工作表中配置的优先级编号。可以该字段留空。

⑥ 单击“背景色”下拉按钮，打开颜色选取器，然后为警报消息选择背景颜色。

⑦ 单击“前景色”下拉按钮，打开颜色选取器，然后为警报消息选择前景色。

⑧ 如果希望警报消息闪烁，选中“闪烁”。

在这里配置的子集必须通过之前在“过滤选项”对话框中配置的任何过滤选项器。此外，如果将子集配置为包括所有状态，则选择的颜色将用于指示所有可能的警报状态（激活、确认和复归）。因此，如果希望不同的警报状态有不同的颜色，则必须配置其他子集。

拓展训练 2

为画面“Features_Alarms”添加警报控件，“类型”为“实时警报”，“格式”勾选“显示标题”复选框，勾选“启用译文” 复选框。

【知识点总结】

1. 警报的主要目的是通知操作员系统运行过程中出现的问题或异常情况，以便及时采取纠正措施。

2. 警报工作表由后台任务模块执行，该任务将处理所有警报的状态，并保存警报消息到历史记录。后台任务模块不会提供信息显示，需要在画面上创建和配置“警报/事件”画面对象才能显示警报。

3. “警报/事件”命令位于菜单栏“绘制”菜单的“动态物件”选项组中，通过“物件属性”对话框可以对展现形式进行设置。

【学习足迹】

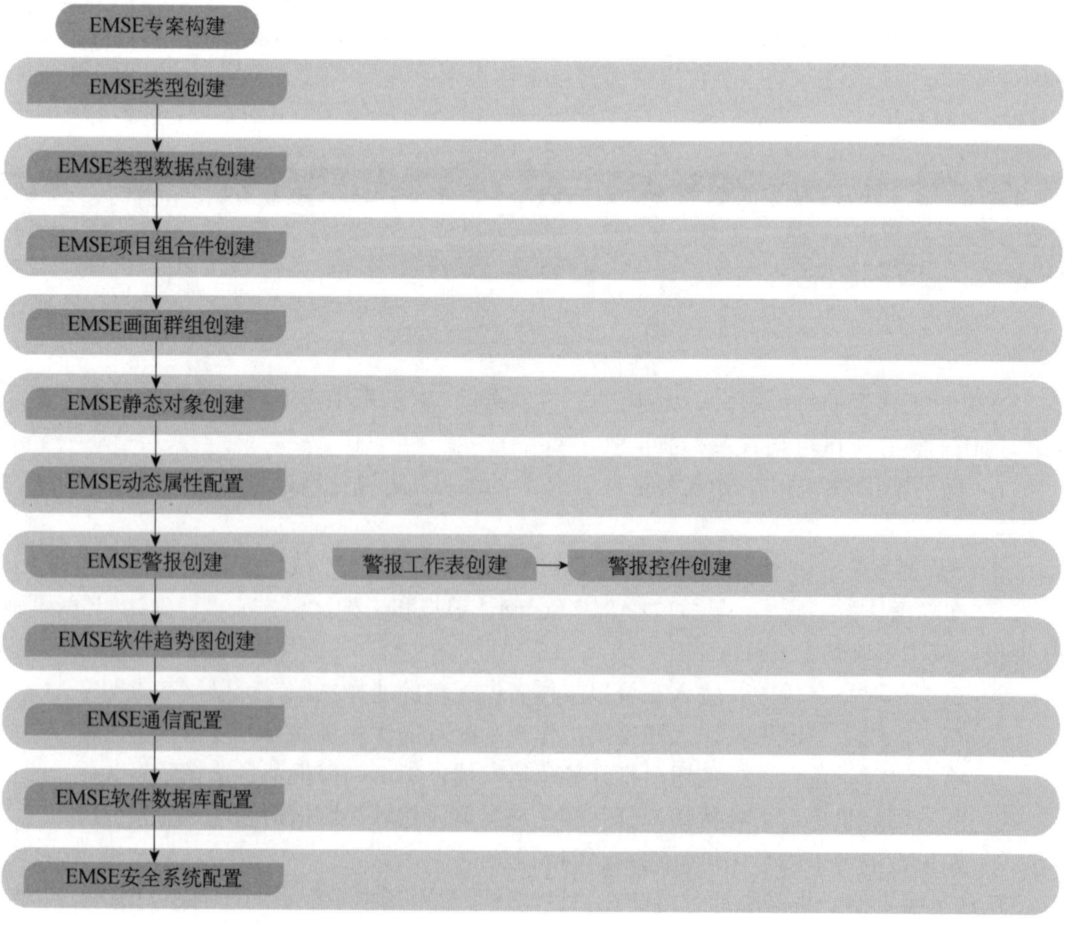

EMSE专案构建
EMSE类型创建
EMSE类型数据点创建
EMSE项目组合件创建
EMSE画面群组创建
EMSE静态对象创建
EMSE动态属性配置
EMSE警报创建 警报工作表创建 → 警报控件创建
EMSE软件趋势图创建
EMSE通信配置
EMSE软件数据库配置
EMSE安全系统配置

【思考与练习】

1. 警报是否可以在专案运行出现问题时自动发送邮件给指定邮箱？如何设置？
2. 如何将警报历史记录保存到外部 SQL 数据库中？警报历史记录的格式分为哪两类？
3. “警报/事件”控件的主要作用什么？它在专案运行时是否只可展示实时警报信息？
4. 警报搜寻条件有哪些？

任务 3.8　趋势图创建

本任务教学计划

趋势图工作表的创建

3.8.1　趋势图工作表的创建

“趋势”文件夹用于保存趋势曲线的历史记录。使用趋势图声明数据点时必须将其值存储在磁盘上，并创建趋势图的历史记录文件。

趋势图由后台任务模块执行，后台任务模块处理后将趋势数据保存到历史记录中，但后台任务模块不显示趋势数据；必须在画面上创建和配置趋势图控件才能显示趋势数据。

若要创建新的趋势图，以下任一操作均可实现：

① 在菜单栏“插入”菜单的“工作窗体”选项组中选择“趋势图”命令。

② 右击项目管理员窗口中的“工作”选项卡“趋势”文件夹，在快捷菜单中选择“插入”命令。

③ 单击档案菜单上的“开新档案”，单击“文件”选项卡，然后选择“Trend Worksheet”（趋势图工作表）命令。

若要编辑现有趋势图工作表，双击打开项目管理员窗口“工作”选项卡“趋势图”文件夹中的趋势图工作表，如图 3-108 所示。

描述:
Trend History
历史档格式:
专有格式　进阶...
☑触发储存:　☑数据点变更储存
Second

	数据点名称	死区
	过滤文字	过滤文字
1	Features_Trends.PenSin	
2	Features_Trends.PenRampUp	
3	Features_Trends.PenWaveUp	
4	Features_Trends.PenOnOff	
5	Features_Trends.PenCos	
6	Features_Trends.PenRampDown	
7	Features_Trends.PenWaveDown	
8	Features_Trends.PenRandom	

图 3-108　趋势图工作表

趋势图工作表分为以下两个部分。

① 主题区域（顶部），包含整个组的信息。

② 正文区域（下部），定义组中的每个专案数据点。

1）主题区域

趋势图工作表主题区域参数项设置说明如下：在“描述”文本框中输入工作表的说明；“历史档格式”设置为“专有格式”时，将趋势历史记录保存在专有的二进制文件中，该文件位于专案文件夹中，其路径为[...]\<project name>\Hst\GGYYMMDD.hst，其中 GG=趋势图编号，为专案运行的每个日历日创建一个新的历史记录文件，应用程序是 HST2TXT.EXE 和 TXT2HST.EXE，提供应用程序是为了将历史记录文件从二进制文件（*.hst）转换为纯文本文件（*.txt），反之亦然；“历史档格式”设置为“数据库”时，则将趋势历史记录保存在选择的外部 SQL 数据库中。勾选“触发存储”复选框，以在用户更改设置数据点时保存趋势示例，数据点更改可以是排程中的事件；勾选“数据点变更储存” 复选框，可以在该组的任何数据点发生值更改时始终保存趋势示例。单击“进阶”按钮，打开“趋势图进阶设定”对话框。

2）正文区域

对于每个专案数据点，趋势图工作表正文区域参数项设置说明如下。

- 数据点名称：将保存趋势历史记录的专案数据点的名称。
- 死区：输入值以过滤勾选“数据点变更储存”复选框后可接受的更改。例如，死区的值设值为 5，如果数据点值为 50 并更改为 52，则系统不会在数据库中进行记录，因为更改差值小于 5。如果更改差值大于等于 5，则新值将保存到历史记录文件中。

当“历史档格式”设置为“数据库”时，这时保存趋势历史记录的字段（在 SQL 数据库表中）的名称。如果此字段留空，则使用专案数据点名称。

对于数组数据点和类，特殊字符将被下划线（_）替换。字段名称举例见表 3-16。

表 3-16　字段名称举例

数据点名称	字段名称
MyArray[1]	MyArray_1
MyClass.Member1	MyClass_Member1
MyClass[3].Member2	MyClass_3_Member2

1. 创建批处理历史记录

EMSE 软件提供了强大的工具，使用户能够创建和管理批处理历史记录。用户可以使用以下格式创建批处理历史记录。

① 专有：使用专有格式时，每个批处理历史记录将存储在不同的文件中。用户可以同时将历史记录（数据）保存在普通历史文件和批处理文件中。

② 数据库：用于批处理的历史数据与普通历史数据保存在同一表中，名为 BatchHistory 的表将寄存器与有关批次的信息保持一致。表 3-17 所列为批处理历史记录表中的字段。

表 3-17 批处理历史记录表中的字段

字段名称	数据类型	描述
Group_Number	整数	趋势组编号，表示创建存储在批处理历史记录中的数据点的工作表数
Batch_Name	字符串	批处理的名称
Start_Time	时间戳	批处理启动的日期和时间
End_Time	时间戳	批次完成的日期和时间
Pri_Table	字符串	保留
Sec_Table	字符串	保留
Description	字符串	批处理说明
Deleted	布尔	0：批处理尚未删除；1：批处理已被删除

2. 批处理历史记录配置

单击趋势图工作表中的“进阶…”按钮时，打开图 3-109 所示对话框。

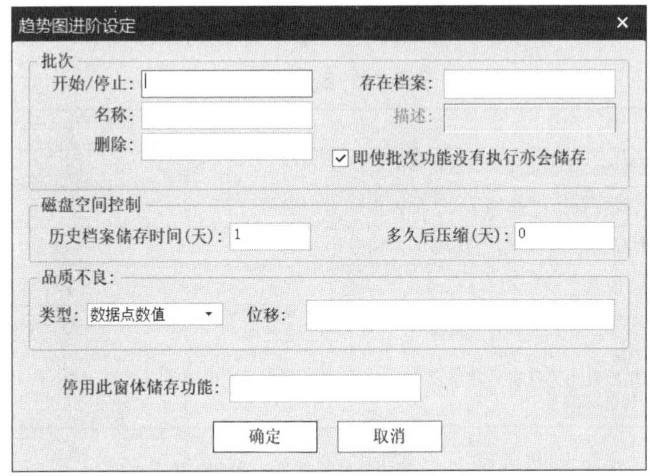

图 3-109 “趋势图进阶设定”对话框

① 在“批次”区域中可以进行批处理历史记录保存的相关设置。

• 开始/停止：输入将启动/停止批处理的数据点。当此文本框中的数据点设定为 TRUE（与 0 不同）时，EMSE 软件将开始将数据保存到批处理文件（如果使用的是专有格式），或者向数据库的批处理历史记录表中加入新寄存器，指示批处理已启动。

• 名称：在此文本框中输入批处理名称，其含义取决于趋势图工作表中“历史档格式”的设定，如果设置为“专有格式”，则名称应符合格式[路径]<FileName>。其中，“路径”为可选项。如果未设置路径，批处理历史记录文件将存储在<project name>.app 中。如果设置为“数据库”，则名称将存储在 Batch_Name“数据库”的批次历史记录表中。

• 删除：当该文本框中设置的数据点更改值时，批处理将被删除。趋势图工作中“历史档格式”设置为“专有格式”时，批处理历史记录文件将被删除；趋势图工作中“历史档格式”设置为“数据库”时，将“删除”文本框设定为 TRUE，已保存的历史数据将被保留。

• 存在档案：如果“名称”文本框中设置的批处理已经存在，在此文本框中输入的数据点将收到值 1；否则数据点将收到值 0。

• 描述：此文本框仅在使用“数据库”格式时激活。当数据点“开始/停止”设置为 TRUE，加入批次历史记录表并显示此文本框中的字符串。

• 即使批次功能没有执行亦会储存：如果未勾选该复选框，则只有在数据点“开始/停止”为 TRUE 时，才能保存历史数据。

② 在“磁盘空间控制”区域中可以进行磁盘空间设置。

• 历史档案储存时间（天）：设置在磁盘上保留历史记录文件的天数。在设置时间后，EMSE 软件会自动擦除该文件。仅对基于日期的文件设置该参数项。

• 多久后压缩（天）：设置在压缩文件之前趋势历史记录文件（*.hst）在磁盘上保留的天数。在设置时间后，EMSE 软件会自动压缩文件。仅对基于日期的文件设置该参数项。此参数项不适用于 Windows 嵌入式目标系统。

③ 在“品质不良”区域中，当设置“数据点数值”为品质不良时，实际保存在批处理历史记录中的值有表 3-18 所列几种类型。

表 3-18　数据点类型

类型	描述
数据点数值	数据点质量为品质不良时专案数据点的实际值，外加设置的偏移量（如果有）
最小值	专案数据点的最小历史值减去设置的偏移量（如果有）
最大值	专案数据点的最大历史值，加上设置的偏移量（如果有）
数值	仅设置值
NaN	不是数字，当“历史档格式”设置为“数据库”且“品质不良”类型为 NaN 时，所有数据库字段都将保存为浮点数类型。 此外，如果趋势图控件画面对象设置为使用此趋势图生成的历史记录，则 NaN 条目将计为 0，用于计算趋势的统计平均值和偏差

④ 在“停用此窗体储存功能”文本框中输入专案数据点的名称，当数据点的值在运行时为 TRUE（非零），将禁用此工作表的所有数据保存，其他趋势图不受影响。

3.8.2　趋势图控件的创建

趋势图控件以图形格式显示来自不同数据源的数据点值。趋势图控件提供的主要功能包括以下几点。

• 同时显示多个画笔。

• 支持不同的数据源，如数据点、批处理、数据库和文本文件。

• 能够从配置的数据源生成 *X*/*Y* 图形。

• 同时显示无限数量的数据点。此功能可能受使用的硬件限制，因为可用内存和性能会有所不同。

• 内置工具栏，为用户提供在运行时与趋势图控件交互的接口。

• 内置图例，显示与链接到对象的每个画笔关联的主信息。

• 缩放和自动缩放工具。

• 水平和垂直取向。

趋势图控件的创建

1. 趋势图控制运行时接口

在专案运行时，趋势图控件有自己的内置接口，操作员可以使用该接口更改趋势图的显示方式。这里主要介绍接口的组成部分及其使用方法。趋势图控件运行时接口如图 3-110 所示。

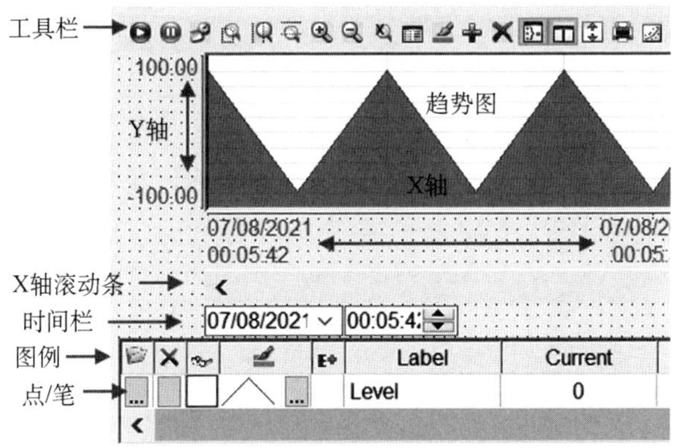

图 3-110　趋势图控件运行时接口

1）工具栏

工具栏见表 3-19。

表 3-19　工具栏

命令/工具	图标	描述	激活标签
运行		将趋势图控件设定为“运行模式”（联机模式）。在此模式下，*X* 轴将随着时间的推移滚动，趋势图将更新当前数据点值	0=止损趋势； 1=运行趋势。 激活数据点仅用于“运行”和“停止”命令，并在“运行/停止”文本框中进行配置
停止		将趋势图控制设定为“停止模式”（历史模式）。在此模式下，*X* 轴停止，趋势图仅显示历史数据。如果为一个或多个趋势启用抽取，则计算和重绘仅在此模式下完成	0=止损趋势； 1=运行趋势。 激活数据点仅用于“运行”和“停止”命令，并在“运行/停止”文本框中进行配置
期间		打开一个对话框，用于修改 *X* 轴持续时间和类别的设定	1=打开对话框，打开后重置为 0
窗口缩放		单击趋势图并拖动鼠标以选择释放光标时必须可见的区域； 当“多个部分”处于活动状态时，此工具被禁用	0=禁用缩放 1=启用缩放 用户输入后重置为 0
水平缩放		单击趋势图中的两个点，定义必须可用的水平比例	
垂直缩放		用户单击趋势图中的两个点，定义必须可用的垂直比例； 当“多个部分”处于活动状态时，此工具被禁用	
放大		每次用户单击该工具时，放大（将当前 *X* 轴和 *Y* 轴比例减半）	1=执行命令，执行后重置为 0
缩小		每次用户单击该工具时，放大（将当前 *X* 轴和 *Y* 轴比例翻倍）	
取消缩放		取消当前缩放，将趋势图返回到其原始比例	
图例属性		打开一个对话框，用于设置图例属性	
画笔样式		打开一个对话框，用于设置画笔样式	
加入笔		对应的对话框可用于设置向趋势图控件加入新趋势	
拆下笔		从趋势图控件中删除所选趋势	

续表

命令/工具	图标	描述	激活标签
多个部分		在多个部分（每个趋势的节）和单节（所有趋势共享相同的 *Y* 轴比例部分）之间切换 *Y* 轴比例	0=单个部分 1=多个部分
光标		在可见和隐藏之间切换光标（标尺）	0=光标隐藏 1=光标可见
自动缩放		更改 *Y* 轴比例，以适应当前正在监视的趋势中的所有值	1=执行命令，执行后重置为 0
打印		打印趋势图控件的当前状态，不打印历史数据	
统计过程控制		打开一个对话框（见下图），用于设置所选趋势的统计过程控制（统计功能）信息的显示 统计功能设定 显示平均 显示最小/最大 显示标准偏差 +/- 2s 显示全部 隐藏全部 绘图模式 阴影 线段 确定　取消 阴影：将平均值绘制为虚线，并将最小值/最大值和标准偏差作为阴影区域； 线段：将平均值和标准差绘制为虚线，并将最小值/最大值作为实线； 显示平均：显示所有趋势历史数据的平均值。当值不是数字（NaN）时（如当数据点为不良品质时），计为 0，用于计算平均值； 显示最小/最大：显示趋势的最小值和最大值； 显示标准偏差+/−2s：显示趋势的标准偏差。低标准差表示实际值趋于平均值；高标准差表示实际值与平均值有很大差异	1=执行命令，执行后重置为 0 设置数据点的位属性（B0=B4） 用于打开对话框和预选选项： （1）数据点名称->B0 1=打开对话框，打开后重置为 0。 （2）数据点名称->B1 0=绘制模式：选择线条； 1=绘制模式：选择阴影。 （3）数据点名称->B2 0=显示已清除的平均数； 1=显示所选平均值。 （4）数据点名称->B3 0=显示标准偏差 清除； 1=显示标准偏差 选择。 （5）数据点名称->B4 0=显示最小值/最大已清除； 1=显示已选择的最小值/最大值

2）时间栏

时间栏显示图形的开始日期/时间和结束日期/时间，即显示 *X* 轴的周期。如果已将趋势图控件配置为显示批处理文件中的历史数据，则可以在专案运行时更改这些日期和时间，从而增加或减少图形的周期。周期越长，图形显示的数据越多，但分辨率越低。周期越短，图形显示的数据越少，但分辨率越高。这类似于使用水平缩放工具。所有日期必须根据当前日期格式进行格式化。

图例画笔相关命令、图标及描述见表 3-20。

表 3-20　图例画笔相关命令、图标及描述

命令	图标	描述
选取		启动对话框，用户可以通过该对话框替换与图例上所选趋势关联的数据点
移除		从趋势控制中删除所选趋势
隐藏		选中时，所选趋势可见；否则它是隐藏的
画笔样式		启动嵌入对话框，用户可以通过该对话框修改所选趋势的笔样式
刻度		选中时，*Y* 轴比例将可见，否则它是隐藏的。只有当“多个部分”处于关闭状态时，才能隐藏比例

3）物件属性

双击趋势图控件，打开趋势图控件的“物件属性”对话框，如图 3-111 所示。

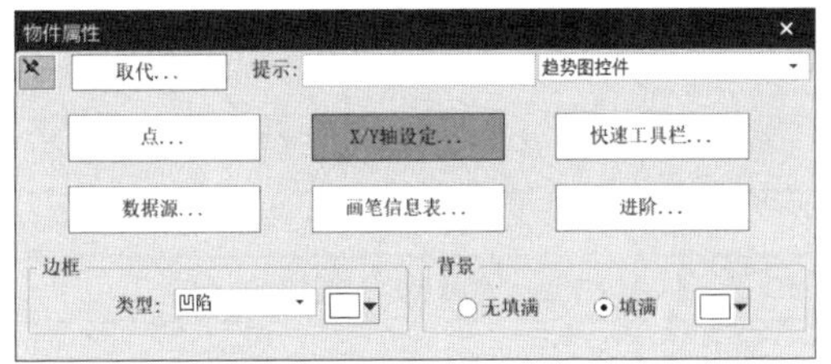

图 3-111　趋势图控件的“物件属性”对话框

除了所有物件属性对话框共有的参数项外，趋势图控件的“物件属性”对话框还包含表 3-21 所列参数项。

表 3-21　趋势图控件的“物件属性”对话框的参数项及描述

区域及参数项		描述
边框	类型	设定趋势图控件的图形区域周围的边框类型。趋势图控件的图例或工具栏周围没有边框
	颜色	如果边框类型为“实线”，则设定边框的颜色
背景	无填满/填满	启用趋势图控件的图形区域的背景填充。趋势图控件的图例或工具栏没有背景。如果未启用填充，则图形对趋势图控件后面的任何其他画面对象都是透明的
	颜色	设定背景填充的颜色和填充效果（如果已启用）
点		打开，允许配置趋势图控件的数据点（或笔）
X/Y 轴设定		允许配置趋势图控件的 X 轴和 Y 轴，以及其水平或垂直方向
快速工具栏		允许配置显示在趋势图控件上方的用户工具栏
数据源		允许为趋势配置多个数据源
画笔信息表		允许配置趋势图控件下方显示的图例
进阶		允许配置趋势图控件的进阶属性，如运行时选项和数据点触发

尽管趋势图控件对象支持灵活的配置以满足专案的特定需求，但大多数设定都是默认根据最常见的接口设定的。因此，在许多情况下，只会配置数据点（在运行时显示），可以通过单击“物件属性”对话框中的“点...”按钮，在“点”对话框中完成配置。

4）“点”对话框

“点”对话框用于配置趋势图控件画面对象的数据点。每个数据点的值在趋势显示中表示为笔。可以动态更改数据点在运行时可见，而不管有多少数据点与画面对象关联。

打开趋势图控件画面对象的“点”对话框，如图 3-112 所示。

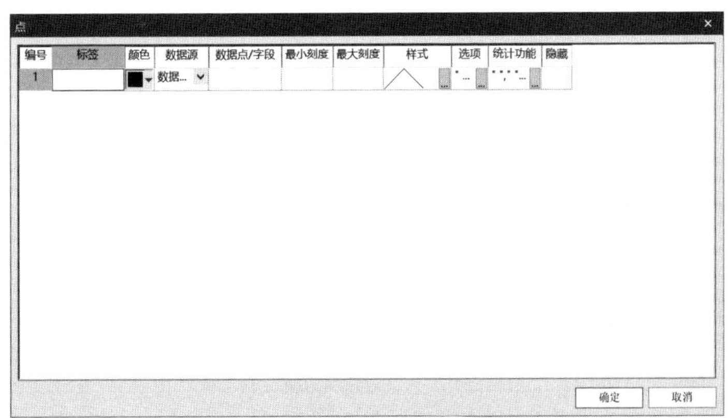

图 3-112　“点”对话框

表 3-22 总结了每个数据点的属性。

表 3-22　数据点属性

列名称	描述
编号	点的唯一 ID 号，在接口中创建点时自动分配该 ID 号
标签	在运行时，与点关联的标签可以显示在图例上，为每个点提供对用户的简短引用
颜色	用于设置绘制趋势图控件对象上的点值的笔的颜色
数据源	此点的数据源。默认情况下，数据点可用，但必须在“数据源”对话框中配置所有其他源
数据点/字段	此参数项的含义取决于与数据点关联的数据源。 如果数据源为数据点，则输入数据点的名称，并输入要显示的值。如果在趋势图工作表中配置了数据点，则将自动检索并显示其历史记录。否则将仅显示数据点的联机值（数据点在运行时的实际值）。 如果数据源为批处理文件，则输入数据点的名称，并输入要从趋势图工作表生成的批处理历史记录文件中检索的值的数据点名称。 如果数据源是数据库，则在包含点值的 SQL 关系数据库中输入字段（列）的名称。 如果数据源是文本文件，则输入包含点值的文本文件中的列数。0 是指到第一列，1 是指第二列
最小刻度/最大刻度	此点的 Y 轴比例。这将覆盖在“X/Y 轴”对话框中设定的默认比例
样式	此点的行和数据点样式。单击该按钮打开“画笔样式”对话框
选项	此点的其他选项。单击该按钮打开“选项”对话框
统计功能	统计过程控制中使用的计算统计。单击该按钮打开统计功能对话框
隐藏	数据点触发，当值为 TRUE 时，数据点隐藏在趋势显示中

5）“画笔样式”对话框

使用“画笔样式”对话框定义在运行时绘制点值的画笔的样式。

打开“画笔样式”对话框可执行以下操作。

① 在画面编辑器中，选择趋势图控件对象，然后打开其“物件属性”对话框。

② 在“物件属性”对话框中，单击“点”按钮。

③ 在打开的“点”对话框中，选择一个点，然后单击该点的“样式”列，显示图 3-113 所示的“画笔样式”对话框。

在运行时，还可以通过单击工具栏中的画笔样式图标打开此对话框。

“画笔样式”对话框包括表 3-23 中所列参数项。

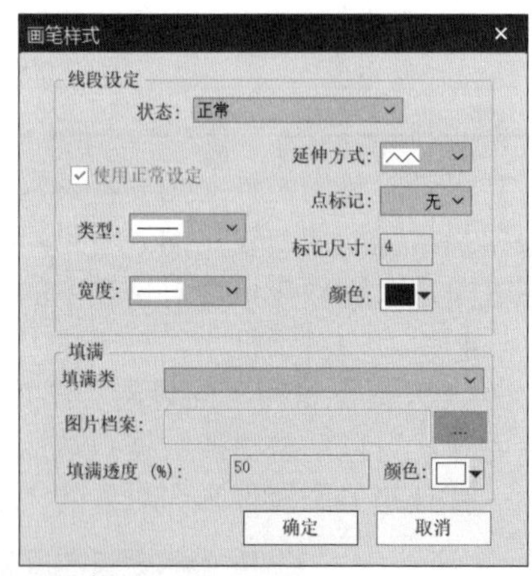

图 3-113　“画笔样式”对话框

表 3-23　“画笔样式”对话框中的参数项

区域及参数项		描述
线段设定	状态	可以为每个数据点定义“正常”和“超出范围”，当其设置为“正常”时，“画笔样式”对话框允许为画笔配置不同的设定（如颜色）
	类型	连接数据点的线类型（如实线、虚线等）
	宽度	连接数据点的线宽
	延伸方式	数据点类型为数值型模拟线； 数据点类型为布尔型脉冲线
	点标记	用于设置每个数据点的形状。如果未选择形状，则仅显示点之间的连接线

续表

区域及参数项		描述
线段设定	标记尺寸	数据点的大小
	颜色	趋势线和数据点的颜色
填满	填满类	趋势线和数字线之间的填充类型
	图片档案	用于填充趋势区域的图形文件。仅在“填满类”设定为“自定义图样”时可用。单击浏览按钮打开 Windows 文件浏览器，然后选择所需的图形文件，该文件应位于专案文件夹中。具有自定义填充模式的趋势如图 3-114 所示
	颜色	用于填充趋势区域的颜色。仅当“填充类型”设定为“单一颜色”时可用。
	填满透度（%）	填充的透明度级别。如果填充是透明的，则可以通过它看到其背后的其他趋势，使整个图形更易于阅读。适用于“自定义图样”和“单一颜色”。

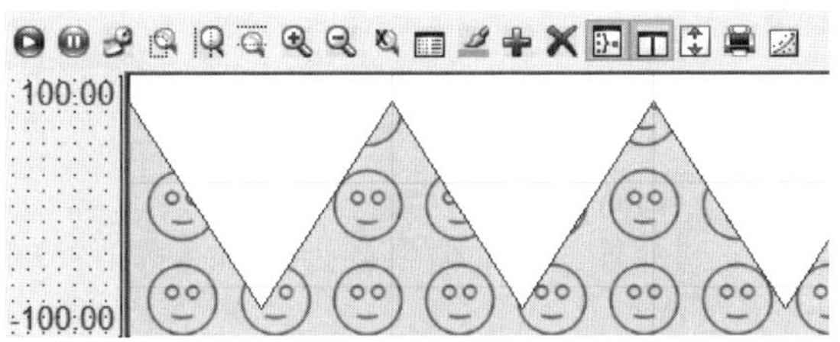

图 3-114　具有自定义填充模式的趋势

6）“选项”对话框

使用“选项”对话框为趋势图控件对象中的特定点配置其他选项。

打开“点”对话框，配置趋势图控件对象中的所有点，单击该点的“选项”字段，打开“选项”对话框，如图 3-115 所示。

选项

描述：Tank Level

工程单位：m

下限：

上限：

隐藏刻度：

点最大间隔(秒)：60

X轴偏移：

游标值：

Y轴以Log为底：

注释编号：

样式修饰符：

绘图模式：

确定

取消

图 3-115　“选项”对话框

“选项”对话框中相关参数项设置说明如下。

① 描述：此文本框中的内容可以在运行时显示在趋势图控件对象的图例中，从而简要

描述趋势。如果在大括号中设置数据点名称（如[MyTag]），则使用该数据点的描述属性。

② 工程单位：此文本框中的内容可以在运行时显示在趋势图控件对象的图例中，提供与趋势关联的工程单元（测量单位）。如果在大括号中设置数据点名称（例如[MyTag]），则使用该数据点的工程单元属性。

③ 下限：输入数据点的名称或数值。当趋势在运行时低于此值时，可以使用不同的样式（如颜色）绘制。如果在大括号中设置数据点名称（如[MyTag]），则使用该数据点的 LoLimit 属性。

④ 上限：输入数据点的名称或数值。当趋势在运行时高于此值时，可以以不同的样式（如颜色）绘制。如果在大括号中设置数据点名称（如[MyTag]），则使用该数据点的 HiLimit 属性。

⑤ 隐藏刻度：输入数据点的名称或数值。当值为 TRUE（不是零）时，与此趋势关联的 *Y* 轴比例在运行时隐藏。

⑥ 点最大间隔（秒）：输入数值（默认值为 7200），表示趋势中两个连续点之间允许的最大间隔。如果两个点之间的间隔大于此值，则趋势图控件对象假定在间隔期间未收集任何数据，并且它不会绘制一条连接两个点的线。

如果 *X* 轴配置为数值，则此处设置的值将视为数值标量值；如果 *X* 轴配置为日期/时间，则此处设置的值以秒为单位。

点最大间隔的特殊值见表 3-24。

表 3-24 点最大间隔的特殊值

价值	描述
−1	不要连接任何点
−2	仅连接具有升序值的点

⑦ X 轴偏移量：输入数据点的名称或数值。该值是为趋势图控件对象配置的 *X* 轴比例的偏移量。当希望使用每个趋势的不同比例显示来自两个或多个趋势的数据时，此设定非常有用，以便可以比较它们。如果 *X* 轴配置为数值，则此处设置的值将视为数值标量值，如果 *X* 轴配置为日期/时间，则此处设置的值以秒为单位。

⑧ 游标值：输入专案数据点的名称。在运行时，数据点会持续更新趋势值，其中它与趋势图控件对象中的垂直光标（如果有）相交。

⑨ Y 轴以 Log 为底：输入数据点的名称或数值。如果值为 0（或空），则趋势的 *Y* 轴为正态线性比例。如果该值不为 0，则 *Y* 轴是以对数为底的对数刻度。最常见的 Log 底是 1，它给出 1、10、100、1000 等比例，但可以设置任何 Log 底。

⑩ 注释编号：输入可与之关联的批注的唯一编号，此设定是可选的。注释也可以与点的数据点/字段关联，但最好将它们与注释编号关联，以防数据点/字段发生更改。

⑪ 样式修饰符：修改画笔样式的扩展、线条颜色、线条重量（厚度）或线条类型。

⑫ 绘图模式：输入数据点的名称或数值。如果值为 1，则在趋势图控件对象中绘制趋势线将抽取此趋势的历史数据。这意味着趋势的 *X* 轴被划分为多个间隔（由进阶设定中的最大点确定），然后每个间隔内的所有数据点都平均在一起绘制为单个点。这类似于抽取的

进阶设定，只不过抽取仅用于一个趋势，而不是趋势图控件对象中的所有趋势。

7）在运行时修改点的笔样式

默认情况下，趋势图控件中的数据点使用实心黑线绘制。可以通过更改“画笔样式”对话框中的设定来更改线条的样式，更具体地说，可以更改绘制线条的画笔的样式。

还可以使用样式修改符（在“选项”对话框中）在运行时以编程方式修改某些笔的样式。换句话说，可以设置专案数据点来确定笔的样式，然后使用脚本或通过用户输入在运行时更改数据点值。

“样式修饰符”文本框接受包含一个或多个参数的文本型字符串，并且每个参数修改笔样式中的一个元素。文本型字符串必须具有以下格式：

<Parameter1>=<Value1>；<Parameter2>=<Value2>；…；<ParameterN>=<ValueN>

表 3-25 列出了文本型字符串中的参数及其接受的值。

表 3-25　文本型字符串中的参数及其接受值

参数	描述	接受值
Expansion	用于连接数据点的方法或算法	0（平滑/模拟）；1（方形/数字）
Type	连接数据点的线类型（例如实线、虚线）	0（固体）；1（虚线）；2（点）；3（破折号点）；4（虚线点点）
Weight	线条的重量，以像素为单位	从 0 到 10
Color	线条的颜色	从 0 到 16777215 的 24 位颜色值

可以为任何或所有参数设置文本值，这与使用“画笔样式”对话框配置这些参数是相同的。以编程方式修改笔的样式的关键是为参数值设置用大括号（+）括起来的数据点名称或表达式。然后，每当设置数据点/表达式的值发生更改时，都会修改笔的样式。

例如，在“样式修饰符”文本框中输入以下字符串：

Expansion={ExpansionTag}；Color={RGBColor（0，0，ColorTag）}

对于参数“扩展”，设置了封装在大括号中的专案数据点“扩展数据点”。扩展只有两个接受值（0 和 1），因此扩展数据点可能是布尔型的。然后，在运行时每当扩展数据点的值发生更改时，都会相应地修改扩展方法。

对于参数 Color，设置了调用函数 RGBColor 的表达式，将 RGB 颜色值转换为 24 位颜色值。红色和绿色颜色值在 0 时保持不变，但蓝色值由专案数据点 ColorTag 确定。然后，在运行时每当 ColorTag 的值发生变化时，函数返回的值也会更改，并且行颜色也会相应地修改。

8）统计功能

使用“统计功能”对话框设置专案数据点，这些数据点将接收从趋势的整个历史记录中计算的某些统计值。统计功能用于统计过程控制，是一种监控过程并确保其高效运行的方法。

打开“点”对话框，配置趋势图控件对象中的所有点，单击该点的“统计功能列”字段，打开“统计功能”对话框，如图 3-116 所示。

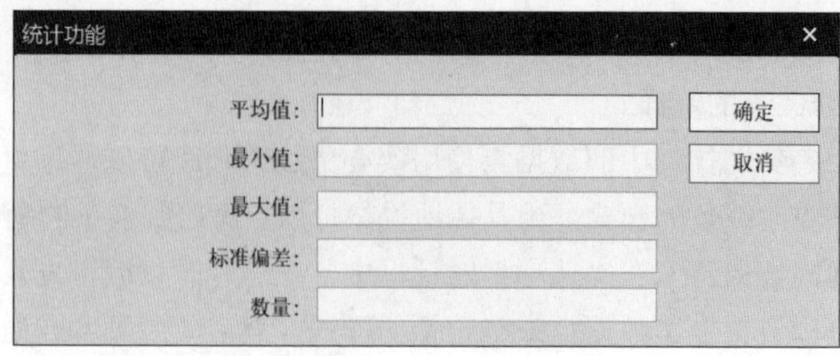

图 3-116　“统计功能”对话框

“统计功能”对话框中相关参数项的设置说明如下。

① 平均值：输入专案数据点（实数类型）的名称，该名称将接收所有数据点历史值的平均值。

② 最小值：输入将接收数据点最小历史值的专案数据点（实数类型）的名称。

③ 最大值：输入将接收数据点最大历史值的专案数据点（实数类型）的名称。

④ 标准偏差：输入将接收数据点标准偏差的专案数据点（实数类型）的名称。低标准差表示数据点的值接近平均值；高标准差表示该值与平均值有很大差异。

⑤ 数量：输入将接收数据点的历史值或样本总数的专案数据点（整数或实值类型）的名称。随着专案运行和历史数据库的增长，计数将增加。

9）“X/Y 轴设定”对话框

打开画面对象的“物件属性”对话框，单击“X/Y 轴”按钮，打开“X/Y 轴设定”对话框，如图 3-117 所示。

图 3-117　“X/Y 轴设定”对话框

“X/Y 轴设定”对话框中的参数项及描述见表 3-26。

表 3-26　“X/Y 轴设定”对话框中的参数项及描述

区域及参数项			描述
X 轴	数据类型	日期/时间	根据设定 *X* 轴显示日期/时间值、数值或刻度
		数字	
		刻度格式	

续表

<table>
<tr><th colspan="3">区域及参数项</th><th>描述</th></tr>
<tr><td rowspan="11">X 轴</td><td rowspan="3">期间（当数据类型为“日期/时间”时）</td><td>类型</td><td>自动：选择此选项时，趋势图控件对象在“暂停模式”时与“开始日期/时间”一起使用，在“播放模式”时与“现在时间之前”一起使用；
开始日期/时间：选择此选项时，在“时间”文本框中配置的数据点的值定义对象上显示的数据的开始日期/时间；
当前时间之前：选择此选项时，在“时间” 文本框中配置的数据点的值定义当前日期/时间之前的时间，该时间将用作对象上显示的数据的起始日期/时间</td></tr>
<tr><td>时间</td><td>定义对象上显示的数据周期。可以在此文本框中配置字符串型数据点，以便通过更改此数据点的值在运行时动态更改持续时间。此参数项支持的值的格式为 HH：MM：SS，如 36：00：00（36 小时）</td></tr>
<tr><td>时间</td><td>在此文本框中配置的数据点的值表示一段时间，而不是特定日期或时间。此值的含义取决于 Type 属性的设定。
当类型设定为“开始日期/时间”时，此文本框中配置的数据点的值必须符合“日期时间”格式。例如，02/10/2005 18：30：00。
当“类型”设定为“当前时间之前”时，配置的数据点的值在此文本框中必须符合以下格式之一：
时间（字符串值），如 48：00：00（48 小时）；
小时数（实际值），如 2.5（2 小时 30 分钟）；
如果该文本框留空（或者此文本框中配置的数据点具有值 0），画面对象显示当前日期/时间</td></tr>
<tr><td rowspan="2">期间（当“数据类型”为“数字”）</td><td>最小值/最大值</td><td>X 轴上显示的最小值和最大值。
最小值/最大值文本框最多可以容纳六位小数。如果需要更高的精度，则必须使用实数数据点配置最小值和最大值属性，然后将值存储在这些数据点中</td></tr>
<tr><td>工程单位</td><td>在运行时与 X 轴关联的工程单位</td></tr>
<tr><td rowspan="6">网格线</td><td>区格</td><td>可以分别配置在 X 轴和 Y 轴对象上绘制的分割数（垂直线或水平线）及线的颜色</td></tr>
<tr><td>颜色</td><td>垂直网格线的颜色</td></tr>
<tr><td>时间栏</td><td>选中该复选框时，时间栏在运行时显示在 X 轴下方；否则它是隐藏的。时间栏是一个标准接口，操作员可以使用该接口在运行时更改 X 轴比例</td></tr>
<tr><td>卷动栏</td><td>选中复选框时，卷动栏在运行时显示在 X 轴下方；否则它是隐藏的。时间栏是一个标准接口，操作员可以使用该接口在运行时通过 X 轴比例导航。也可以在卷动栏文本框中配置数据点，定义卷动栏的周期。如果此文本框留空，则周期等于 X 轴持续时间的当前值</td></tr>
<tr><td>游标</td><td>游标是 X 轴的可选标尺的正交，可以在运行时用于取得特定点（笔与光标的交集）处的任何笔的值。单击此按钮时，打开“游标”对话框（见下图），可以在其中进行可选垂直光标的设定 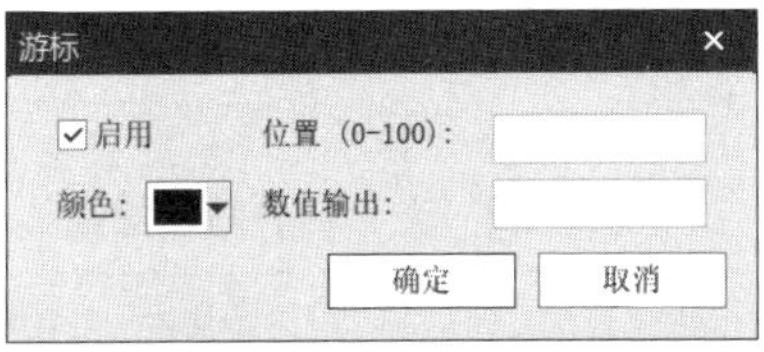
游标
启用　位置（0-100）：
颜色：　数值输出：
确定　取消</td></tr>
<tr><td>位置</td><td>单击该按钮，打开“位置”对话框，设置 X 轴的位置及其方向 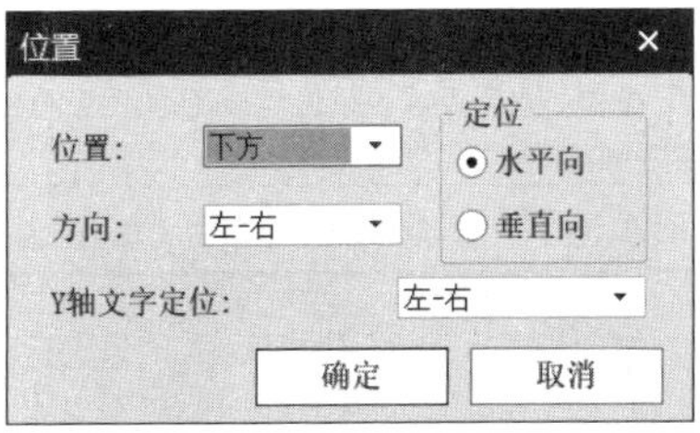
位置
位置：下方　定位 水平向
方向：左-右　垂直向
Y轴文字定位：左-右
确定　取消</td></tr>
</table>

续表

区域及参数项			描述
Y 轴	网格线	区格	可以分别设置在 X 轴和 Y 轴对象上绘制的分割数（垂直线或水平线）及线的颜色
		颜色	水平网格线的颜色
	刻度	最小值/最大值	Y 轴中显示的默认最小值和最大值。当多个笔共享相同的比例（禁用多个部分）或用于未配置最小值和最大值的点（左空）时使用
		多区段	选中该复选框时，Y 轴刻度将自动分为每个笔的一个部分；否则所有笔共享相同的 Y 轴刻度
		格式	单击该按钮，打开用于设置 Y 轴显示标签格式的对话框

数据类型对应格式见表 3-27 所示。

表 3-27　数据类型对应格式

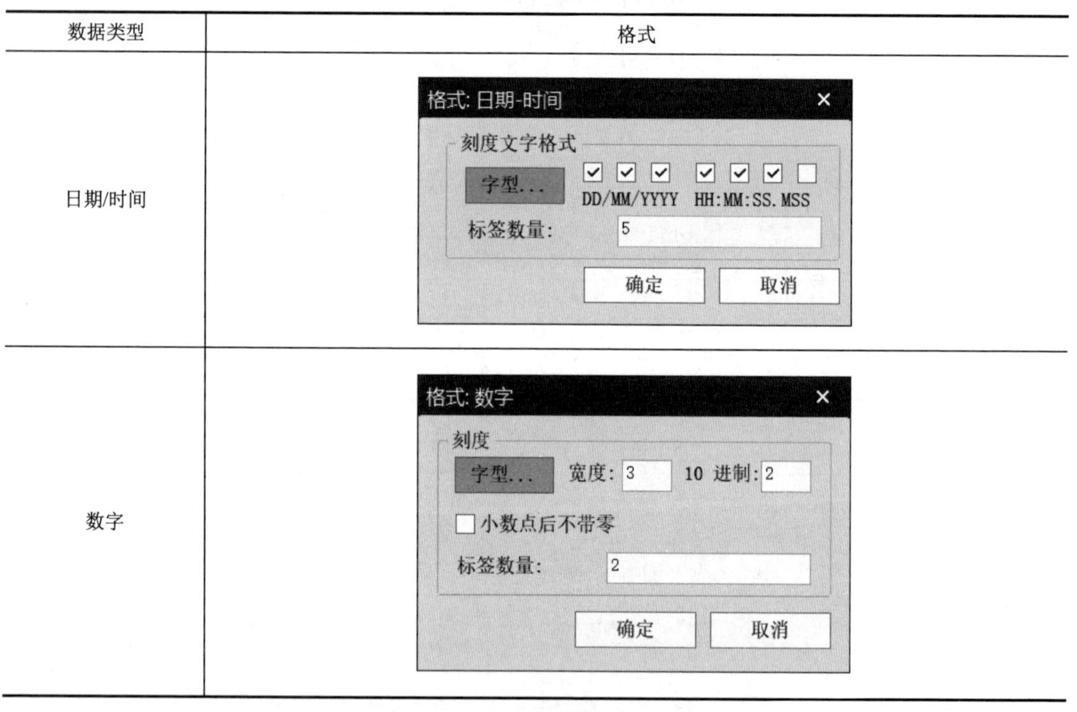

数据类型	格式
日期/时间	格式: 日期-时间 × 刻度文字格式 字型... DD/MM/YYYY HH:MM:SS.MSS 标签数量: 5 确定 取消
数字	格式: 数字 × 刻度 字型... 宽度: 3 10 进制: 2 小数点后不带零 标签数量: 2 确定 取消

游标的参数及描述见表 3-28。

表 3-28　游标的参数及描述

参数	描述
启用	选中该复选框时，垂直光标在运行时可见
颜色	设置光标绘制的线条的颜色
位置（0-100）	可以在此文本框中配置数字数据点，该数据点与光标在 X 轴上的位置（从 0 到 100%）成正比。此值更改时，将自动修改光标的位置
数值输出	可以在此文本框中配置一个字符串数据点，该数据点返回光标当前所在的 X 轴的值

位置的参数及描述见表 3-29。

表 3-29　位置的参数及描述

参数	描述
位置	将放置在 X 轴的趋势图控件的一侧
方向	X 轴的方向
定位	X 轴的方向
Y 轴文字定位	无论垂直轴是 X 轴还是 Y 轴，垂直轴上文本标签的方向

10）“快速工具栏”对话框

打开画面对象的“物件属性”对话框，单击“快速工具栏”按钮，打开“快速工具栏”对话框，如图 3-118 所示。

图 3-118　“快速工具栏”对话框

在对话框中，“显示快速”复选框用于控制整个工具栏是否在运行时显示，可以隐藏工具栏以节省空间或阻止用户更改趋势显示。

此外，快速工具栏中每个命令/工具都具有表 3-30 所列属性。

表 3-30　快速工具栏中命令/工具属性

列名称	描述
命令	命令/工具的名称
显示	在快速工具栏上显示该工具的图标
目前使用数据点	当数据点的值从 FALSE（0）更改为 TRUE（任何非零值）时，该命令被激活，就像操作员单击工具图标一样。 可用于在运行时对趋势显示中的更改编写脚本
工具提示	光标悬停在工具上时显示的提示

11）“数据源”对话框

使用“数据源”对话框为趋势图控件对象配置一个或多个数据源。

打开画面对象的 “物件属性”对话框，然单击“数据源”按钮，打开“数据源”对话框，如图 3-119 所示。

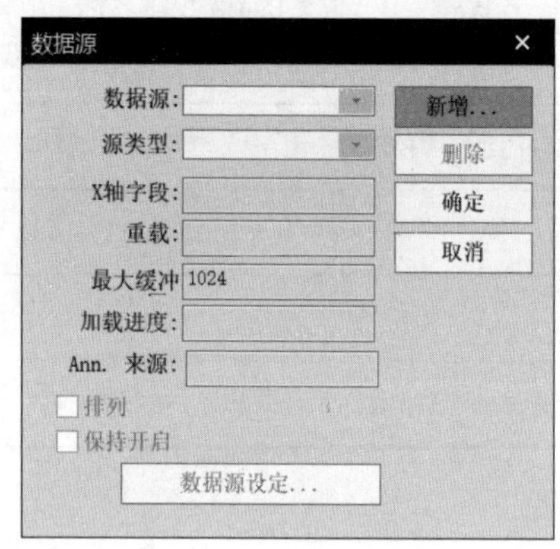

图 3-119 “数据源”对话框

许多数据点点可以共享相同的数据源，不需要为每个数据点创建一个数据源。

默认情况下，数据源数据点可用于趋势图控件对象。可以单击“新增...”按钮，通过“新增”对话框加入其他数据源。输入的数据源名称将用作别名，以将数据点链接到此新数据源。

“数据源”对话框中相关参数项的设置说明如下。

① 数据源：选择数据点值位置的数据源。

② X 轴字段：如果趋势图的 X 轴设定为数字而不是日期/时间（在轴设定），则输入 X 轴数据的数据源的字段（列）的名称。

③ 重载：运行时内存中保存的最大数据量（以字节为单位）。

④ 加载进度：此文本框中的数据点将收到一个实际值（0～100），该值表示数据源加载进度的百分比。

⑤ Ann.来源：包含要在趋势图控件中显示的文本和图片注释的数据表的名称。该参数项必须设置为趋势图控件的数据源的同一数据库中的表。其他类型的数据源不支持注释。

⑥ 排列：此参数项可用于从文本文件绘制数据。选中（启用）该复选框后，对数据进行排序，并显示光标列值，直到填充 Max.缓冲区。未选中（禁用）该复选框时，不会对数据进行排序，并且不显示光标列值。

⑦ 保持开启：只要包含趋势图控件对象的画面已打开，此参数项就使数据源保持打开状态，这提高了运行时专案的性能。但保持数据源打开可能会导致其他问题，如数据库连接错误（当数据源是数据库）和文件写入冲突（当数据源是批处理或文本文件）。若要在加载数据后关闭数据源，取消选中此复选框。

⑧ 数据源设定：单击该按钮以进行所选数据源的设定，详见表 3-31。

表 3-31 数据源设定

数据源	描述	X 轴字段	数据源设定
批次	趋势生成的批次	禁用，X 轴数据将从 EMSE 软件生成的专有批处理文件的正确位置自动检索	批处理文件名 批处理文件 [ ] 确定 取消 输入批处理名称中的数据点值以进行检索。可以在此文本框配置数据点，以在运行时动态更改此设定

续表

数据源	描述	*X* 轴字段	数据源设定
数据库	SQL 关系数据库	包含 *X* 轴数据的字段的名称	设定以将此数据源链接到 SQL 关系数据库
文本文件	文本文件（如 CSV 文件），数据点值由特定分隔符分隔	保存 *X* 轴数据的列数。数字 0 是指第一列，1 是指第二列	输入保存数据点的文本文件的名称。默认路径是当前专案文件夹。可以在“档案”文本框中配置数据点，以在运行时动态更改此设定。还可以为存储在文本文件中的数据选择一个或多个分隔符，每行的值写在两个分隔符之间的文本文件中。当使用逗号作为分隔符时，网格对象能够从 CSV 文件中读取数据

12）“画笔信息表”对话框

打开画面对象的“物件属性”对话框，单击“画笔信息表”按钮，打开“画笔信息表”对话框，如图 3-120 所示。

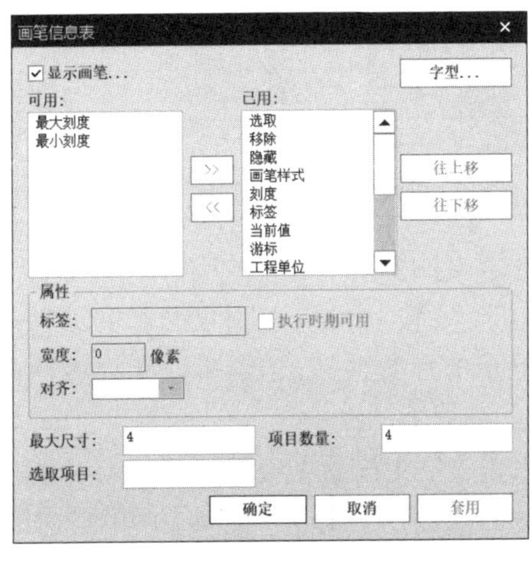

图 3-120　“画笔信息表”对话框

“画笔信息表”对话框中相关参数项的设置说明如下。

① 显示画笔：选中该复选框，嵌入的图例将在运行时显示。此接口提供与当前链接到的对象的画笔关联的有用信息。

② 可用/已用：在运行时，“可用”列表框中的专案将显示在图例中。可以分别使用》和《按钮向“已用” 列表框中加入专案或将其从“可用” 列表框中删除。此外，可以使用“向上移”和“向下移”按钮来更改专案在运行时显示在图例中的顺序。

专案图例及描述见表 3-32。

表 3-32 专案图例及描述

专案	图例图标	描述
工程单位		标签/画笔的工程单位
最小值		数据点/画笔的最小可能值
最大值		数据点/画笔的最大可能值
选取		选择该选项可为画笔选择另一个数据点
移除		选择该选项可从图例和趋势图中完全删除画笔
隐藏		选择该选项以在趋势图中隐藏画笔
画笔样式		选择该选项可更改画笔的线条样式、重量、颜色、数据点等
刻度		选择该选项，在趋势图上显示画笔比例
描述		数据点/画笔的说明
当前值		配置到画笔的数据点的当前值
游标		画笔与光标线相交的值

③ 属性：配置“可用”或“可用”列表框中突出显示的专案的属性。

专案参数及描述见表 3-33。

表 3-33 专案参数及描述

参数	描述
标签	运行时显示专案的标签
宽度	运行时专案的宽度（以像素为单位）
对齐	设置显示数据对齐
执行时期可用	选中该复选框后，用户可以在运行时显示或隐藏字段

④ 最大尺寸：根据行数定义图例的大小。例如，用户希望在趋势图控制对象中显示 8 个点，如果“最大尺寸”设定为“2”，则图例将提供一个卷动栏以允许用户滚动到其他点。

⑤ 项目数量：图例上显示的点数（默认）。可以允许用户在运行时加入或删除点，而不考虑此文本框中设定的值。

⑥ 选取项目：可以在此文本框中配置数字数据点。趋势图控制对象在此数据点中写入所选行的编号。此外，可以通过在此数据点中写入不同的行来选择它们的值。

⑦ 字型：设定图例中显示的文本的字型。

13）进阶

在趋势图控件对象的“物件属性”对话框中单击”进阶”按钮，打开如图 3-121 所示对话框。

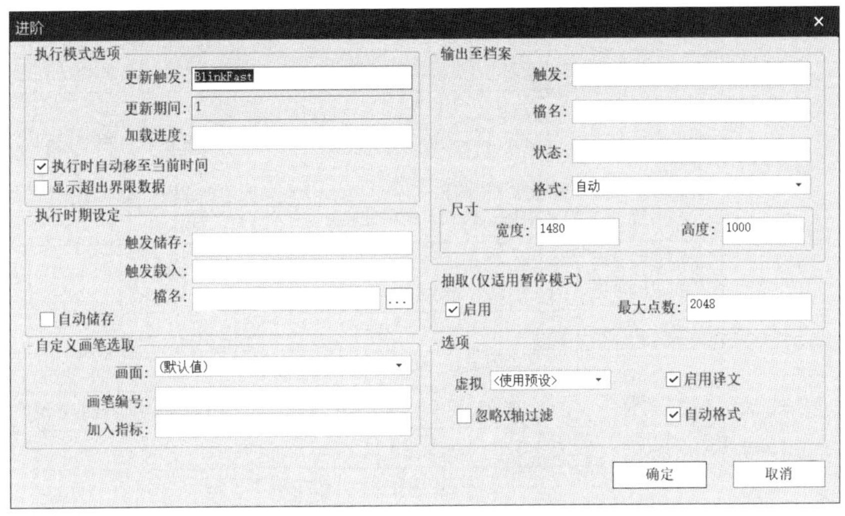

图 3-121　“进阶”对话框

“进阶”对话框中相关参数项的设定及描述见表 3-34。

表 3-34　参数项设定及描述

区域	参数项	描述
执行模式选项	更新触发	当在此文本框中配置数据点的更改值时，趋势对象将更新（刷新）
	更新期间	发出更新触发和 *X* 轴（如果类型为数值）时，此文本框中设定的值将加入 *X* 轴的最小值和最大值中
	加载进度	输入专案数据点的名称。当趋势图控件加载外部数据时，数据点接收值为 1；当趋势图控件加载完数据时，数据点接收值为 0
	执行时自移动至当前时间	选中此复选框后，*X* 轴在运行时自动将对象转移到“播放”模式时的当前时间
	显示超出界限数据	选中此复选框时，对象将检索出站对象（仅第一个点）的数据。取消选中此选项，可以提高性能，因为不会从历史记录中检索出站对象的点。另一方面，在对象上不会绘制线，将第一个和最后一个样本链接到对象
执行时期设定	触发储存	在运行时修改对象设定可以保存在临时文件中。此参数项用于保持设定一致，因此当用户关闭画面并再次打开画面或重新启动专案时，在执行时设定的设定不会丢失。 根据预定义的条件或用户选择，为不同的方案创建标准设定，并在运行时加载适当的配置。当在此文本框中配置的数据点更改值（例如切换）时，对象的当前设定将保存在临时文件中。该参数项不适用于客户端
	触发载入	当此文本框中配置的数据点更改值（例如切换）时，临时文件中的设定将加载并应用于在运行的对象
	档名	如果此文本框留空，则临时文件将保存在专案的 Web 子文件夹中，并包含语法 ScreenNameObjectIDTrendControl.stmp（如 MyScreen10TrendControl.stmp）。客户端在操作系统的标准目录中保存/加载临时文件（如 \Documents and Settings\CurrentUser\Local Settings\Temp） 在该文本框中可以为临时文件配置自定义文件名，甚至可以在大括号之间配置字符串数据点，以便用户可以在运行时通过更改此数据点的值动态更改配置文件的名称。如果未设置任何路径，则默认情况下该文件将保存在专案的 Web 子文件夹中
	自动储存	选中此复选框后，当配置趋势的画面在运行时关闭，趋势的当前设定将自动保存在临时文件中。如果未选中该复选框，则仅在执行“保存触发”命令时保存设定

续表

<table>
<tr><th>区域</th><th>参数项</th><th colspan="2">描述</th></tr>
<tr><td rowspan="3">自定义画笔选取</td><td>画面</td><td colspan="2">当用户触发命令在运行时修改或插入对象，必须启动的画面名称</td></tr>
<tr><td>画笔编号</td><td colspan="2">输入点数，指示与在运行时将插入或修改的画笔关联的点</td></tr>
<tr><td>加入指标</td><td colspan="2">指示用户触发操作以插入新画笔（值 1）而不是修改已可视化的画笔（值 0）的数据点</td></tr>
<tr><td rowspan="10">输出至档案</td><td>触发</td><td colspan="2">当此文本框中设置的专案数据点更改值（即切换）时，趋势图控件的当前状态将导出到图片文件</td></tr>
<tr><td>档名</td><td colspan="2">设置导出文件的路径和名称。
如果未设置路径，则文件将保存在专案文件夹的 Web 子文件夹中。如果未设置扩展名，则由格式确定。
若要在运行时以编程方式更改文件名，设置一个专案数据点或表达式，这些数据点或表达式括在大括号中（如{MyFileName}）。使用设置数据点/表达式的值</td></tr>
<tr><td rowspan="6">状态</td><td colspan="2">此文本设置的专案数据点收到一个状态代码，指示最近导出的成败。
状态代码可以是以下值之一：</td></tr>
<tr><td>值</td><td>描述</td></tr>
<tr><td>−2</td><td>内存不足，设置的图片尺寸太大</td></tr>
<tr><td>−1</td><td>导出过程中出错，设置的图片尺寸无效（如 0），或者无法保存文件</td></tr>
<tr><td>0</td><td>导出已启动</td></tr>
<tr><td>1</td><td>已成功导出图片文件</td></tr>
<tr><td>格式</td><td colspan="2">导出的图片文件的图形格式。
如果选择“自动”，则格式由文件名中设置的文件扩展名确定。如果选择“自动”，但未设置文件扩展名，则默认格式为 BMP</td></tr>
<tr><td>尺寸</td><td colspan="2">默认情况下，图片文件以全尺寸导出。但是，可以设置宽度和高度（以像素为单位）</td></tr>
<tr><td rowspan="2">抽取</td><td>启用</td><td colspan="2">选择此复选框后，显示历史数据的趋势图控件对象中的趋势将在绘制趋势之前删除其数据。这意味着对于每个趋势，X 轴被划分为多个间隔（由最大点确定），并且每个间隔内的所有数据点都平均在一起绘制为单个点。当要显示大量历史数据时，选用该参数项可以提高运行时性能，并且可以使趋势更易于阅读。
只有当趋势图控件处于停止模式（历史模式）时，可减损才有效</td></tr>
<tr><td>最大点数</td><td colspan="2">用于绘制每个趋势的最大数据点数，默认值为 2048</td></tr>
<tr><td rowspan="4">选项</td><td>虚拟</td><td colspan="2">用于设置对象的虚拟键盘类型</td></tr>
<tr><td>忽略 X 轴过滤</td><td colspan="2">选中此复选框时，将忽略 X 轴过滤选项器，以避免将查询子句加入数据源</td></tr>
<tr><td>启用译文</td><td colspan="2">选中后为对象显示的文本启用外部翻译。</td></tr>
<tr><td>自动格式</td><td colspan="2">选中该复选框，“当前”“最大值”“最小值”“缩放”字段列中的十进制值将按函数 SetDecimal Points 创建的虚拟表进行格式化</td></tr>
</table>

2. 使用文本文件数据源

使用趋势图控件可以由任何文本文件生成趋势图，这些文本文件具有按列和行排列的值，列应用特殊字符（通常为逗号）分隔。每个示例（表示图形中一个点的值）由一行（文件中的一行）表示。假设用户想要显示包含表 3-35 所列信息的图表。

表 3-35 信息表

X 值	*Y*1 值	*Y*2 值
0	0	10
1	1	20
2	2	30
3	3	40

一个数据点（X）表示 X 轴，两个数据点（$Y1$ 和 $Y2$）表示图表中的不同线。第一步是将数据转换为文本文件。如果采用逗号作为分隔符，则文件如图 3-122 所示。

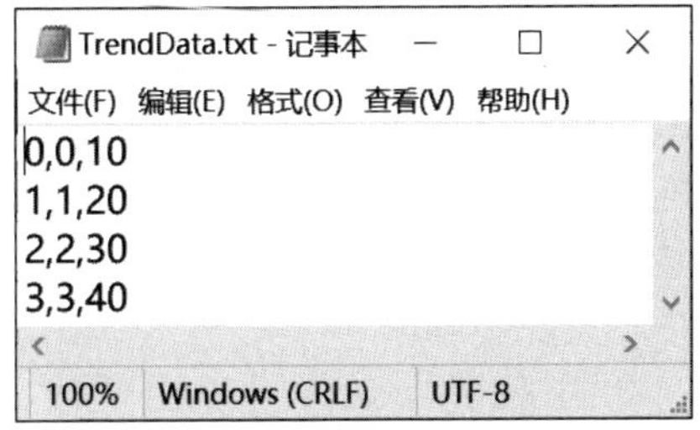

图 3-122　数据文件实例

建议将文件保存在专案所在的同一文件夹中。这样就不必设置整个路径，即使专案被复制到其他计算机，专案仍将正常工作。

将趋势图控件加入画面后，打开“X/ Y 轴设定”对话框，将 X/ Y 轴设定中的 X 轴“数据类型”更改为“数字”，并设定范围，单击 “确定”按钮，然后在“物件属性”对话框中单击“数据源”按钮，打开“数据源”对话框，如图 3-119 所示。

访问文本文件需要创建一个数据源。单击“新增”按钮，打开“新建”对话框，设置数据源名称为 MyTextFile，单击“创建”按钮，则完成数据源创建。

在 X 轴字段上，需要指示出文本文件中的哪个列表示 X 轴。在示例中使用列 0，因此为此字段输入 0，然后单击“数据源设定”按钮，打开“数据库设定”对话框。

如果已将文本文件复制到专案文件夹，则只需设置文件名，否则只需输入文件的完整路径（或根据需要使用浏览按钮）。单击“数据源设定”对话框中的“确定”按钮，再次单击“数据源”对话框中的“确定”按钮，完成数据源配置并关闭对话框。

对于 $Y1$ 和 $Y2$，它们将由趋势图控件上的点表示。打开趋势图控件的“物件属性”对话框，单击“点”按钮，在打开的对话框中按照图 3-123 和图 3-124 设置点。

点

编号	标签	颜色	数据源	数据点/字段	最小刻度	最大刻度	样式	选项
1	Y1		MyT...	1	1	4		...
2	Y2		MyT...	2	10	40		...
3			0					...

图 3-123　物件属性点设定

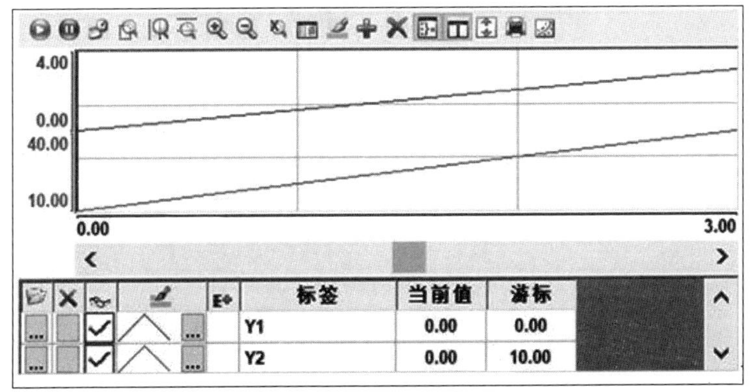

图 3-124　趋势图控件画面测试

拓展训练 1

由文本文件（见图 3-122）生成趋势图，并进行测试，确认生成的曲线正确。

3. 使用数据库数据源

利用趋势图控件可以由任何关系数据库生成趋势图，这些关系数据库可以通过 ADO.Net。如果使用其他类型的数据库，则但需要以不同方式配置链接。

假设有一个名为 MyData.mdf 的数据库，数据库信息如图 3-125 所示，要求根据该数据库生成趋势图。

dbo.TrendData

Time Stamp	Temperature	Pressure
2021-09-15 08:00:00.000	80	30
2021-09-15 08:00:01.000	40	31
2021-09-15 08:00:02.000	50	32
2021-09-15 08:00:03.000	60	30
2021-09-15 08:00:04.000	70	33
2021-09-15 08:00:05.000	90	34
2021-09-15 08:00:06.000	100	44
2021-09-15 08:00:07.000	101	44
2021-09-15 08:00:08.000	90	50
2021-09-15 08:00:09.000	95	44
2021-09-15 08:00:10.000	96	40
2021-09-15 08:00:11.000	99	40
2021-09-15 08:00:12.000	95	45
2021-09-15 08:00:13.000	90	56
2021-09-15 08:00:14.000	80	44
2021-09-15 08:00:15.000	75	46
2021-09-15 08:00:16.000	64	44
2021-09-15 08:00:17.000	55	48
2021-09-15 08:00:18.000	56	50
2021-09-15 08:00:19.000	54	51
2021-09-15 08:00:20.000	50	52

图 3-125　数据库信息

第一步是将趋势图控件加入画面。双击对象，打开“物件属性”对话框，单击“数据源”按钮，打开“数据源”对话框（见图 3-119）。

需要创建一个数据源才能访问数据库。打开“新增”对话框，设置数据源名称为 MyData，单击“创建”按钮，此时“数据源”对话框中的信息如图 3-126 所示。

图 3-126　新数据源 MyDate 的设置

将“源类型”设置为“数据库”，并在“X 轴字段”文本框中输入“Time_Stamp”，单击“数据源设定”按钮，打开图 3-127 所示的对话框。

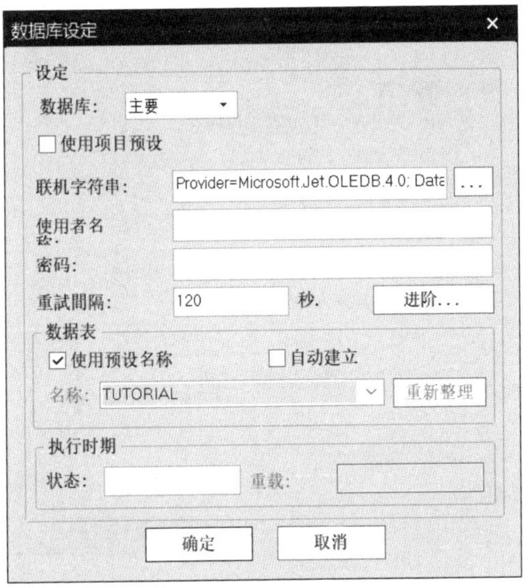

图 3-127　“数据库设定”对话框

取消选中“使用项目预设” 复选框，单击浏览按钮“...”并配置连线字串。在图 3-128 所示对话框中，选择“Microsoft OLEDBProviderforSQLServer”，然后单击“下一步”按钮。在图 3-129 的对话框中选择数据库文件。

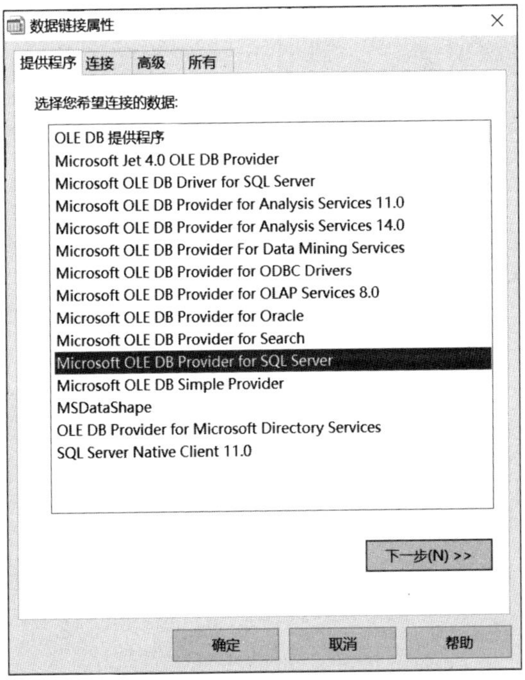

图 3-128　选择 OLE 数据库提供程序

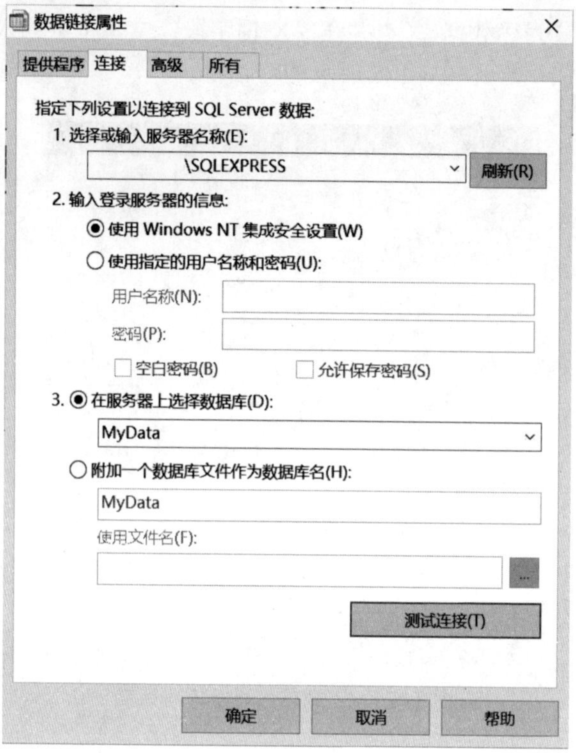

图 3-129　选择数据库文件

单击“确定”按钮，完成连线字串配置。取消选中“使用预设名称”复选框，然后从数据库中选择表，如图 3-130 所示。

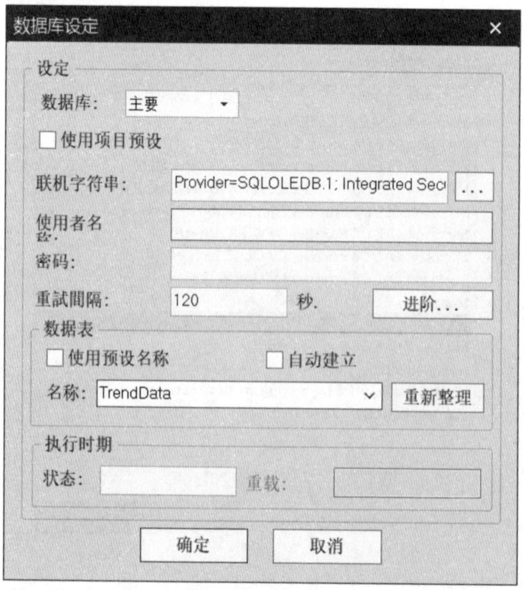

图 3-130　选择数据库中的表

单击“进阶...”按钮，在弹出的“进阶”对话框中将“时区”设置为“当地时间”，如

图 3-131 所示。

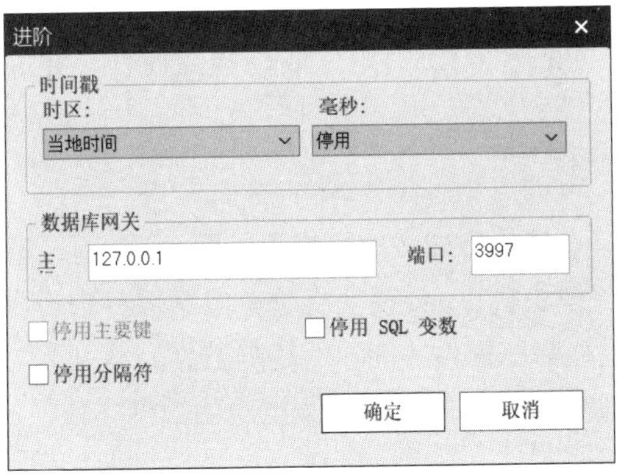

进阶

时间戳

时区：当地时间　　毫秒：停用

数据库网关

主 127.0.0.1　　端口：3997

停用主要键　　停用 SQL 变数

停用分隔符

确定　取消

图 3-131　时区设置

单击相关对话框中的“确定”按钮，完成数据源配置并关闭对话框。

现在需要定义温度和压力，它们将由趋势图控件上的点表示。根据图 3-132 所示定义点。

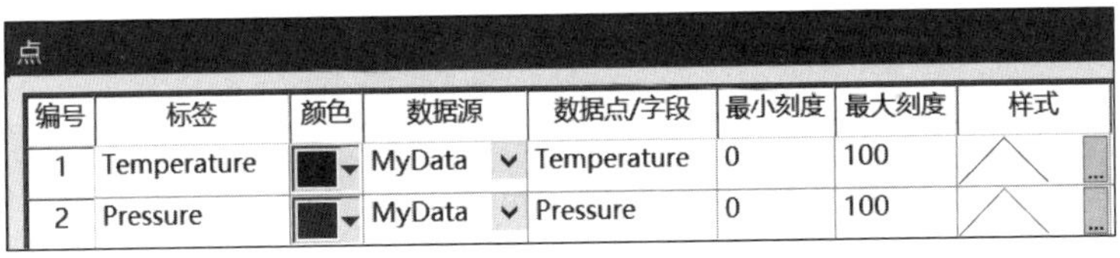

点

编号	标签	颜色	数据源	数据点/字段	最小刻度	最大刻度	样式
1	Temperature		MyData	Temperature	0	100	
2	Pressure		MyData	Pressure	0	100	

图 3-132　定义点

如果运行趋势，它将从“当前日期/时间”开始。为了查看图表中的数据，必须正确配置“开始日期/时间”，如图 3-133 所示。

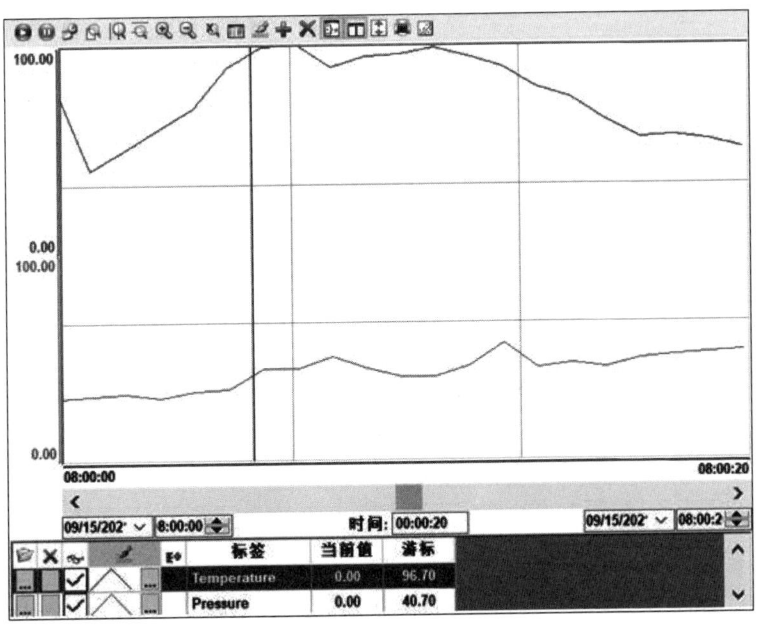

图 3-133　运行效果图

拓展训练 2

从 SQL 数据库文件（见图 3-125）中生成趋势图控件，并进行测试，以生成正确的曲线。

【知识点总结】

1. 趋势工作表是能够存储趋势曲线的历史记录组。

2. 趋势图由后台任务模块执行，该模块将趋势数据保存到历史记录中，但不显示数据。必须在画面上创建和配置趋势图控件才能显示趋势数据。

3. 趋势图控件以图形格式显示来自不同数据源的数据点值。

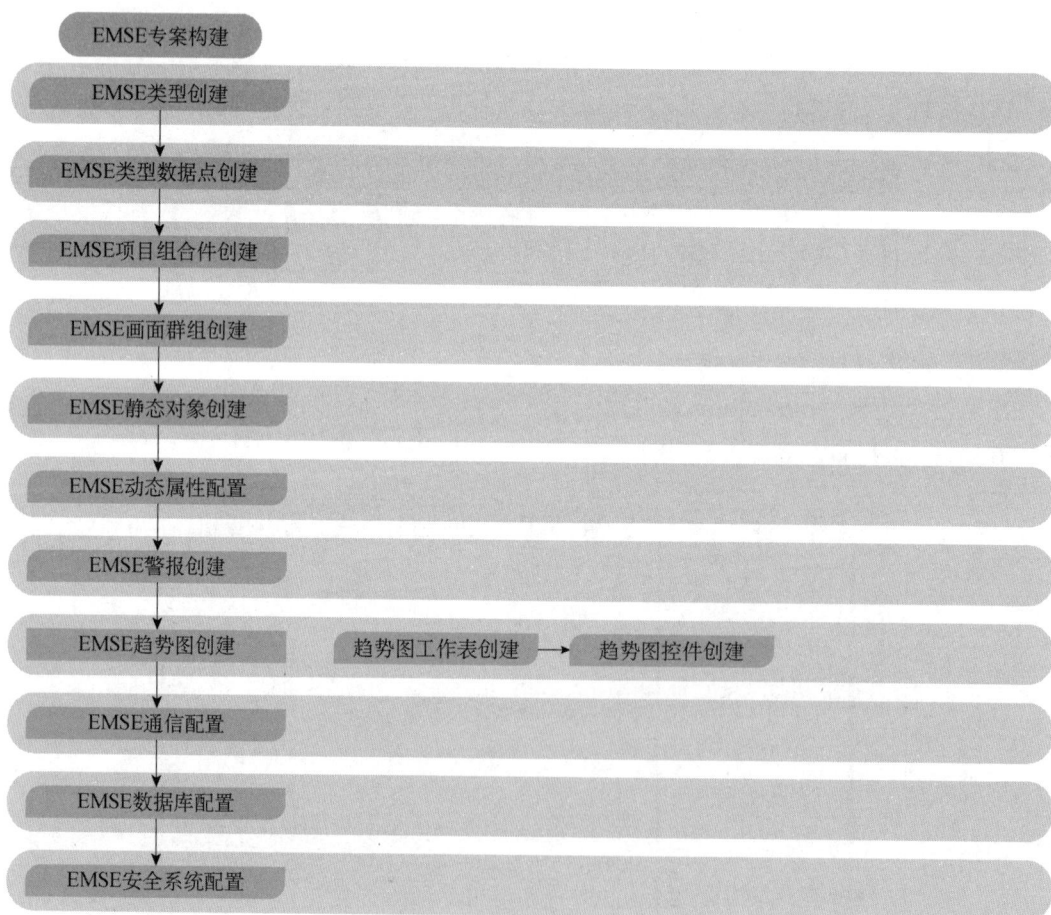

【学习足迹】

EMSE专案构建

EMSE类型创建
↓
EMSE类型数据点创建
↓
EMSE项目组合件创建
↓
EMSE画面群组创建
↓
EMSE静态对象创建
↓
EMSE动态属性配置
↓
EMSE警报创建
↓
EMSE趋势图创建　　趋势图工作表创建 → 趋势图控件创建
↓
EMSE通信配置
↓
EMSE数据库配置
↓
EMSE安全系统配置

【思考与练习】

1. 趋势图的数据来源有哪些？

2. 趋势图由什么模块执行？

3. 使用什么命令（或工具）可以在趋势图控件中显示其他文本和图像？

4. 趋势图控件对象包含哪些统计功能？

5. 趋势图控件对象档案成功输出后得到的反馈代码是什么？

6. 解释趋势图中死区的含义。

任务 3.9　通信配置

本任务教学计划

3.9.1　数据点整合

数据点整合允许将来自第三方应用程序或设备的数据点直接集成到 EMSE 软件专案中。

数据点整合是设备通信的增强框架，它构建在“驱动程序”中描述相同的通信驱动程序上，但可以使用对象搜寻器浏览设备寄存器并将其直接加入到专案中，而不是手动配置驱动程序工作表以将专案数据点与设备寄存器关联。加入的设备寄存器在“共享数据库”文件夹中显示为数据点。这些数据点是“实时的”，也就是说只要数据源运行并正确链接，它们就会在运行期间持续更新，并且可以在专案中的任何地方使用。

这些数据仅在专案中使用时才计入目标系统的数据点限制。这与驱动程序工作表不同，在驱动程序工作表中可以创建一组数据，以便将它们与设备寄存器关联，但随后永远不会在专案中实际使用它们。

数据点整合在“专案设定”对话框的“通信”选项卡中进行配置。此功能仅支持部分第三方控制应用程序和设备（如 TwinCAT、CoDeSys、RSLogix 5000、Allen-Bradley PLC5、AutomationDirect Do-more H2、AutomationDirect Koyo、AutomationDirect P、AutomationDirect PAC 3000、Schneider Unity Modbus、Siemens SIMATIC S7-1500），EMSE 软件中包含的许多通信驱动程序都可以升级。下文仅以 Schneider Unity Modbus 和 Siemens SIMATIC S7-1500 为例介绍数据点整合的过程。

1）集成 Schneider Unity Modbus 的数据点

此数据点整合基于 SCHNE 驱动程序，该驱动程序通过以太网与 Schneider Modicon 设备进行通信。

在开始数据点整合之前，应执行以下操作。

- 查看制造商编写的关于 Schneider Modicon 设备和 Schneider Unity Pro 软件的文档。
- 使用 Schneider Unity Pro 软件导出 I/O 配置文件（*.XSY）。
- 阅读 SCHNE 驱动程序文档（通过“帮助”菜单）。
- 确保源设备在的网络上运行和可用，并记录其网络地址。

添加 SchneiderModicon 设备作为数据点集成源的操作如下。

（1）在“专案”菜单的“设定”选项组中选择“通信”命令，系统弹出“项目设定”对话框，打开“通信”选项卡，如图 3-134 所示。

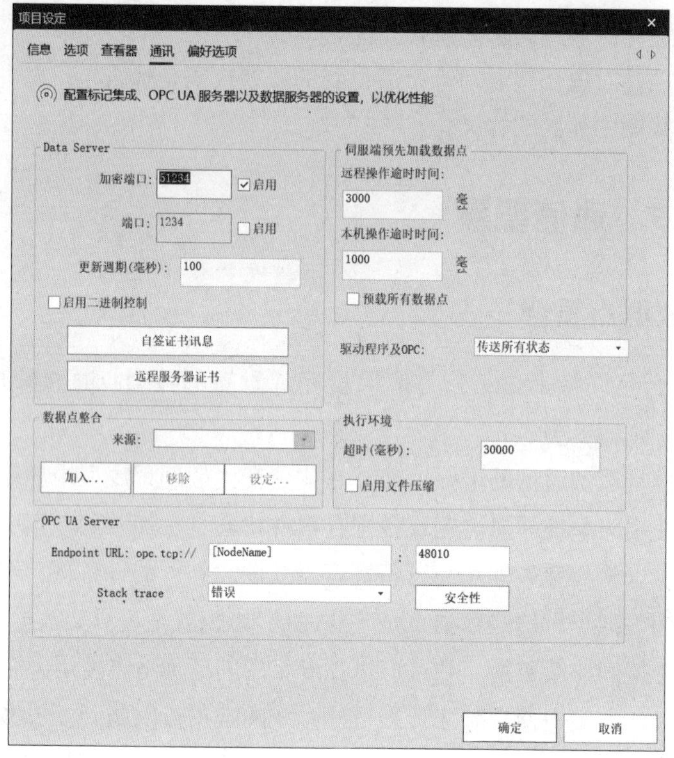

图 3-134 “项目设定”对话框的“通信”选项卡①

（2）在“数据点整合”区域中，单击“加入...”按钮，系统弹出数据点整合来源对话框。

（3）在“类型”列表中选择“整合的”。

（4）在“提供者”列表中选择“Schneider Unity Modbus 模式”。

（5）在“名称”文本框中，为此数据点整合来源输入适当的名称，该名称将用作集成数据点名称的前缀。

（6）单击“加入...”按钮，系统弹出 “Schneider Unity Tag Integration”对话框，如图 3-135 所示。

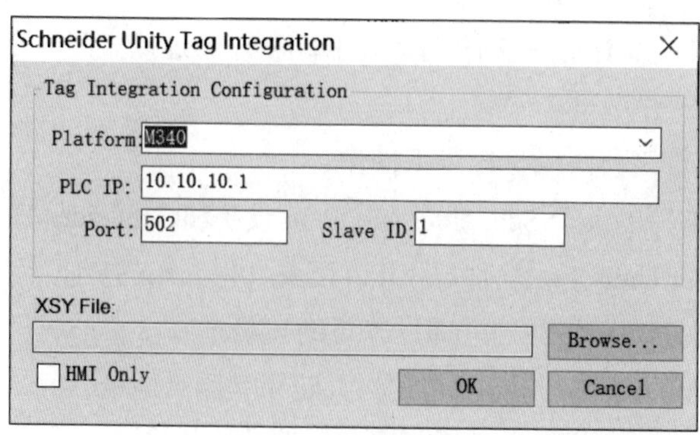

图 3-135 “Schneider Unity Tag Integration”对话框

① 图 3-134 所示软件界面中，通讯应为通信。

（7）“Platform”下拉列表中的选项及描述见表 3-36，选择源设备的平台。

表 3-36　“Platform”下拉列表中的选项及描述

选项	描述
M340	Schneider Modicon M340 Pac
Premium	Schneider Modicon Premium Pac

（8）在“PLC IP”文本框中输入源设备的网络地址。

（9）如果源设备的端口号与默认端口 502 不同，则在“Port” 文本框中输入该端口号。

（10）如果源设备的 Modbus 从站 ID 与默认 ID 1 不同，则在“Slave ID”文本框中输入该源设备的 Modbus 从属 ID。

（11）选择从 PLC 程序导出的 I/O 配置文件，单击“Browse...”按钮，系统打开一个标准的“打开”对话框。查找并选择 I/O 配置文件（*.XSY），在大多数情况下，该文件应保存在 EMSE 软件专案文件夹的 Config 子文件夹中，位置为 EcoStruxure Machine SCADA Expert 2020 Projects\<project name>\Config\，单击“打开”按钮，所选文件名将显示在“XSY File”文本框中。

（12）如果只想取得 HMI 的数据点，勾选“HMI Only”复选框。

（13）单击“确定”按钮，完成配置并加入数据点来源。

如果已成功加入数据点来源，则 Schneider Modicon 设备数据点将立即在对象搜寻器中可用。

2）导出 Schneider Unity Modbus 的 I/O 配置文件

从 Schneider Modicon PLC 中导出 I/O 配置文件，以便能够将 PLC 加入并作为数据点的整合来源。

I/O 配置文件（*.XSY）从 Schneider Unity Pro 开发软件导出。该配置文件包含有关 PLC 程序中使用的所有数据点的信息，这些信息可以导入到 EMSE 软件专案中。

导出 I/O 配置文件的操作如下。

（1）运行 Schneider Unity Pro 开发软件，打开 PLC 程序。

（2）在程序浏览器中，右击“Variables & FB Instances”，在快捷菜单中选择“导出”命令，系统弹出“导出”对话框。

（3）使用文件浏览器查找要保存文件的位置。在大多数情况下，应将其保存在 EMSE 软件专案文件夹的 Config 子文件夹中。

（4）在“文件名称”文本框中输入文件的名称。

（5）单击“导出”按钮，该文件保存在设置的位置。

3）集成 Siemens SIMATIC S7-1500 的数据点

此数据点整合基于 SITIA 驱动程序，该驱动程序使用 Siemens SIMATIC S7 协议通过以太网与 PLC 通信。

在开始数据点整合之前，应执行以下操作。

（1）查看 Siemens SIMATIC S7-1500 PLC 的制造商文档。

（2）阅读 SITIA 驱动程序的文档（通过“帮助” 菜单）。

（3）确保 PLC 在的网络上运行且可访问，然后记录其网络地址。

添加 Siemens SIMATIC S7-1500 PLC 作为数据点集成源的操作如下。

（1）在 “专案”菜单的“设定”选项组中选择“通信”命令，打开“项目设定”对话框，选中“通信”选项卡。

（2）在“数据点整合”区域中，单击“加入...”按钮，打开数据点整合来源对话框。

（3）在“类型”列表中选择“整合的”。

（4）在“供应商”列表中选择“Siemens S7-1200/S7-1500”。

（5）在“名称”文本框中，为数据点整合来源输入适当的名称。此名称将用作集成数据点名称的前缀。默认值为 DEV，表示设备的缩写。

（6）单击“加入...”按钮，打开“Siemens Tag Integration”对话框，如图 3-136 所示。

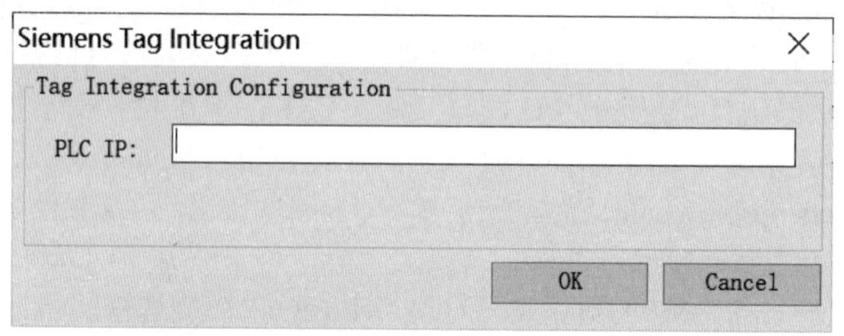

图 3-136 “Siemens Tag Integration”对话框

（7）在“PLC IP”文本框中输入 PLC 的 IP 地址。

（8）单击“确定”按钮，成配置并添加设备。

如果成功加入数据点来源，PLC 的数据点将立即在 EMSE 软件开发环境中的对象搜寻器中可用。

4）使用对象搜寻器选择集成数据点

向专案中添加数据点来源后，可以像任何其他专案数据点一样在对象搜寻器中查看和选择来自该源的数据点。

集成数据点在对象搜寻器列表显示，每个设备都是数据点来源。设备的名称是添加设备时设置的名称。在对象搜寻器中浏览集成数据点，如图 3-137 所示。

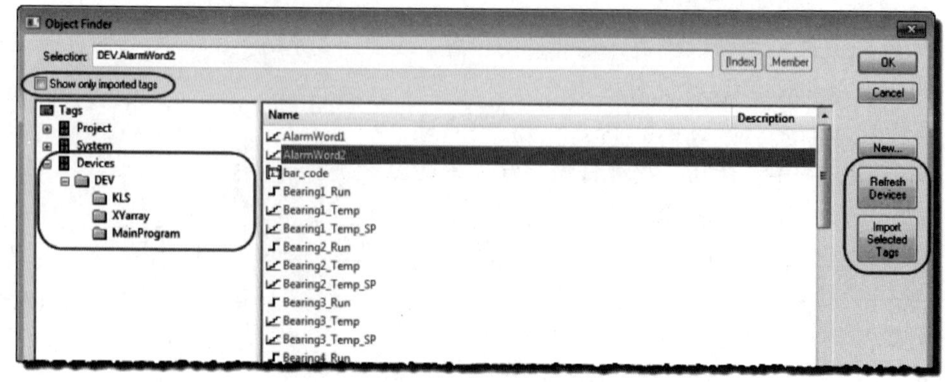

图 3-137 在对象搜寻器中浏览集成数据点

在对象搜寻器中显示设备的表格数据及描述，见表 3-37。

表 3-37 设备的表格数据及描述

表格数据	描述
DEV	设备数据点信息从符号文件中提取，然后缓存
DEV	当前正在从连接的设备接收设备数据点信息
DEV	连接到设备失败，设备数据点信息可能不是最新的

每个设备的文件夹结构由数据点来源确定，各个数据点显示在右侧。

若要刷新设备和数据点列表（通过重读符号文件或尝试重新连接到设备），单击对象搜寻器界面右侧的“Refresh Device”按钮即可，将同时刷新所有数据点来源。

数据点灰色显示时表示数据点尚未导入到专案中。当选择并导入数据点（以便将其加入专案的共享数据库文件夹）时，该数据点以黑色显示。可以在对象搜寻器界面中选中“Show only imported tags”（仅显示导入的数据点）复选框，以过滤数据点列表。

要快速导入多个数据点并将其全部加入共享数据库文件夹，选择数据点然后单击“Import Selected Tags”（导入选定数据点）按钮即可。但是，这样导入数据点不会配置相关信息。数据点整合过程中的更改可能会中断专案中的数据点引用。

5）如何在专案中重命名集成数据点

当 EMSE 软件集成来自第三方设备和软件的数据点时，它不能直接转存数据点名称。为了改进数据点管理并遵守本地数据点名称语法，进行了如下更改。

（1）插入数据点前缀。

首先，由于专案可能会连接到具有相同控制程序和设备数据点的多个设备，EMSE 软件将自动插入添加数据点来源时设置的数据点前缀。

（2）多维数组。

EMSE 软件不支持多维数组，因此对于具有多个数组索引的集成数据点，第一个数组索引之后的每个索引都将用_Index_表示。

（3）嵌套类。

EMSE 软件不支持嵌套类，因此对于具有多个类成员的集成数据点，第一个类成员之后的每个类成员都将用_ClassMember 表示。

3.9.2 远程设备通信配置

通信驱动程序是包含有关远程设备的特定信息并实现通信协议的 DLL 文件。EMSE 软件中安装了数十个常见和不太常见设备的驱动程序。施耐德电气公司还提供一个工具包来开发新的通信驱动程序。

利用驱动程序任务/工作表可以定义专案与远程设备之间的通信接口，如 PLC、单环路和变送器。

若要配置通信驱动程序，必须设置接口参数（如站地址），设置设备地址，然后将它们链接到专案数据点。

使用以下方法之一添加或删除驱动程序：

- 在“插入”菜单的“通信”选项组中选择“新增/移除驱动程序”命令。
- 右击专案资源管理器中的“驱动程序”文件夹，在快捷菜单中选择“新增/移除驱动程序”命令。上述两种方法都可打开“通信驱动程序”对话框，如图 3-138 所示。

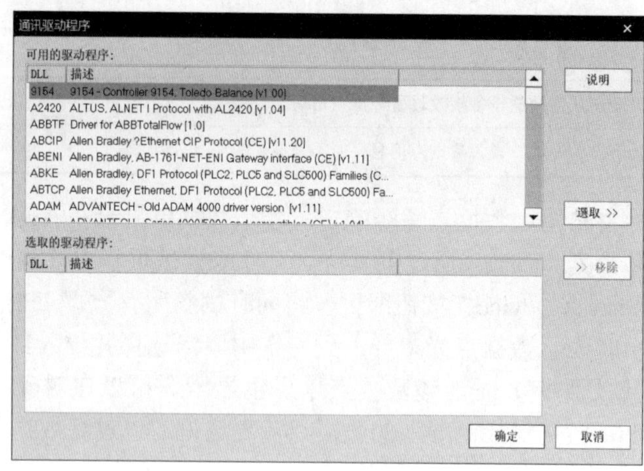

图 3-138 “通信驱动程序”对话框

“通信驱动程序”对话框中相关参数项说明如下。

- 可用的驱动程序：列出所有可用的驱动程序，并简要描述每个驱动程序。
- 说明：单击该按钮可打开“帮助”菜单，其中包含当前在“可用的驱动程序”中突出显示的驱动程序的详细配置说明。
- 选取：单击该按钮，选择当前在“可用的驱动程序”中突出显示的驱动程序。
- 选取的驱动程序：列出所有选定的驱动程序及其描述（如果可用）。
- 移除：单击，删除当前在“选定的驱动程序”中突出显示的驱动程序。

在“通信驱动程序”对话框中单击“确定”按钮时，可以为所选驱动程序创建一个子文件夹。

可以右击驱动程序子文件夹，在快捷菜单中选择“设定”命令，打开通信参数对话框，如图 3-139 所示。

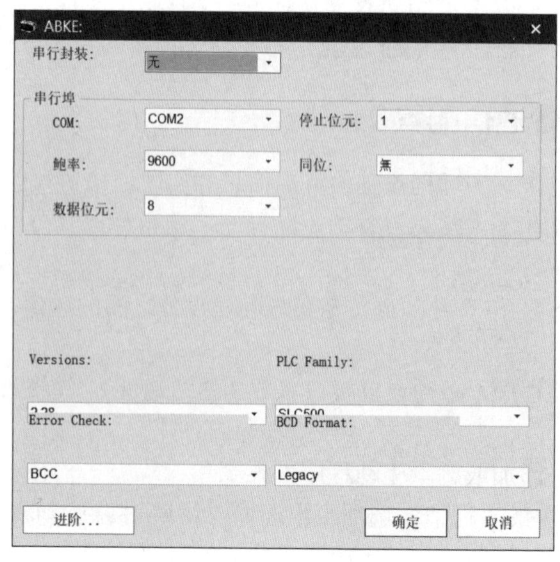

图 3-139 通信参数对话框

通信参数对话框中相关参数项说明如下。

- 串行封装：使串行驱动程序能够与调制解调器、TCP/IP 或 UDP 通信。
- COM：选择串行通信端口。
- 鲍率、数据位元、停止位元和同位：选择串行端口配置的参数。
- Long1、Long2、String1 和 String2：驱动程序自定义设定。例如，驱动程序利用 Long1 设定错误检测方法，String1 用于设置 PLC 系列类型。
- 进阶：单击该按钮，打开“进阶设定”对话框，如图 3-140 所示。

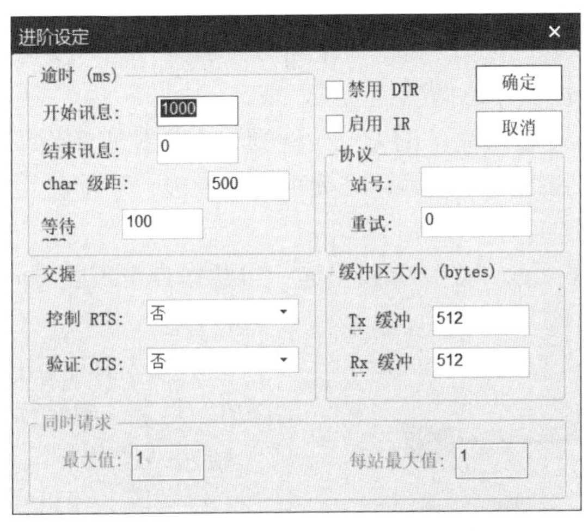

图 3-140　“进阶设定”对话框[①]

通过图 3-140 所示对话框进行驱动程序相关参数的设置说明如下。

① 逾时（ms）。

- 开始信息：设置消息开始的超时。
- 结束信息：设置消息结束的超时。
- Char 级距：设置每个字符之间的超时。
- 等待 CTS：设置“清除发送等待”的超时。

② 交握。

控件 RTS：设置是否使用“请求发送”控件。

验证 CTS：设置是否使用“清除发送”类型的验证。

禁用 DTR：勾选复选框，禁用 DTR 功能（驱动程序在启动通信之前不会设定 DTR 信号）。

启用 IR（仅在 Windows 嵌入式目标系统中可用）：勾选该复选框，使串行驱动程序能够使用红外接口（COM2 端口），而不是标准串行端口与设备通信（如 PLC、I/O、手持计算机等）。

③ 协议。

站号：某些从属驱动程序（如 Modbus 从站 MODSL）需要从属网络地址。在该文本框中可以设置从站地址。

---

① 软件界面中，讯信应为信息。

重试：输入数值以设置驱动程序在考虑此命令的通信错误之前尝试执行相同通信命令的次数。

④ 缓冲区大小（bytes）。

Tx 缓冲区：设置传输缓冲区长度（以字节为单位）。

Rx 缓冲区：设置接收缓冲区长度（以字节为单位）。

⑤ 同时请求（仅适用于所选驱动程序）。

最大值：设置可同时发送到所有连接设备的最大请求数。

每站最大值：设置可同时发送到单个设备的最大请求数。

开发应用程序提供两个接口，可用于配置驱动程序（将专案数据点与设备地址关联）。用于配置驱动程序的两张表介绍如下。

- 主驱动程序表：提供最简单的方法来配置专案数据点和设备地址之间的通信。此表允许自动对数据点进行分组，以在运行时提供最佳性能。不能使用此接口控制单独扫描一组数据点所需的时间。
- 标准驱动程序表：允许控制单独扫描一组数据点所需的时间。

1）使用 TCP/IP 和 UDP 封装

大多数串行驱动程序允许使用 TCP/IP 或 UDP/IP 封装。封装模式旨在与连接到以太网或无线网络上的终端服务器的串行设备进行通信。终端服务器可视为虚拟串行端口，它将以太网或无线网络上的 TCP/IP 或 UDP/IP 消息转换为串行数据。一旦邮件转换为串行形式，可以将支持串行通信的标准设备连接到终端服务器。图 3-141 所示为 TCP/IP 封装示例。

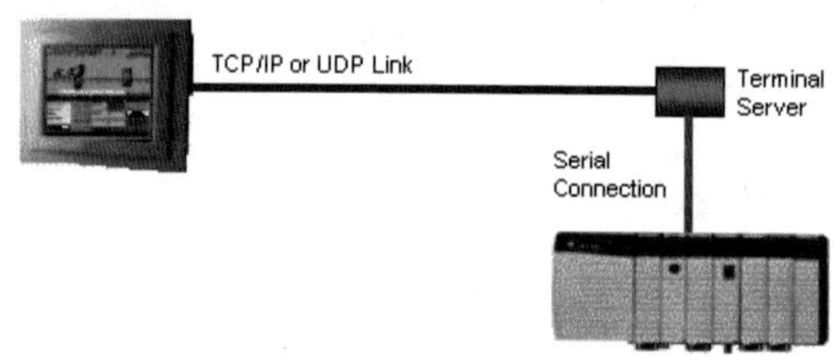

图 3-141　TCP/IP 封装示例

可以通过以下步骤启用封装：

① 右击驱动程序文件夹，在快捷菜单中选择“设定”命令，进行通信参数设置。

② 在“串行封装”列表框中选择“TCP/IP”或“UDP/IP”，如图 3-142 所示。

图 3-142　通信参数设置

通信参数设置的说明如下。

- IP 位址：设置终端服务器的 IP 地址。
- 端口号码：输入 TCP/IP 或 UDP/IP 端口号。
- 状态数据点：此文本框仅在使用 TCP/IP 时可用。此文本框中输入的数据点在建立 TCP/IP 连接时接收值为 1，否则接收值为 0。
- 服务器模式字段：TCP/IP 封装允许服务器模式，使远程客户端负责建立连接以启用通信。

2）使用调制解调器连接

大多数串行驱动程序允许使用调制解调器连接。调制解调器连接旨在启用与通过电话线连接的远程串行设备进行通信。图 3-143 所示为调制解调器连接示例。

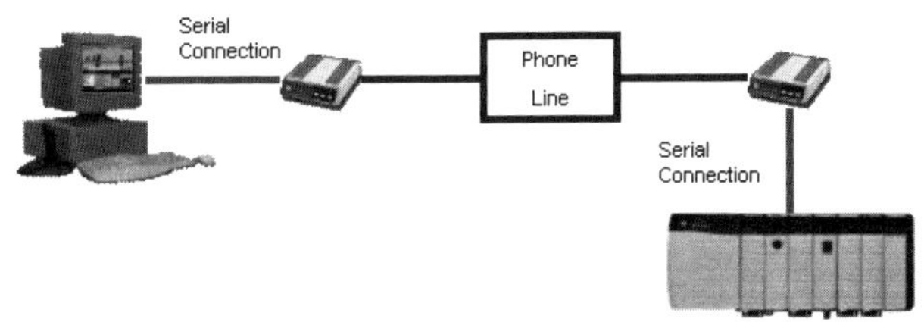

图 3-143　调制解调器连接示例

可以通过以下步骤启用调制解调器连接。

① 右击“驱动程序”文件夹，在快捷菜单中选择“设定”命令，进行通信参数设置。

② 在“串行封装”列表框中选择“调制解调器”，如图 3-144 所示。

图 3-144　调制解调器设置

调制解调器相关参数设置说明如下。

① 名称：选择驱动程序用于建立连接的调制解调器。如果不知道调制解调器的名称，

选择“自动侦测”选项。如选择“自动侦测 1”将使用第一个可用的调制解调器，以此类推。

② 电话：输入驱动程序用于连接到远程设备的电话号码。

③ 设定：单击此按钮，进行调制解调器设定。

④ 连接：单击该按钮，打开“连接控制”对话框，如图 3-145 所示。默认连接设定对于大多数专案来说应该足够，但是可以进行重新设定。

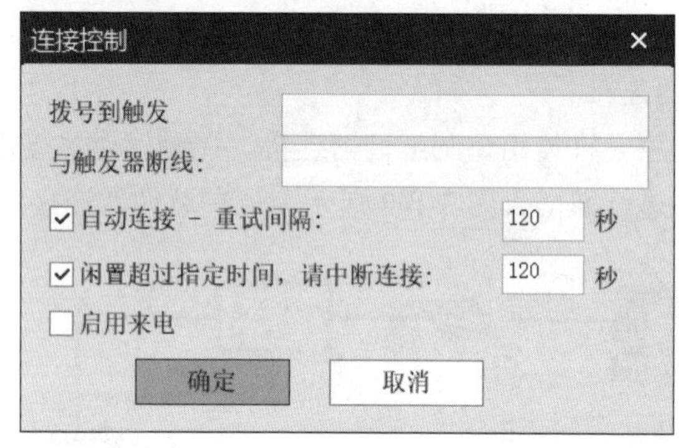

图 3-145 “连接控制”对话框

“连接控制”对话框中相关参数项设置说明如下：

• 拨号到触发：当在此文本框中配置的数据点的值发生更改时，驱动程序将尝试连接到远程设备。如果连接已建立，则忽略该设置。如果勾选“自动连接-重试间隔”复选框，不必对该项进行设置。

• 与触发器断线：当文本框中配置的数据点的值发生更改时，驱动程序将断开与远程设备的连接。如果设备断开连接，则将忽略该项设置。如果断开连接超时，也不必对该项进行设置。

• 自动连接-重试间隔：勾选复选框后，驱动程序将尝试在发送任何信息之前连接到远程设备。如果连接失败，将在重试间隔过期后进行下一次尝试。

• 闲置超过指定时间，中断连接：勾选复选框后，如果在设置时间之后未执行通信，驱动程序将自动断开与远程设备的连接。

• 启用来电：如果要使驱动程序能够接收来自远程设备的呼叫，勾选该复选框，可以使挂断触发在建立呼叫后放弃呼叫。一个驱动程序可以使用传入呼叫和传出呼叫。

⑤ 状态。

• 码：输入一个数据点，该数据点将在驱动程序运行时接收以下代码之一：0＝ 断开连接；1＝ 已连接；2＝ 拨号；3＝ 掉落；4＝ 平线。

• 描述：输入将接收当前状态完整说明的数据点。“描述”与“码”文本框相关联，但是也带来了有关当前状态的一些附加信息。

3）串行封装测试

大多数串行驱动程序应使用每个串行封装模式，但是它们是在创建封装模式之前开发的。表 3-38 列出了使用某些封装模式完全测试的驱动程序，如果打算使用的驱动程序未列出，那么不确定它是否有效。

表 3-38　串行封装测试的驱动程序

驱动程序	调制解调器	TCP/IP	UDP/IP
MODSL	×	×	×
ABKE	×	×	×
MODBU	×		×
OMETH	×		

注：×表示驱动程序已测试。

4）主驱动程序表（Main Driver Sheet）

将驱动程序添加到专案后，开发应用程序会自动将主驱动程序表插入驱动程序文件夹。要配置主驱动程序表，右击该表格数据，然后从弹出的快捷菜单中选择“打开”命令或双击表格数据，打开主驱动器表单对话框，如图 3-146 所示。

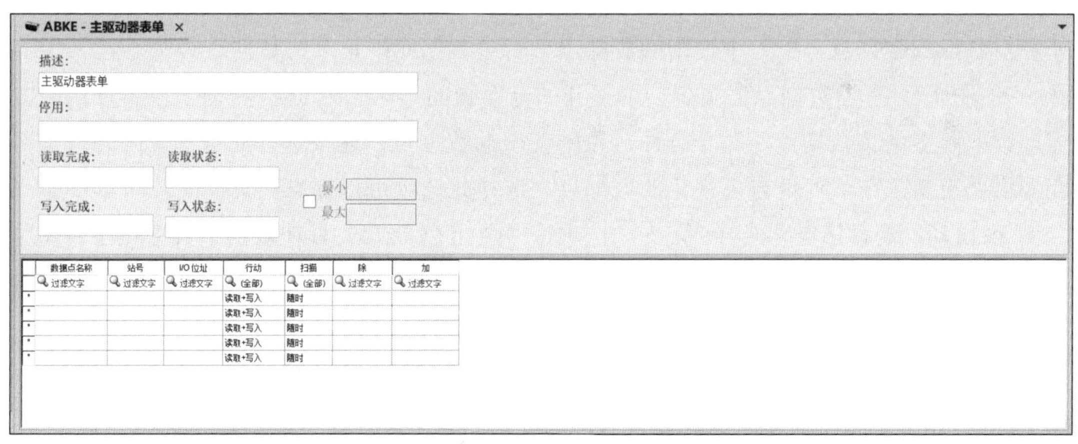

图 3-146　主驱动器表单对话框

主驱动程序表分为以下两个部分。

① 标题（顶部），包含影响此工作表的工作区域中配置的所有数据点的参数。

② 正文（下部），其中定义专案中的数据点与其现场设备地址之间的关系。

标题部分相关参数项说明如下。

③ 描述：输入主驱动程序表单的说明文字。

④ 停用：输入数据点或表达式以启用和禁用每个主驱动程序表的通信。输入大于零的值（或表达式结果），禁用主驱动程序工作表；输入零（或将此留空），启用主驱动程序表。

⑤ 读取状态：输入数据点，该数据点使用上次读取命令进行更新。

⑥ 写入完成：输入数据点，通信驱动程序在完成写入时切换执行数据点命令。

⑦ 写入状态：输入数据点，该数据点使用上次写入命令进行更新。

⑧ 最小和最大：选中该复选框并设置来自现场设备的数据的最小值和最大值。

正文部分相关参数项说明如下。

① 数据点名称：输入要由通信驱动程序使用的专案数据点的名称。

② 站号：输入网络中设备的数量。此字段中的语法因每个通信驱动程序而异。

③ I/O 位址：输入与专案数据点相关的现场设备的地址。此字段中的语法因每个通信驱动程序而异。

④ 行动：设置通信方向主要选项如下。

- 读取：专案连续从现场设备读取地址并更新数据点值。
- 写入：当数据点值更改时，专案将数据点值写入设备。
- 读取+写入：合并读取和写入参数的过程。

⑤ 扫描：设置从远程设备或服务器读取数据点值，然后在专案数据库中使用以下选项之一作为更新的条件。

- 随时：在每次扫描通信工作表期间读取和更新数据点，无论该数据点是在其他专案画面、脚本还是工作表中被使用。对于必须在后台持续监视的数据点，建议选择此选项，如触发警报的数据点、配方中使用的数据点、历史数据库中记录的数据点等。

- 画面：只有当数据点在至少一个打开的专案画面（本地或其他客户端站）中使用时，才能读取和更新该数据点。对于画面对象中使用的数据点，建议选择此选项，因为专案可能不需要更新未在任何地方可视化的数据点。选择此选项可以提高专案性能。

- 自动：专案将自动选择"随时"选项或"画面" 选项，具体取决于数据点在专案中的使用位置。如果数据点仅在专案画面上的画面对象中使用，则将默认为"画面"。如果数据点在任何其他接口（如脚本、数学、警报、趋势、配方、报告、调度程序）中使用，则扫描将切换为"随时"并一直保留在使用位置，直到专案停止。如果不确定要选择哪个选项，则选择"始终"，这将保证读取和更新数据点。

⑥ 除：在需要缩放调整时设置除法常量。此值是读取操作中的除法因子，也是写入操作中的乘法因子。如果在标题部分勾选了"最小"或"最大"复选框，请勿使用此参数项。

⑦ 加：在需要比例调整时设置加入常量。此值是读取操作中的加法因，也是写入操作中的减法因子。如果在标题部分勾选了"最小"或"最大"复选框，请勿使用此参数项。

5）标准驱动程序表

除了可用于每个驱动程序的唯一主驱动程序表（MAIN DRIVER SHEET）外，还可以为每个驱动程序创建多个标准驱动程序表。标准驱动程序表提供相关参数项以用于控制通信。

右击"驱动程序"子文件夹，然后在快捷菜单中选择"插入"命令，打开标准驱动程序表对话框，如图 3-147 所示。

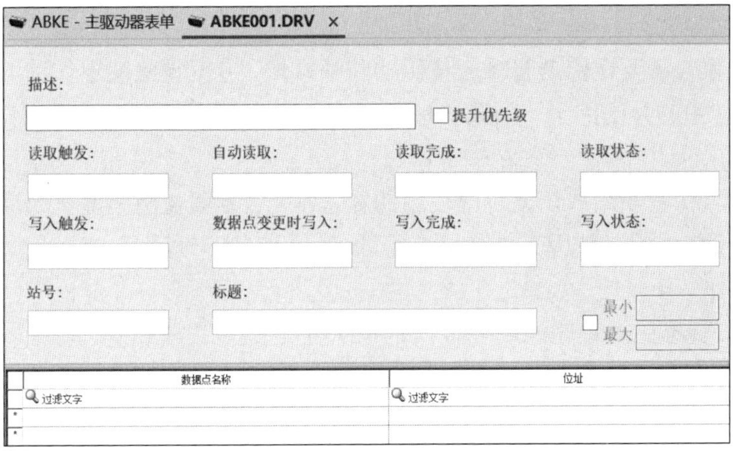

图 3-147　标准驱动程序表对话框

标准驱动程序表对话框分为以下两个部分。

① 标题（顶部），包含影响此工作表的正文部分中配置的所有数据点的参数。

② 正文（下部），其中定义专案中的数据点与其现场设备地址之间的关系。

标题部分相关参数项说明如下。

③ 描述：输入标准驱动程序表的说明文字。

④ 提升优先级：选中该复选框表示随时将此工作表的读取和写入命令保留在通信队列的顶部。

⑤ 读取触发：输入一个数据点，在更改此数据点值时，该数据点将触发专案以自动读取工作表。

⑥ 自动读取：输入数据点或常量值。

⑦ 读取完成：输入数据点，通信驱动程序在完成读取时切换执行数据点命令。

⑧ 读取状态：输入数据点，通信驱动程序使用上次状态更新数据点读取。

⑨ 写入触发：输入数据点值以激活组读取。无论何时更改此数据点值，程序都会写入设备工作表。

⑩ 数据点变更时写入：输入数据点或常量值（不是零），使通信驱动程序能够连续检查工作表中数据点值的更改。如果发生更改，专案将此值写入现场设备的地址。

⑪ 写入完成：输入数据点，通信驱动程序在写入时切换执行此参数项中的数据点命令。

⑫ 写入状态：输入数据点，通信驱动程序使用最后一个数据点的状态更新数据点写入。

⑬ 站号：在网络中输入设备站号。此文本框中的语法因每个通信驱动程序而异。

⑭ 标题：设置要在设备中读取或写入的数据类型或初始地址。此文本框中的语法因每个通信驱动程序而异。

⑮ 最小和最大：勾选该复选框并设置现场设备数据的最小值和最大值，仅在启用“最小”和“最大”复选框时，输入转换为工程格式。这些值会影响工作表中的所有数据点。

正文部分相关参数项说明如下。

① 数据点名称：输入用于通信驱动程序的数据点名称。

② 位址：输入与专案数据点相关的设备地址（或地址偏移）。此字段中的语法因每个

通信驱动程序而异。

③ 除：设置在需要比例调整时应使用的除法常量。专案将此值用作读取操作中的除法因子和写入操作中的乘法因子。如果在标题部分已勾选 “最小”或“最大”复选框，请勿使用此参数项。

④ 加：设置在需要缩放调整时应使用的加入常量。专案使用此值作为读取操作中的加法因子和写入操作中的减法因子。如果在标题部分已勾选“最小”或“最大”复选框，请勿使用此参数项。

注意：每个标准驱动程序表最多可以有 4096 行。但是读取触发、自动读取和写入触发命令尝试传送工作表中配置的整个地址块，因此，如果地址块大于驱动程序协议支持的最大块大小，则在运行时将收到通信错误信息（如“无效块大小”）。因此，最大块大小对工作表中的行数施加了实际限制，并且该限制因驱动程序而异。

此外，当使用基于内存的驱动程序（如 MODBU、MOTCP、ABTCP、OMETH、SIETH）的写入触发功能时，驱动程序会写入整个寄存器块，从第一个地址到最后一个。如果工作表中尚未声明特定寄存器，但其地址位于块内，则寄存器将收到零值。上述规则不适用于基于名称的驱动程序（如 TWCAT、COSYS、ABCIP）。

6）驱动程序错误代码

“读取状态”和“写入状态”参数项将错误代码返回到为这些参数项设置的数据点。这些错误代码可以是标准代码，也可以是每个驱动程序自定义的代码。

以下是标准错误代码，它们始终为负值：

0=确定；−1=无效串行端口；−2=无效波特率；−3=无效的位数；−4=停止位无效数；−5=无效奇偶校验；−6=无效 irq；−7=已在使用的串行端口；−8=无效缓冲区大小；−9=内存不足；−10=Tx 缓冲区为空；−11=Tx 缓冲区已满；−12=Rx 缓冲区为空；−13=Rx 缓冲区已满；−14=等待 CTS 超时；−15=超时等待启动消息；−16=等待消息完成超时；−17=rx 字符之间的超时；−18=tx 字符之间的超时；−19=未检测到载波；−20=未检测到 DSR；−21=在地址中找不到 8250；−22=Tx 线路繁忙；−23=用户中止；−24=不支持函数；−25=溢出；−26=奇偶校验；−27=溢出和奇偶校验；−28=框架；−29=框架和溢出；−30=框架和奇偶校验；−31=帧、溢出和奇偶校验；−32=等待 tx 消息完成超时。

拓展训练

与现有品牌 PLC 进行通信，将该 PLC 数据点整合到 EMSE 软件中，并保存数据点值到数据库中，查看数据库中的数据是否存入及是否正确。

【知识点总结】

1. 数据点整合允许将来自第三方控制应用程序或设备的数据点直接集成到 EMSE 软件专案中。

2. EMSE 软件拥有数十个常见和不太常见设备的驱动程序，并且施耐德电气还提供一个工具包来开发新的通信驱动程序。

【学习足迹】

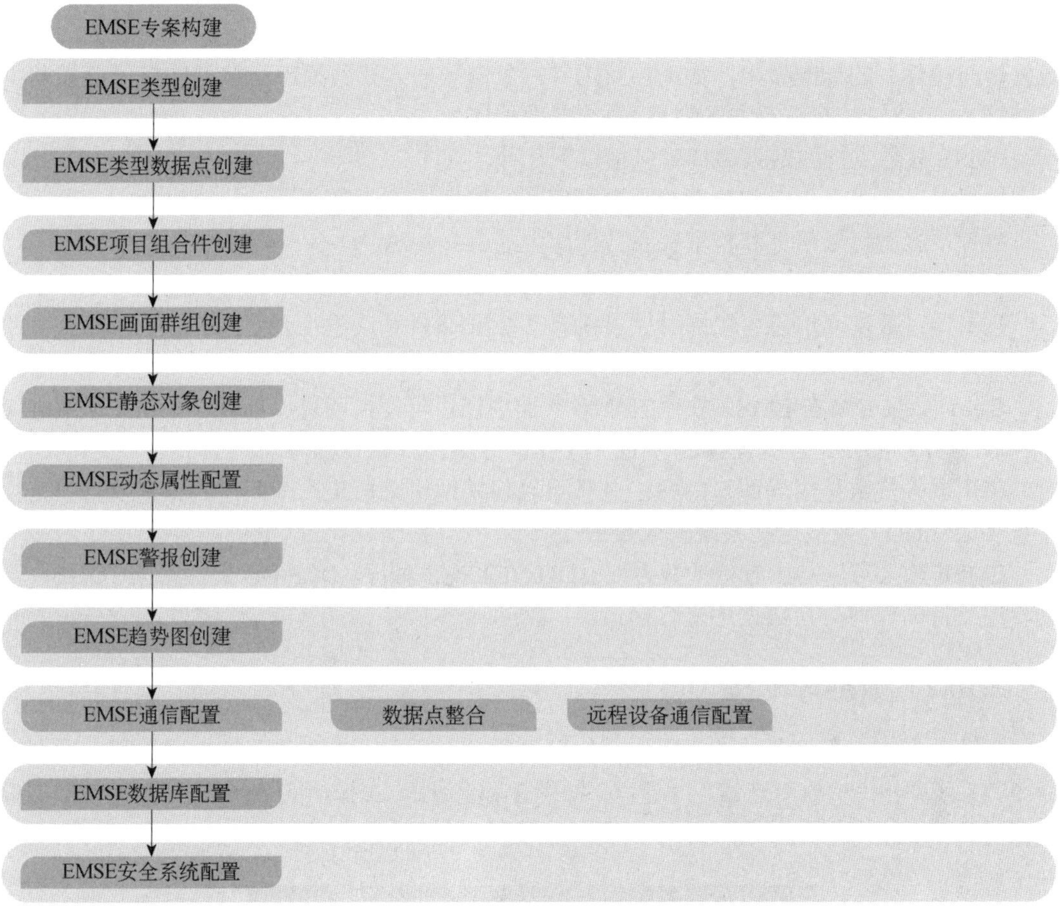

EMSE专案构建

EMSE类型创建
↓
EMSE类型数据点创建
↓
EMSE项目组合件创建
↓
EMSE画面群组创建
↓
EMSE静态对象创建
↓
EMSE动态属性配置
↓
EMSE警报创建
↓
EMSE趋势图创建
↓
EMSE通信配置　数据点整合　远程设备通信配置
↓
EMSE数据库配置
↓
EMSE安全系统配置

【思考与练习】

1. 每个标准驱动程序表最多可以有多少行？

2. 通信任务/工作表的作用是什么？

3. EMSE 软件是否允许将来自第三方控制应用程序或设备的数据点直接集成到专案中？

4. 每个驱动程序是否对应一个唯一标准驱动程序表？

5. EMSE 软件中是否预安装了多种通信设备驱动程序？都可以用于哪些你熟悉的品牌设备？

任务 3.10　数据库配置

本任务教学计划

3.10.1　数据库接口认知

使用 EMSE 软件配置数据库接口基本上是通过支持所选数据库的特定数据库提供程序将 EMSE 软件的任务（警报、事件或趋势）链接到外部数据库。

每个历史记录任务（警报、事件或趋势）都可以配置为将数据保存到具有 EMSE 软件或外部 SQL 关系数据库专有格式的文件。使用“选项”命令配置数据库以保存警报和事件的历史记录。

EMSE 软件支持 ADO.NET 提供直观、简单、灵活和强大的界面，使用 MDAC（微软数据访问控件）的标准技术，如 OLE-DB（对象链接嵌入式数据库）和 ODBC（开放数据库链接），可以链接到任何与 MDAC 兼容的数据库。

EMSE 软件支持的数据库接口包括以下几种。

警报：专案可以保存和检索关系数据库中的警报历史记录消息。

事件：专案可以保存和检索关系数据库中的事件消息。

趋势：专案可以在关系数据库中保存和检索趋势历史记录值。

查看器：数据库信息可以同时以表格式（警报/事件和网格控件对象）或图形格式（趋势图控件对象）显示。

Web：如果专案在 EMSE 软件的 Web 界面中已经可用，则可以部署一个在关系数据库中存储/保存数据并让数据在 Web 界面上工作的专案。

使用嵌入式数据库界面，EMSE 软件可以轻松地将来自工厂车间的数据提供给第三方系统（如 ERP），或从这些系统获取数据。

EMSE 软件可以与由有效的数据库 ADO.NET 提供程序、OLE DB 提供程序、ODBC 驱动程序支持的任何关系数据库进行接口。

3.10.2 数据库配置

在菜单栏“插入”菜单的“工作窗体”选项组“数据库/ERP”子菜单中选择“通信”命令，系统弹出“资料库连线”对话框，如图 3-148 所示。在该对话框中进行相关参数项设置后可将 EMSE 软件链接到外部数据库。

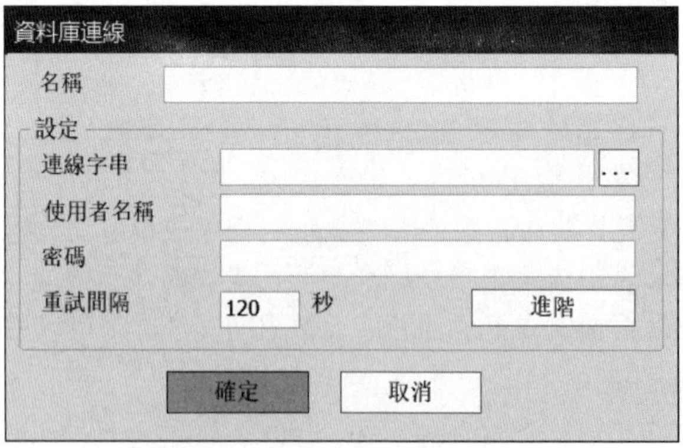

图 3-148 “资料库连线”对话框①

“资料库连线”对话框中相关参数项设置说明如下。

连接字串：此文本框用于定义数据库，该字串是 EMSE 软件将写入和读取值及链接到数据库时使用的主要参数。单击浏览按钮“...”，打开“数据链接属性”对话框，选择数据库类型，如图 3-149 所示。

① EMSE 软件界面中出现多处中文繁体字，应为中文简体字，如“资料库連線”应为“资料库连线”。

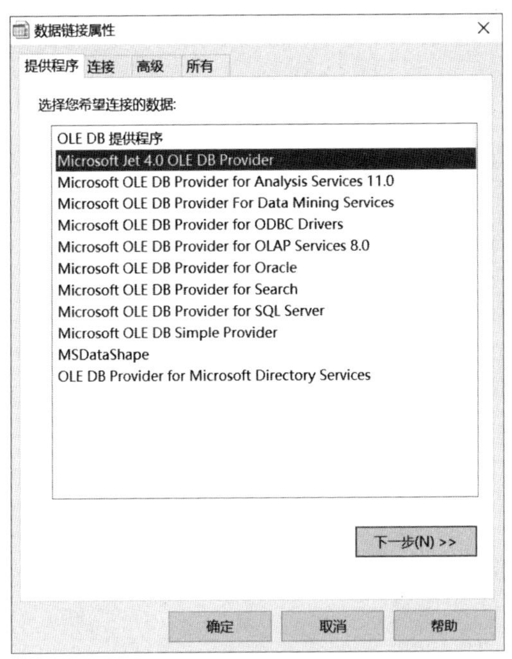

图 3-149　“数据链接属性”对话框

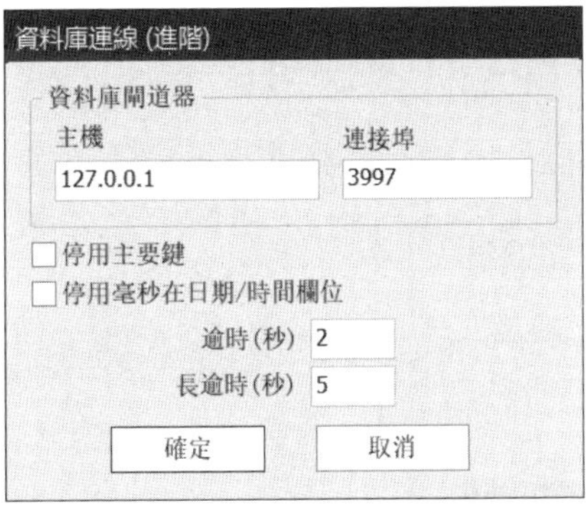

图 3-150　“资料库连线（进阶）”对话框

使用者名称：用于链接到数据库的用户名。在此文本框中输入的用户名必须与数据库中配置的用户名匹配。

密码：用于链接到数据库的密码。在此文本框中输入的密码必须与数据库密码一致。

重试间隔：如果 EMSE 软件因任何原因无法链接到数据库，则在此文本框中设置的秒数通过后，它会自动重试以链接到数据库。

进阶：单击此按钮后，打开“资料库连线（进阶）”对话框，可以自定义某些设置，如图 3-150 所示。对于大多数专案，这些设置的默认值不需要修改，应保留默认初始值。

3.10.3　数据库故障排除

在 EMSE 软件的数据库界面中提供了强大的工具，可帮助用户识别和排除数据库的配置问题。如果在与数据库链接时遇到问题，应首先在“日志”对话框中启用数据库消息。可以通过以下步骤完成上述操作。

在 EMSE 软件开发环境中，确保在菜单栏“检视”菜单中勾选“项目除错窗口”复选框。右击“专案除错”对话框（通常单击开发环境的右下角），然后在快捷菜单中选择“设定”命令，如图 3-151 所示。

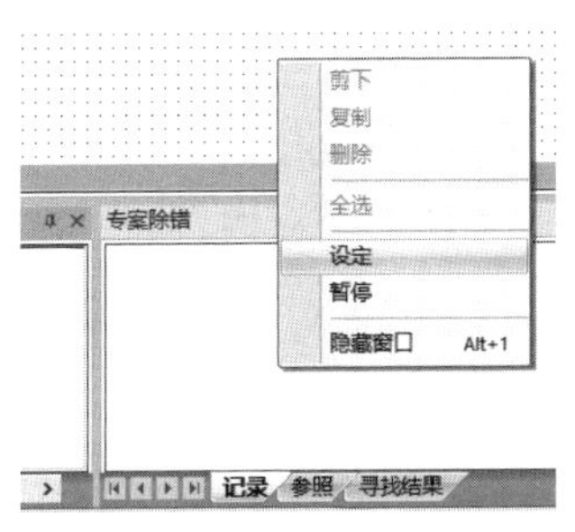

图 3-151　专案除错快捷菜单

在系统弹出“登入设定”对话框中打开“纪录选项”选项卡，选中“数据库信息”复选框，如图 3-152 所示。

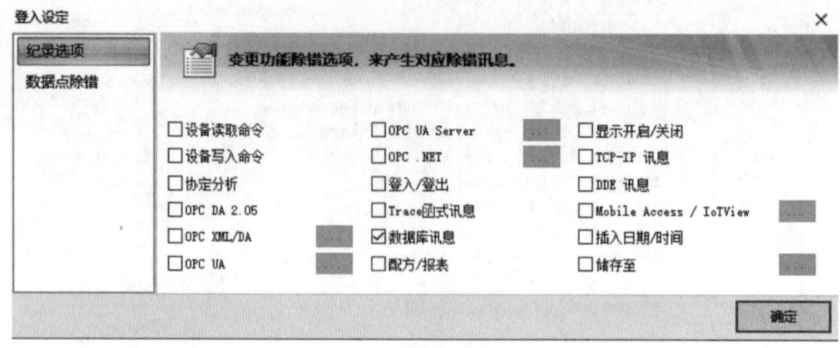

图 3-152　选中“数据库信息”复选框①

启用数据库信息后，输出窗口将显示与数据库相关的错误消息。

3.10.4　常用数据库操作

1）使用 ODBC 数据库

几乎每个数据库都提供了一个可用于与 ESME 软件链接的 ODBC 接口。EMSE 软件提供的数据库功能可以通过 ODBC 接口与 ODBC ADO.NET 一起使用。若要使用此功能，计算机中必须安装 Microsoft.NET 1.1 或更高版本。

打开“数据链接属性”对话框，选择用于 ODBC 提供程序的 Microsoft OLE DB 提供程序选项，如图 3-153 所示。

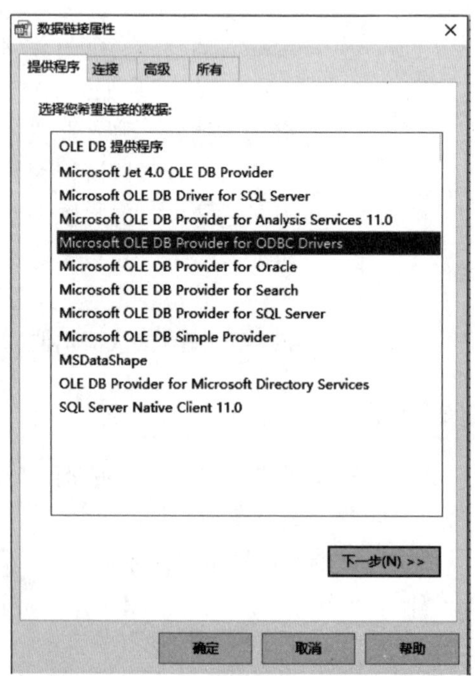

图 3-153　选择 Microsoft OLE DB 提供程序

① EMSE 软件界面中，讯信应为信息。

单击“下一步”按钮，系统将转换至“连接”选项卡，如图 3-154 所示。

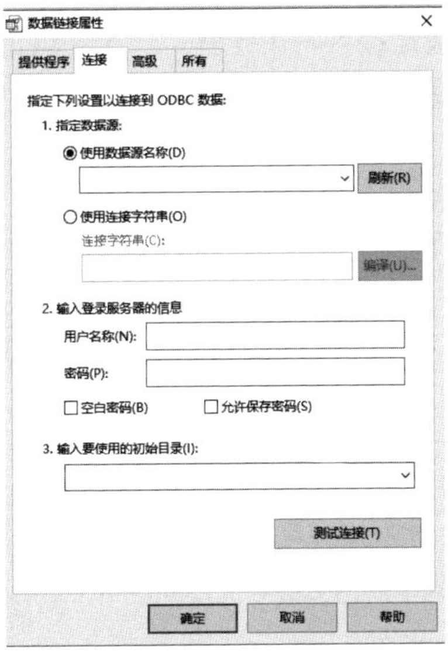

图 3-154　“数据链路属性”对话框“连接”选项卡

选择要连接到的 DSN，然后单击“确定”按钮。如果要在“连接”选项卡中设置用户名称和密码，而不是在“物件属性”对话框中设置，应选中“允许保存密码”复选框。

2）使用 Microsoft SQL 数据库

EMSE 软件数据库接口允许检索和存储有关 Microsoft SQL Server 数据库的信息。应按照以下步骤进行 SQL Server 数据库配置。

打开“数据链接属性”对话框，选择 SQL Server 的 Microsoft OLE 提供程序，如图 3-155 所示。单击“下一步”按钮，如图 3-156 所示，进行连接设置。

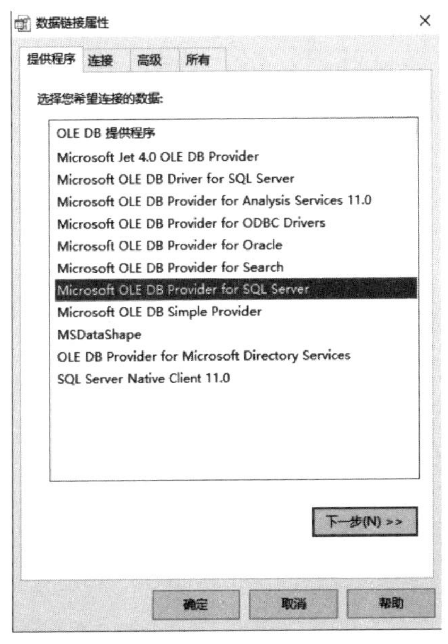

图 3-155　选择 Microsoft OLE 提供程序

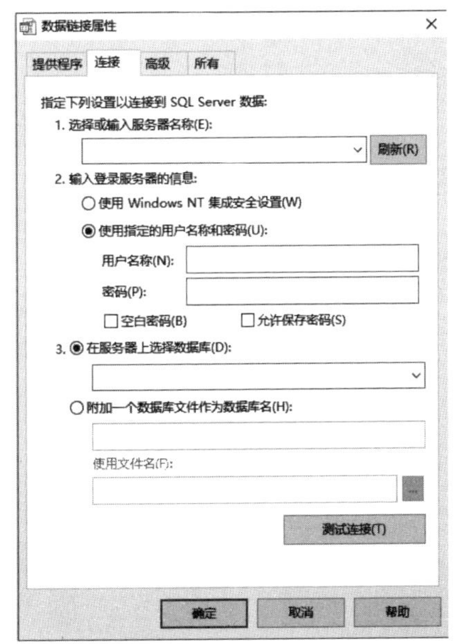

图 3-156　连接 SQL 服务器

如果未进行 Windows NT 集成安全设置，应选中“允许保存密码”复选框以在关闭“数据链接属性”对话框时保存密码。

单击“确定”按钮，完成连接字符串配置。连接字符串应与下述字符串非常相似：Provider=SQLOLEDB.1；Integrated Security=SSPI；Initial Catalog=MyDatabase；Data Source=192.168.23.200。

对于 Microsoft SQL Server 2008 或更新版本，数据库网关（StADOSvr.exe）使用现在更新的时间戳保存数据到 Microsoft SQL Server 数据库，因此不需要将毫秒参数存储在单独的列中。

3.10.5 报表开发

报表开发

报表开发是一项重要的功能，它需要与其他软件进行配合设置。下面演示的报表内容基于数据库，为了方便演示报表开发功能，将 EMSE 软件趋势图中数据点的值存入数据库 EMSEDB，表格为日报表，参数项有“产量”、“能耗”及“Time_Stamp”。EMSE 软件的数据保存操作步骤如图 3-157 所示，模拟数据赋值如图 3-158 所示。

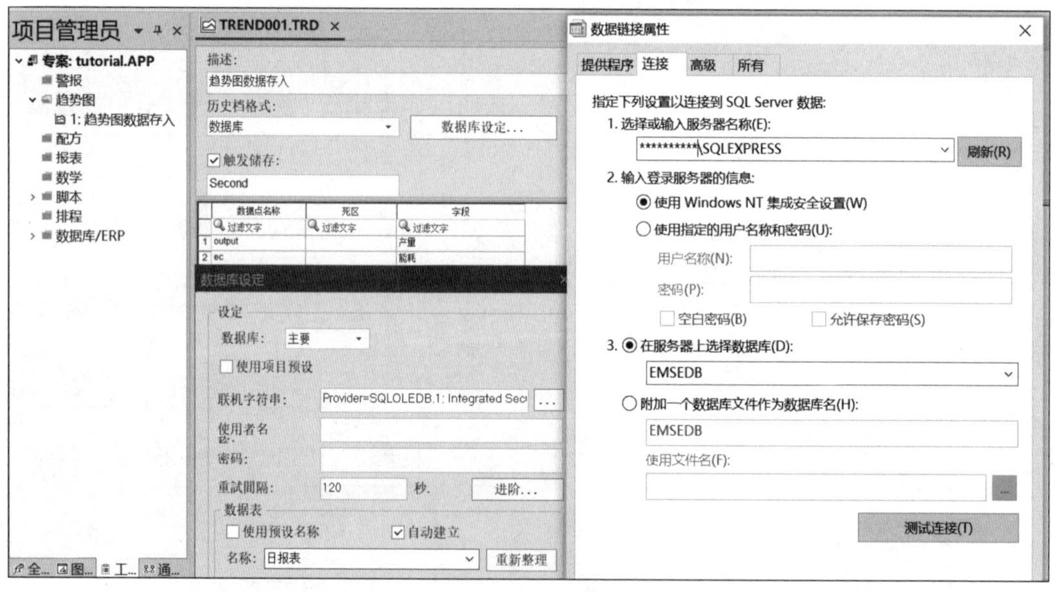

图 3-157　EMSE 软件数据保存操作

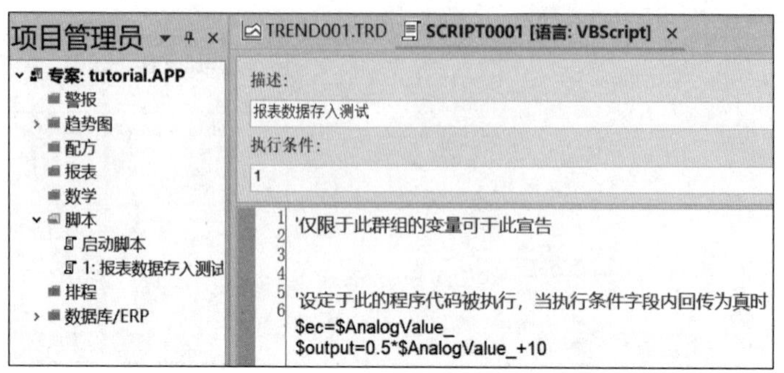

图 3-158　模拟数据赋值

$AnalogValue_是 EMSE 软件内部提供的一个在 0～100 之间随意变化的实数。运行 EMSE 软件专案，从数据库的编辑端可看见已录入表格的数据，如图 3-159 所示。

产量	能耗	Time Stamp
36	52.8	2021-11-25 03:05:33.0000000
52	84.8	2021-11-25 03:04:53.0000000
53	86.4	2021-11-25 03:04:54.0000000
54	88	2021-11-25 03:04:55.0000000
54	89.6	2021-11-25 03:04:56.0000000
55	91.2	2021-11-25 03:04:57.0000000
56	92.8	2021-11-25 03:04:58.0000000

图 3-159　已录入表格的数据

1）Reporting Service 的配置

在 EMSE 软件中，使用 Microsoft SQL Server 自带的报表服务软件，是一种简单的制作报表的方式。在安装 SQL Server 时，注意勾选“Reporting Service”复选框，就可以使用其报表开发及使用功能。安装结束之后，用户首次需要对 Reporting Service 配置管理器进行配置（打开 Reporting Service 配置管理器的菜单命令见图 3-160。），报表配置过程将涉及 SQLServer DataTools 和 SQLServerManagementStudio。

图 3-160　打开 Reporting Service 配置管理器的菜单命令

单击“Reporting Service 配置管理器”，打开该管理器，如图 3-161 所示。

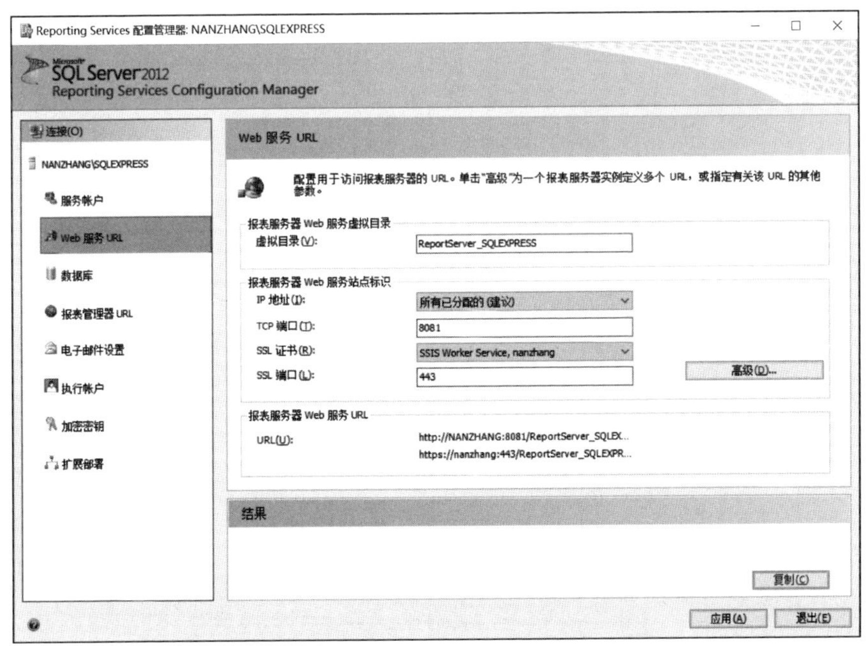

图 3-161　Reporting Service 配置管理器

输入服务器名称，单击“连接”按钮，打开图 3-162 所示界面。

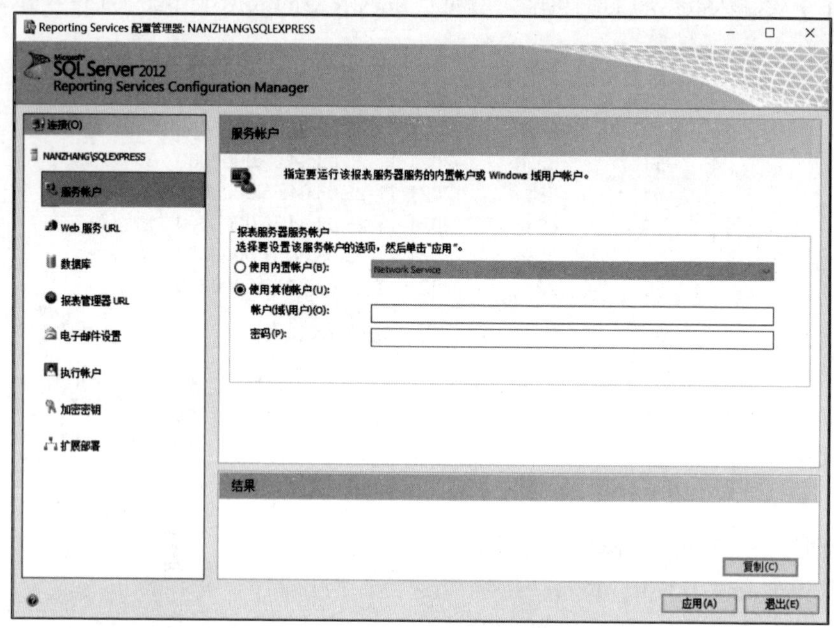

图 3-162　服务账户界面

在图 3-162 所示界面中，需要注意的是必须先创建一个带密码的 Windows 账户，然后使用这个系统账户登录。如图 3-162 所示，使用名为“EMSE”的用户及其密码，单击“应用”按钮即可。

如图 3-163 所示，在 Web 服务配置中，TCP 端口设置为 8081，单击“应用”按钮，系统弹出图 3-164 所示界面。

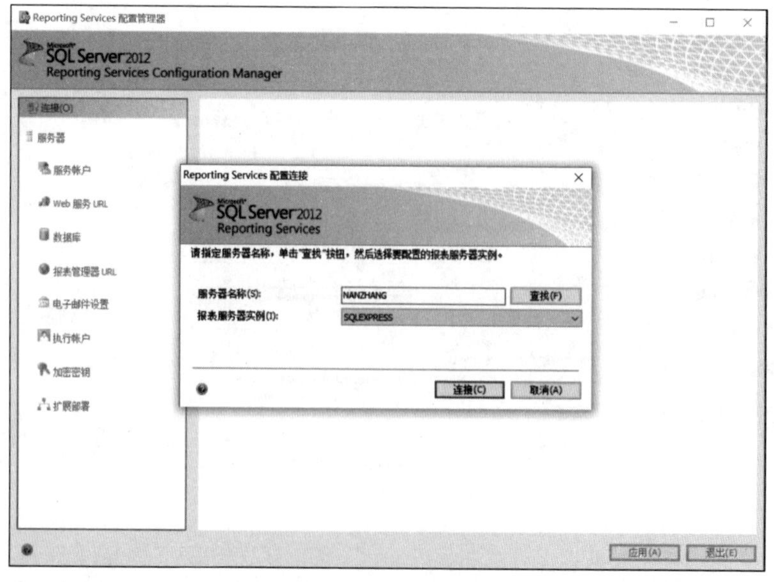

图 3-163　Web 服务配置

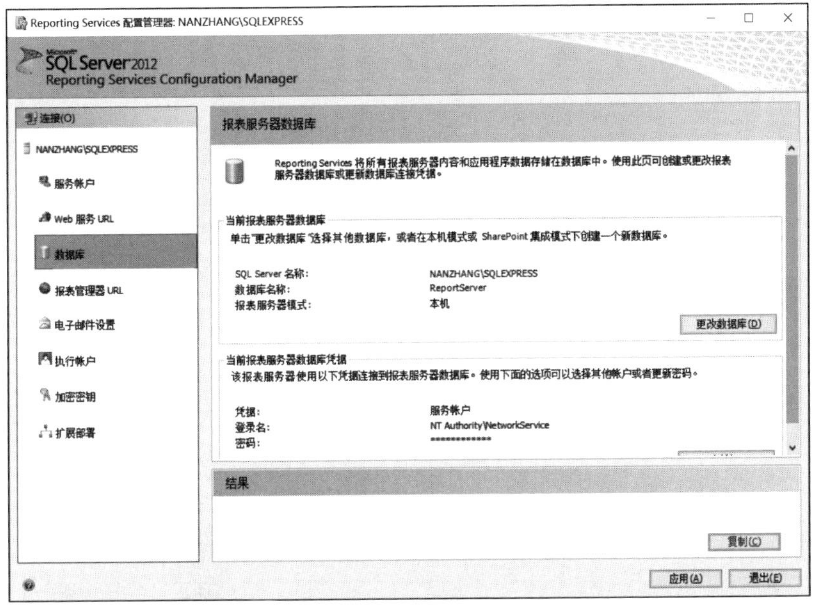

图 3-164　数据库配置

在第一次配置时，需要创建新的报表服务器数据库，如图 3-165 所示。

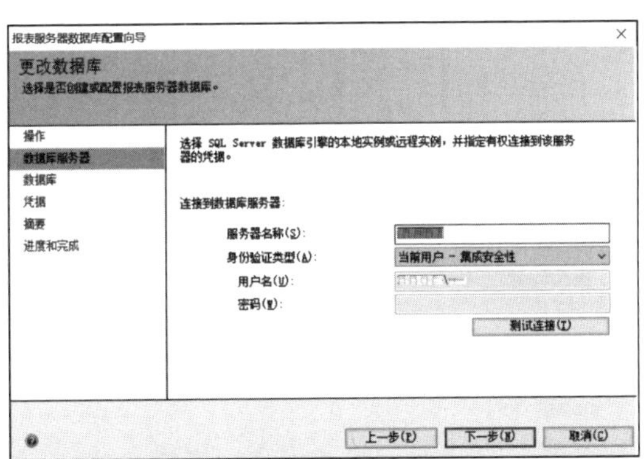

图 3-165　创建新的报表服务器数据库

报表服务器数据库默认名称为 ReportServer，如图 3-166 所示。

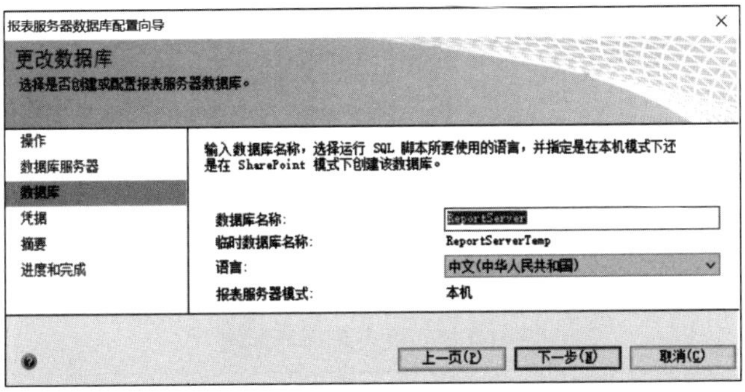

图 3-166　报表服务器数据库名称

单击“下一步”按钮，设置凭据，如图 3-167 所示。

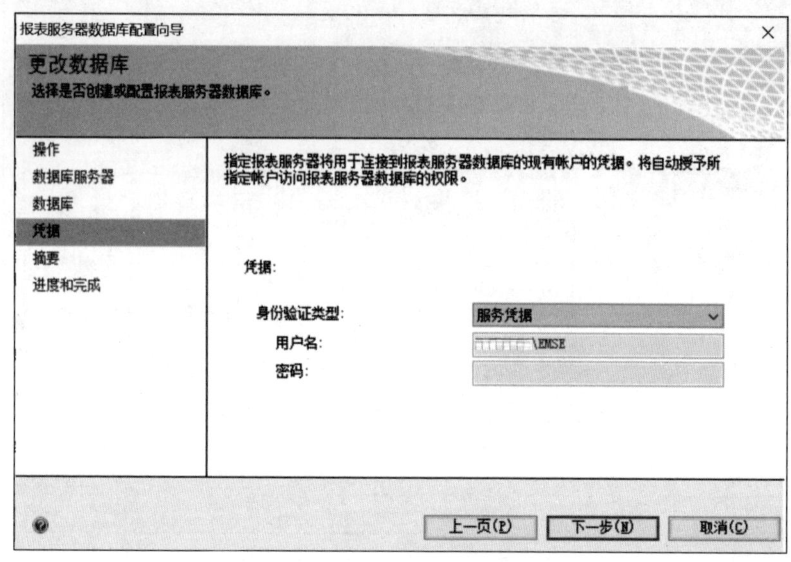

图 3-167　设置凭据

在报表管理器配置时，如图 3-168 所示，将 TCP 端口设置为 8085。需要注意的是，报表服务器的 TCP 端口（8085）和 Web 服务 URL 的端口（8081）不同相同。

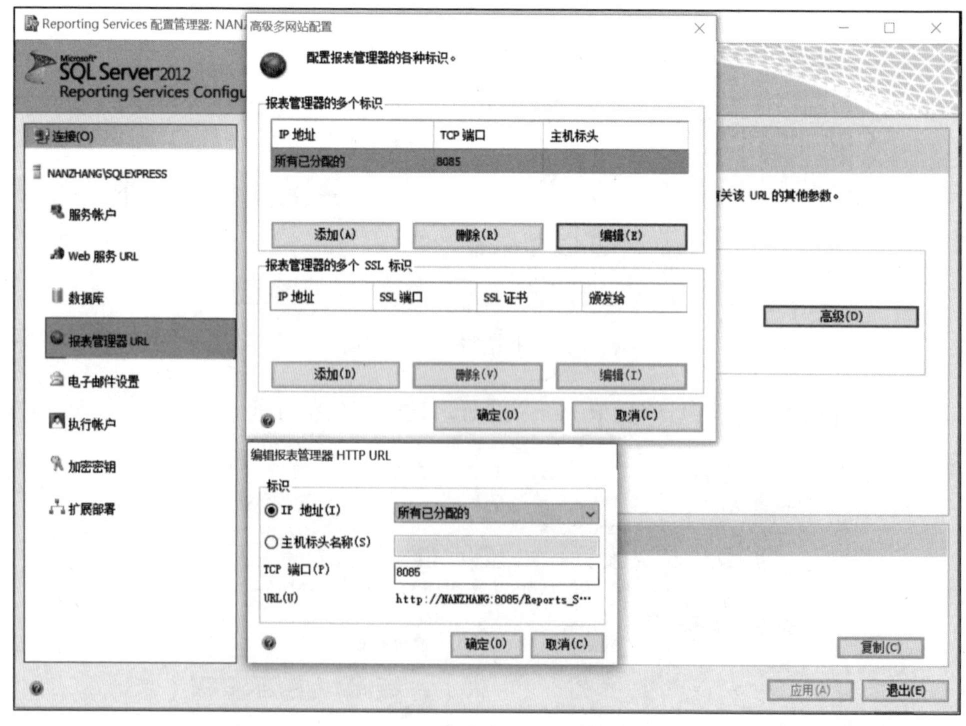

图 3-168　报表管理器配置

配置报表服务器的最后一步是将报表服务功能重启，如图 3-169 所示。

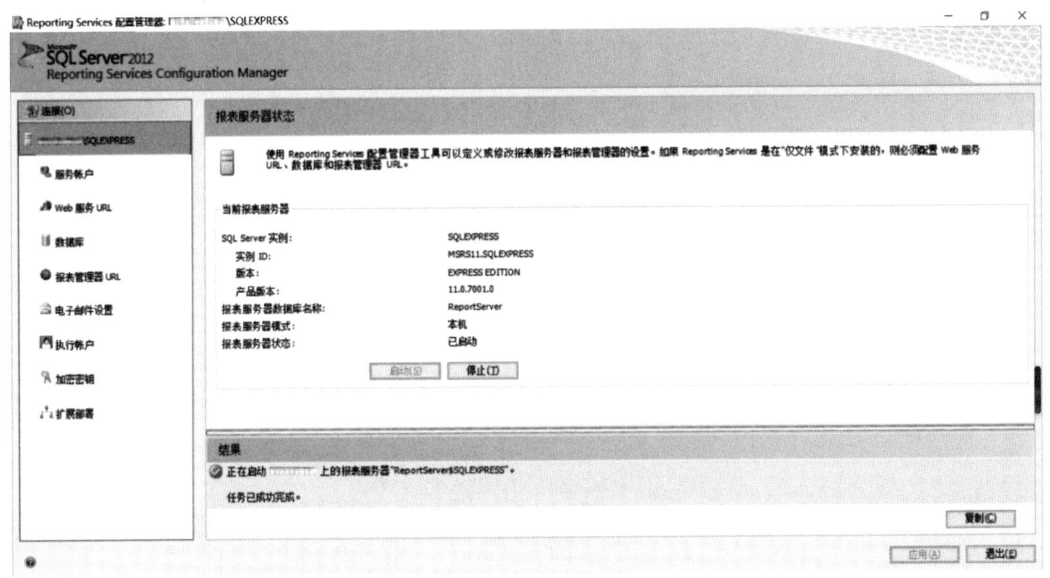

图 3-169　报表管理器重启

至此，报表服务配置结束。单击“Web 服务 URL”链接，图 3-170 所示为配置成功界面。

图 3-170　配置成功界面

单击报表管理器 URL，对应界面如图 3-171 所示。

图 3-171　报表管理器 URL 界面

单击“新建文件夹”，显示新建角色分配界面，为 Window 用户进行报表生成器、发布者等角色授权，如图 3-172 所示。

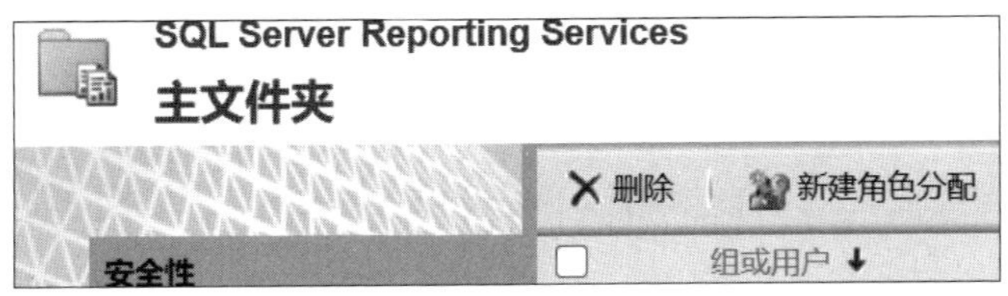

图 3-172　新建角色分配界面

单击“新建角色分配”，新建角色分配设置界面如图 3-173 所示。

主文件夹

SQL Server Reporting Services

新建角色分配

使用此页为 主文件夹 定义基于角色的安全性。

组或用户名: 账户信息/用户名

选择要分配给组或用户的一个或多个角色。

角色 ↓	说明
报表生成器	可以查看报表定义。
发布者	可以将报表和链接报表发布到报表服务器。
浏览者	可以查看文件夹、报表和订阅报表。
内容管理员	可以管理报表服务器中的内容，包括文件夹、报表和资源。
我的报表	可以发布报表和链接报表；管理用户的"我的报表"文件夹中的文件夹、报表和资源。

确定 取消

图 3-173　新建角色分配设置界面

创建成功之后，可以看到用户已出现在该界面中，如图 3-174 所示。

删除 | 新建角色分配

	组或用户 ↓	角色
编辑	BUILTIN\Administrators	内容管理员
编辑	\EMSE	报表生成器, 发布者, 浏览者, 内容管理员, 我的报表

图 3-174　设置完毕界面

2）Reporting Service 开发环境

单击系统菜单“Microsoft SQL Server 2012”下的“SQL Server Data Tools”，打开 Reporting Service 开发环境。在开发环境中，新建一个报表项目（专案），如图 3-175 所示。

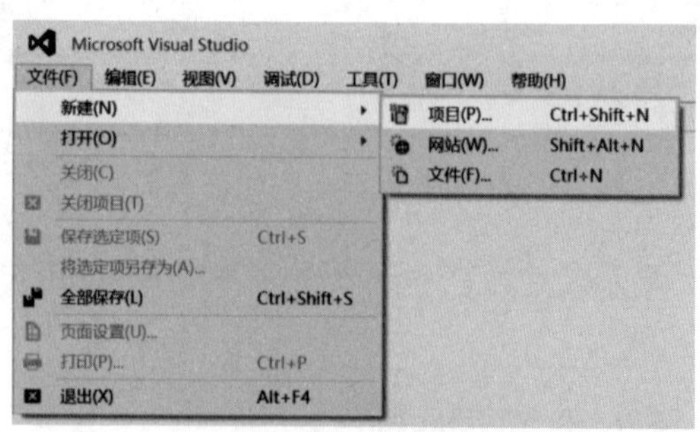

图 3-175　新建报表项目

在打开的“新建项目”对话框中选择“报表服务器项目”，如图 3-176 所示，单击“确定”按钮。

图 3-176　新建报表服务器项目

右击解决方案资源管理器中的报表，在弹出的快捷菜单中选择“添加新报表”命令，如图 3-177 所示。

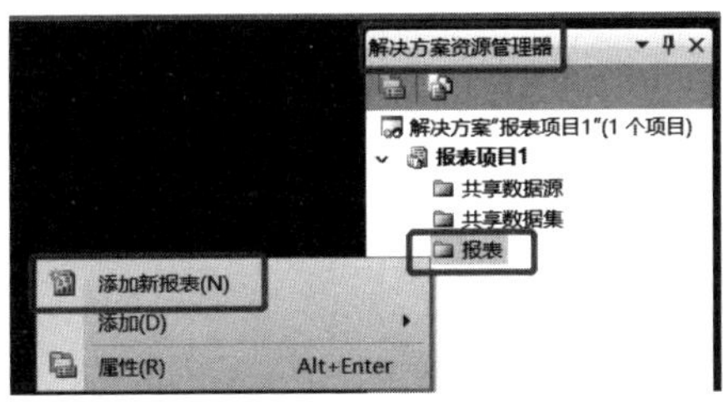

图 3-177　添加新报表

设置报表专案与对数据库的链接，如图 3-178 所示。服务器名与 Microsoft SQL Server Management Studio 登录对话框中的一致。

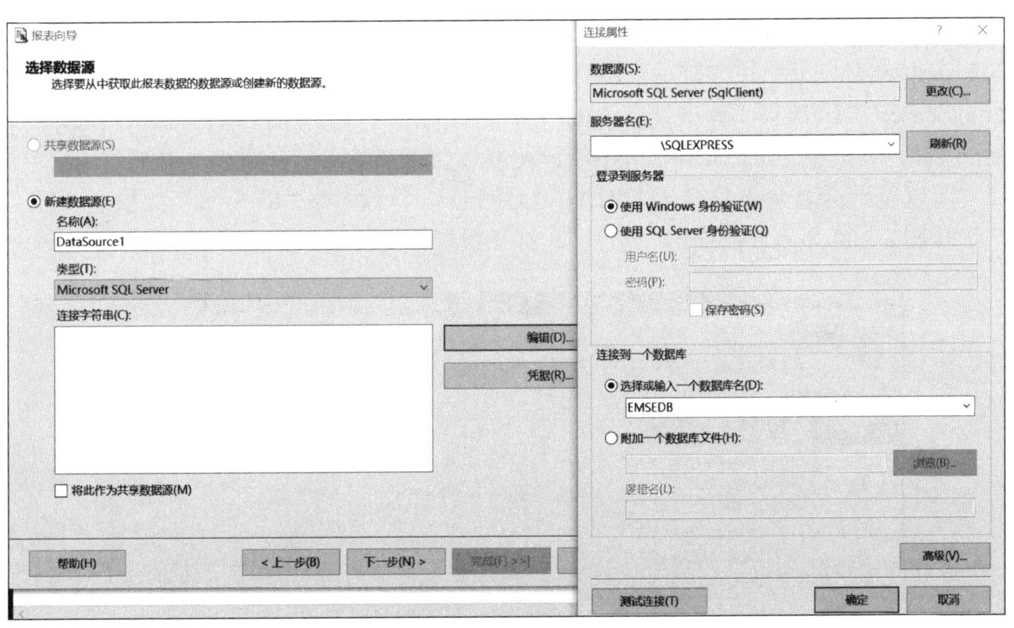

图 3-178　报表专案与数据库的链接设置

单击“确定”按钮，链接字符串自动生成，单击“下一步”按钮，打开报表向导-设计查询对话框，如图 3-179 所示。

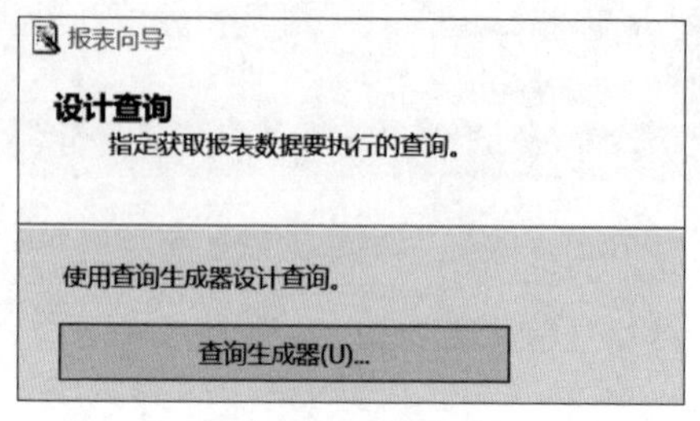

图 3-179　报表向导-设计查询对话框

单击“查询生成器”按钮，完善“SELECTFROM”后自动生成查询字符串。接下来选择报表类型为“表格”，设计报表的 “产量”“能耗”“Time_Stamp”等，如图 3-180 所示。完成设置后进入报表开发界面，可以通过工具箱添加图表控件。

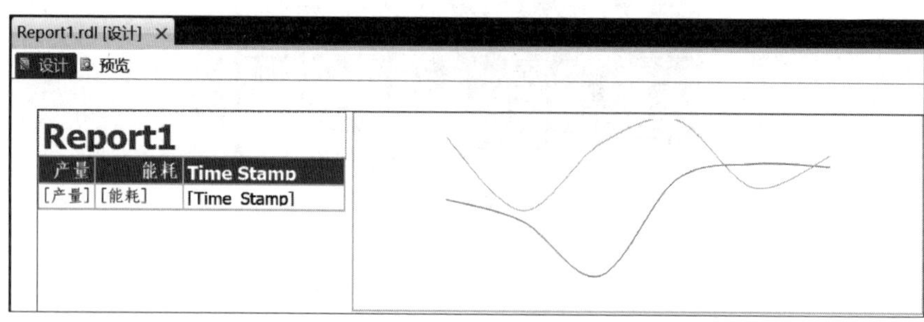

图 3-180　报表视图设计

至此报表项目设计完成，接下来应检查设置是否正确。选择菜单栏中“生成”菜单“配置管理器”子菜单中的“部署”命令。

单击报表项目菜单栏“项目”菜单中的“报表项目 1 属性”命令，在打开的界面中<TargetServerURL>应与“Web 服务 URL”中的 URL 一致，该报表项目将运行在报表服务器所配置的 Web 服务上。再次使用 IE 浏览器以管理员身份打开“Web 服务 URL”中的 URL，可以看到这个 Web 服务的 URL 中已经有了一个名称为“Report1”的报表项目 1。

选择图 3-180 所示界面中的“预览”，打开报表预览界面，如图 3-181 所示。

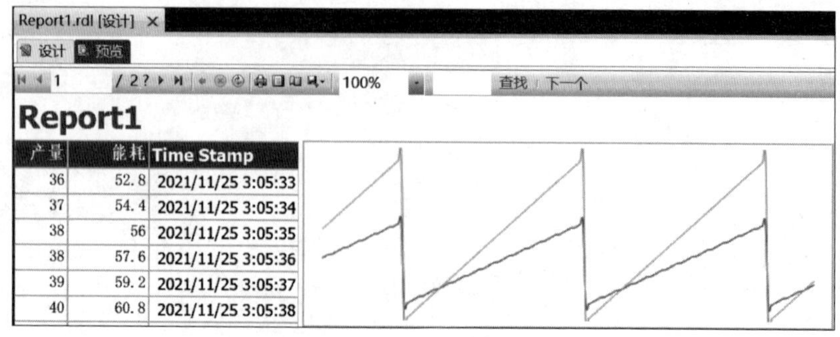

图 3-181　报表预览界面

3）报表内容

在 EMSE 软件中展示由 Reporting Service 发布在 Web 上的报表内容，需要使用 Reporting Service 控件。如图 3-182 所示，在“绘制”菜单“组件库”选项组中选择“Active X 控件”子菜单下的“.NET Control”命令，插入.NET 控件。

图 3-182　插入.NET 控件

打开“.NET Framework Components”对话框，选择“Reportvie-wer”控件，如图 3-183 所示。

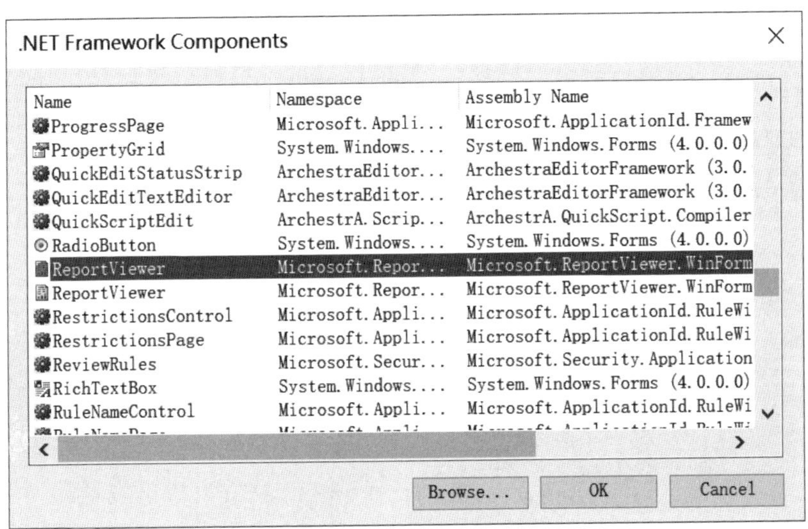

图 3-183　选择 ReportViewer 控件

单击“OK”按钮，将 Reportviewer 控件调整为合适大小，在画面空白处设计一个刷新报表的按钮，如图 3-184 所示。

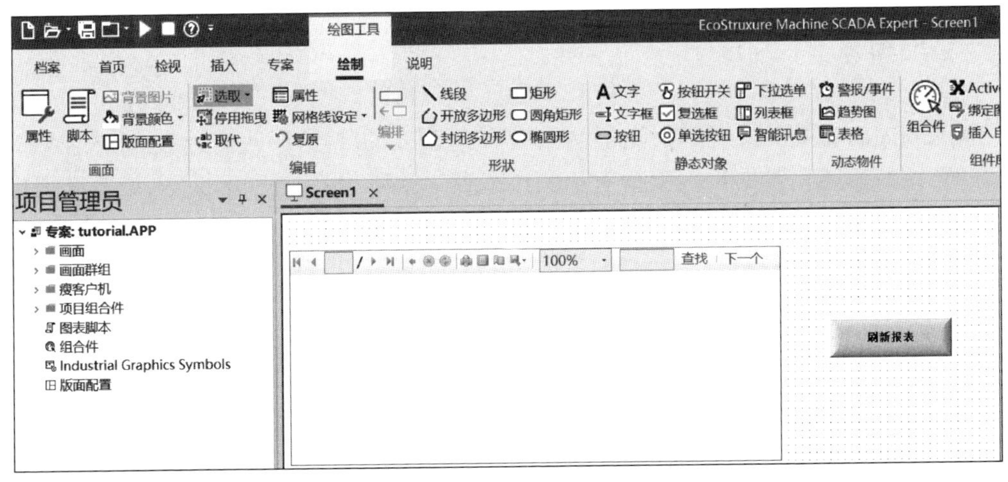

图 3-184　设计一个刷新报表按钮

以下为这个刷新报表按钮的脚本：

```
$Xset ("ReportViewer1", "ProcessingMode", "1")
$XSet ("ReportViewer1", "ServerReport.ReportServerUrl", "http://*******:8085/ ReportServer_
SQLEXPRESS")
$XSet ("ReportViewer1", "ServerReport.ReportPath", "/报表项目 2/Report1")
$XRun ("ReportViewer1", "RefreshReport")
```

在上述脚本中需要注意的是，第 2 行代码最后一个参数是配置报表服务器 “Web 服务 URL”中的 URL 链接，第 3 行代码最后一个参数是这个项目部署的路径。图 3-185 为 EMSE 软件中报表运行界面。

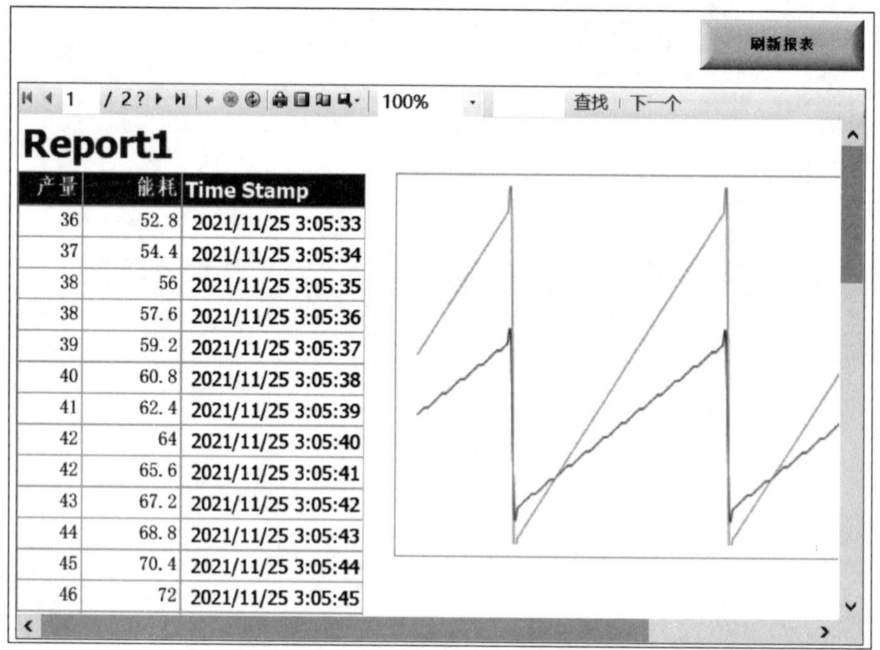

产量	能耗	Time Stamp
36	52.8	2021/11/25 3:05:33
37	54.4	2021/11/25 3:05:34
38	56	2021/11/25 3:05:35
38	57.6	2021/11/25 3:05:36
39	59.2	2021/11/25 3:05:37
40	60.8	2021/11/25 3:05:38
41	62.4	2021/11/25 3:05:39
42	64	2021/11/25 3:05:40
42	65.6	2021/11/25 3:05:41
43	67.2	2021/11/25 3:05:42
44	68.8	2021/11/25 3:05:43
45	70.4	2021/11/25 3:05:44
46	72	2021/11/25 3:05:45

图 3-185　EMSE 软件中报表运行界面

 拓展训练

利用 MicrosoftSQLServer 和 Visual Stdio 开发报表，报表运行效果如图 3-185 所示。由专案趋势图产生随机数据导入数据库，包含产量、能耗及 TimeStamp，在专案画面中设计.NET 控件及刷新按钮进行报表的显示。

 任务回顾

【知识点总结】

1. EMSE 软件专案通过数据库接口链接数据库后，可以将警报、趋势图等历史记录存储在数据库中。

2. EMSE 软件提供了强大的排故工具，可帮助用户识别数据库的配置问题。

3. 通过与数据库、上位机构建等软件进行链接，EMSE 软件可实现报表的开发。

【学习足迹】

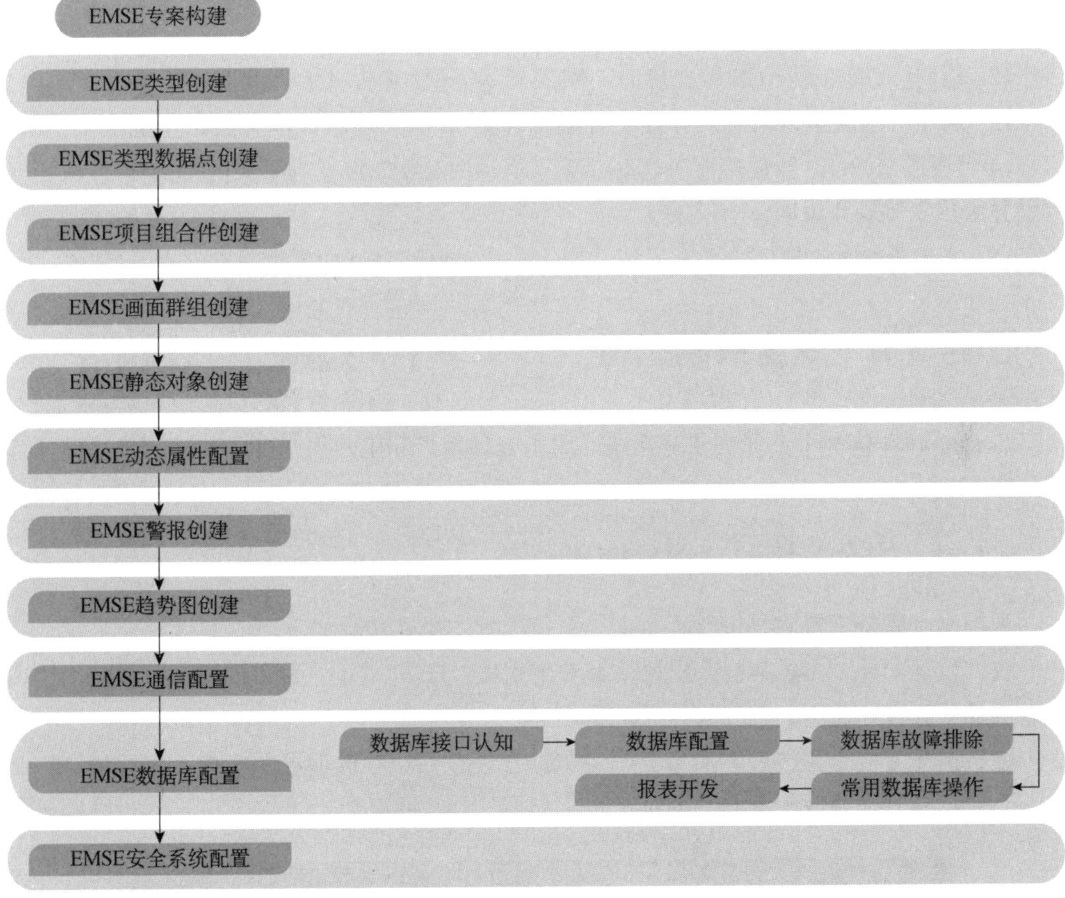

【思考与练习】

1. 利用 EMSE 软件生成趋势图时，数据点是否可以直接链接到数据库？如果可以，需要进行怎么样的设置？

2. EMSE 软件数据库接口都有哪些？你熟悉的数据库软件都有哪些？可以与 EMSE 软件链接吗？

3. Microsoft Access 及 Microsoft SQL server 应选用的数据链接程序分别是什么？

4. EMSE 软件启用什么功能，输出窗口能够显示数据库相关的错误消息？

5. 简述报表开发流程。

6. 一般在什么情况下需要在另一台计算机上运行 Studio 数据库网关？

7. 如何启用数据保护功能？

8. 为什么数据库接口会自动关闭某些链接？

9. 当配置了数据库，但运行时模块（警报、趋势和事件）未保存在数据库中，且在输出窗口中看到错误消息“数据库错误，添加新寄存器 CMD_ADD 错误”。这种情况应该如何解决？

10. 为什么必须使用单独的列来存储数据库上的毫秒？

11. 当从本地计算机访问数据库时，工作正常，但当将项目移动到远程计算机上时，提示“访问已拒绝”，出现这种情况的原因是什么？

12. 访问 SQL Server CE 数据库时，网关显示类型加载失败的原因是什么？

13. 操作时出现错误消息“存在文件共享冲突”，分析错误原因并给出正确操作说明。

14. 访问 MySQL 数据库服务器时，提示消息“对象未设置为对象的实例”，分析错误原因并给出正确操作说明。

15. 特定条件时，报表能正常工作，但无法通过网络访问的原因是什么？

任务 3.11　安全系统配置

本任务教学计划

安全系统设置

EMSE 软件包含一个项目安全系统，用于管理用户和用户组在开发和运行时访问项目的方式。

3.11.1　安全系统配置向导使用

利用安全系统配置向导进行项目安全系统配置的操作步骤如下。

（1）启动向导。如果第一次配置项目安全系统，在 “专案”菜单的“安全系统”选项组中选择“设定”命令，打开安全系配置向导。

如果已配置安全系统，在“专案”菜单的“安全系统”选项组中选择“执行精灵”命令，系统打开安全系统配置向导的第 1 页，如图 3-186 所示。

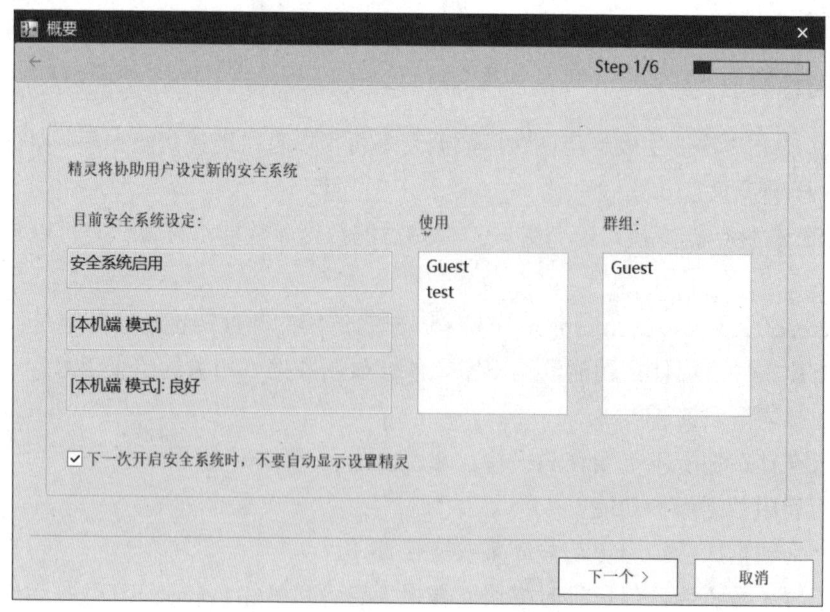

图 3-186　安全系统配置向导

（2）单击“下一步”按钮，显示安全系统配置向导的第 2 页，如图 3-187 所示。

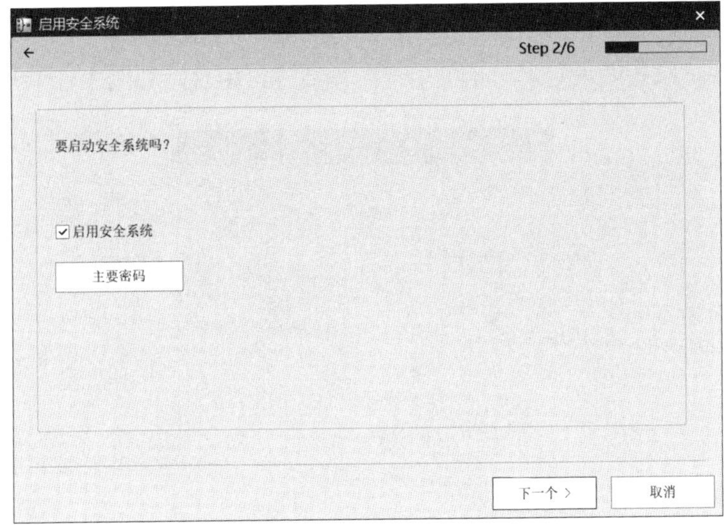

图 3-187　启用安全系统

（3）选择“启用安全系统”复选框，在新的项目中一般默认选中该复选框。

（4）设置项目的主密码。

① 单击“主要密码”按钮，打开安全系统主密码对话框。

② 在“新密码”文本框框中输入安全系统本身的密码。

③ 在“确认密码” 文本框框中再次输入密码。

④ 单击“确定”按钮，保存密码并关闭对话框，主密码与单个使用者账户的密码是分开的，包括创建并用于开发和测试项目的任何账户。需记录主密码以进一步更改安全系统。

（5）单击“下一步”按钮，显示安全系统配置向导的第 3 页。

（6）选择专案设置的安全模式，如图 3-188 所示。

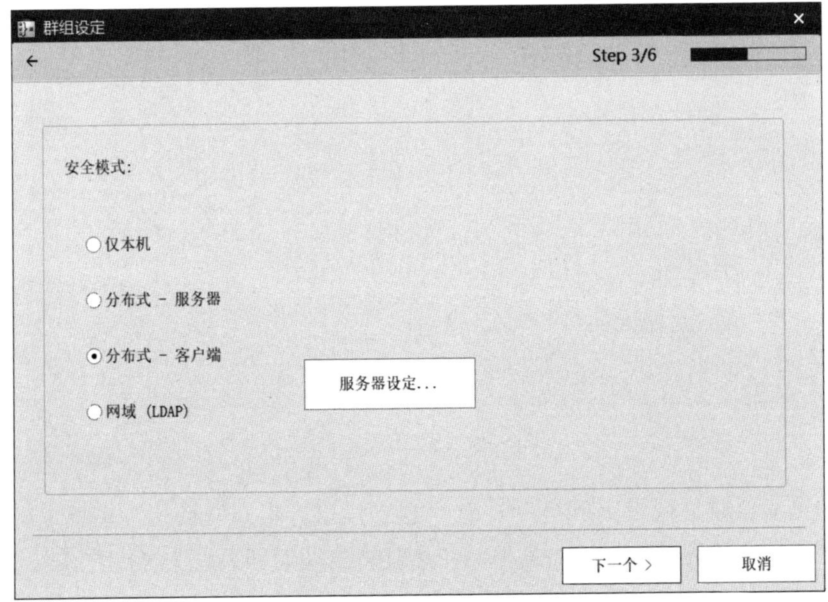

图 3-188　安全模式设置

（7）分别选中“分布式-客户端”和“网域（LDAP）”单选按钮，单击“服务器设定...”按钮，在弹出的“服务器设定”对话框中根据需要进行配置，如图 3-189 所示。

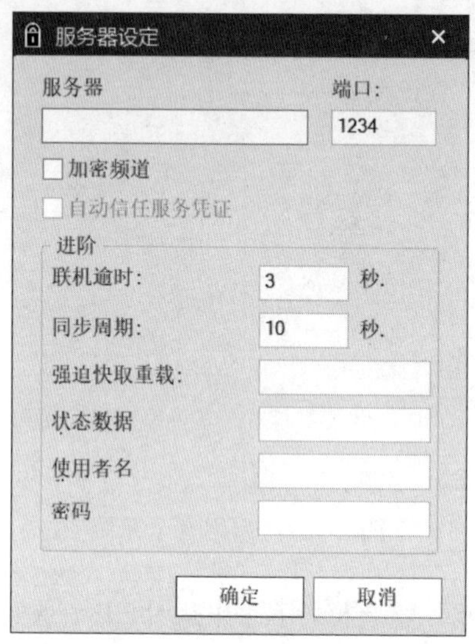

图 3-189　“服务器设定”对话框

（8）单击“下一步”按钮，显示系统安全配置向导的第 4 页，如图 3-190 所示。

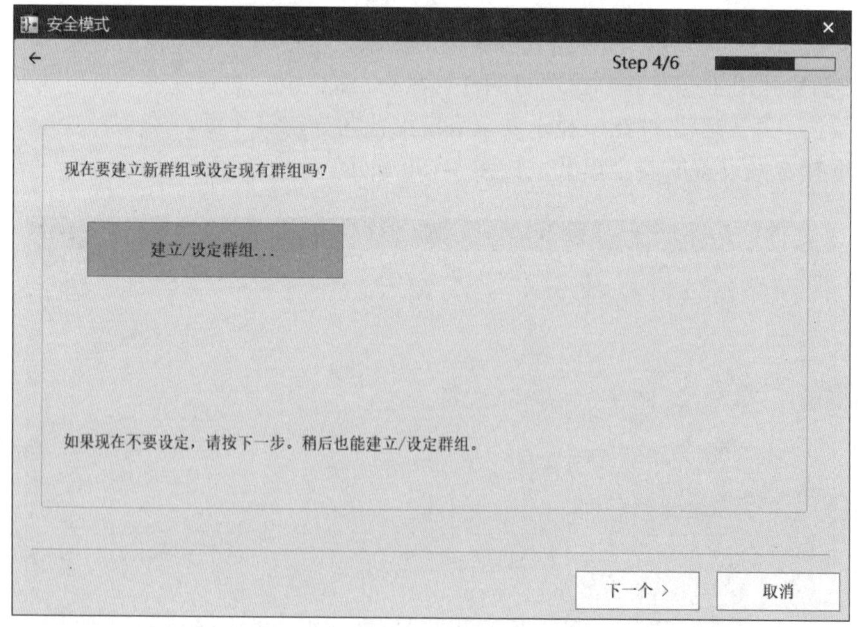

图 3-190　建立/设定群组

（9）如果需要建立或设定群组，单击“建立/设定群组...”按钮，系统弹出“组账户”对话框。完成相应设置并关闭该对话框后，系统将自动返回系统安全配置向导。

（10）单击“下一步”按钮，显示系统安全配置向导的第 5 页，如图 3-191 所示。

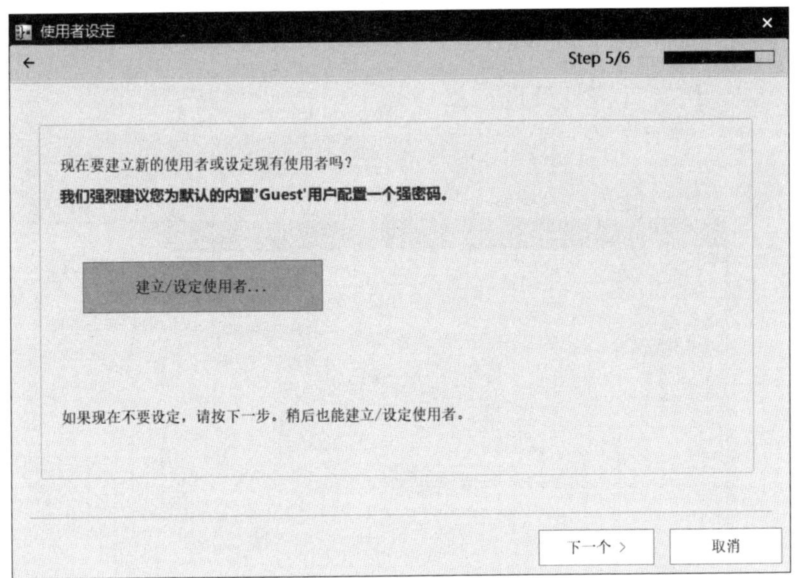

图 3-191　使用者设定

（11）如果需要建立或设定使用者，单击“建立/设定使用者...”按钮，系统弹出“用户账户”对话框。完成相应设置并关闭该对话框后，系统将自动返回安全系统配置向导。

（12）单击“下一步”按钮，显示安全系统配置向导的第 6 页，如图 3-192 所示。

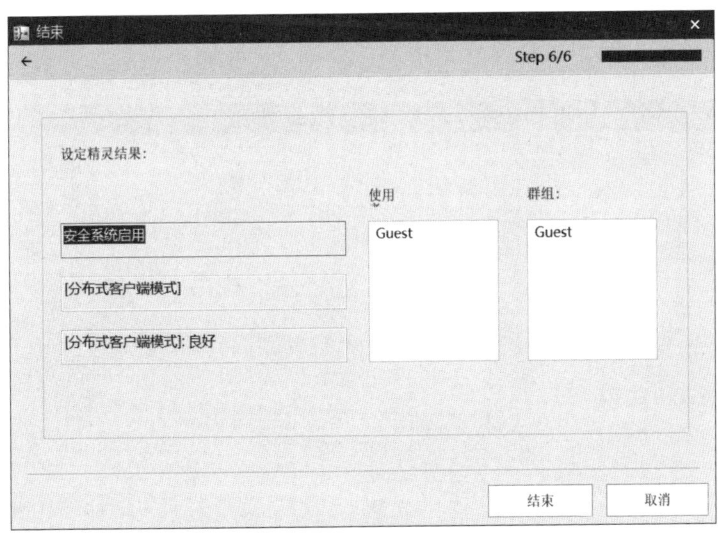

图 3-192　设定结果

（13）查看配置，然后单击“结束”按钮，关闭安全系统配置向导。

3.11.2　EMSE 软件安全性实例操作

EMSE 拥有软件自带的安全系统，在“专案”菜单的“安全系统”选项组中选择“设定”命令，在系统弹出的“安全系统”对话框中勾选“启动安全系统”复选框，单击“主要密码”按钮并在弹出的对话框中设置项目密码，如图 3-193 所示，以此限定登录人员的权限。

图 3-193　启用项目设定安全性

单击“群组”按钮，打开“账号管理”对话框，可以定义多个群组并设定不同群组的权限，其中包含开发权限和运行操作权限等，如图 3-194 所示。

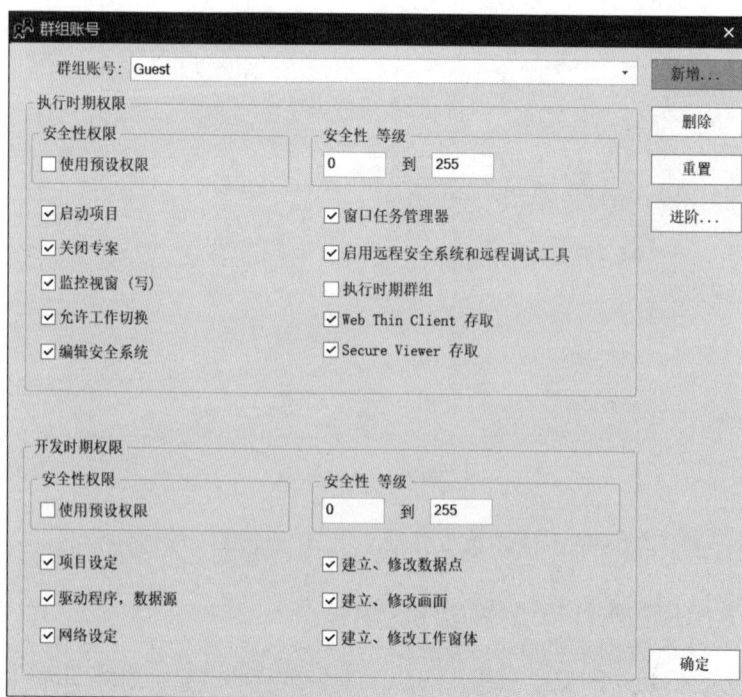

群组账号
群组账号: Guest　新增...
执行时期权限
安全性权限　使用预设权限
安全性 等级　0 到 255
删除
重置
进阶...
☑启动项目　☑窗口任务管理器
☑关闭专案　☑启用远程安全系统和远程调试工具
☑监控视窗（写）　☐执行时期群组
☑允许工作切换　☑Web Thin Client 存取
☑编辑安全系统　☑Secure Viewer 存取
开发时期权限
安全性权限　使用预设权限
安全性 等级　0 到 255
☑项目设定　☑建立、修改数据点
☑驱动程序，数据源　☑建立、修改画面
☑网络设定　☑建立、修改工作窗体
确定

图 3-194　项目安全性群组账号设置

接着在创建的群组中，可以增加多个使用者名称，并为其创建独立的密码，如图 3-195 所示。

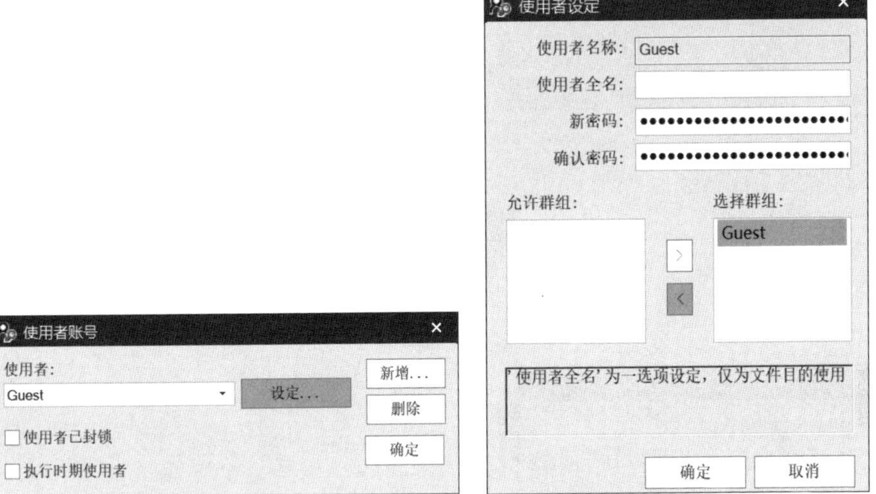

图 3-195　项目安全性用户账号设置

3.11.3　登录画面制作

在创建群组、使用者之后，简单制作一个登录画面，介绍登录的相关逻辑。

如图 3-196 所示，建立一个全新画面，在画面的空白处使用图形元素。在画面中，“用户名”下面是一个下拉列表框，“密码”下面是一个文本框，登录是一个按钮，按钮中有命令任务。

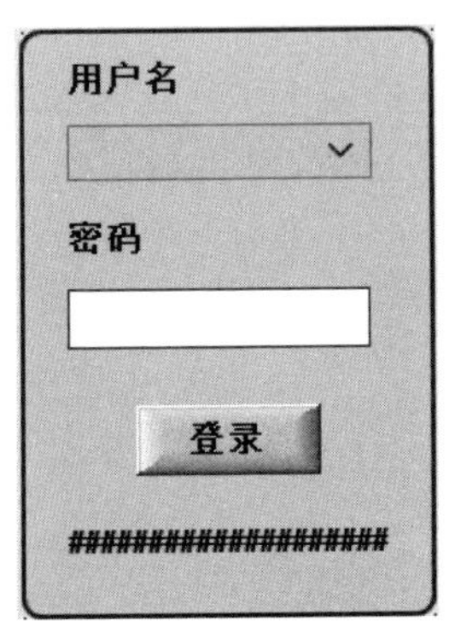

图 3-196　建立登录画面相关元素

登录画面制作

假设已定义了 4 个用户名及其各自密码，在其“数据源”对话框中已将“类型”设置为“静态卷标”，且已经对应输入所有用户名，同时建立字符串变量 a_sUserName，如图 3-197 所示。这个数据点的作用是当选中下拉列表框中的某个选项时，如选择“班组 A”，那么这个数据点 a_sUserName 的值就为字符串“班组 A”，用作“登录”按钮的判断命令。

图 3-197　“用户名”下拉列表框设置

对于“密码”文本框中，建立字符串数据点“a_sUserPw”，启用输入功能，如图 3-198 所示。

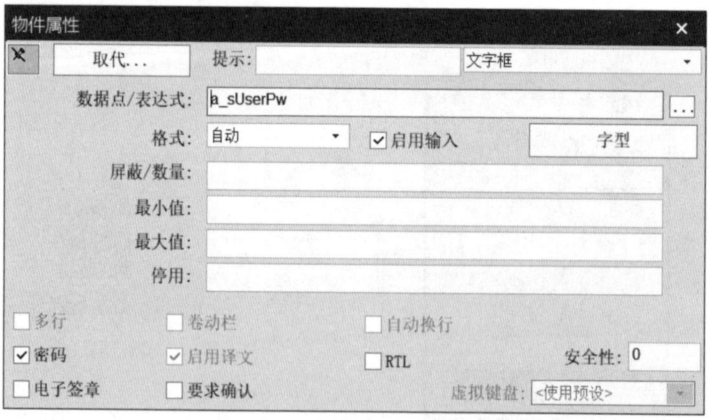

图 3-198　“密码”文本框设置

对于“登录”按钮，编写图 3-199 所示脚本。其中，&LogOn（$a_sUserName，$a_sUserPw）是软件功能块函数，用于判断用户名和密码是否匹配，只有当用户名及密码都正确时，这个函数的返回值才为 1。当 iResult 返回值为 1，继续执行并在打开的界面显示“登录成功”，否则显示为“密码或用户名错误，请重新输入”。这是一个简单的安全登录的制作过程。

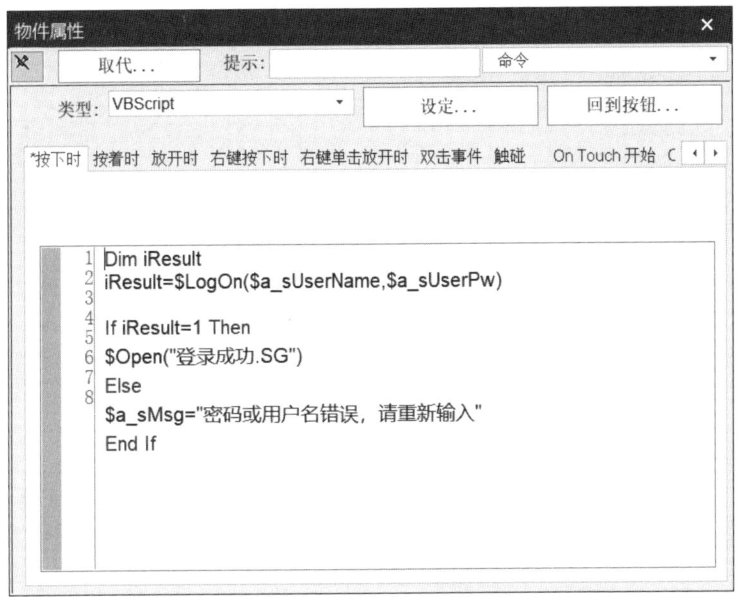

图 3-199　“登录”按钮脚本

本任务中，需要设置图 3-200 所示的安全系统。

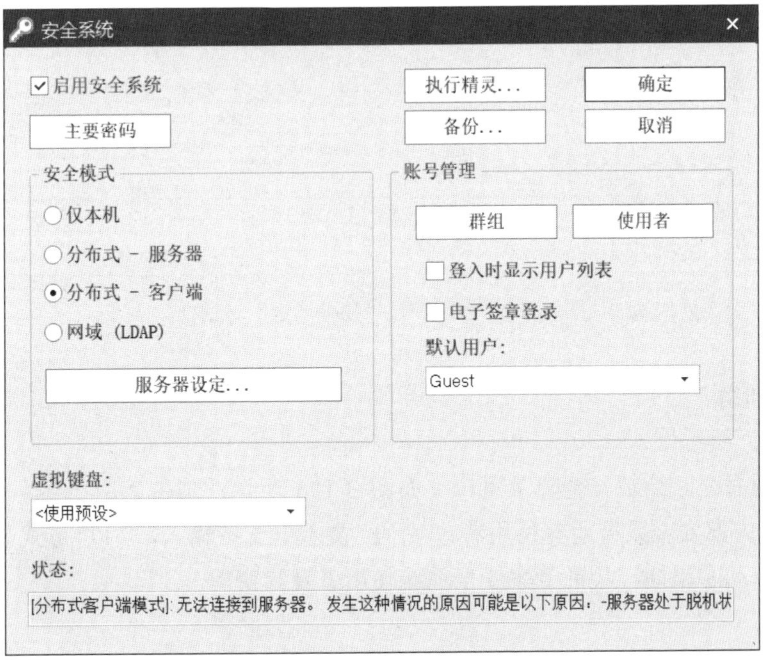

图 3-200　安全系统相关配置

设定安全系统群组账号为“Guest”，群组账号 Guest 中包含使用者 Guest，使用者 Guest 账户密码设置为空。运行阶段既可以在画面中绘制登录窗口，又可以直接使用安全系统进行登录，其“登入”对话框如图 3-201 所示。

图 3-201　安全系统“登入”对话框

选定相应控件后，在菜单栏“绘制”菜单的“动态属性”选项组中选择“命令”命令，系统弹出如图 3-202 所示对话框。利用$Logon（）语句即可直接使用安全系统登录对话框进行登录。

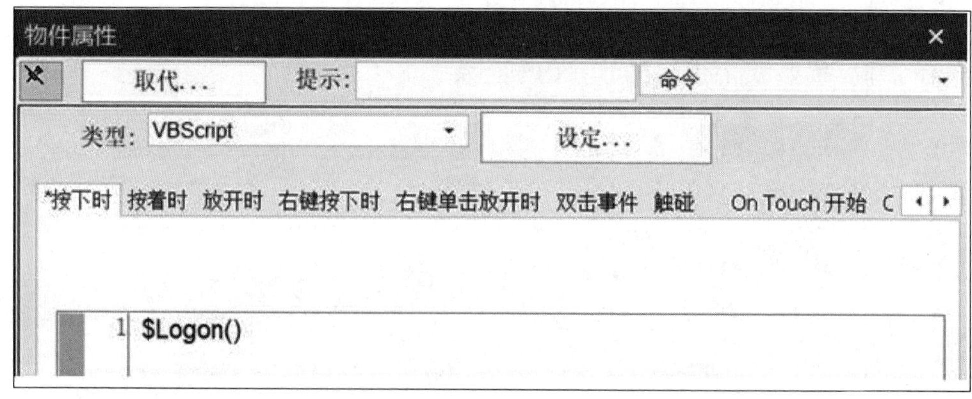

图 3-202　登录按钮“物件属性”对话框

 拓展训练

在专案画面上，绘制安全登录窗口，如图 3-196 所示，其中“用户名”下为下拉列表框，可选专案内部安全系统所有使用者，“密码”文本框支持输入，并以*形式显示，“登录”按钮附加命令动态属性，验证专案安全系统使用者及其密码。

 任务回顾

【知识点总结】

1. 创建专案时会自动弹出安全系统配置向导，其中默认勾选“启用安全系统”复选框，设置 “主要密码”用来限定开发人员的权限，设置安全模式，可设置为群组。

2. 为在专案运行时使用安全系统，需要制作登录界面，并进行相关设置。

【学习足迹】

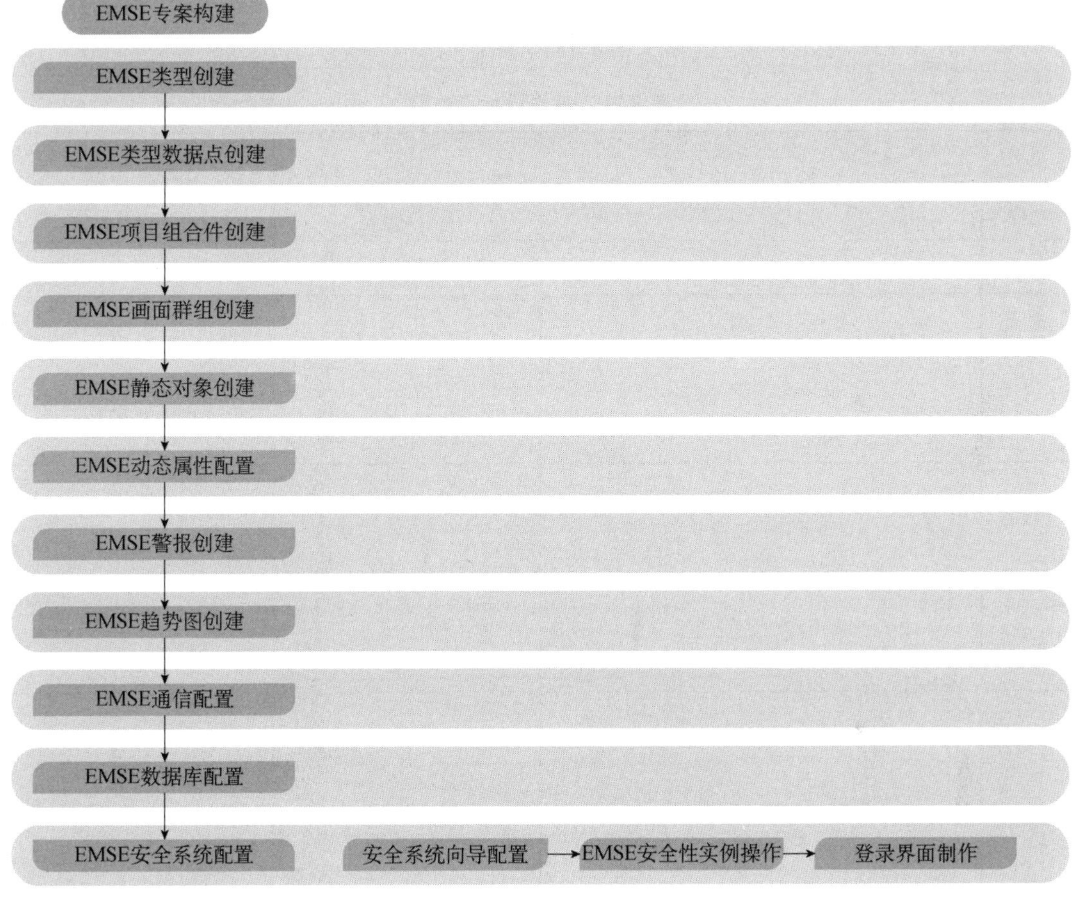

【思考与练习】

1. 安全系统设置时，创建群组账号时可以设置的权限包括哪些？

2. 安全系统默认的群组与使用者是什么？密码又是什么？

3. EMSE 软件拥有自带的安全系统，在“专案”菜单的“安全系统”选项组中选择“设定”命令，在系统弹出的“安全系统”对话框中选“启动安全系统”复选框，单击“主要密码”按钮，在安全系统主要密码对话框中设定专案密码，该密码用来限定登录人员的什么权限？

4. 新建专案时系统是否会弹出安全系统配置向导？

5. EMSE 软件的安全模式有哪四种？介绍其功能。

6. 安全模式配置中，有哪里设置使用者账号密码的复杂度要求？

7. 阻止用户访问的方式有哪些？

8. 简述安全系统配置流程。

9. 如何新建群组账号并完成相应配置。

任务 3.12　实践操作计划及练习

进行实践操作计划及练习，填写表 3-39。

表 3-39　实操计划及练习

姓名		日期	
班级		开始时间	
地点		完成时间	
序号	工作步骤	工具	笔记
1			
2			
3			
4			
5			
6			
7			
8			
9			
10			

填写表 3-40，完成自我评价。

表 3-40　自我评价

姓名		班级		权重	分值	实际得分
完成量				1.0	10	
准备充分程度				1.0	10	
计划合理程度				1.0	10	
类型与类型数据点创建及使用无误				0.5	5	
项目组合件创建及使用无误				0.5	5	
画面群组创建及使用无误				0.5	5	
静态对象创建及使用无误				0.5	5	
动态属性配置无误				0.5	5	
警报创建及使用无误				0.5	5	
趋势图创建及使用无误				0.5	5	
通信配置无误				0.5	5	
数据库配置无误				0.5	5	
安全系统配置无误				0.5	5	
完成时间				1.0	10	
规范程度				1.0	10	
合计					100	
值得改进的地方						
自我评价	□非常满意　□满意　□不太满意　□不满意					

注：本评价不计入指导教师评价。

填写表 3-41，完成指导教师评价。

表 3-41　指导教师评价

姓名		班级		权重	分值	实际得分
完成量				1.0	10	
准备充分程度				1.0	10	
计划合理程度				1.0	10	
类型与类型数据点创建及使用无误				0.5	5	
项目组合件创建及使用无误				0.5	5	
画面群组创建及使用无误				0.5	5	
静态对象创建及使用无误				0.5	5	
动态属性配置无误				0.5	5	
警报创建及使用无误				0.5	5	
趋势图创建及使用无误				0.5	5	
通信配置无误				0.5	5	
数据库配置无误				0.5	5	
安全系统配置无误				0.5	5	
完成时间				1.0	10	
规范程度				1.0	10	
合计					100	
值得改进的地方						
指导教师评价	□优秀　□良好　□中　□及格　□不及格					

项目 4

堆垛机运行实时数据采集

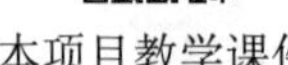
本项目教学课件

堆垛机实时数据采集动画

本项目主要是创建一个专案，通过该专案对立体仓库堆垛机控制系统运行过程进行实时监控，以实现精准控制。用户可以方便地查看当前堆垛机的运行数据，包括运行距离、运行速度、起升距离、起升速度、货叉速度及运动过程中距离目标位置的误差等。以货叉监控数据为例，当载货台处在较高位置报警时，凭肉眼无法准确判断货叉位置，此时用户可以根据运行监控画面来判断货叉的位置，提高处理故障的效率，及时有效地避免用户的误操作，降低系统的风险系数。在本项目中，对堆垛机运行过程数据进行实时采集，需要绘制的画面包括水平运行实时数据采集、趋势及警报信息采集、分时电量数据采集、当班绩效数据采集及预警系统数据采集等。

任务 4.1 堆垛机专案创建

本任务教学计划

堆垛机专案创建

4.1.1 堆垛机运行实时数据采集模块介绍

在物流领域，堆垛机是物流仓储的重要设备，也是提高储运效率的关键设备，在实际储运过程中堆垛机的运行速度常常根据仓储运输标准来设定，运行速度有一定范围，确保堆垛机的运行效率和安全，避免堆垛机和其他运输设备运行时出现碰撞等情况。本项目是通过 EMSE 软件模拟堆垛机运行实时数据采集，需要制绘的画面较多。其中，堆垛机实时数据采集显示画面、警报信息显示画面、当班绩效分析显示画面分别如图 4-1、图 4-2、图 4-3 所示。

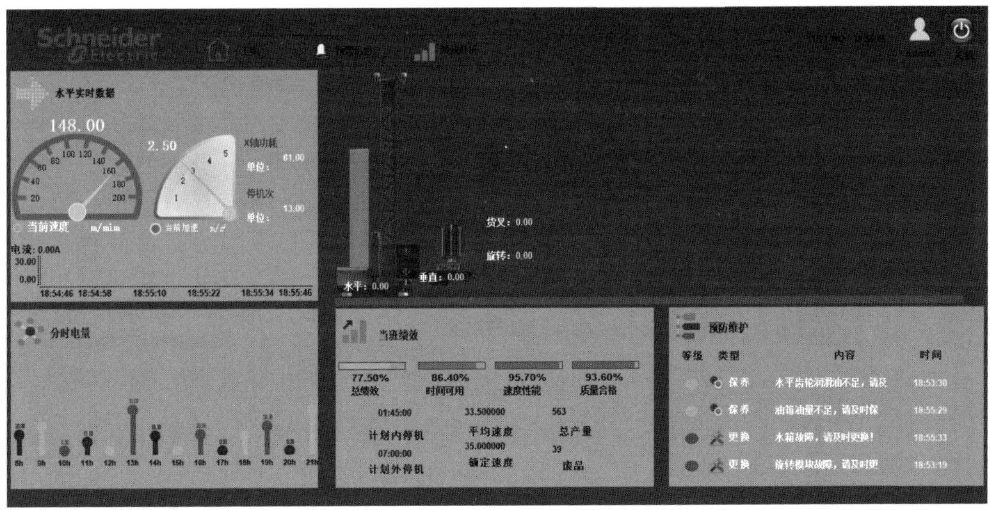

图 4-1　堆垛机实时数据采集显示画面

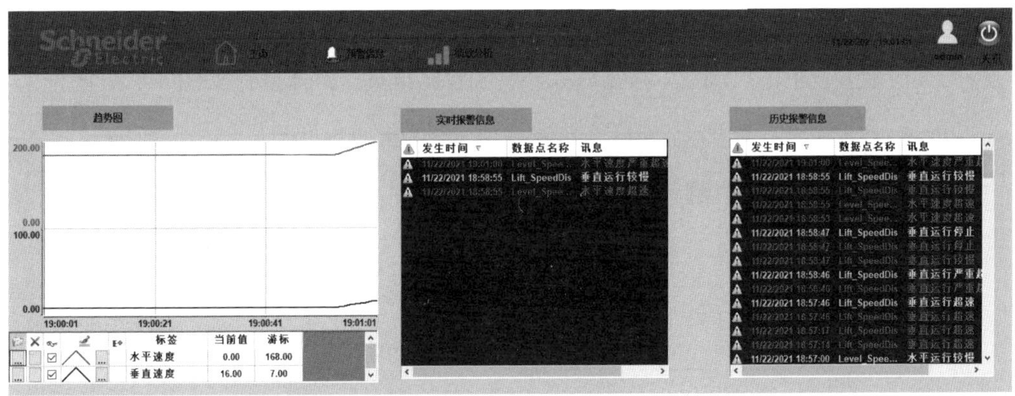

图 4-2　警报信息显示画面

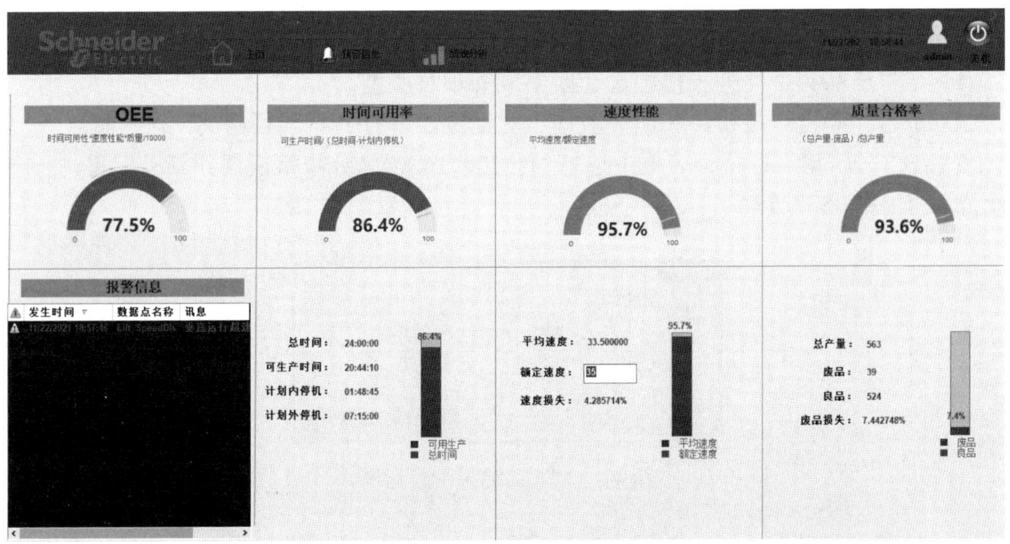

图 4-3　当班绩效分析显示画面

堆垛机在立体仓库的巷道间反复穿梭，将位于巷道口的货物存入货格，或者将货格中的货物取出运送到巷道口。常用的立体仓库堆垛机采用了自动化物流技术，实现立体库存的自动化管理，可及时自动地为输送线补给。堆垛机的输送系统 PLC 通过通信处理器与监控机相连，接收监控机发出的作业命令，返回命令的执行情况和系统状态等。由于堆垛机工作场地窄小，稍不准确就会造成严重后果，所以本项目通过 EMSE 软件模拟堆垛机运行实时数据采集。

4.1.2 堆垛机专案创建与安全系统配置

在 EMSE 软件中创建堆垛机专案，具体操作如下。

（1）单击开发环境左上角的“档案”图标，在档案菜单中选择“开新档案”命令，系统弹出“新增”对话框。

（2）打开“专案”选项卡。

（3）在“专案名称”文本框中输入项目的名称。对于本项目，输入 Staker。开发应用程序自动创建同名的新目录，并将项目文件保存到该目录下。若要将项目文件存放在默认项目文件夹之外的其他地方，单击“浏览”按钮，并导航到首选位置，具体操作如图 4-4 所示。

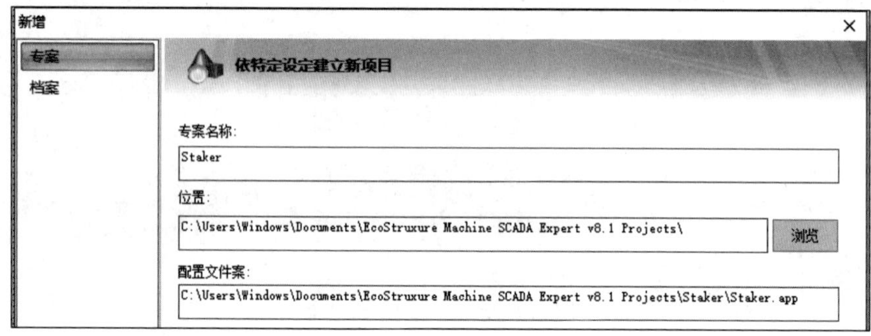

图 4-4　专案设置

（4）在“产品类型”列表框中选择要生成的项目类型。

（5）单击“确定”按钮，关闭“新增”对话框，并打开“项目精灵”对话框。

（6）在“分辨率”下拉列表框中选择“1920×1080”（分辨率根据计算机配置进行自定义设置），如图 4-5 所示。

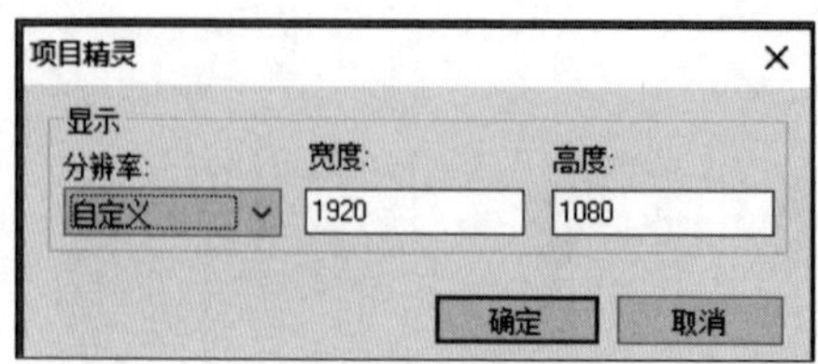

图 4-5　“项目精灵”对话框

（7）单击“确定”按钮，关闭“项目精灵”对话框，完成在开发环境中创建新专案。

（8）配置安全系统。打开安全系统配置向导，如图 4-6 所示。

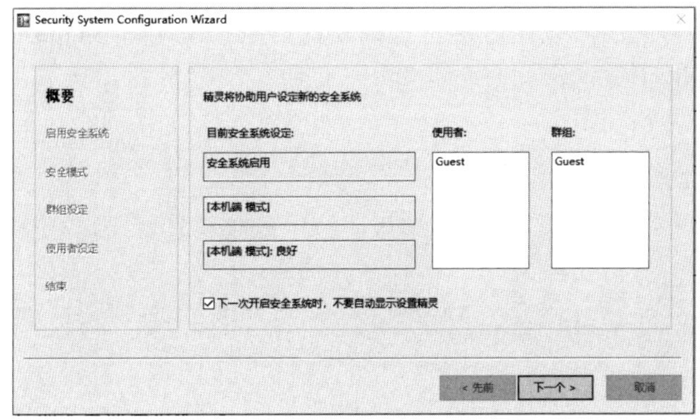

图 4-6　安全系统配置向导——概要

（9）单击“下一个”按钮，设置是否启用安全系统。勾选“启用安全系统”复选框，如图 4-7 所示。单击“主要密码”按钮，在系统弹出的“安全系统主要密码”对话框中设置安全系统密码，如图 4-8 所示。设置完成后单击“下一个”按钮。

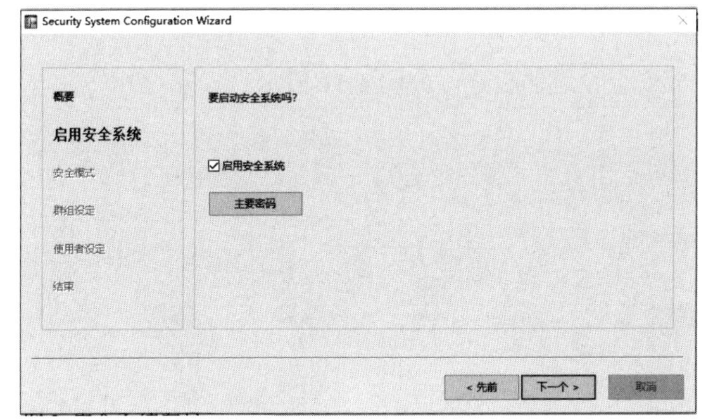

图 4-7　启用安全系统

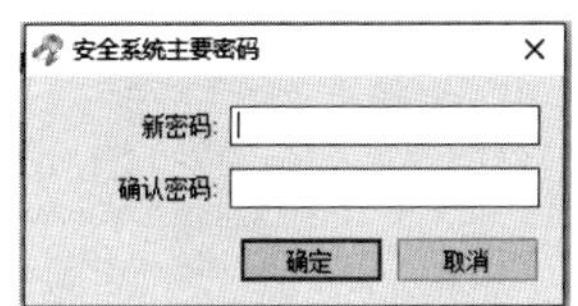

图 4-8　安全系统主要密码设置

（10）设置安全模式，这里选择“仅本机”单选按钮，如图 4-9 所示，单击“下一个”按钮。

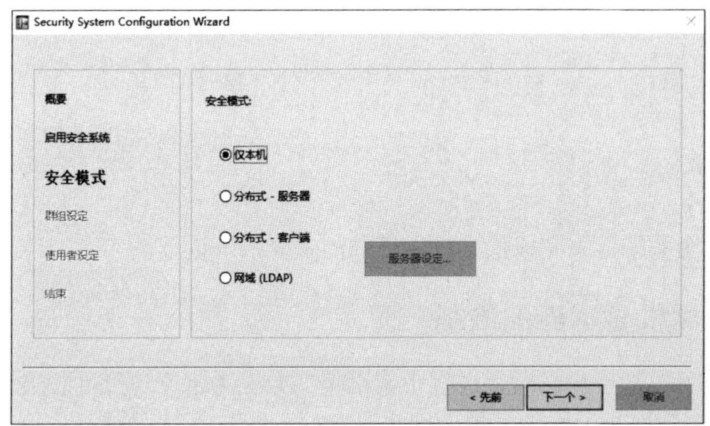

图 4-9　安全模式选择

（11）群组设定与使用者设定，这里选择默认群组与使用者（Guest），如图 4-10 所示，单击“下一个”按钮。

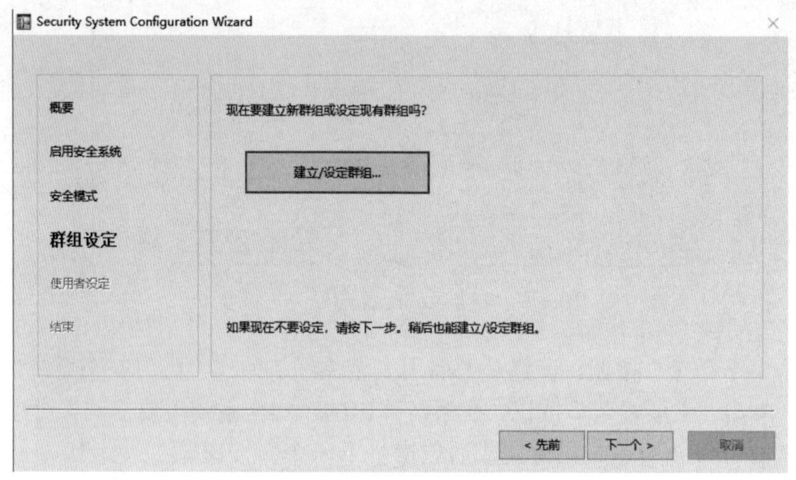

图 4-10　群组设定

（12）单击“结束”按钮，完成安全系统的设定，如图 4-11 所示。

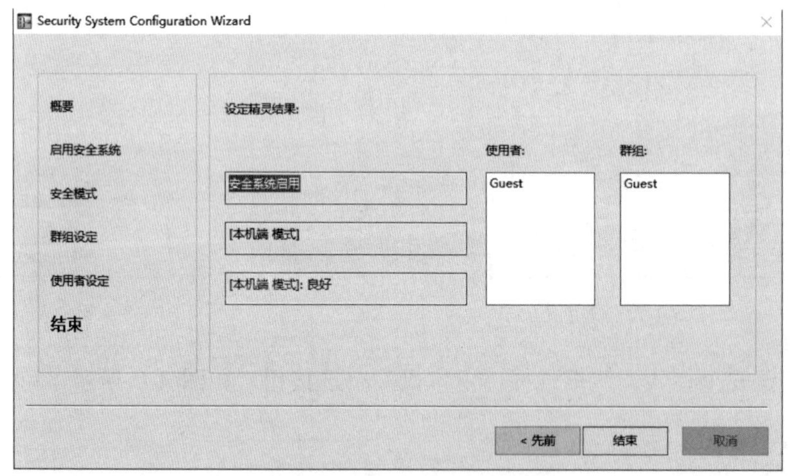

图 4-11　安全系统设定完成

拓展训练

正确启用安全系统，并完成仅本机端模式的安全系统设置。

4.1.3　堆垛机显示界面绘制

智能仓储物流中，堆垛机运行过程中常采集的数据为水平速度、提升速度、货叉速度等，这里为更加直观地显示堆垛机的运行状态，选择水平、垂直及旋转三个维度进行显示，如图 4-12 所示。

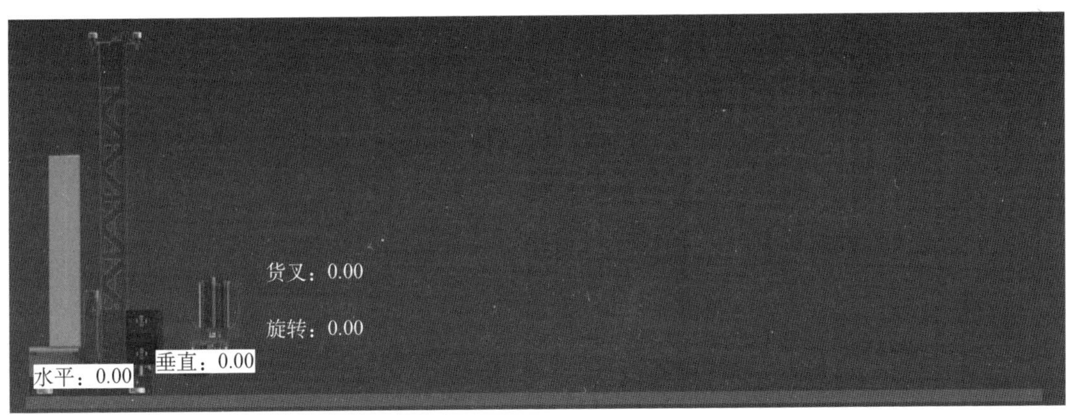

图 4-12　堆垛机显示画面

（1）创建画面。在项目管理员窗口的“专案”下选择并右击“画面”文件夹，在快捷菜单中选择“插入”命令，如图 4-13 所示。

图 4-13　创建画面

（2）设置画面属性。系统弹出“画面属性”对话框，在“描述”文本框中输入画面名称“Main”，勾选“启用背景”复选框，格式选择为“BMP”；选中“分享图片”复选框，添加“main_bkgd”图片名称（图片位于项目文件夹 Screen 文件中）；单击“确认”按钮，完成画面属性设置，如图 4-14 所示。

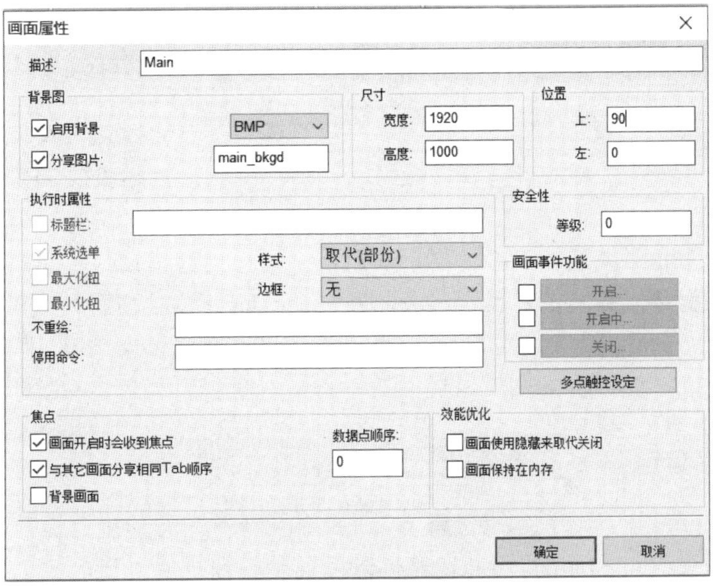

图 4-14　设置画面属性

（3）打开“另存新档”对话框，单击“保存”按钮，保存 Main 画面，如图 4-15 所示。

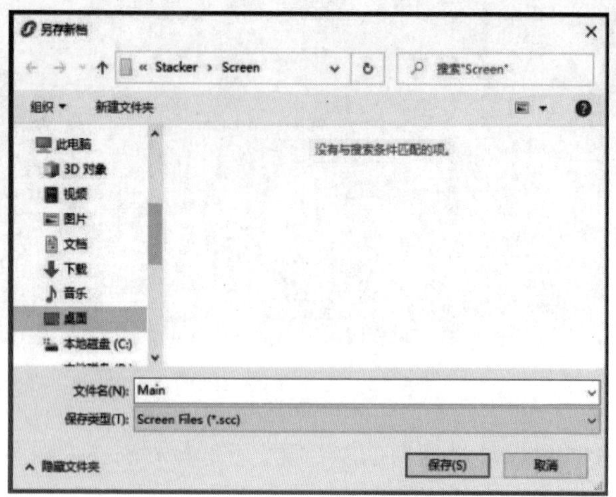

图 4-15　保存 Main 画面

（4）堆垛机的绘制。选择绑定图片“icon_level”“icon_lift”“iocn_rotate”来完成堆垛机的绘制，如图 4-16 所示。

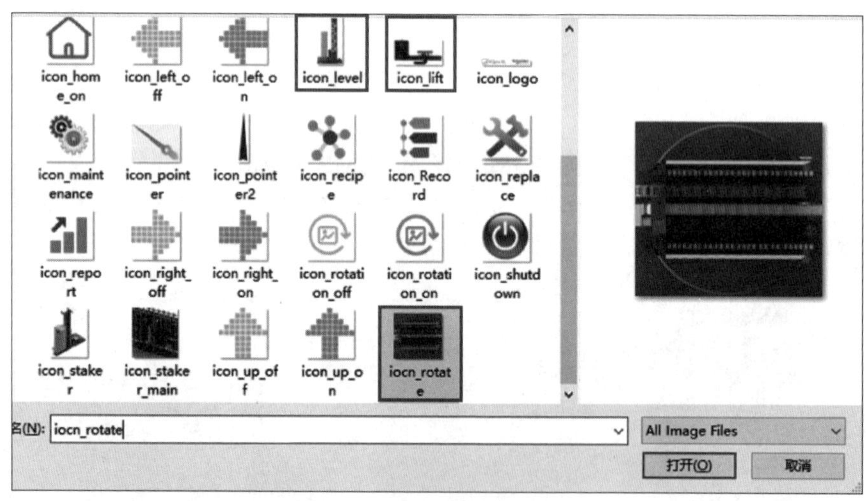

图 4-16　绑定图片

（5）根据实际需求设置图片尺寸，这里将“icon_level”的宽度*高度设置为 130*350，如图 4-17 所示。“icon_lift”的宽度*高度设置为 120*60、“icon_rotate”的宽度*高度设置为 160*60。

图 4-17　“icon_level”尺寸设置

（6）创建类别数据点 DisData 及对应子数据点。

① 在项目管理员窗口的“专案”下选择并右击“类别”文件夹，在快捷菜单中选择“插入类别”命令，如图 4-18 所示。

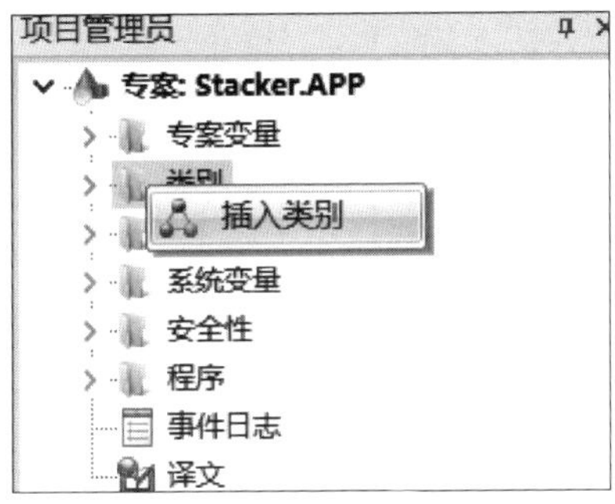

图 4-18　选择“插入类别”命令

② 在类别数据点中创建 Position、Run 等数据点，选择对应数据点类型并添加描述，如图 4-19 所示。

类别: DisData

	名称	类型	描述
1	Current	实数	电流
2	Speed	实数	速度
3	Acc	实数	加速度
4	EnergyLoss	实数	功耗
5	StopNum	整数	停机次数
6	Runtime	字符串	运行时间
7	Run	布尔	运行信号
8	Position	实数	位置
*		整数	
*		整数	

图 4-19　创建 Position 等数据点

③ 在“专案变量”“数据点总表”中添加 LevelDisData、LiftDisData、RotateDisData 数据点，这里类型选择 DisData，并描述对应数据点，如图 4-20 所示。

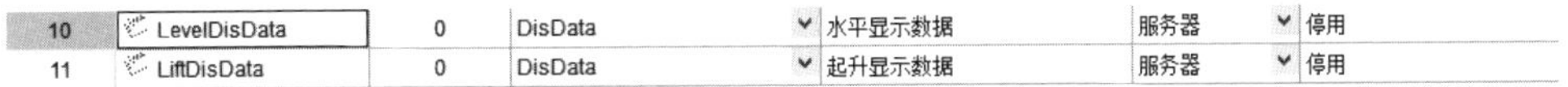

10	LevelDisData	0	DisData	水平显示数据	服务器	停用
11	LiftDisData	0	DisData	起升显示数据	服务器	停用

图 4-20　创建 LevelDisData 等数据点

（7）水平移动矩形框显示设置。绘制矩形框，标题设置为{"水平："+Format（"%0.2f"，$LevelDisData.Position）}，如图 4-21 所示。

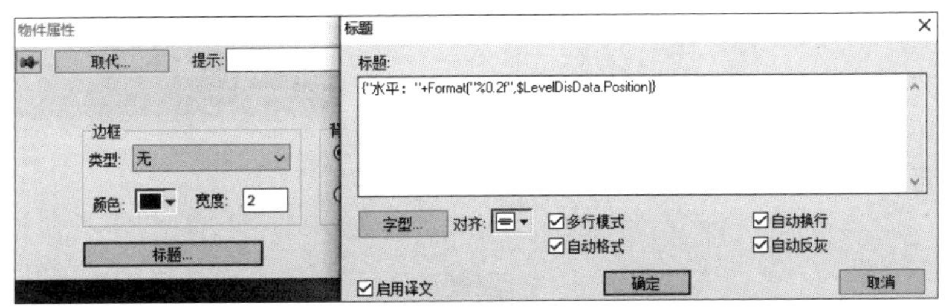

图 4-21　水平移动矩形框显示设置

（8）同时选中图片“icon_level”和矩形框，右击并在快捷菜单中选择“群组”命令，建立群组。在“绘制”菜单的“动态属性”选项组中选择“可视性/位置”命令，如图 4-22 所示。

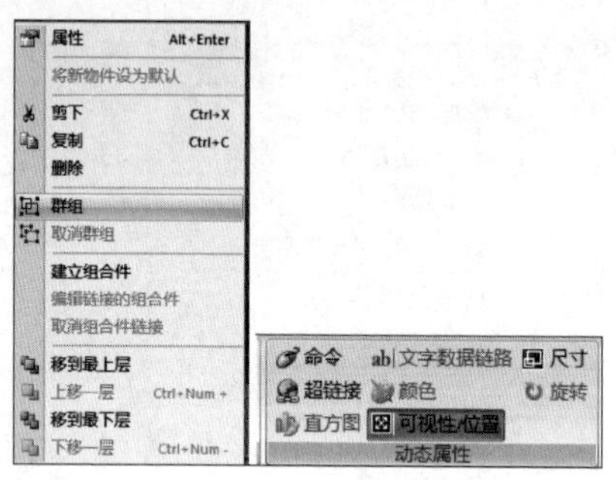

图 4-22　创建群组并添加“可视性/位置”动态属性

（9）打开群组的“物件属性”对话框，单击“水平向”下面“数据点/表达式”右侧的按钮，选择“数据点/表达式”为 LevelDisData.Position 并完成数值范围与位置的设置。这里“水平向”数值范围为文字显示的范围，位置为水平运动像素，详细设置如图 4-23 所示。

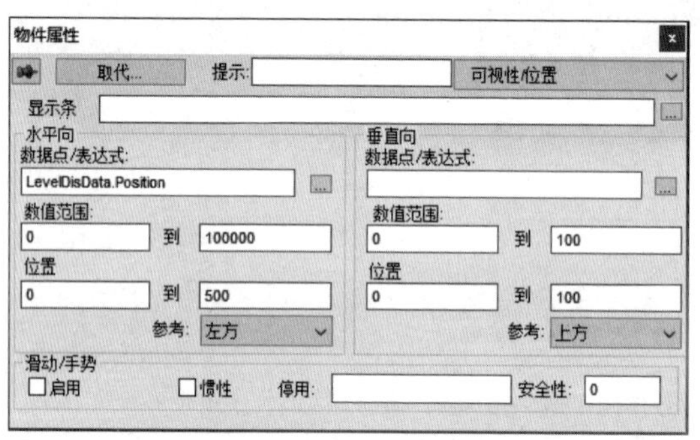

图 4-23　“可视性/位置”动态属性水平向设置

（10）垂直向移动矩形框设置。垂直标题设置为{"垂直："+Format（"%0.2f"，$LiftDisData.Position）}，如图 4-24 所示。

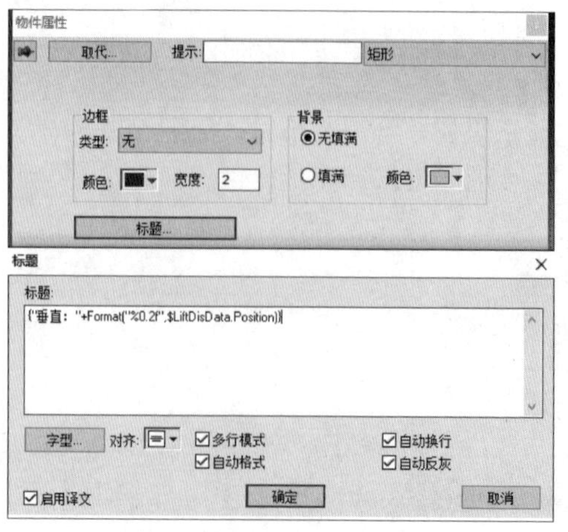

图 4-24　垂直向移动矩形框设置

（11）同时选中图片“icon_lift”和矩形框并右击，选择“建立群组”命令，建立群组。打开群组的“物件属性”对话框，设置动态属性“可视性/位置”，设置“水平向”与“垂直向”，并链接到数据点，如图 4-25 所示。

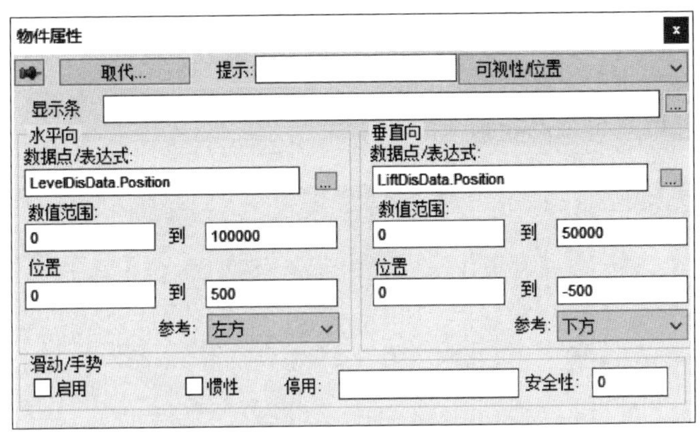

图 4-25　“可视性/位置”动态属性设置

（12）完成旋转图片与矩形框的群组设置，操作方法同上。这里需要添加“旋转”及“可视性/位置”动态属性，详细设置如图 4-26 和图 4-27 所示。

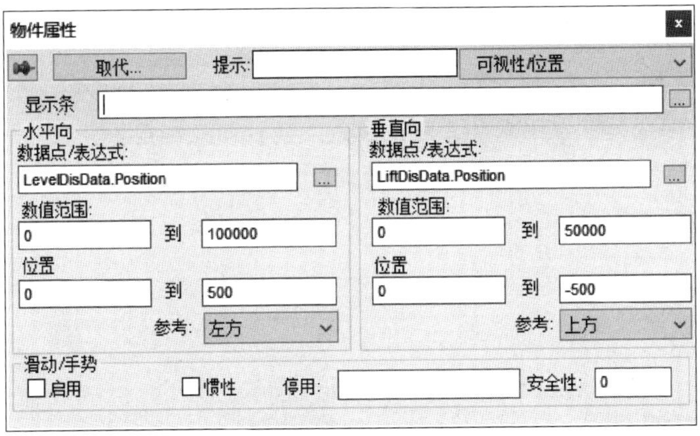

图 4-26　旋转图片与矩形框群组“可视性/位置”动态属性设置

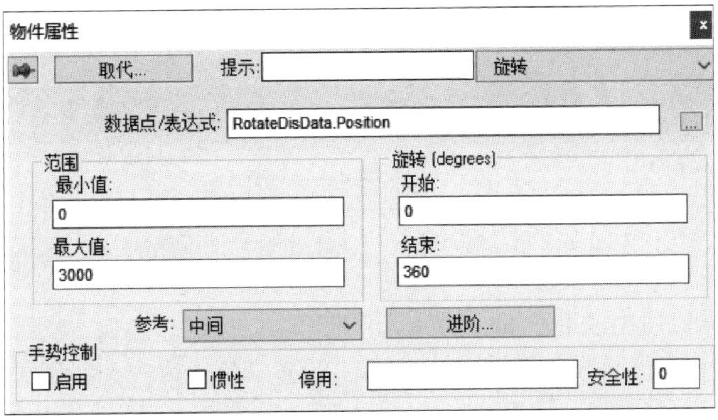

图 4-27　旋转图片与矩形框群组“旋转”动态属性设置

（13）绘制矩形框，显示堆垛机移动位置（动态画面中，堆垛机水平向在灰色矩形框上移动），如图 4-28 所示。

图 4-28　移动位置标定

（14）完成堆垛机显示画面绘制，如图 4-29 所示。

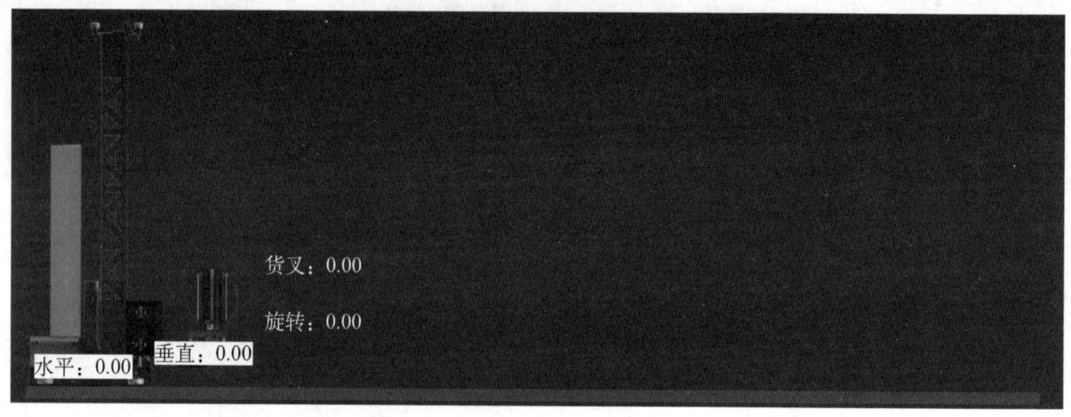

图 4-29　完成的堆垛机显示界面

（15）验证堆垛机画面绘制的正确性。这里选择设置滑块进行水平向与垂直向验证。

① 绘制任意矩形验证水平向和垂直向移动。绘制任意矩形框，添加“可视性/位置”动态属性，设置“水平向”及“垂直向”参数项，选中“滑动/手势”下的“启用”复选框，具体设置如图 4-30 所示。

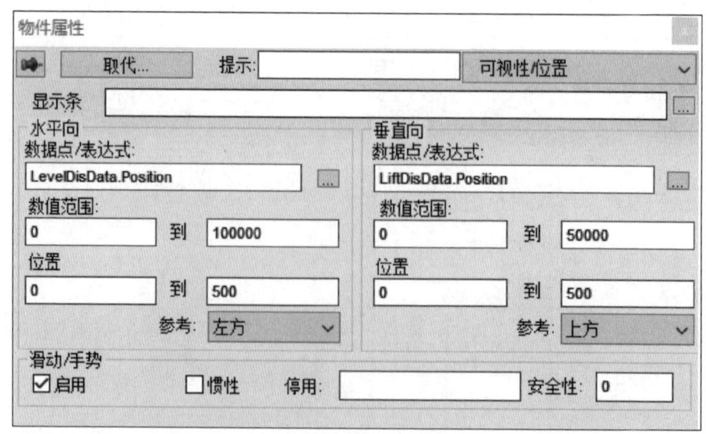

图 4-30　验证矩形框“可视性/位置”动态属性设置

注意：这里需要启用滑动手势，否则无法拖动。

② 拖动矩形框，堆垛机水平、垂直移动，并显示移动位置，如图 4-31 所示。

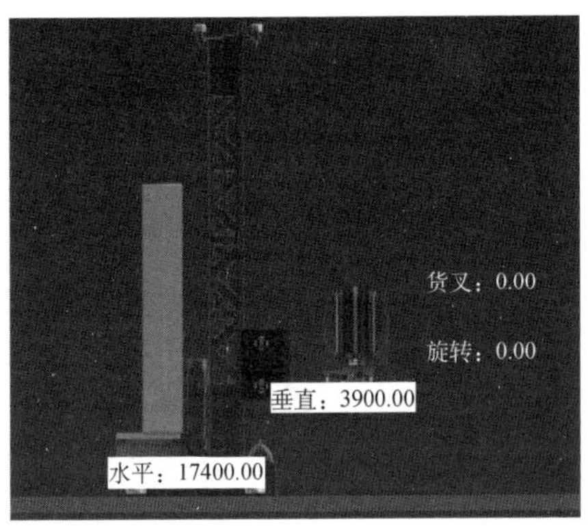

图 4-31　水平、垂直移动位置验证结果

③ 旋转移动为平行于大地平面的移动，采用文字显示，显示旋转角度。绘制文字框，并链接到旋转位置数据点（RotateDisData.Position），详细设置如图 4-32 所示，旋转移动验证结果如图 4-33 所示。

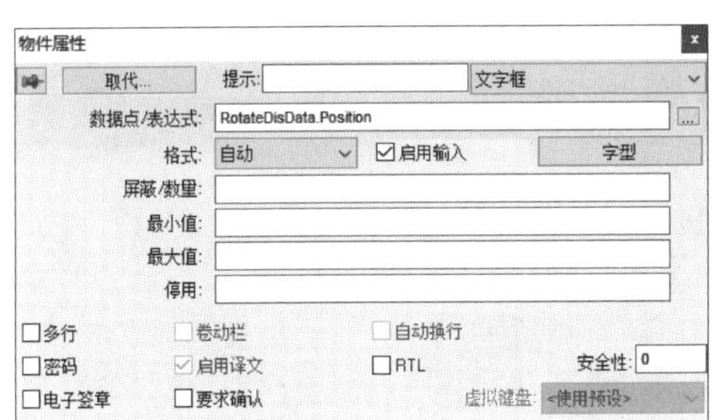

图 4-32　旋转“文字框”动态属性设置

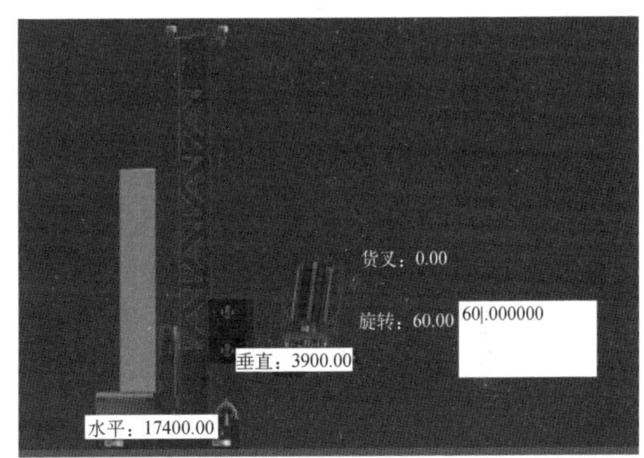

图 4-33　旋转移动验证结果

（16）验证完成后，退出堆垛机显示画面。

拓展训练

在任务 4.1 的基础上，完成堆垛机显示画面展示并验证。

【知识点总结】

1. 新专案创建时要选择正确的产品类型（不同类型对应不同的数据点个数），同时启用安全系统并完成设置。

2. 专案数据点的正确创建与链接是验证画面正确性的关键，所以新画面创建前要正确设置数据点的类型。

3. 绑定图片通常会有原背景的影响，不能与当前画面融为一体，所以要正确设置追踪点，保证绑定图片适应于当前项目。

4. 组合件创建完成后，需要及时验证其与数据点链接的正确性。

【学习足迹】

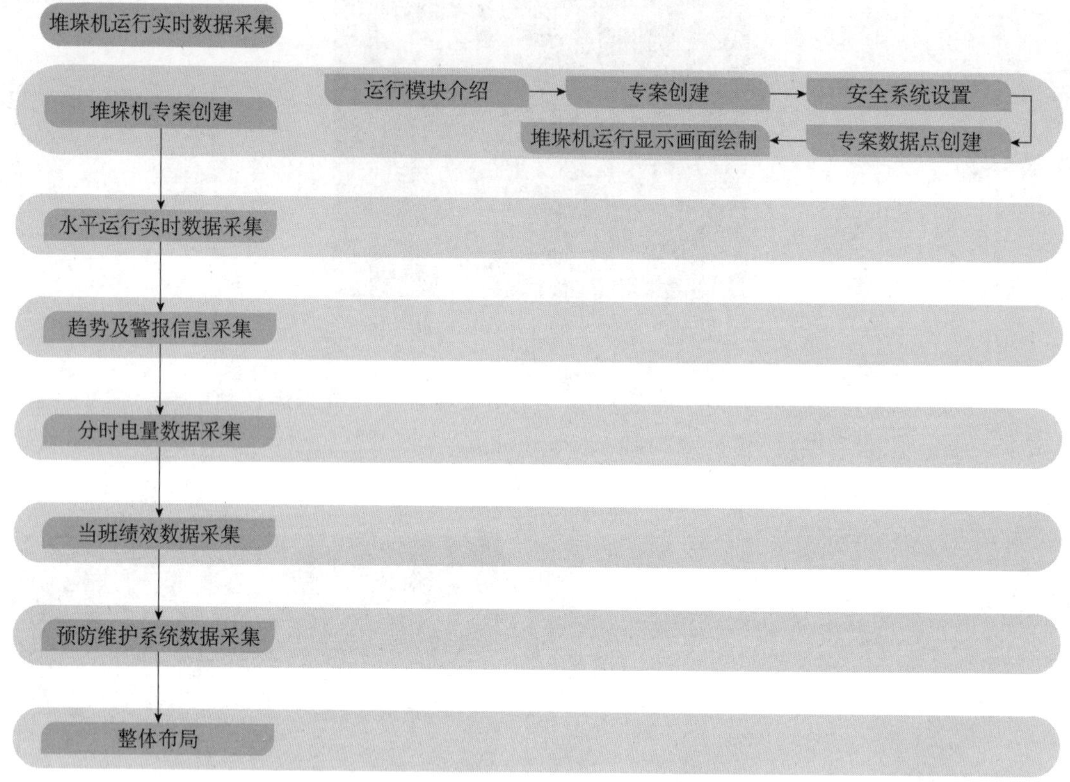

任务 4.2　水平运行实时数据采集

本任务教学计划

水平运行实时数据采集

本任务主要是绘制水平运行实时数据画面，主要包括图表的使用，矩形、线段、椭圆等形状的绘制，静态属性的应用，动态属性的添加操作，趋势图控件的使用，组合件的创建与设置，画面显示透明度的设置等操作。水平运行实时数据采集画面如图 4-34 所示。

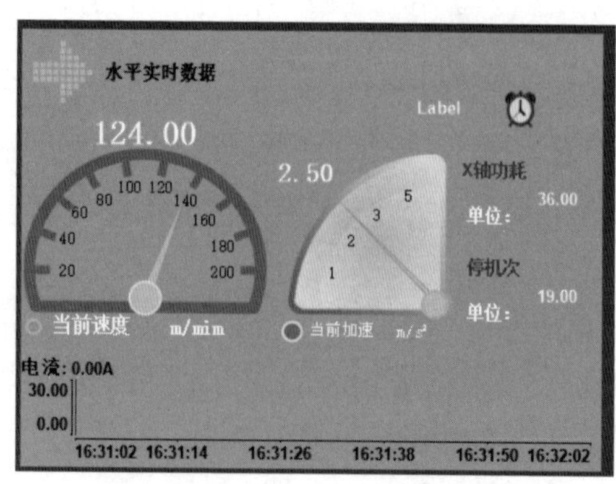

图 4-34　水平运行实时数据采集画面

本任务的实施过程如下。

（1）在“Main 画面”中绘制矩形底边框。在项目管理员窗口的“图表”选项卡中选择“矩形”，绘制的矩形如图 4-35 所示。

（2）设置矩形尺寸，如图 4-36 所示。

（3）添加“可见性/位置”动态属性。选中矩形框，在“绘制”菜单的“动态属性”选项组中选择“可视性/位置”命令，如图 4-37 所示。

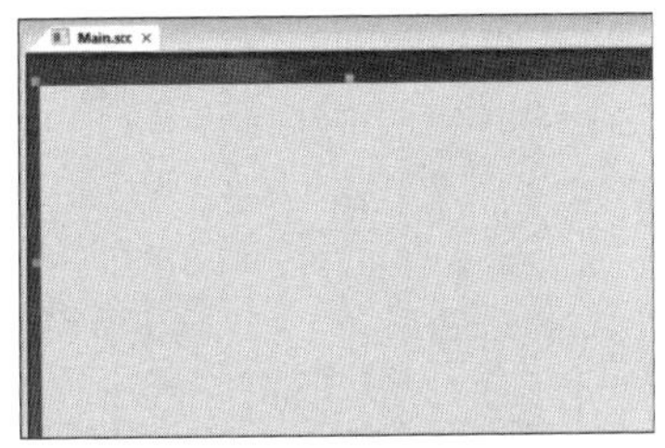

图 4-35　绘制矩形

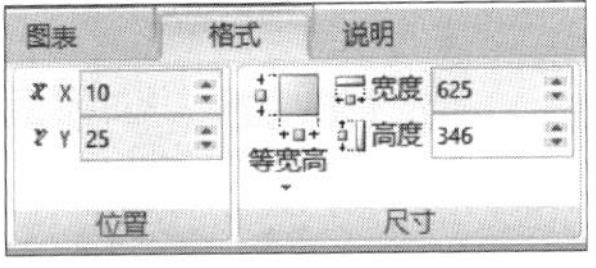

图 4-36　矩形尺寸设置

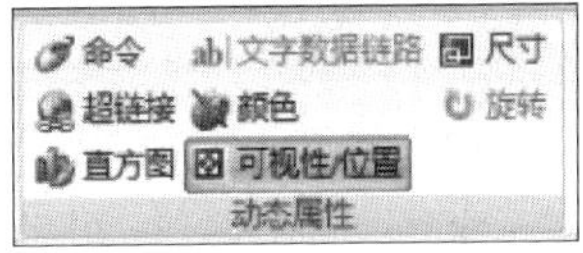

图 4-37　选择“可视性/位置”命令

（4）设置显示可视性透明度。双击矩形框，系统弹出“物件属性”对话框。在“显示条”文本框中输入“0.5”，如图 4-38 所示。这里 0.5 为透明度的设置，数据范围为 0～1。

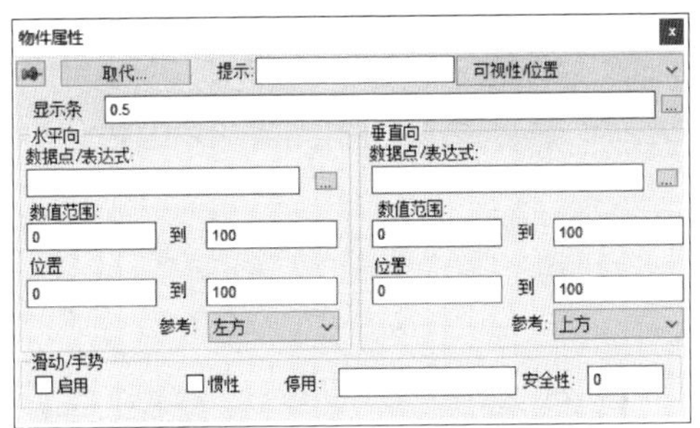

图 4-38　设置显示可视性透明度

（5）创建水平运行状态（MyLevelRunDis.sym）组合件。

① 绑定图片。在项目管理员窗口“图标”选项卡“组件库”文件夹中选择“绑定图片”，打开图片“icon_right_on”“icon_right_off”（注意：项目默认绑定图片的路径为 Web/Resources 文件夹下），如图 4-39 所示。

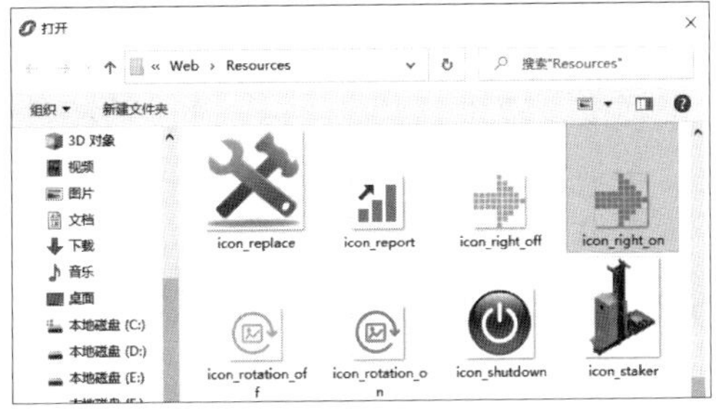

图 4-39　绑定图片

② 选中“icon_right_on”图片，添加“可视性/位置”动态属性。打开“物件属性”对话框，在“显示条”文本框中输入“#Variable:”，如图4-40所示。

③ 选中“icon_right_on”与“icon_right_off”图片并右击，在快捷菜单选择“建立组合件”命令，如图4-41所示。

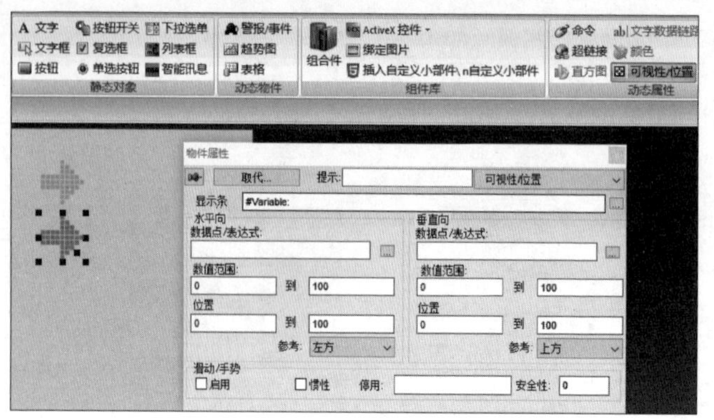

图4-40 设置“可视性/位置”动态属性

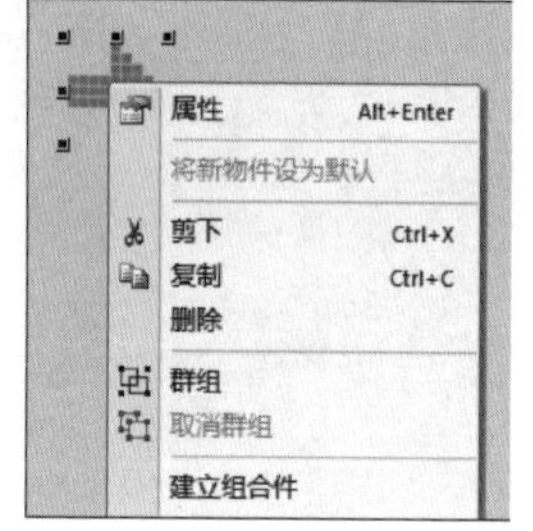

图4-41 选择“建立组合件”命令

④ 在“另存为”对话框中设置“文件名”为“MyLevelRunDis. sym”，单击“保存”按钮，如图4-42所示。保存组合件后可以同时编辑组合件中的所有物件。

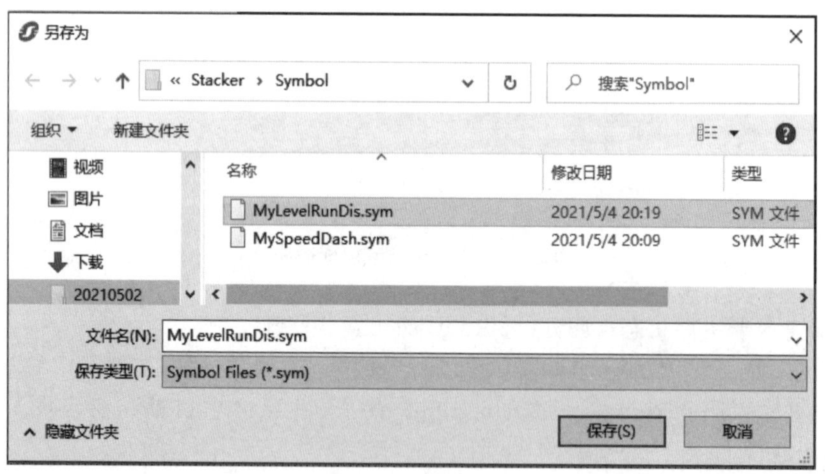

图4-42 保存组合件

（6）在“Main画面”中选中新创建的组合件，打开“物件属性”对话框，设置对应组合件属性。

（7）双击“variable”字段下对应的数值，这里链接到数据点，系统弹出“新数据点”对话框面，“名称”设置为“Level_Run”，“类型”选择为“布尔”，表示堆垛机在运行状态时为绿色，布尔量的值为1，“描述”为“水平运行”，单击“确定”按钮，完成新数据点创建，如图4-43和图4-44所示。

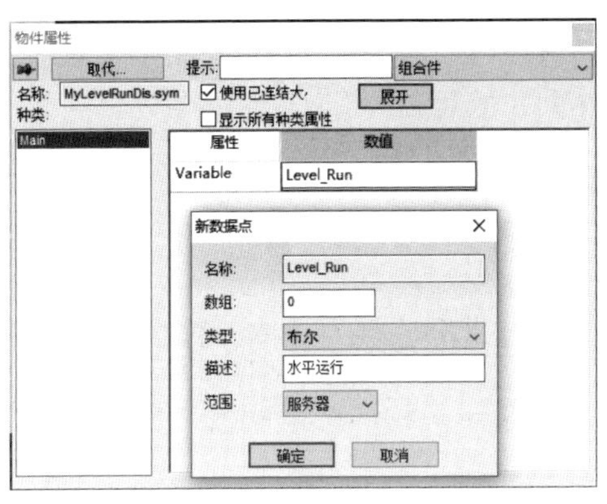

图 4-43　创建水平运行数据点

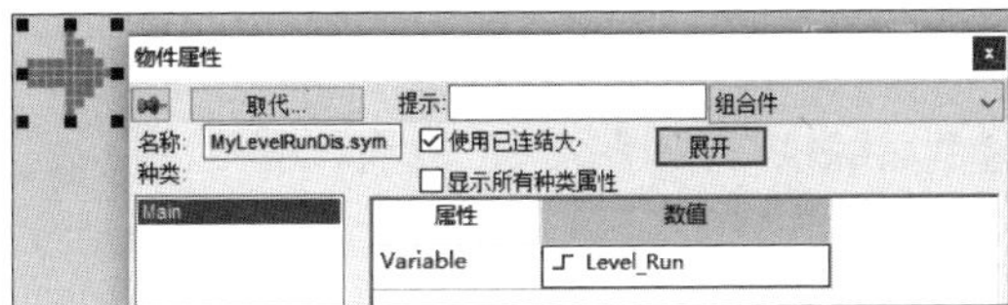

图 4-44　水平运行数据点设置完成

（8）添加文字标题“水平实时数据”。在“绘制”菜单的“静态对象”选项组中选择“文字”命令，输入文字，如图 4-45 所示。

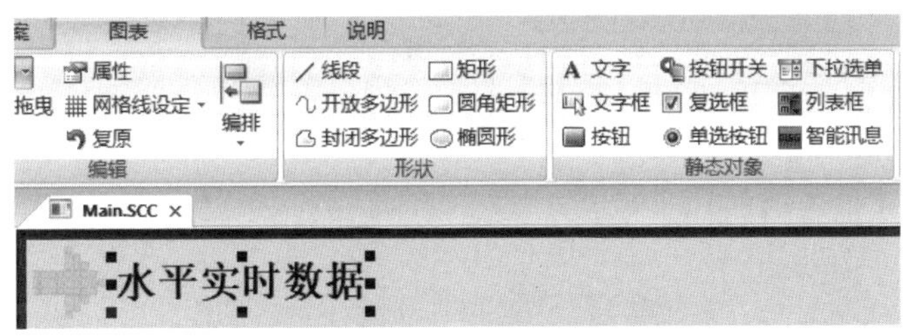

图 4-45　添加“水平实时数据”文字

（9）绘制速度表盘（MySpeedDash.sym）组合件。

① 绑定图片。在项目管理员窗口“图表”选项卡“组件库”中选择“绑定图片”，插入仪表盘背景图片“icon_dashboard2”，如图 4-46 所示。

图 4-46　绑定图片

② 修改图片尺寸。这里可以在格式中设置图片大小，也可以根据实际需要拖动光标修改尺寸，如图 4-47 所示。

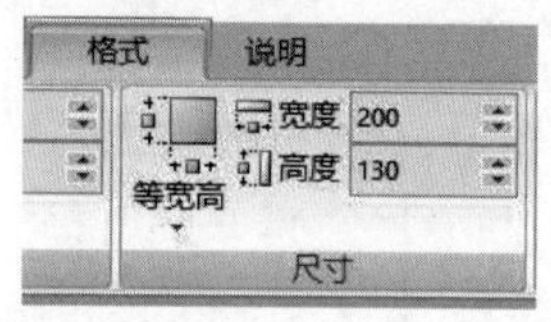

图 4-47　修改图片尺寸

③ 双击绑定的图片，修改其物件属性。这里为了与背景颜色融为一体，修改“透明色”为“追踪点”，如图 4-48 所示。

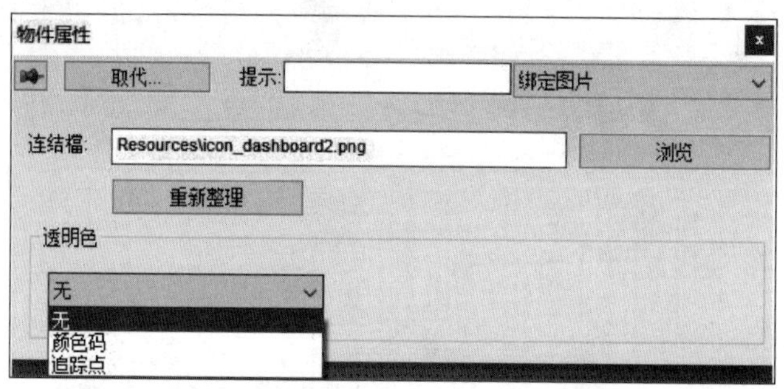

图 4-48　修改图片的物件属性

④ 绘制指针。选择“封闭多边形”命令，绘制指针，如图 4-49 所示。

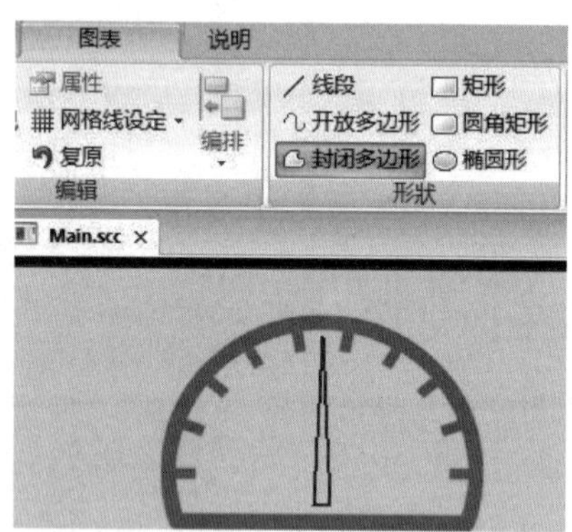

图 4-49　绘制指针

⑤ 添加动态属性。选中指针，设置“颜色”与“旋转”动态属性，如图 4-50 所示。

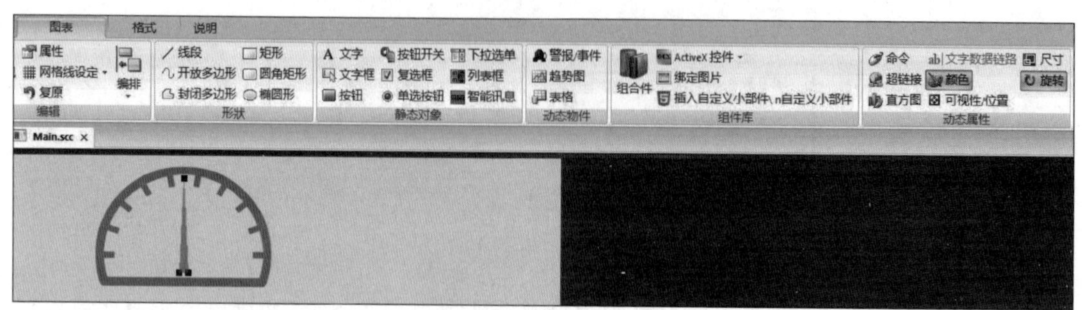

图 4-50　设置“颜色”与“旋转”动态属性

⑥ 设置“颜色”属性。在“物件属性”对话框的“范围算式”文本框中输入“#TagName:>#Max:*0.75”（表示当速度超过最大速度的 75%时变为红色，警告提醒），如图 4-51 所示。

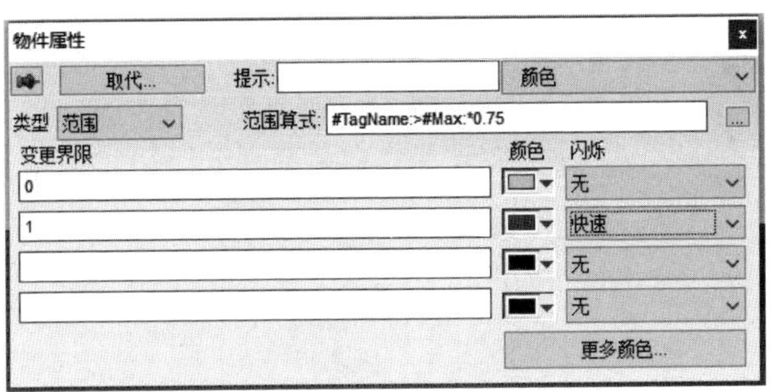

图 4-51　设置“颜色”属性

⑦ 设置“旋转”属性。分别设置旋转范围的最大值和最小值，表盘偏转开始和结束角度分别为−90°和 90°，参考位置选择“右下方”，具体设置如图 4-52 所示。

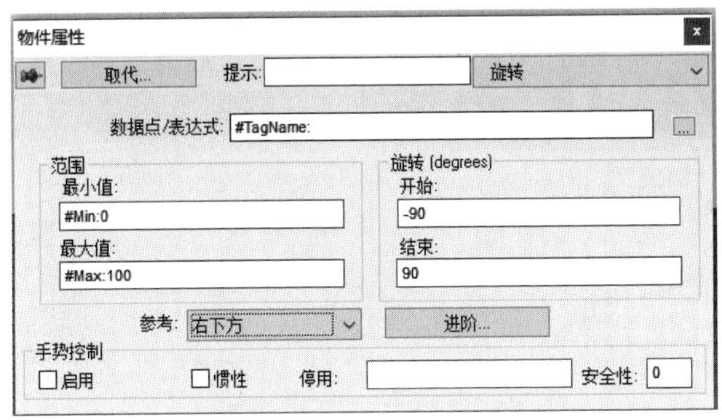

图 4-52　设置“旋转”属性

⑧ 绘制表盘圆心，并添加“颜色”动态属性，如图 4-53 所示。

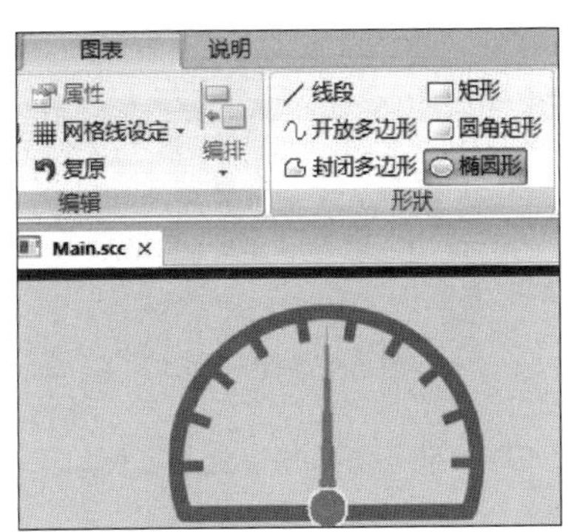

图 4-53　绘制表盘圆心并添加“颜色”动态属性

⑨ 设置“颜色”动态属性。这里为了美观，颜色设置为与指针相同的动态属性，方法同上。

⑩ 设置仪表文字格式。添加“矩形”，在其“物件属性”对话框中修改“边框”及“背景”参数项，如图 4-54 所示。

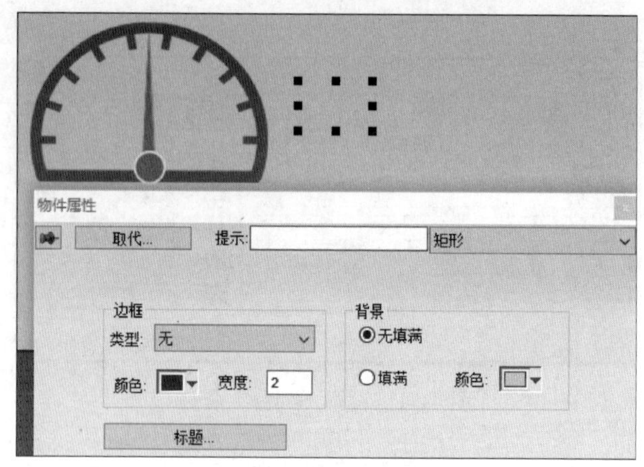

图 4-54　设置仪表盘文字格式

⑪ 单击“标题”按钮，修改标题为“{Trunc（(#Max:-#Min:）*0.1+#Min:）}”（Trunc（）函数为 EMSE 软件自带的功能函数，返回实际取值的整数部分），修改“字型”，如图 4-55 所示。

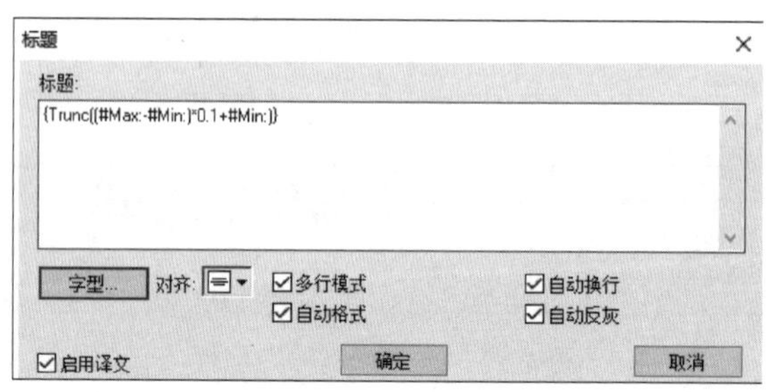

图 4-55　设置标题

⑫ 采用上述同样的操作方式，添加仪表盘刻度标识，如图 4-56 所示。

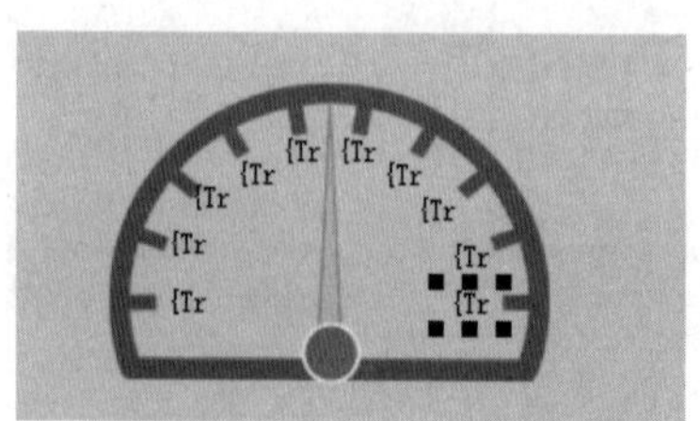

图 4-56　添加仪表盘刻度标识

⑬ 添加当前数值显示。这里采用 Format（）函数实现，具体操作如下：添加“矩形”，并修改“标题”为“{Format（"%0."+Trunc（#Decimal:）+"f"，#TagName:）}”，修改“字型”，如图 4-57 所示。

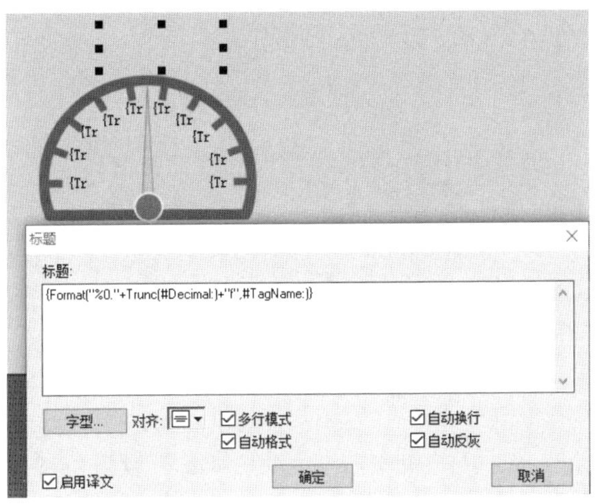

图 4-57　添加当前数值显示

⑭ 添加标签名称。添加“矩形”，并修改“标题”为“{#Lable:"当前速度"}”，修改“字型”，如图 4-58 所示。

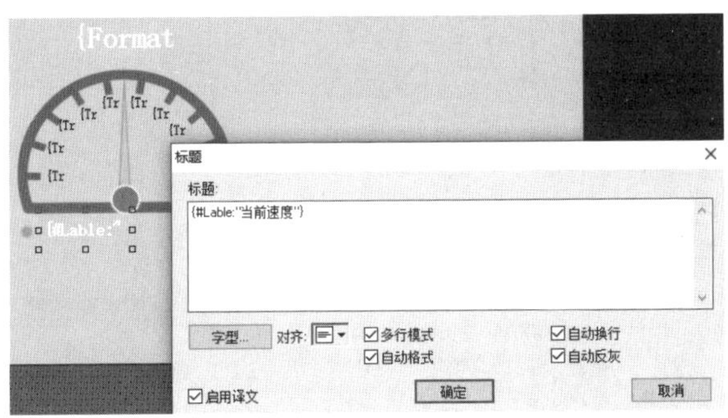

图 4-58　添加标签名称

⑮ 添加显示单位。添加“矩形”，并修改“标题”为“{#Unit:"m/mim"}”，修改“字型”，如图 4-59 所示。

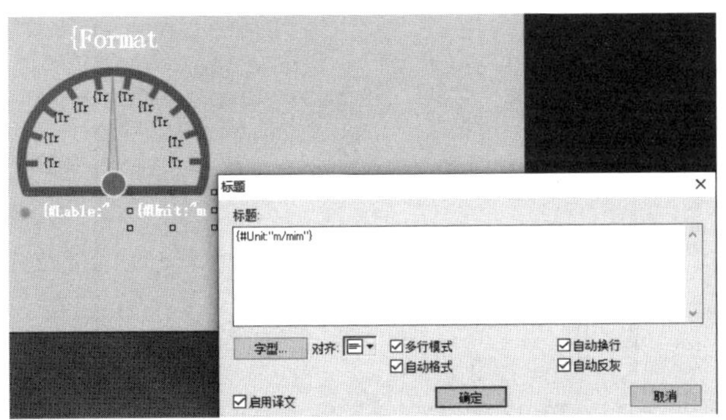

图 4-59　添加显示单位

⑯ 建立组合件。选中全部元件并右击，在快捷菜单中选择“建立组合件”命令，如图 4-60 所示。

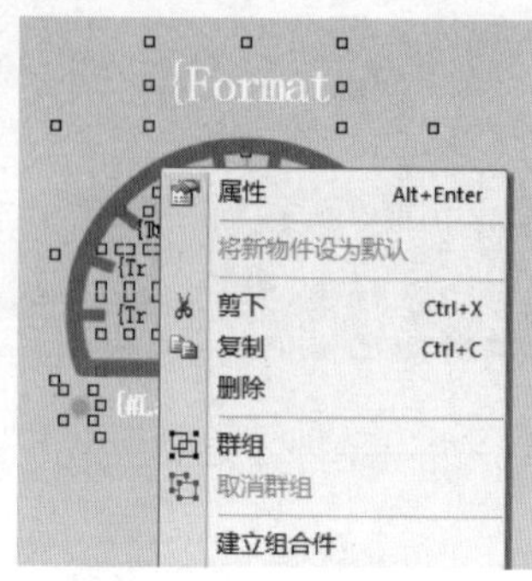

图 4-60 建立组合件

⑰ 保存组合件。在“另存为”对话框中，“文件名”设置为“MySpeedDash.sym”，如图 4-61 所示。

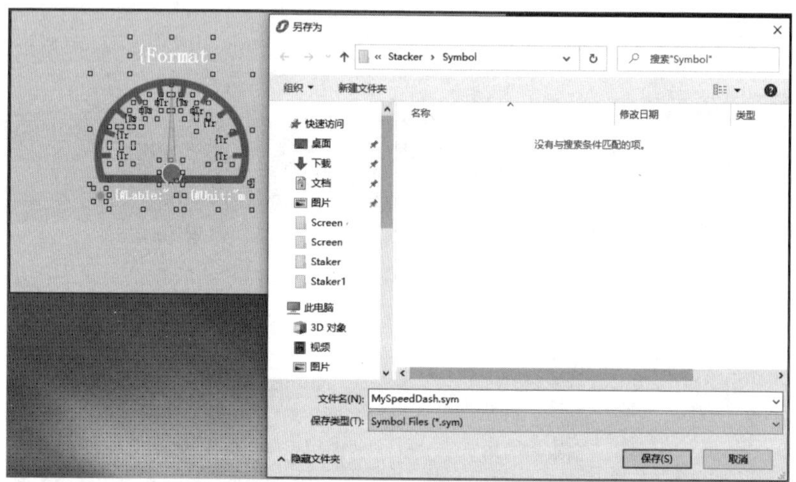

图 4-61 保存组合件

⑱ 创建并链接水平运行速度（Level_SpeedDis）数据点，如图 4-62 所示。

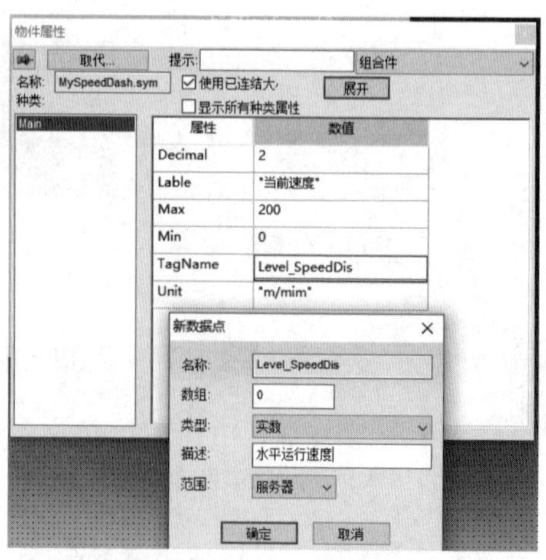

图 4-62 创建并链接水平运行速度数据点

拓展训练 1

完成速度仪表盘组合件创建，完成仪表盘上文字显示、文字标签设置及数据点的正确链接。

（10）绘制加速度仪表盘（方法同绘制速度仪表盘）。

① 绑定图片。插入加速度仪表盘图片“icon_dashboard1”。

② 添加加速度仪表盘刻度标识。添加“矩型”，并修改“标题”为“{Trunc（(#Max:-#Min:）*0.2+#Min:）}”，修改“字型”，如图 4-63 所示。

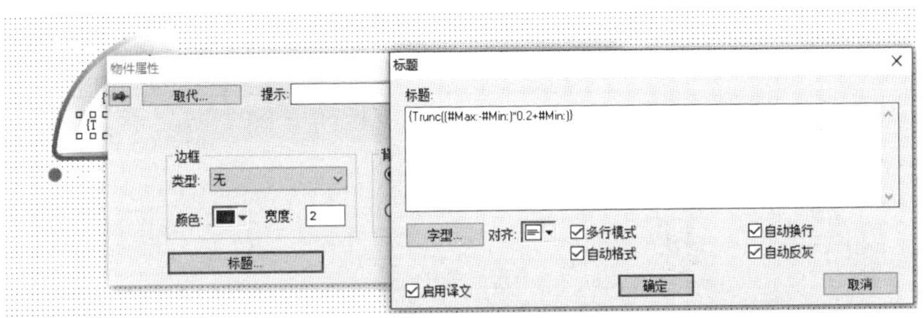

图 4-63　添加加速度仪表盘刻度标识

③ 按照上诉步骤添加并完成仪表盘刻度标识，如图 4-64 所示。

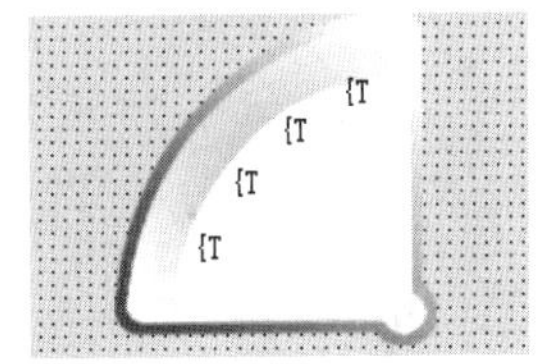

图 4-64　完成仪表盘刻度标识

④ 绘制仪表盘指针，设置“颜色”与“旋转”动态属性。

⑤ 设置指针“旋转”属性参数（设置最大值、最小值，设置旋转角度及参考位置），如图 4-65 所示。

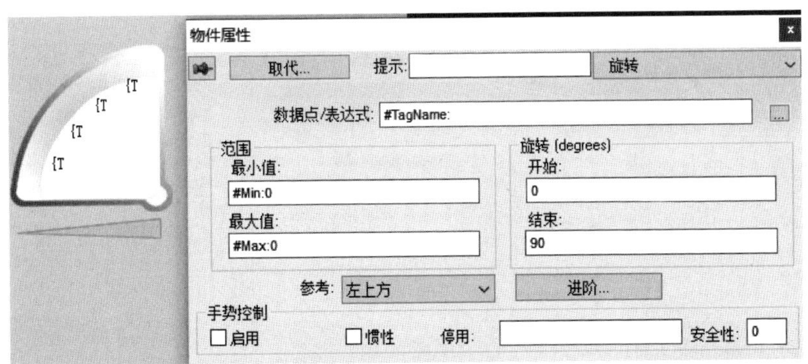

图 4-65　设置指针“旋转”属性参数

⑥ 设置指针“颜色”属性参数（方法同速度仪表盘）。

⑦ 绘制加速度仪表盘圆心，设置“颜色”属性。

⑧ 设置圆心“颜色”属性参数（方法同速度仪表盘）。

⑨ 添加指针读数。添加“矩形”，并修改标题为“{Format（"%0."+Trunc（#Decimal:）+"f"，#TagName:）}”，如图 4-66 所示。

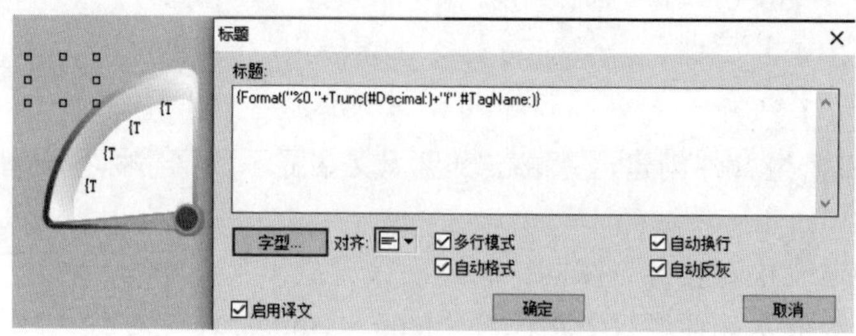

图 4-66　添加指针读数

⑩ 添加标签名称。添加“矩形”，并修改标题为“{#Label:"当前加速度"}”，如图 4-67 所示。

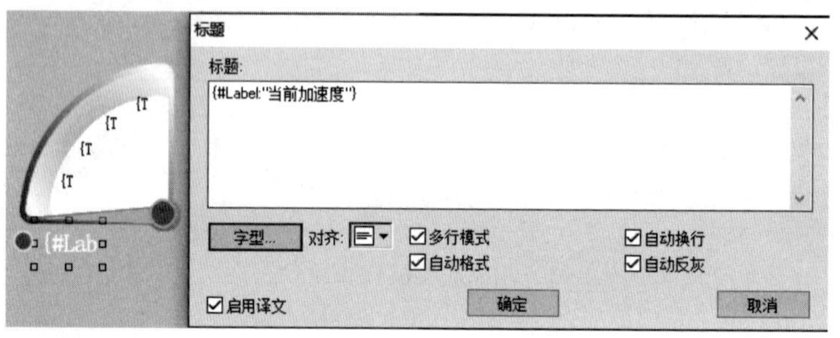

图 4-67　添加标签名称

⑪ 添加单位。方法同上，添加“矩形”，并修改标题为“{#Unit:"m/s²"}”。

⑫ 创建组合件，选中全部元件，创建组合件。

⑬ 组合件命名为“MyAccDash.sym”，保存组合件，如图 4-68 所示。

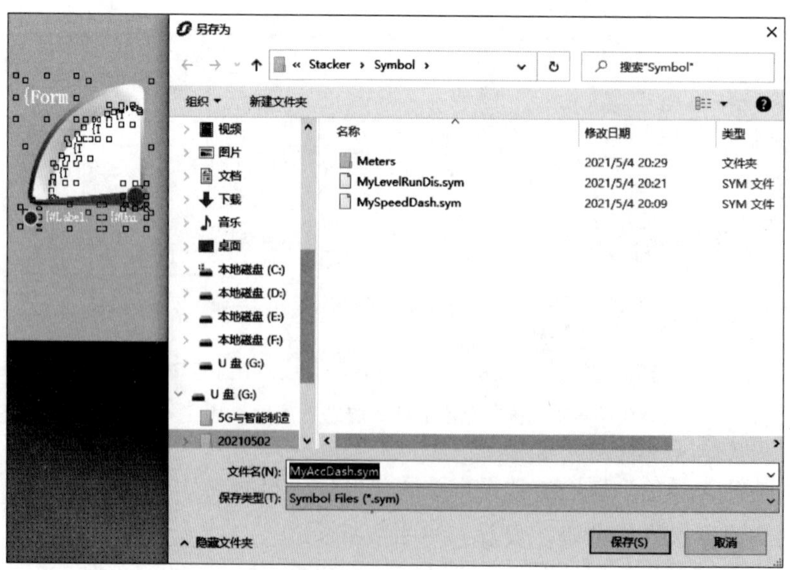

图 4-68　保存组合件

⑭ 创建并链接到加速度（Level_AccDis）数据点，如图 4-69 所示。

图 4-69　创建并链接到加速度数据点

拓展训练 2

完成加速度仪表盘绘制，实现“颜色”及“旋转”动态属性的应用。

（11）创建功耗组合件，命名为“Myenergyloss.sym”并保存。

① 选择“矩形”，并添加标签名称为“X 轴功耗”，如图 4-70 所示。

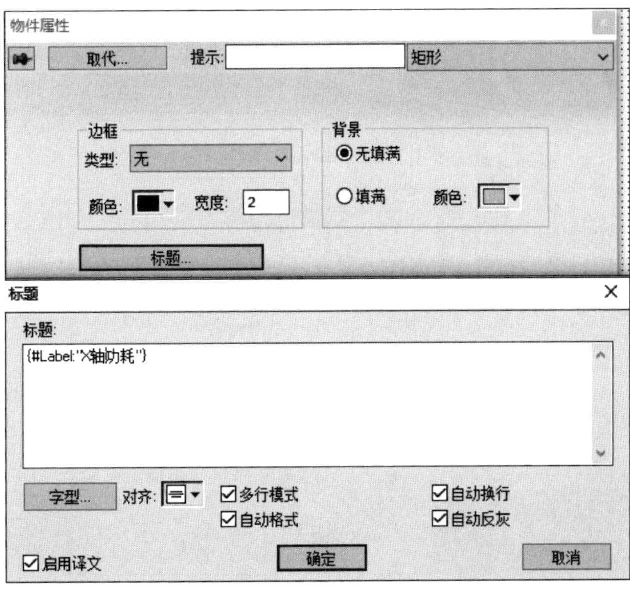

图 4-70　绘制矩形并添加标签名称

② 采上述方法，添加功耗单位 kWh。

③ 用 Format（）函数实现功耗实时数据显示，如图 4-71 所示。

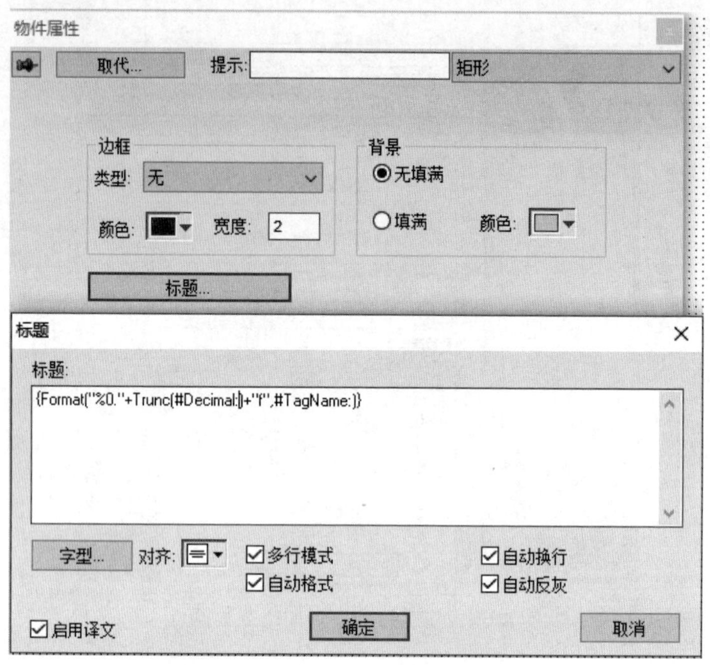

图 4-71　创建功耗实时数据显示

④ 选中三个矩形，创建组合件并设置组合件属性。

⑤ 创建并链接到数据点（Level_EnergyLoss），如图 4-72 所示。

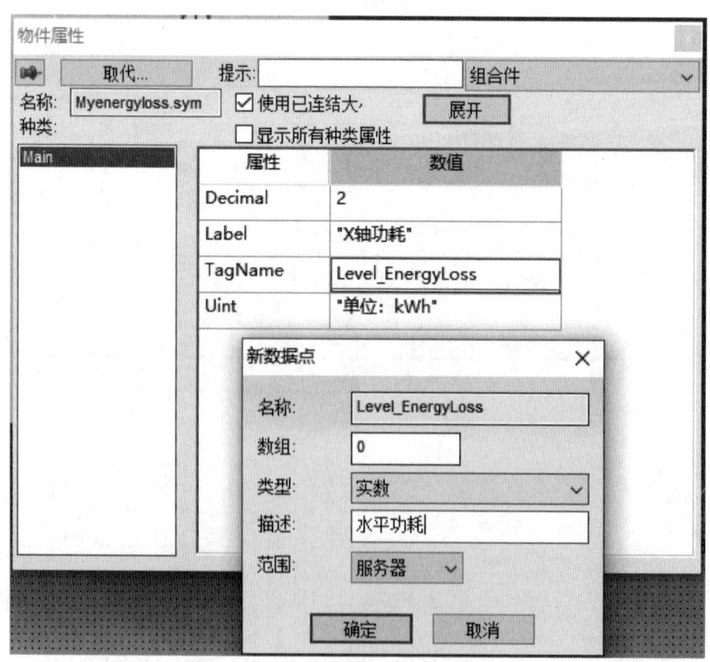

图 4-72　创建链接到数据点

⑥ 采用上述同样的操作方式，完成停机次数组合件及数据点创建，分别如图 4-73 和图 4-74 所示。

图 4-73　创建停机次数组合件

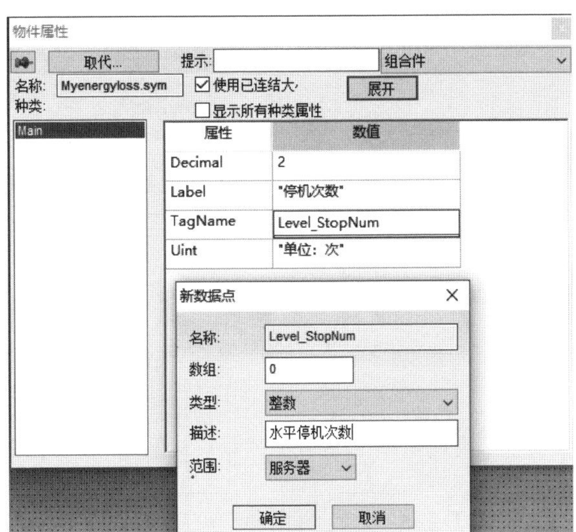

图 4-74　创建停机次数数据点

（12）通过趋势图控件绘制电流曲线。

① 在项目管理员窗口“图表”选项卡中选择“趋势图”控件，插入趋势图，如图 4-75 所示。

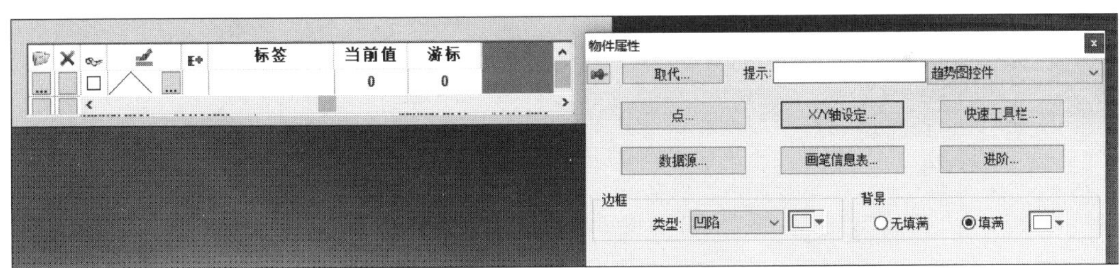

图 4-75　插入趋势图

② 单击“点…”按钮，系统弹出“点”对话框，修改“标签”为“水平电流”，选择链接到的数据点，设置“最小刻度”、“最大刻度”及“样式”，如图 4-76 所示。

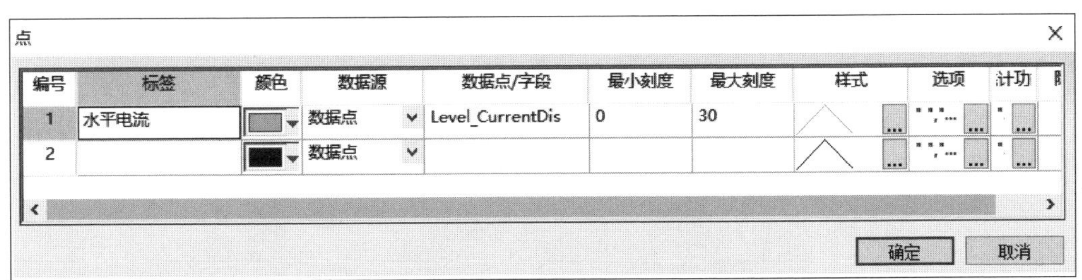

图 4-76　“点”对话框

③ $X\backslash Y$ 轴设定，如图 4-77 所示。

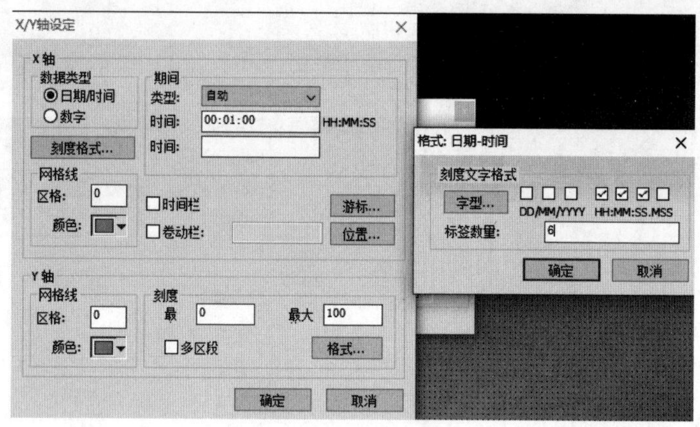

图 4-77　*X**Y* 轴设定

④ 快速工具栏设置。打开“快速工具栏”对话框，取消选中“显示快速工具栏”复选框，如图 4-78 所示。

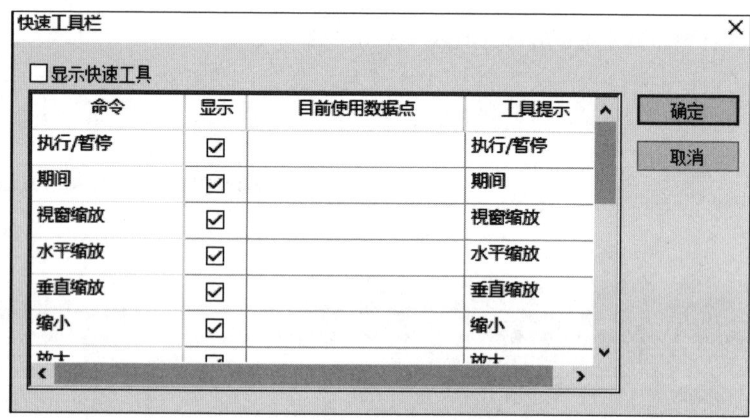

图 4-78　快速工具栏设置

⑤ 打开“画笔信息表”对话框，取消选中“显示画笔信息表”复选框，如图 4-79 所示。

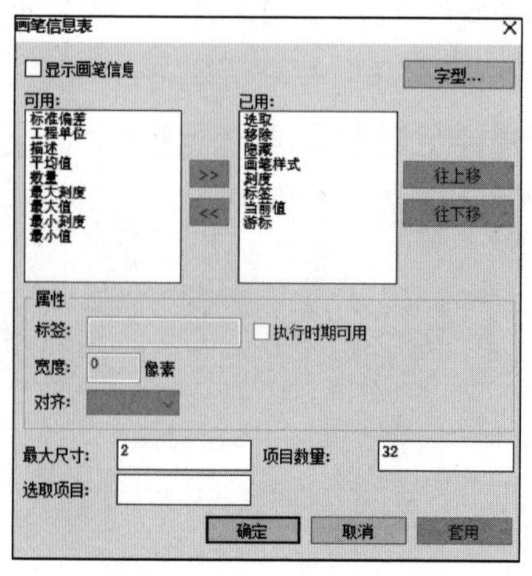

图 4-79　画笔信息表设置

⑥ 打开“物件属性”对话框，修改“边框”与“背景”参数项，如图 4-80 所示。

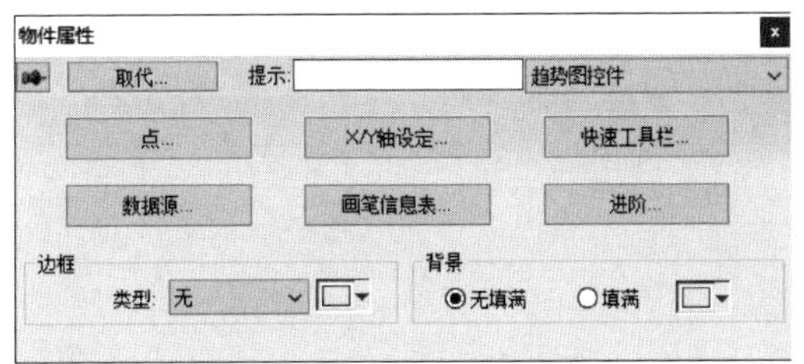

图 4-80　修改“边框”与“背景”参数项

⑦ 插入文字。右击“电流”，在快捷菜单选择“属性”命令，打开电流的“物件属性”对话框，创建水平电机当前电流文字链路、电流数据点，并进行链接，分别如图 4-81、图 4-82、图 4-83 所示。

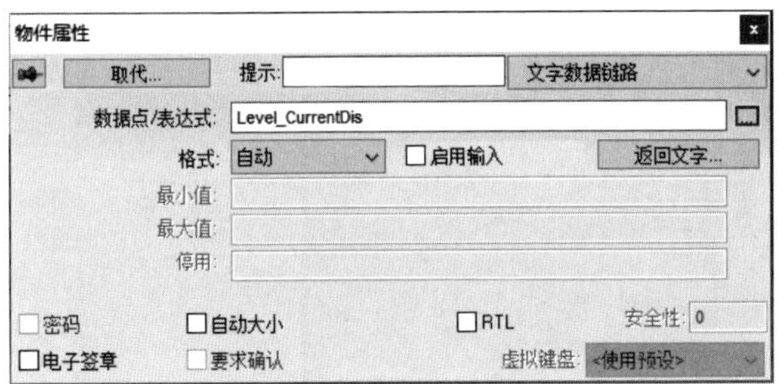

图 4-81　创建水平电机当前电流文字数据链路

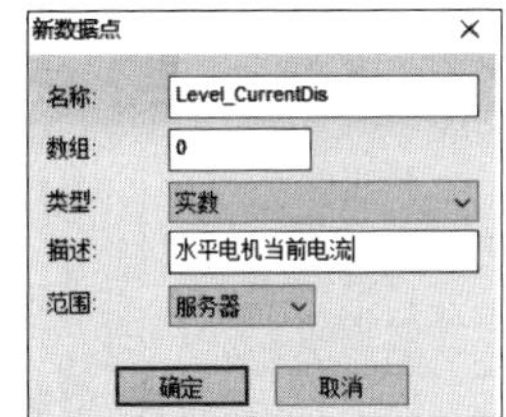

图 4-82　创建电流数据点

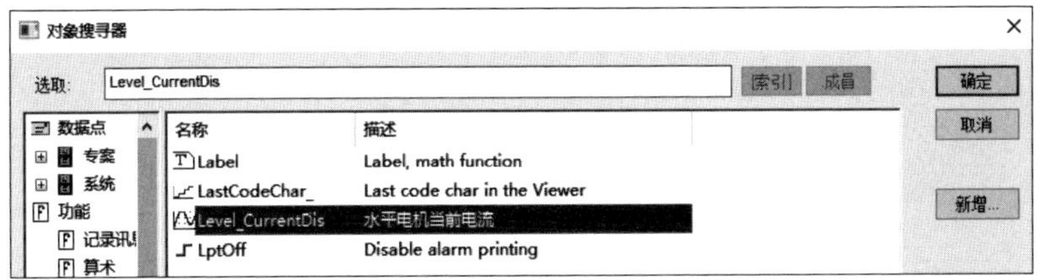

图 4-83　链接电流数据点

⑧ 单击“物件属性”对话框中“返回文字”按钮，修改“标题”（这里#为占位符），如图 4-84 所示。

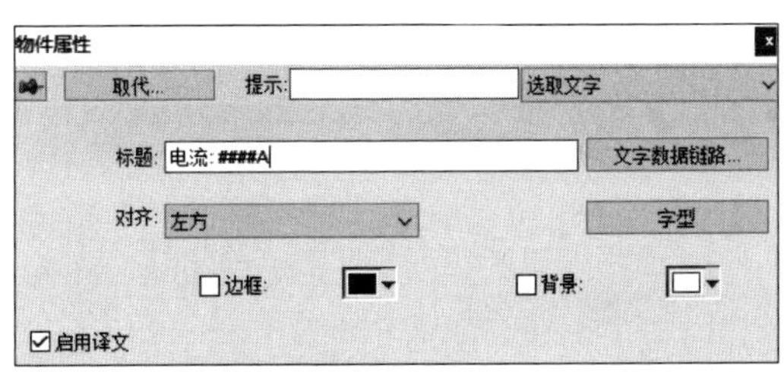

图 4-84　修改标题

⑨ 完成电流曲线绘制，完整电流显示如图 4-85 所示。

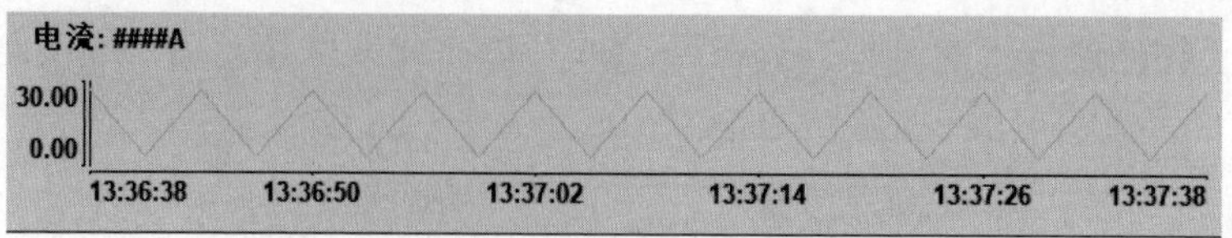

图 4-85　完整电流显示

拓展训练 3

完成电流趋势图的设置，采集电流数据并分析电流趋势。

（13）水平实时数据完整画面显示如图 4-86 所示。

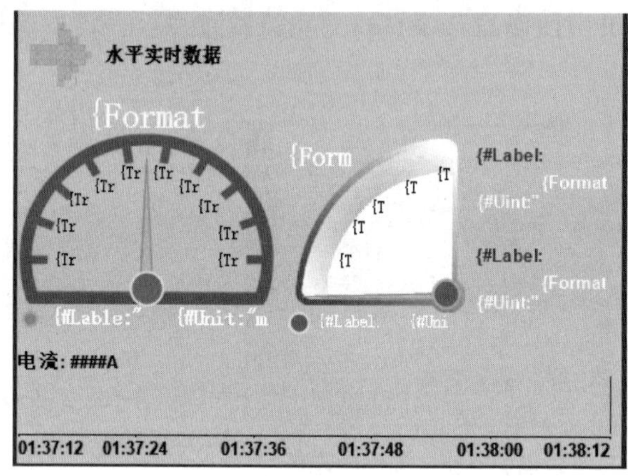

图 4-86　水平实时数据完整画面显示

（14）通过矩形滑块验证速度及加速度显示是否正确。

① 绘制“矩形”，并添加“可视性/位置”属性，完成滑块物件属性设置，如图 4-87 所示。

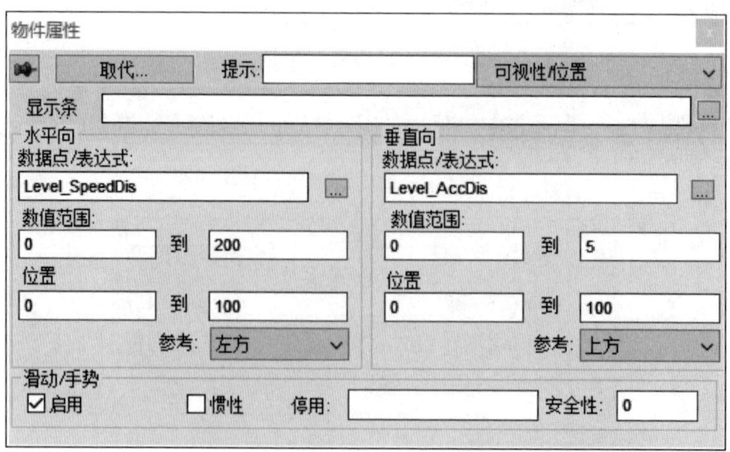

图 4-87　滑块物件属性设置

② 分别水平及垂直地拖动滑块即可完成速度与加速度显示，如图 4-88 所示。

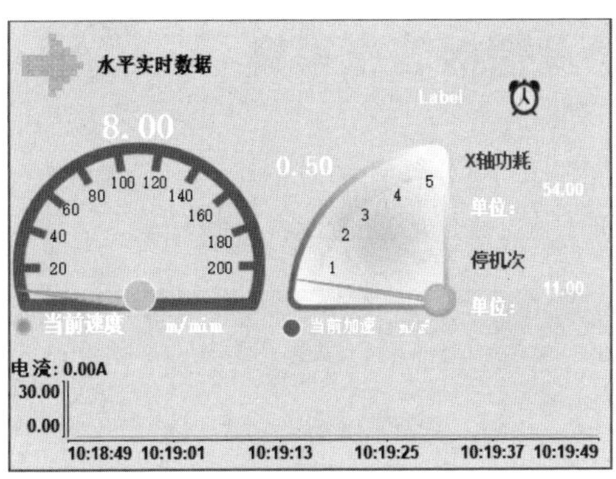

图 4-88　速度与加速度验证结果显示

拓展训练 4

在任务 4.2 的基础上，通过设置滑块完成速度及加速度仪表盘动态显示验证。

【知识点总结】

1. 水平运行速度的实时数据采集（涉及组合件的创建、数字的显示、颜色的动态显示及旋转等动态属性的应用）、加速度的数据采集，创建完成后可以通过设置滑块验证速度及加速度的显示是否正确。

2. 趋势控件的应用，采集电流数据时，注意设置数据点的来源。

3. 停机次数及功耗等文字属性及组合件的设定，需要注意设置#为占位符，当占位符不足时，数据显示不完整。

【学习足迹】

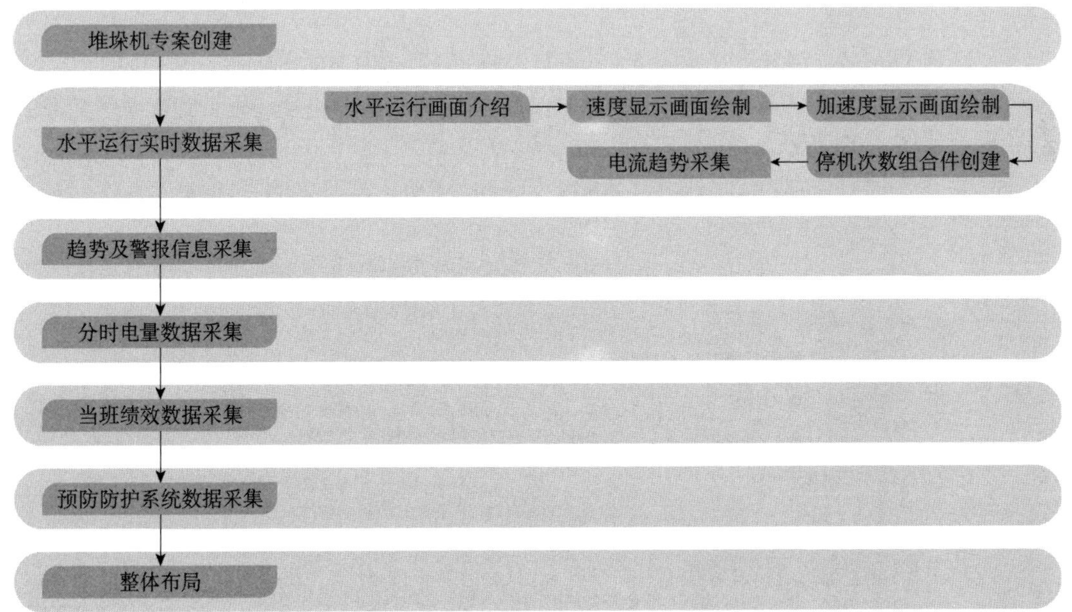

任务 4.3　趋势及警报信息采集

本任务教学计划　趋势及警报信息采集

本任务是创建趋势及警报，主要包括图表的使用、趋势图控件的使用、警报的创建、排程的创建、功能函数的使用及数据库的链接。警报信息显示画面如图 4-89 所示。

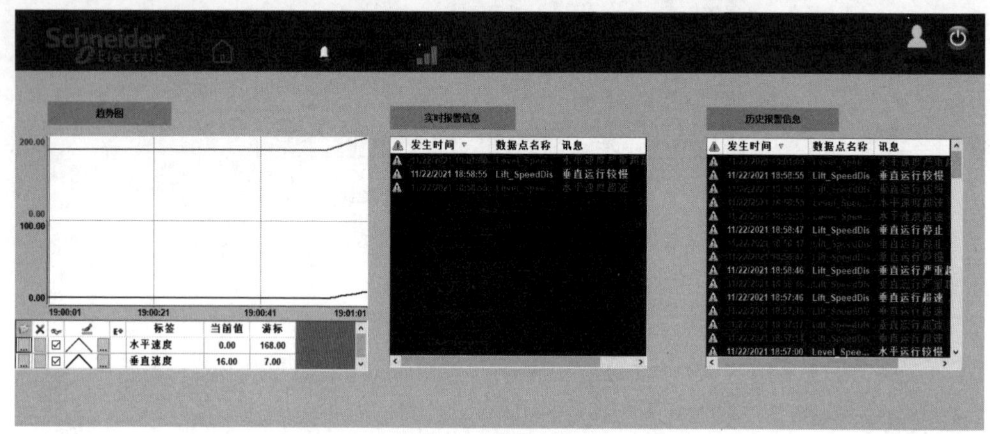

图 4-89　警报信息显示画面

本任务的实施过程如下。

（1）绘制警报信息画面。插入画面，并命名为“Trend”。Trend 画面包括水平速度与垂直速度趋势图、速度警报信息，分别通过与数据点和数据库的链接采集趋势图信息。

① 绘制水平速度与垂直速度趋势图，首先在数据点总表中添加垂直速度数据点，如图 4-90 所示。

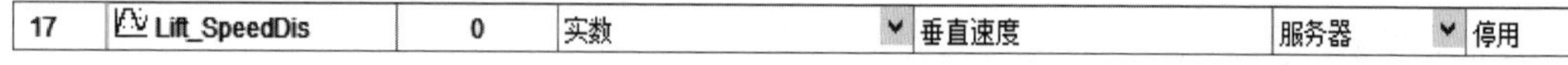

17
Lift_SpeedDis
0
实数
垂直速度
服务器
停用

图 4-90　创建垂直速度数据点

② 设置 Function 函数。在项目管理员窗口“全局”选项卡的“程序”文件夹的“主要程序”子文件夹下添加 Level 程序，如图 4-91 所示，并让水平速度与垂直速度按秒递增。Level 程序如图 4-92 所示。

注意：程序中 Function 后为函数名称，如图 4-92 所示程序中的“Level”。

图 4-91　添加 Level 程序

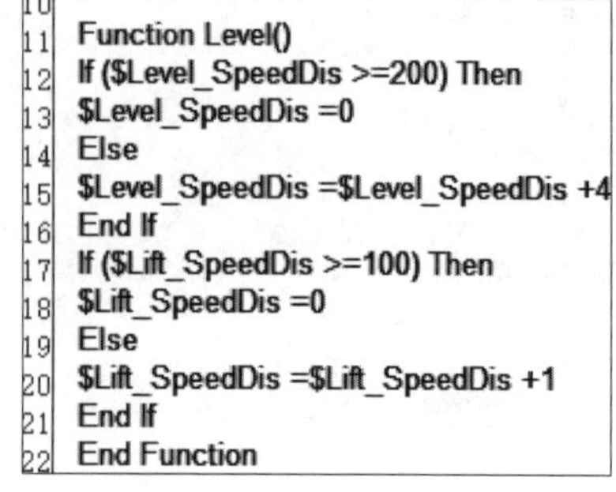

```
Function Level()
If ($Level_SpeedDis >=200) Then
$Level_SpeedDis =0
Else
$Level_SpeedDis =$Level_SpeedDis +4
End If
If ($Lift_SpeedDis >=100) Then
$Lift_SpeedDis =0
Else
$Lift_SpeedDis =$Lift_SpeedDis +1
End If
End Function
```

图 4-92　Level 程序

③ 设置排程。在项目管理员窗口中打开“工作”选项卡→选择“排程”文件并右击→在快捷菜单中选择“插入”命令，在打开的界面中设置排程循环时间为“00：00：01”（速度每秒递增），在“表达式”字段中输入“runvbscript（）”（runvbscript 为系统函数），如图 4-93 所示。

④ 单击“保存”按钮，并关闭所有窗口。

描述:
1

	事件	触发	时间	日期	数据点	表达式	停用
	(全部)	过滤文字	过滤文字	过滤文字	过滤文字	过滤文字	过滤文字
1	时钟		00:00:01			runvbscript("Level")	
*	时钟						

图 4-93　设置排程

⑤ 选择并插入趋势图，设置数据点（这里的“数据源”选择为“数据点”），设定 *X*/*Y* 轴，如图 4-94 和图 4-95 所示所示。

点

编号	标签	颜色	数据源	数据点/字段	最小刻度	最大刻度	样式	选项	计功
1	水平速度		数据点	Level_SpeedDis	0	200			
2	垂直速度		数据点	Lift_SpeedDis	0	100			
3			数据点						

图 4-94　设置数据点

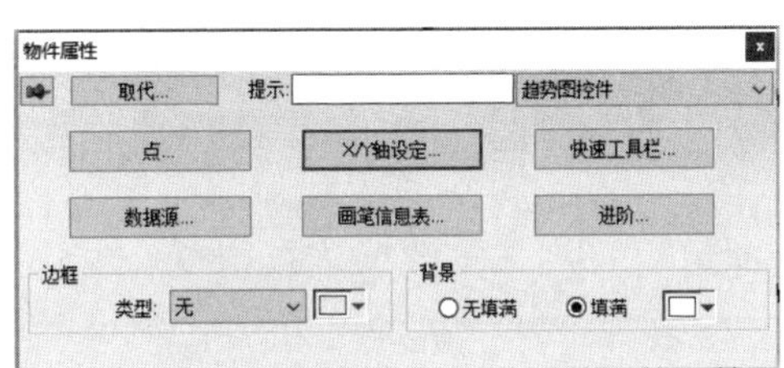

图 4-95　设定 *X*/*Y* 轴

⑥ 单击“运行”按钮，趋势图显示水平速度与垂直速度，如图 4-96 所示。

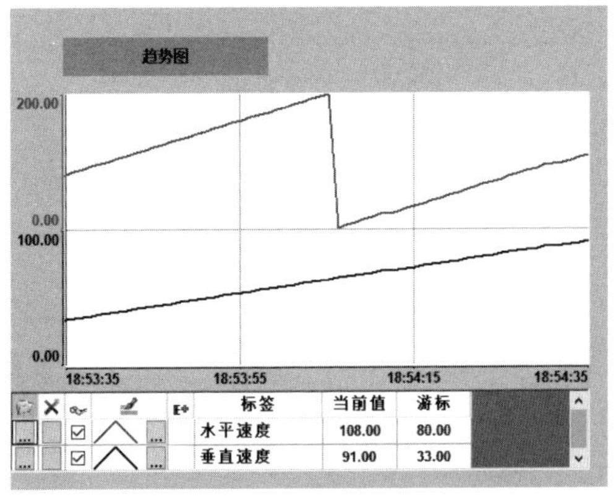

图 4-96　趋势图显示水平速度与垂直速度

拓展训练 1

完成趋势图的设置，添加排程、Function 功能函数，通过添加水平速度与垂直速度数据点完成实时数据采集。

（2）警报信息画面绘制。

① 在项目管理员窗口打开“工作”选项卡→选择“警报”文件夹并右击→在快捷菜单中选择“插入”命令，如图 4-97 所示。

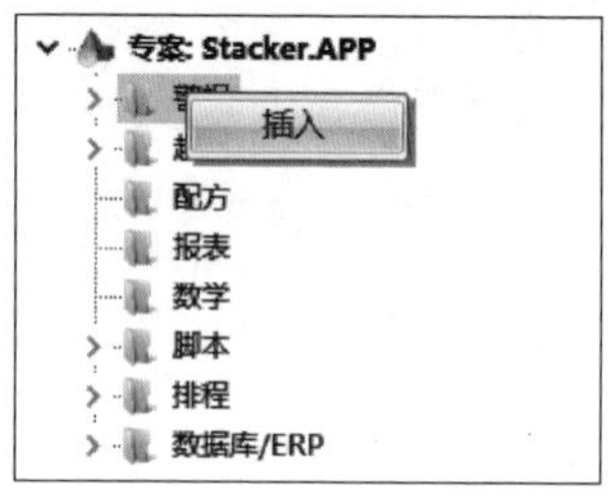

图 4-97 插入警报

② 设置警报信息。这里以水平速度与垂直速度为例，设置群组名称为“Level”，勾选“历史”区域中的相应的复选框，设置“类型”（如“上上限”“上限”“下限”“下下限”），具体设置如图 4-98 所示。

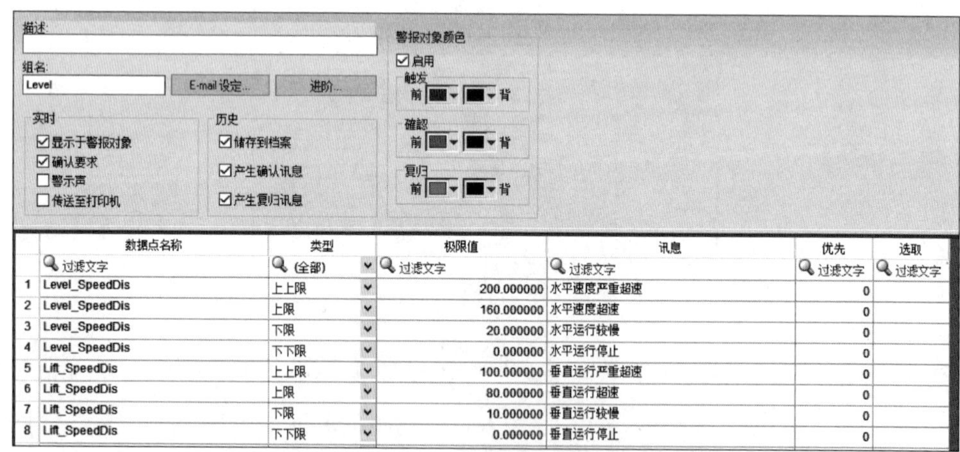

图 4-98 设置警报信息

③ 在 Trend 画面添加报警/事件。依次选择“插入”菜单→“动态物件”→“警报/事件”命令，如图 4-99 所示，警报/事件控件显示如图 4-100 所示。

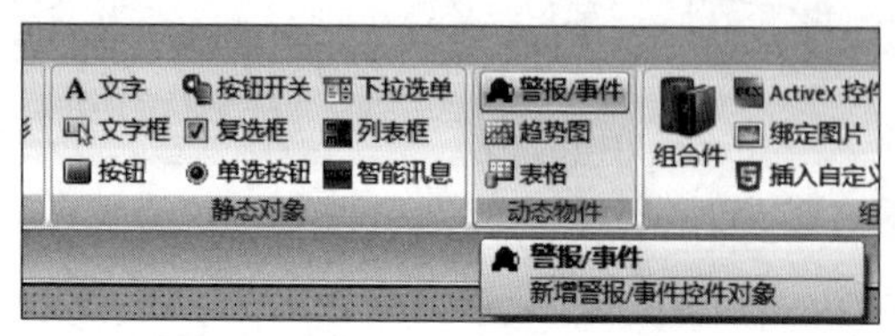

图 4-99 插入警报/事件控件

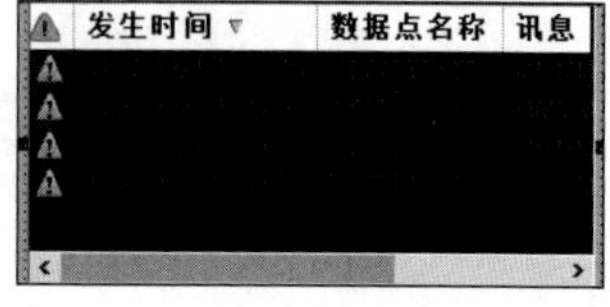

图 4-100 警报/事件控件显示

④ 警报/事件设置。打开警报/事件控件“物件属性”对话框，“类型”设置为“实时警报”，如图 4-101 所示。

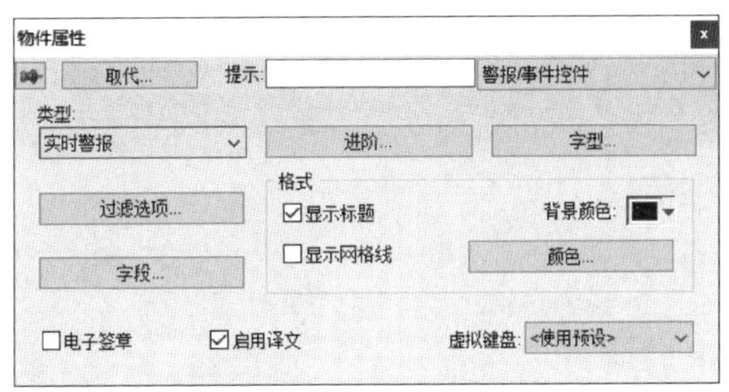

图 4-101　设置实时警报

⑤ 再次添加警报/事件控件，并设置“类型”为“历史警报”，如图 4-102 所示。

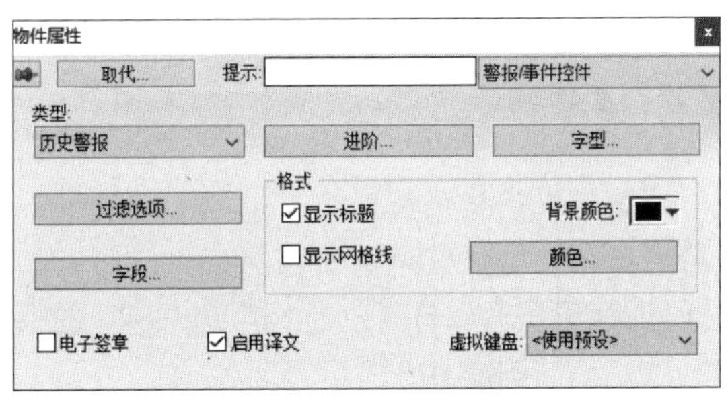

图 4-102　设置历史警报

⑥ 单击“过滤选项…”按钮，系统弹出“过滤选项”对话框，设置“间隔”为“最新”，单击“确定”按钮，完成设置，如图 4-103 所示。

注意：如果“间隔”选择为“期间”，需要将“期间”用变量引出，并在运行画面中添入时间间隔，才能正常显示历史警报。

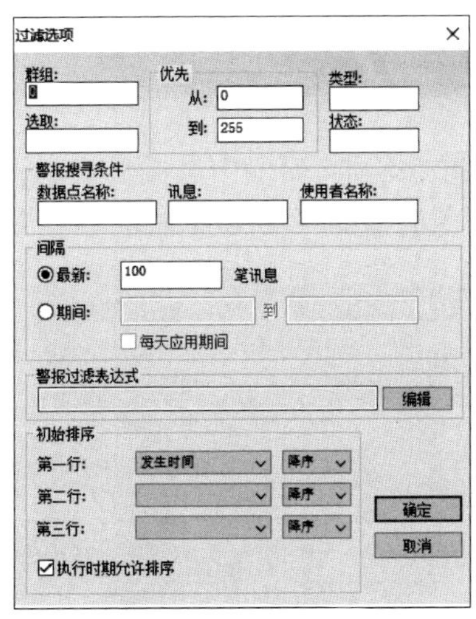

图 4-103　设置过滤选项

⑦ 保存并运行，分别显示“实时警报信息”与“历史警报信息”，如图 4-104 所示。

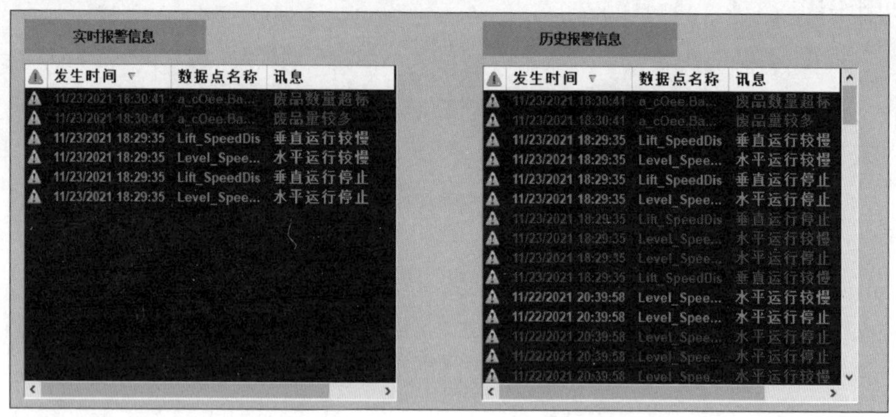

图 4-104 实时警报信息与历史警报信息

拓展训练 2

完成实时警报信息与历史警报信息采集。

（3）配置数据库存储趋势图及警报信息历史信息。

① 插入趋势图。在项目管理员窗口打开“工作”选项卡→选择“趋势图”并右击→在快捷菜单中选择“插入”命令，如图 4-105 所示。

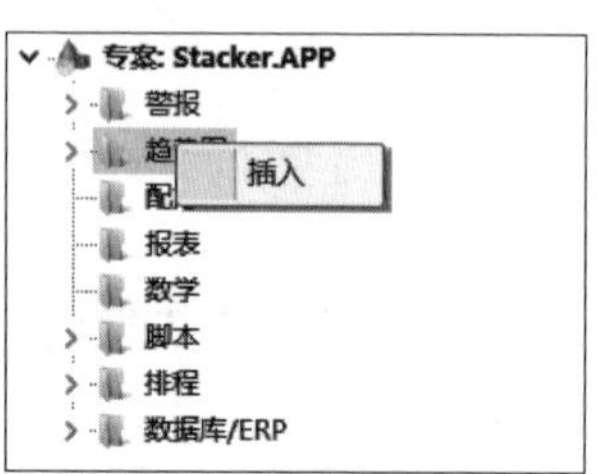

图 4-105 插入趋势图

② 设置趋势图。“历史档格式”选择为“数据库”，勾选“触发存储”复选框，并设置系统变量为“second”，在“数据点名称”字段中选择需要记录的数据点，如图 4-106 所示。

注意：数据点变更存储设置时需要将 second 去掉。

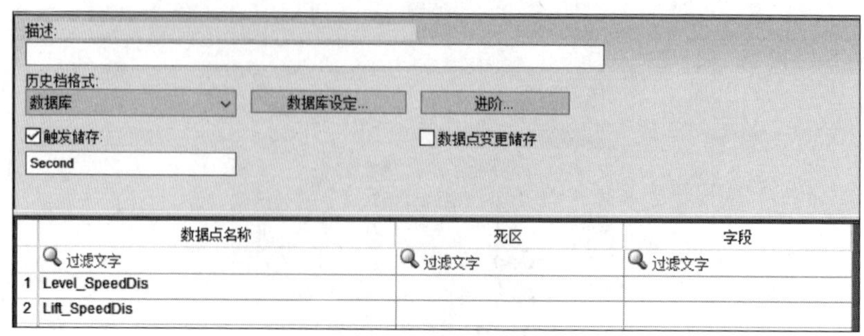

图 4-106 趋势图设置

③ 在 Trend 画面中插入趋势图，设置数据点，设定 *X*/*Y* 轴，方法同上。

④ 数据库配置。打开本地 SQL 数据库，在“连接到服务器”对话框中单击“连接”按钮，如图 4-107 和图 4-108 所示。

图 4-107　打开 SQL 数据库

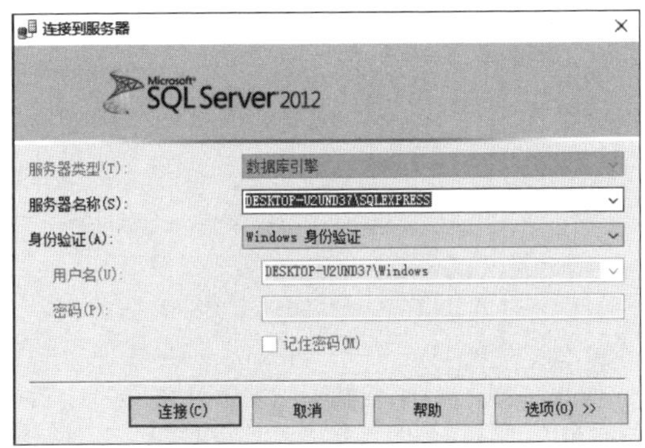

图 4-108　连接到服务器

⑤ 在对象资源管理器中选择“数据库”并右击，在快捷菜单中选择“新建数据库”命令，如图 4-109 所示。

⑥ 在“新建数据库”对话框中，设置“数据库名称”为“LevelTest”，单击“确定”按钮，如图 4-110 所示。

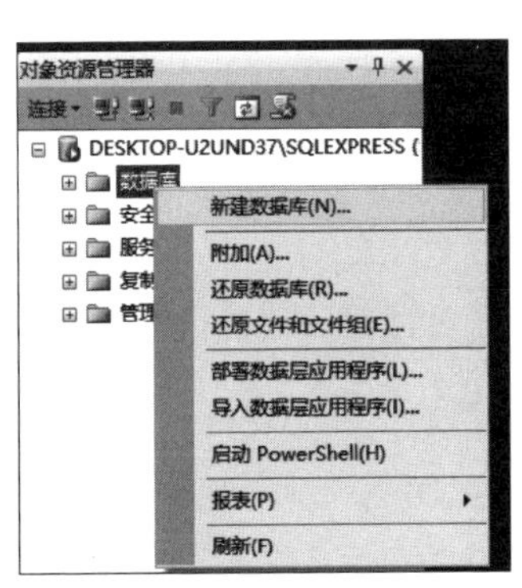

图 4-109　新建数据库

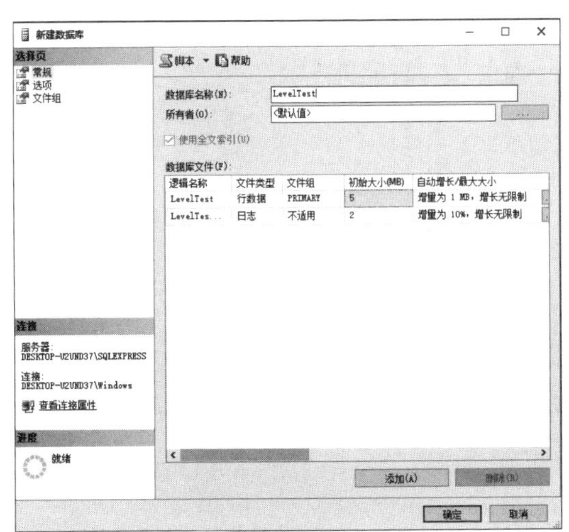

图 4-110　数据库名称设置

⑦ 在对象资源管理器中查看“LevelTest”数据库，这里“表”中只有“系统表”，如图 4-111 所示。数据库与 EMSE 软件链接成功后，运行 EMSE 软件时会在数据库中自动建立表格。

⑧ 打开 EMSE 软件，打开“开始”菜单，单击“项目设定”，如图 4-112 所示。

图 4-111　LevelTest 数据库表单信息

图 4-112　单击“项目设定”

⑨ 在“项目设定”对话框中打开“选项”选项卡，设置“历史档格式”为“数据库”，“档案保留天数”设置为“30”，如图 4-113 所示。

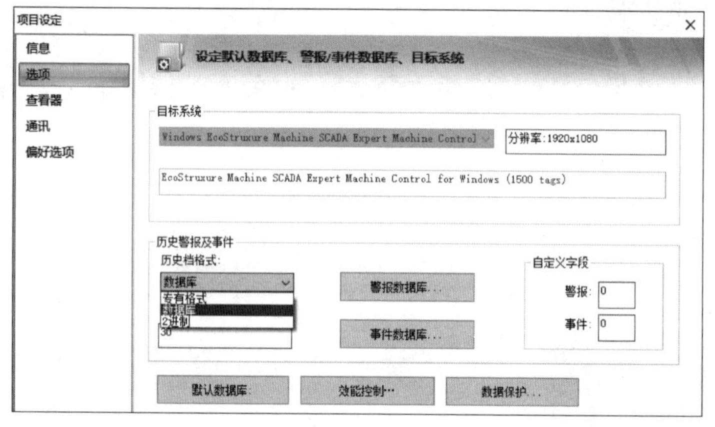

图 4-113　设定历史档格式

⑩ 单击“默认数据库”按钮，系统弹出“默认数据库设定”对话框，在“联机字符串”文本框输入信息，单击“省略号”按钮，如图 4-114 所示。

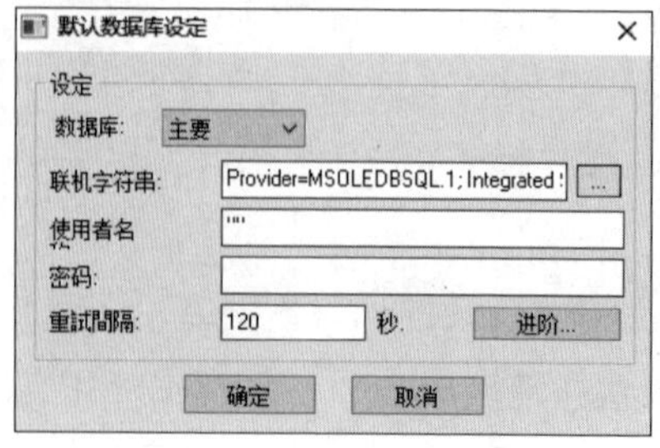

图 4-114　默认数据库设定

⑪ 系统弹出“数据库链接属性”对话框，打开“提供程序”选项卡，选择需要链接的

数据库，这里选择“Microsoft OLE DB Provider for SQL Server”，如图 4-115 所示。

⑫ 单击“下一页”按钮，选择连接数据库所在服务器名称（这里服务器名称为 SQL 数据库打开时对应的服务器名称），如图 4-116 所示。

图 4-115　选择数据库

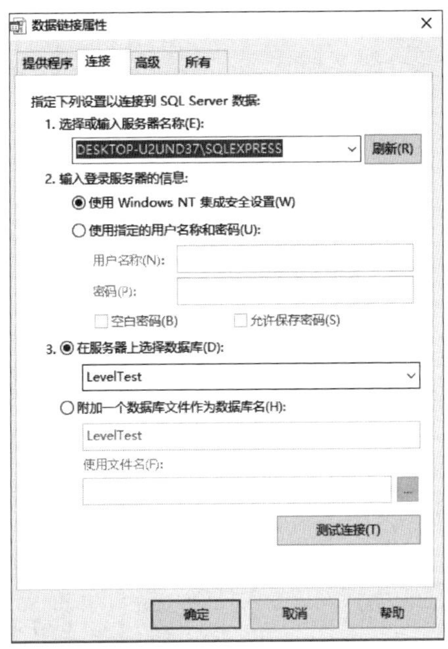

图 4-116　连接服务器设置

⑬ 单击“测试连接”按钮，系统弹出“测试连接成功”对话框，单击“确定”按钮完成设置，如图 4-117 所示。

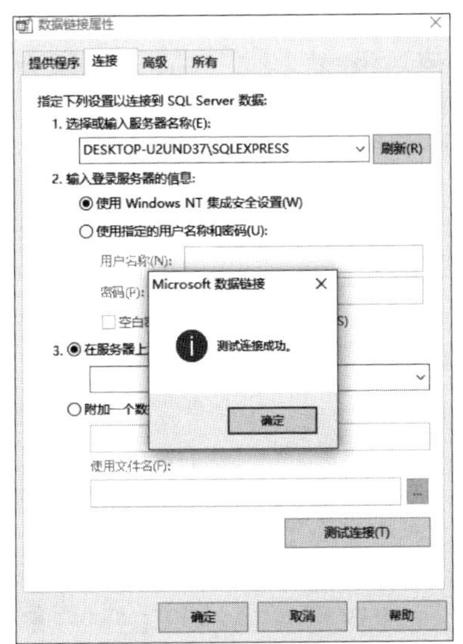

图 4-117　测试连接成功

⑭ 返回“默认数据库”对话框，单击“进阶”按钮，如图 4-118 所示，系统弹出“进阶”对话框。设置“时区”为“当地时间”，如图 4-119 所示，完成数据库配置。

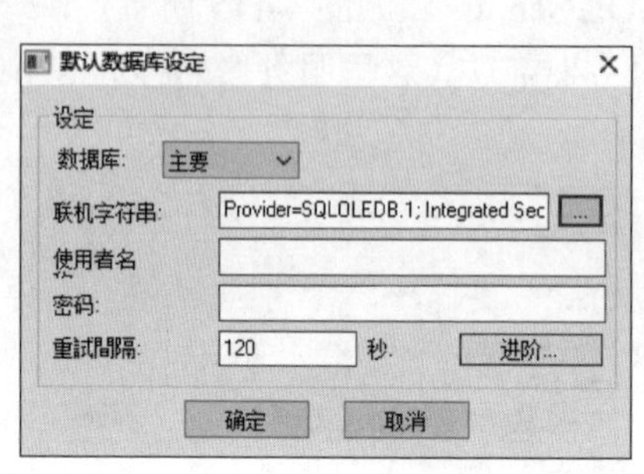

图 4-118 进阶设置

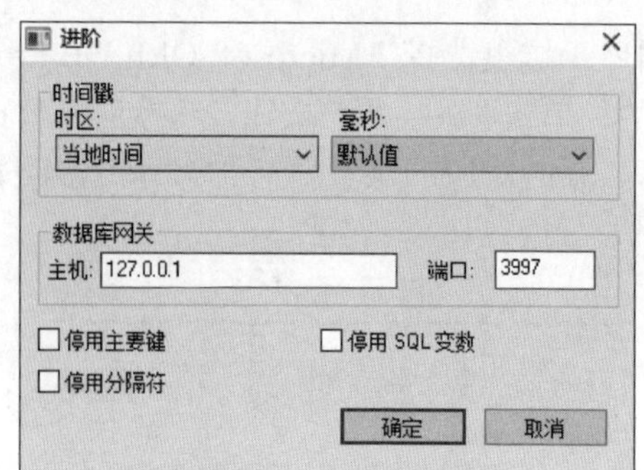

图 4-119 设置时间戳

⑮ 运行 Trend 画面，通过观察可知趋势图显示正常，如图 4-120 所示。

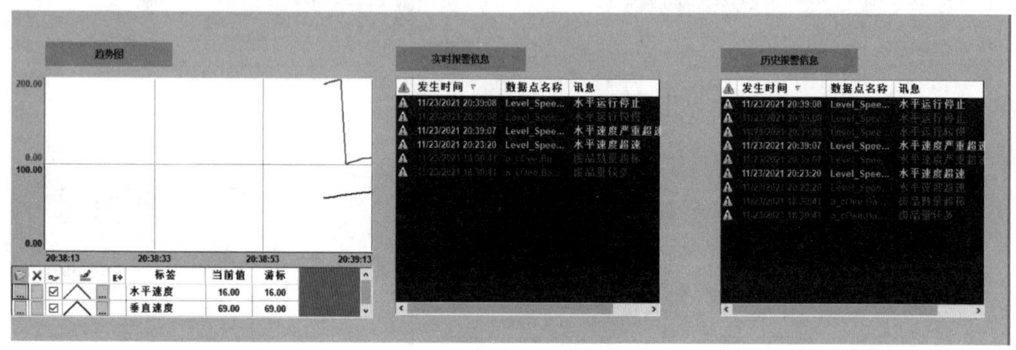

图 4-120 运行验证

⑯ 在对象资源管理器中查看“LevelTest”数据库，这里“表”中新生成了警报、事件及趋势表格，如图 4-121 所示。

图 4-121 查看“LevelTest”数据库

⑰ 选择警报表及趋势表并右击，在快捷菜单中“选择前 1000 行”命令，可以发现历史警报数据及趋势图数据已经记录在表格中，如图 4-122、图 4-123、图 4-124 所示。

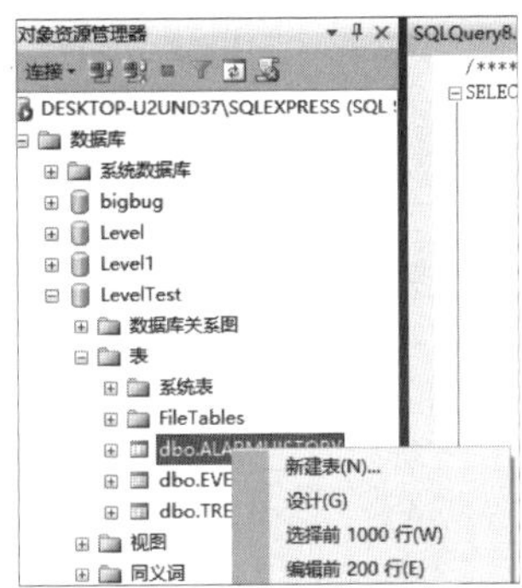

图 4-122　前 1000 行数据查看

	Al_Start_Time	Al_Start_Time_ms	Al_Tag	Al_Message
1	2021-11-24 19:29:47.0000000	911	a_c0ee.BadPart	废品量较多
2	2021-11-24 19:29:47.0000000	911	a_c0ee.BadPart	废品数量超标
3	2021-11-24 19:32:52.0000000	223	Level_SpeedDis	水平速度超速
4	2021-11-24 19:33:00.0000000	652	Level_SpeedDis	水平速度超速
5	2021-11-24 19:29:47.0000000	911	a_c0ee.BadPart	废品量较多
6	2021-11-24 19:29:47.0000000	911	a_c0ee.BadPart	废品数量超标
7	2021-11-24 19:33:31.0000000	717	Level_SpeedDis	水平速度严重超速
8	2021-11-24 19:33:00.0000000	652	Level_SpeedDis	水平速度超速
9	2021-11-24 19:33:31.0000000	717	Level_SpeedDis	水平速度严重超速
10	2021-11-24 19:33:32.0000000	719	Level_SpeedDis	水平运行较慢

图 4-123　历史警报数据记录

	Time_Stamp	Time_Stamp_ms	Level_SpeedDis	Lift_SpeedDis	rotate_SpeedDis
1	2021-11-24 19:32:52.0000000	161	156	39	19.5
2	2021-11-24 19:32:53.0000000	159	160	40	20
3	2021-11-24 19:32:54.0000000	156	164	41	20.5
4	2021-11-24 19:32:55.0000000	154	168	42	21
5	2021-11-24 19:32:56.0000000	161	172	43	21.5
6	2021-11-24 19:32:57.0000000	157	176	44	22
7	2021-11-24 19:32:58.0000000	151	180	45	22.5
8	2021-11-24 19:32:59.0000000	149	184	46	23
9	2021-11-24 19:33:00.0000000	152	188	47	23.5
10	2021-11-24 19:33:30.0000000	278	192	48	24

图 4-124　历史趋势图数据记录

拓展训练 3

完成 EMSE 软件与数据库的链接，并生成趋势及报警信息表格。

（4）同时，这里也可以根据链接好的数据库生成趋势图，自定义趋势图的 *X*/*Y* 轴。以增加旋转速度 rotate_SpeedDis 数据点来为例进行介绍。

① 插入趋势图（操作同上），更改数据源，单击“新增”按钮，在打开的“新数据源”对话框中将新数据源命名为“DB”；单击“建立”按钮，修改源类型为“数据库”，具体操作如图 4-125、图 4-126、图 4-127 所示。

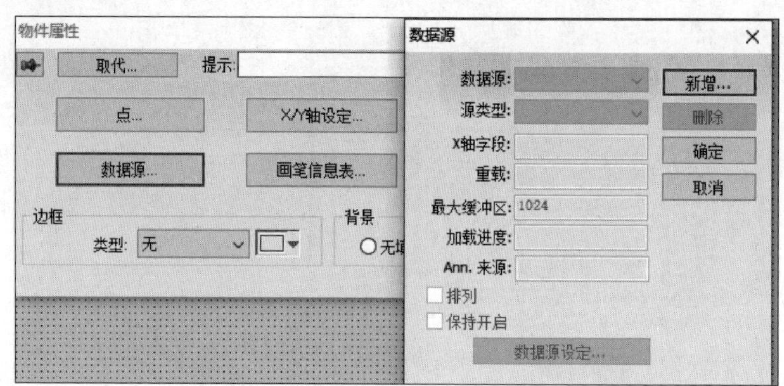

图 4-125 数据源更改

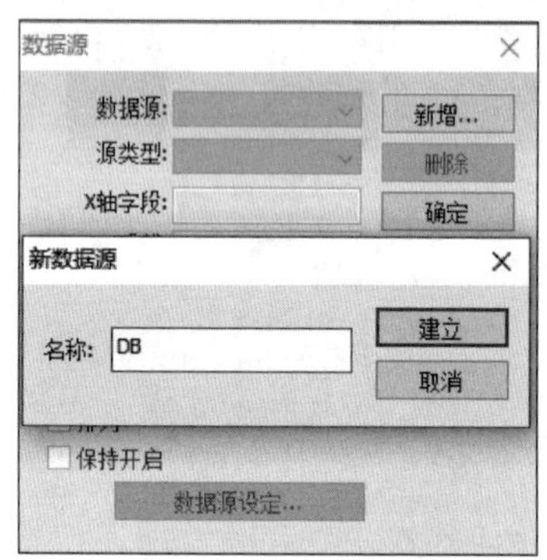

图 4-126 新增数据源

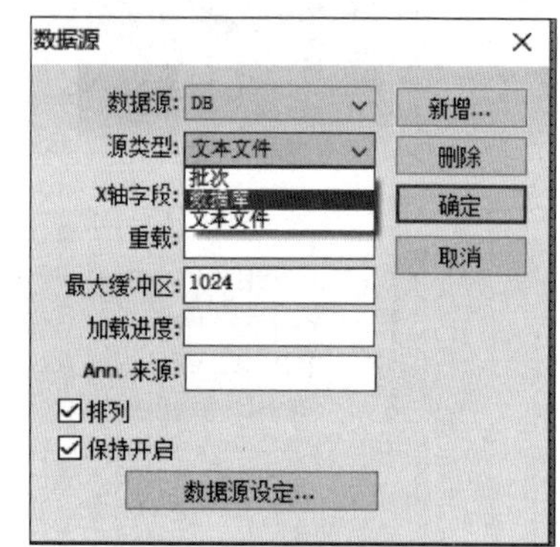

图 4-127 修改源类型

② 单击“数据源设定”按钮，如图 4-127 所示，系统弹出“数据库设定”对话框，取消勾选“使用预设名称”复选框，这里选择数据表名称为“TREND002”，如图 4-128 所示。

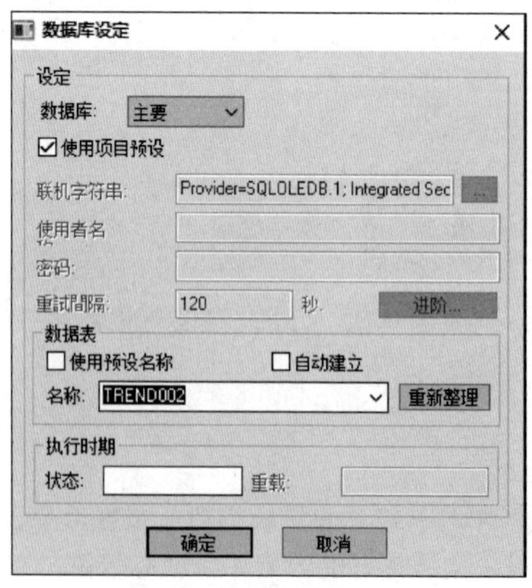

图 4-128 数据库设定

③ 在“数据源”对话框中，设定时间轴参数项。这里“X 轴字段”设置为 Trend002 表单中的第一列，对应为“time_stamp”，单击“确定”按钮，如图 4-129 所示。

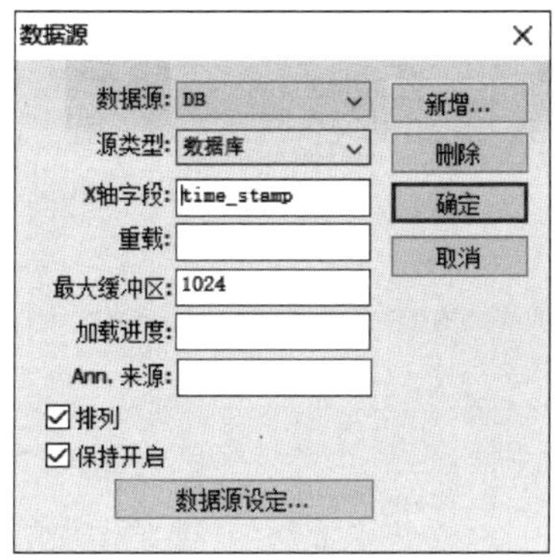

图 4-129　时间轴参数项设定

④ 在趋势图数据源设定界面，可以看到数据源中新增了“DB”选项，完成数据点的配置，如图 4-130 所示。

注意：这里 rotate_SpeedDis 数据，不再是数据点的实时数据，而是数据库 rotate_SpeedDis 一列的数据，如图 4-131 和图 4-132 所示。

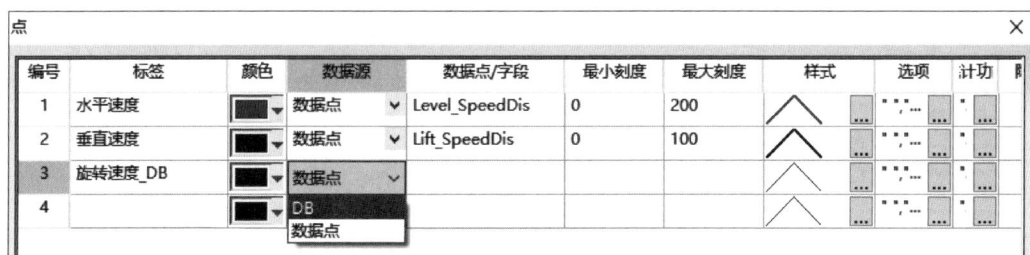

点

编号	标签	颜色	数据源	数据点/字段	最小刻度	最大刻度	样式	选项	计功
1	水平速度		数据点	Level_SpeedDis	0	200			
2	垂直速度		数据点	Lift_SpeedDis	0	100			
3	旋转速度_DB		数据点						
4			DB 数据点						

图 4-130　DB 数据源的新增

点

编号	标签	颜色	数据源	数据点/字段	最小刻度	最大刻度	样式	选项	计功
1	水平速度		数据点	Level_SpeedDis	0	200			
2	垂直速度		数据点	Lift_SpeedDis	0	100			
3	旋转速度_DB		DB	rotate_SpeedDis					
4	旋转速度		数据点	rotate_SpeedDis					

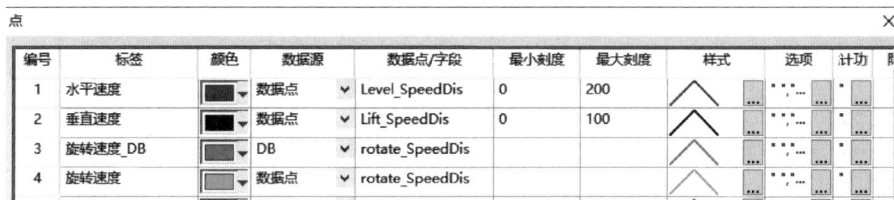

图 4-131　数据点设置

	Time_Stamp	Time_Stamp_ms	Level_SpeedDis	Lift_SpeedDis	rotate_SpeedDis
1	2021-11-24 19:32:52.0000000	161	156	39	19.5
2	2021-11-24 19:32:53.0000000	159	160	40	20
3	2021-11-24 19:32:54.0000000	156	164	41	20.5
4	2021-11-24 19:32:55.0000000	154	168	42	21
5	2021-11-24 19:32:56.0000000	161	172	43	21.5
6	2021-11-24 19:32:57.0000000	157	176	44	22
7	2021-11-24 19:32:58.0000000	151	180	45	22.5
8	2021-11-24 19:32:59.0000000	149	184	46	23
9	2021-11-24 19:33:00.0000000	152	188	47	23.5
10	2021-11-24 19:33:30.0000000	278	192	48	24

图 4-132　数据库中 rotate_SpeedDis 数据

⑤ 单击“运行”按钮，可以看到旋转速度 DB 和旋转速度的曲线趋势几乎是一样的，但是数据来源不一样，旋转速度 DB 的数据来自数据库数据，旋转速度来自数据点实时数据，如图 4-133 所示。所以，在 EMSE 软件中，对于同一个趋势图，可以将来源于不同数据源的数据进行混合排列。

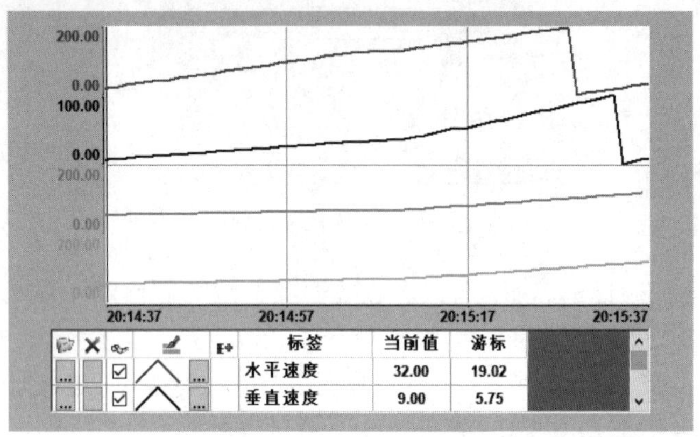

图 4-133　趋势图对比

⑥ 完整运行 Trend 画面，如图 4-134 所示。

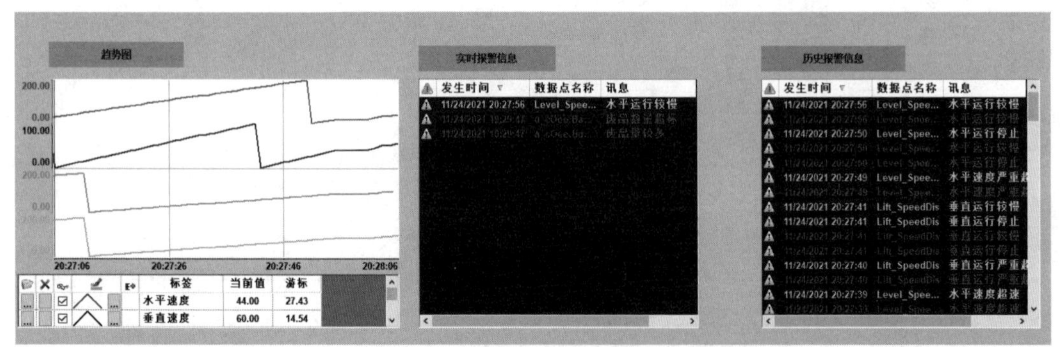

图 4-134　Trend 画面

拓展训练 4

在任务 4.3 的基础上，完成 EMSE 软件与数据库链接，并将 Trend 画面中趋势图控件数据源设置为数据库，对比分析数据源为数据点和数据库的区别。

【知识点总结】

1. 趋势控件的设置及应用，能够进行采集数据的趋势分析，不同的数据点来源能够记录不同的趋势。

2. 历史警报信息与实时警报信息的数据采集，通过设置排程能够实现后台的数据自动更新。

3. EMSE 软件通过链接数据库，能够记录运行过程中的所有数据及信息。

【学习足迹】

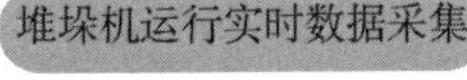

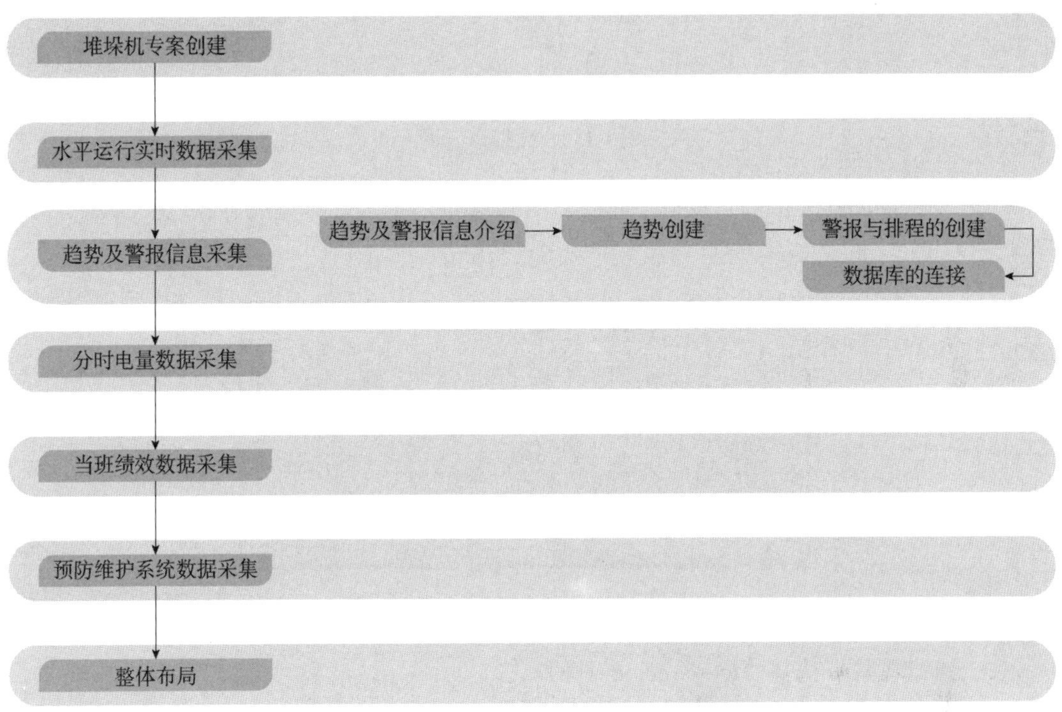

任务 4.4　分时电量数据采集

本任务教学计划

分时电量数据采集

通过电量的监控统计，能够采集到 24 小时电量的分布使用情况。该任务将介绍如何通过垂直直方图创建分时电量数据采集画面（见图 4-135），方便后续统计每日总电量、每月总电量、每年总电量等。

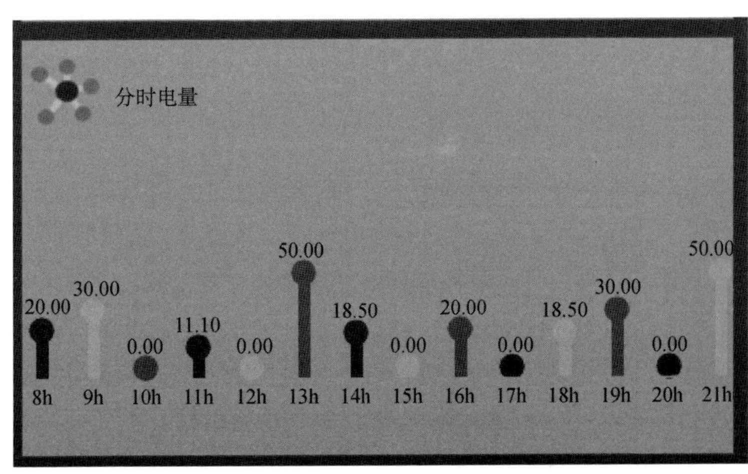

图 4-135　分时电量数据采集画面

本任务的实施过程如下。

（1）在项目管理员窗口选择“全局”选项卡→选择“数据点总表”并右击→在快捷菜单中选择“PowerHour”命令，创建数组数据点。在数据点创建界面设置“维数”为“24”，选择“类型”为“实数”，“描述”设置为“每小时电量”，如图 4-136 所示。

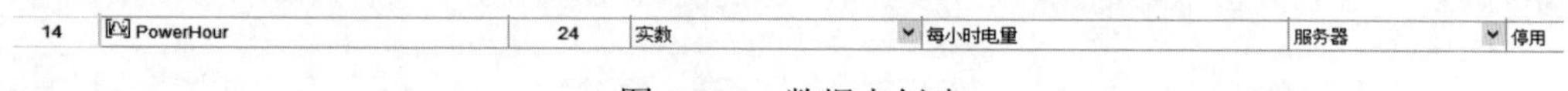

14
PowerHour
24
实数
每小时电量
服务器
停用

图 4-136　数据点创建

（2）数据点创建完成后，绘制矩形框，并修改矩形框尺寸，宽度*高度为“626*276”，如图 4-137 所示。

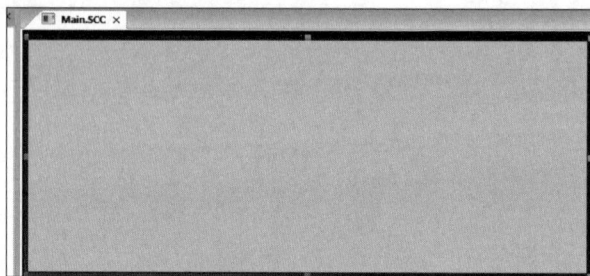

图 4-137　设置矩形框尺寸

（3）绑定图片。选择“icon_recipe”图片。

（4）添加文字标题“分时电量”，如图 4-138 所示。

图 4-138　添加文字标题

（5）通过垂直直方图控件绘制电量显示框。选择矩形框并在其“物件属性”对话框中设置边框类型为“无”，“背景”设置为“填满”，宽度*长度设置为“8*150”，如图 4-139 所示。

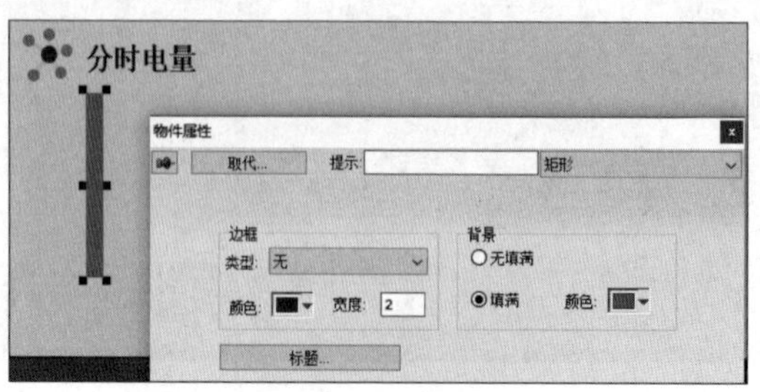

图 4-139　绘制与设置电量显示框

（6）如图 4-140 所示，添加“颜色”及“尺寸”动态属性，并完成相应设置（数值范围、尺寸范围、参考位置），如图 4-141 所示。为了进一步区分，这里设置三种颜色变更界限，如图 4-142 所示。

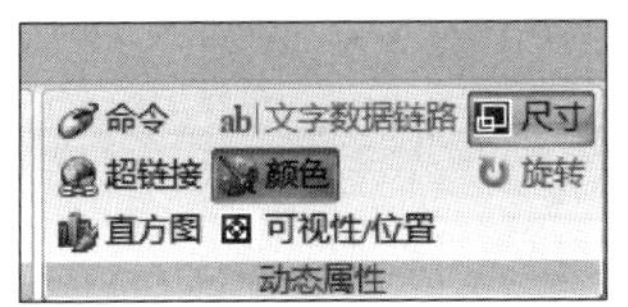

图 4-140　添加“颜色”与“尺寸”动态属性

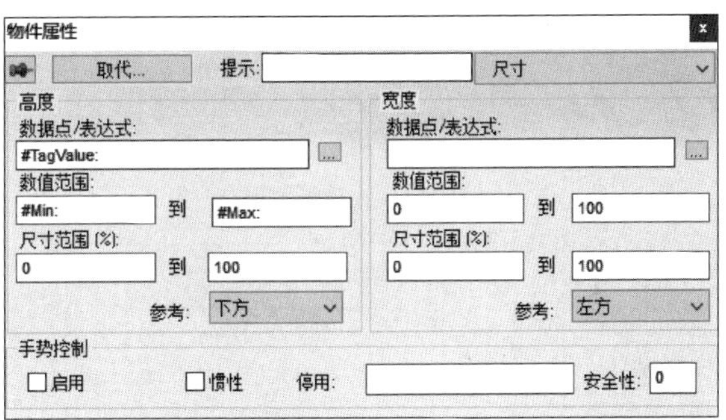

图 4-141　尺寸设置

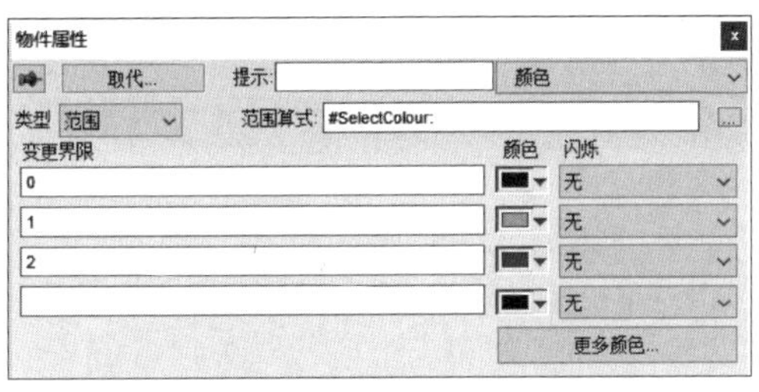

图 4-142　颜色设置

（7）绘制椭圆，并在其“物件属性”对话框中设置“边框”为“无线”，“颜色”和垂直矩形框同色，同时添加“颜色”动态属性，保持和垂直显示同样的颜色变化，如图 4-143 所示。

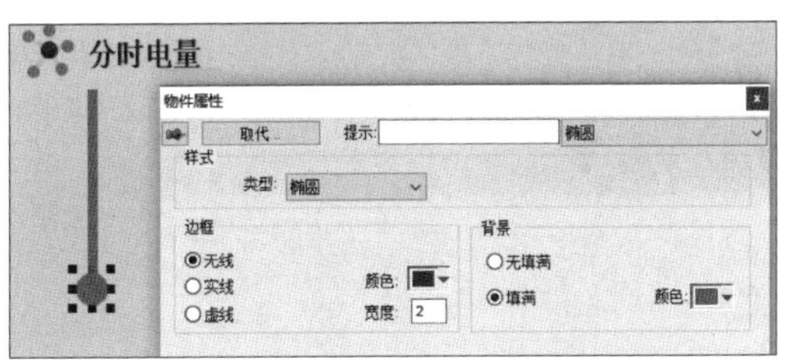

图 4-143　绘制并设置椭圆

（8）添加文字，并设置“颜色”（同上）及“文字数据链路”，如图 4-144 所示。

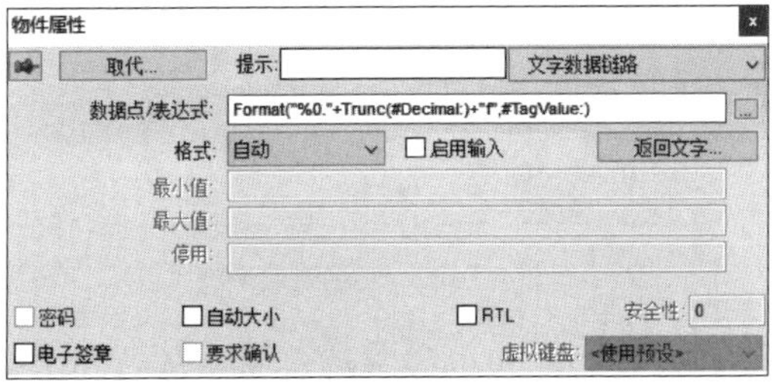

图 4-144　文字数据链路设置

（9）添加矩形框并设置标题为{#Title:""}，如图 4-145 和图 4-146 所示。

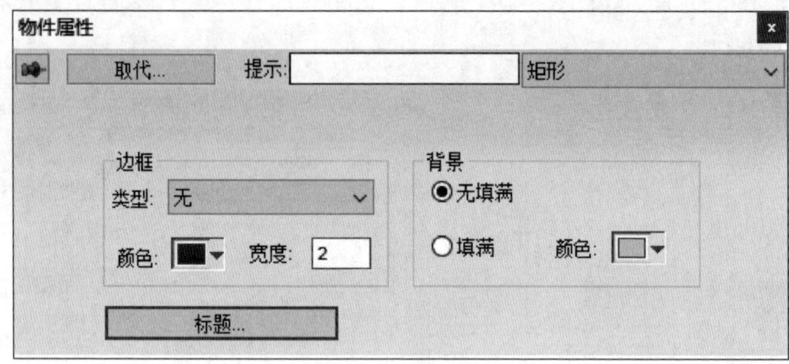

图 4-145　添加矩形框

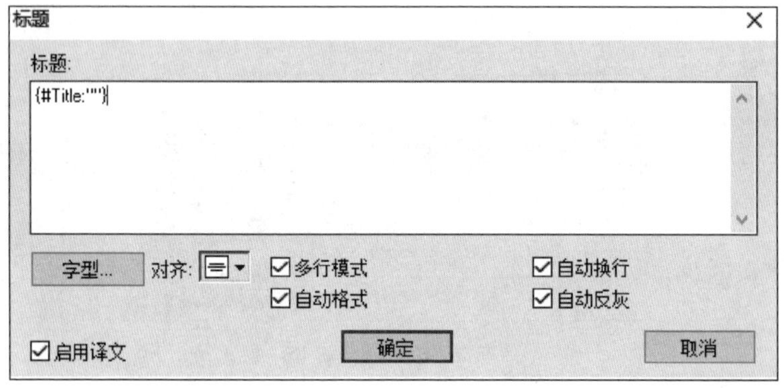

图 4-146　添加矩形框标题

（10）将所设置的所有物件建立组合件并保存为“MyBargraph.sym”，如图 4-147 所示。

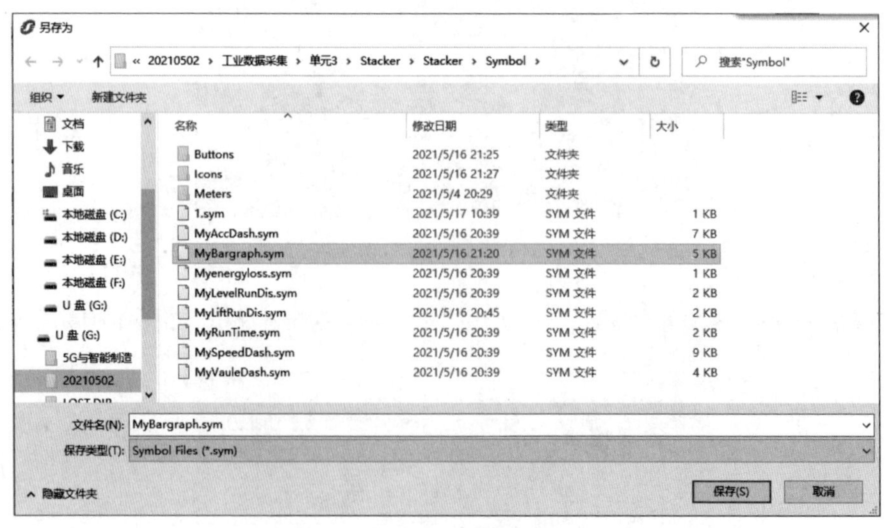

图 4-147　保存组合件

（11）保存完成后对组合件进行编辑，这里仅显示工作时间电量累计情况。打开组合件的“物件属性”对话框，其中“TagValue”为数组，双击数组打开“对象搜寻器”对话框，选择“PowerHour”数据点，单击“索引”按钮，在“选取索引”对话框中选择对应索引号码，在“物件属性”对话框“Title”对应的“数值”字段中输入“8h”，完成设置，如图 4-148、图 4-149、图 4-150、图 4-151 所示。

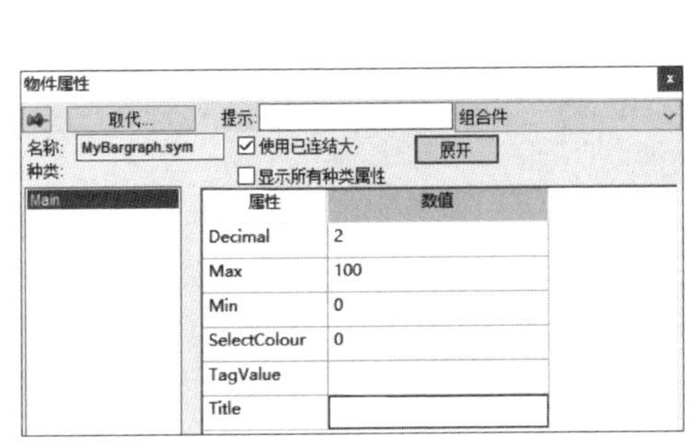

图 4-148　编辑组合件

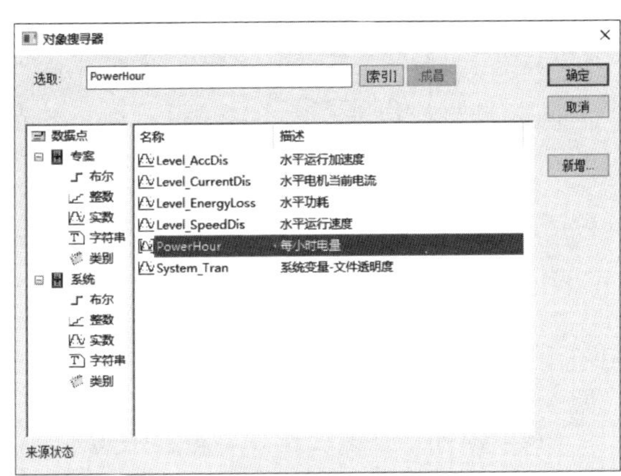

图 4-149　选择显示电量时间

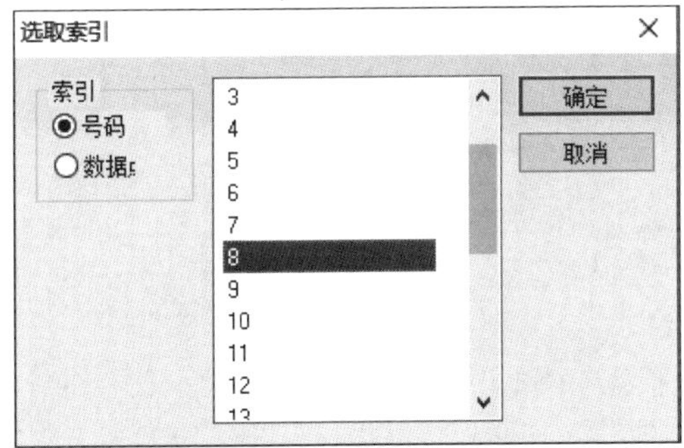

图 4-150　选择索引号码 8

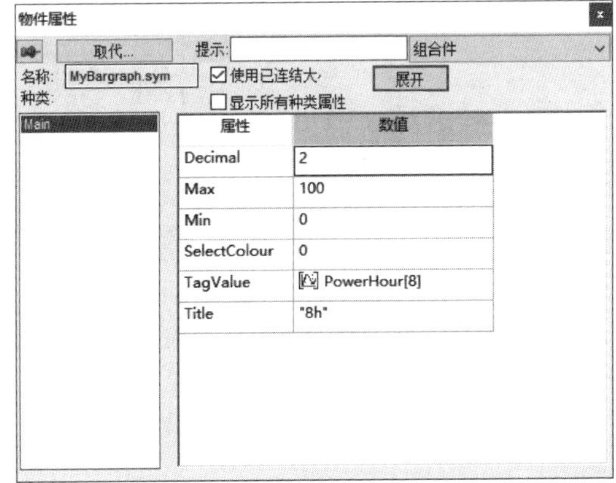

图 4-151　组合件完整设置

（12）完成上述组合件设置后，进行剩余时间的设置，操作方法同上。这里每小时电量数据从 8 点到 21 点进行采集，分时电量完整画面如图 4-152 所示。

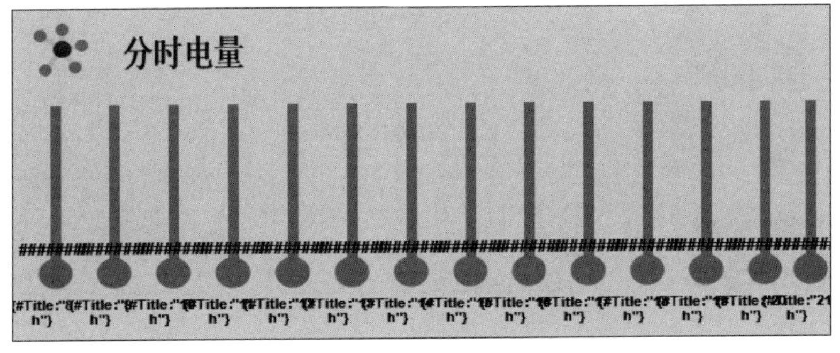

图 4-152　分时电量完整画面

（13）单击“运行”按钮，运行任务显示如图 4-153 所示。

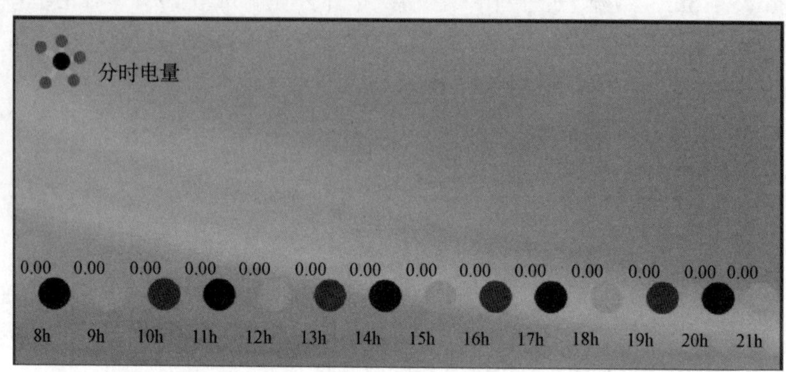

图 4-153 运行任务显示

（14）添加一条横线作为电量显示基本轴，如图 4-154 所示。

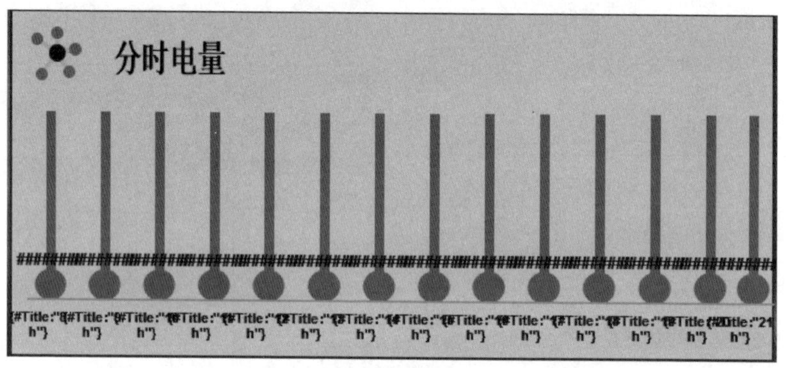

图 4-154 添加电量显示基本轴

（15）验证画面绘制的正确性，这里采用按钮验证所绘制的画面是否正确。添加按钮，如图 4-155 所示；双击新建的按钮，在其“物件属性”对话框中选择“命令”，分别设置按钮“按下时”与“放开时”程序，如图 4-156 和图 4-157 所示。

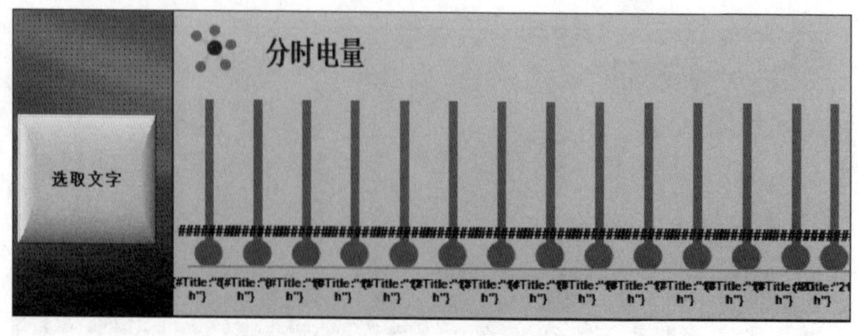

图 4-155 添加按钮验证

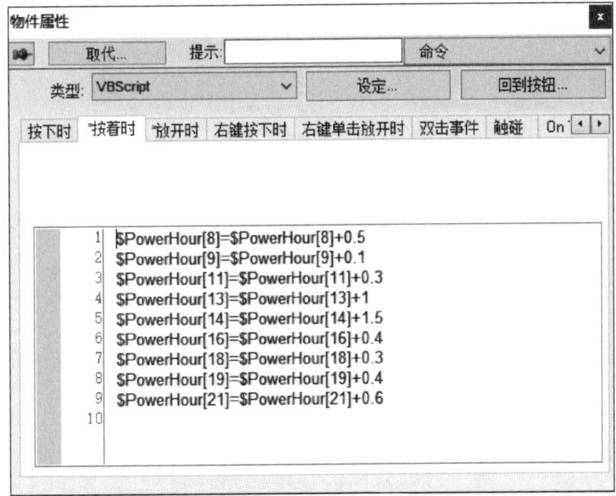

图 4-156　按钮“按着时”程序

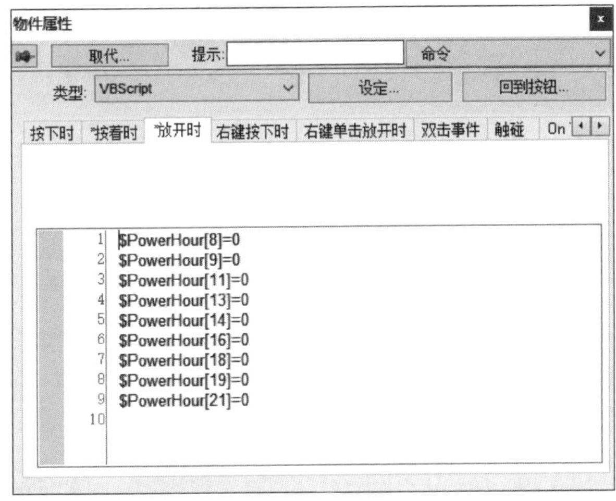

图 4-157　按钮“放开时”程序

（16）保存新建按钮及设置后单击“停止”按钮停止任务，再次单击“执行”按钮，运行任务，按下新建的按钮进行动态验证，验证结果如图 4-158 所示。

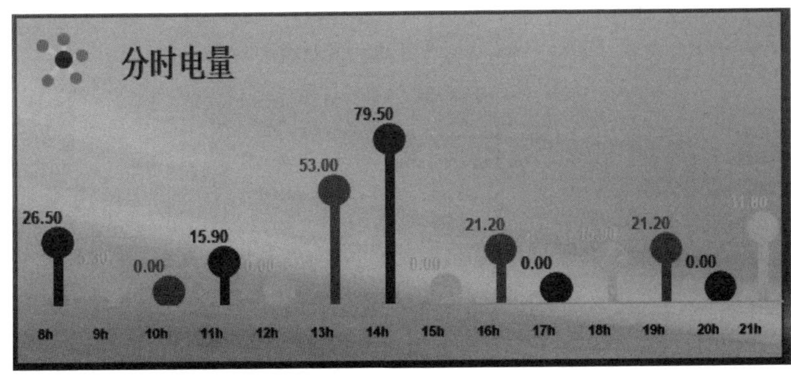

图 4-158　验证结果

拓展训练

通过垂直直方图、群组及颜色等动态属性的设置，完成分时电量画面绘制，并链接到数据点。

【知识点总结】

1. 采用数组数据点来创建同一种类型的数据点（如一天中每小时电量）能够简化设置。

2. 垂直直方图能够将采集得到的数据实现垂直动态显示，使得显示的数据更加形象和直观。

【学习足迹】

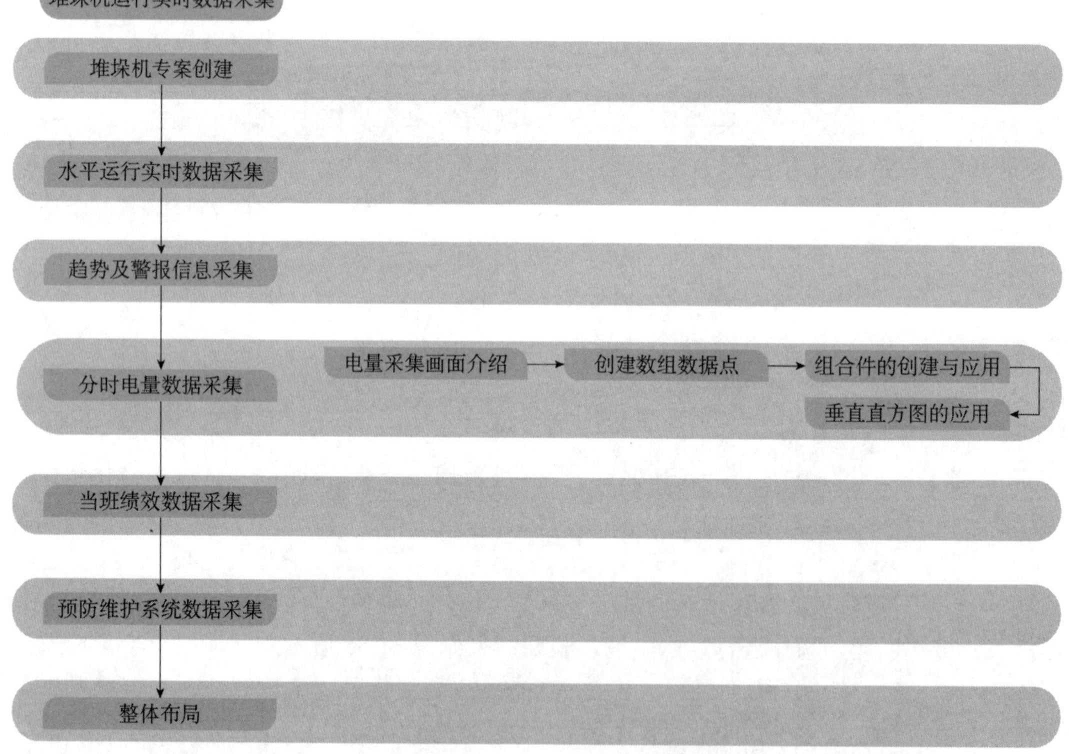

任务 4.5　当班绩效数据采集

本任务教学计划

当班绩效数据采集

本任务是建立当班绩效数据采集画面，包括总绩效、时间可用率、速度性能及质量合格率等现场实时数据的采集及详细分析，当班绩效数据采集画面如图 4-159 所示，绩效分析画面如图 4-160 所示。

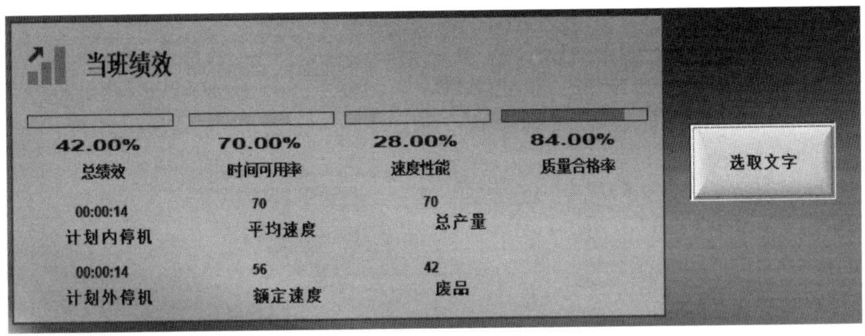

图 4-159　当班绩效数据采集画面

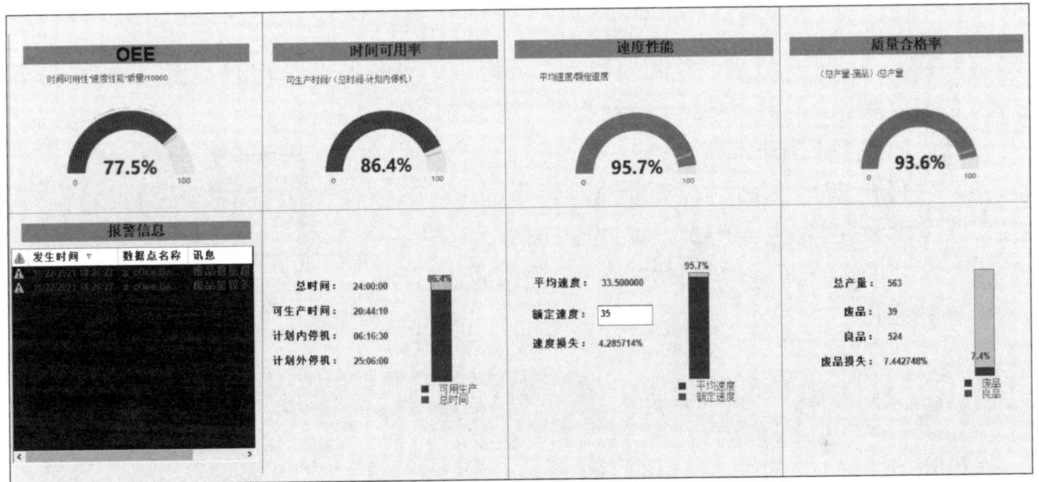

图 4-160　绩效分析画面

本任务的实施过程如下。

（1）创建数据点。为整个绩效数据采集画面创建一个类别，如图 4-161 所示，并保存为“cOee”。

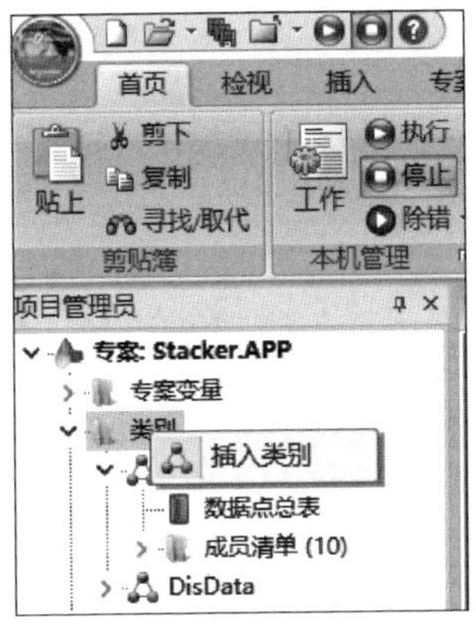

图 4-161　创建类别

（2）在“类别：cOee”中创建整个绩效数据采集画面的数据点，并输入相关描述，如图 4-162 所示。同时在专案数据点总表中添加数据点“a_c0ee”，“类型”设置为“实数”。

类别: cOee

	名称	类型	描述
1	OEE	实数	OEE
2	Availability	实数	利用率
3	Quality	实数	质量
4	Performance	实数	性能
5	inPlanStopTime	整数	计划内停机时间
6	outPlanStopTime	整数	计划外停机时间
7	AverageSpeed	实数	平均速度
8	RateSpeed	实数	额定速度
9	TotalParts	整数	总产量
10	BadPart	整数	废品数量
11	queryTime	整数	查询总时间
12	runTime	整数	生产时间
13	GoodPart	整数	良品数量

图 4-162　在 cOee 类别中创建数据点

（3）数据点创建完成后，绘制矩形框，并修改矩形框尺寸，宽度*高度为“626*276”。

（4）绑定图片。打开“icon_report”图片并绑定。

（5）添加文字“当班绩效”。

（6）绘制进度框。绘制水平矩形框（矩形框 1），并设置其宽度*长度为“140*12”，如图 4-163 所示。

图 4-163　绘制水平矩形框并设置尺寸

（7）添加“直方图”与“可视性/位置”动态属性，如图 4-164 所示。

图 4-164　添加“直方图”与“可视性/位置”动态属性

（8）在“物件属性”对话框中，设置“可视性/位置”，在“显示条”文本框中输入“#TagName:<80”，如图 4-165 所示。同时设置直方图，分别设置“数据点/表达式”“最大值”“最小值”，选择“前景色”，“方向”选择为“水平向”，具体如图 4-166 所示。

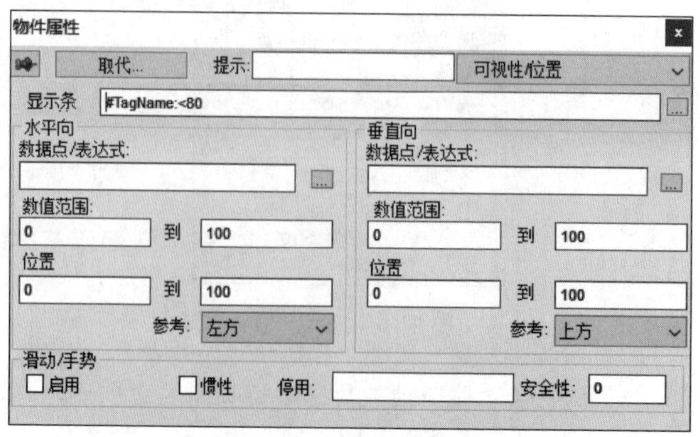

图 4-165　可视性/位置设置

物件属性
取代...
提示:
直方图
数据点/表达式:
#TagName:
最小值:
#Min:0
最大值:
#Max:100
前景色:
方向
垂直向
水平向
定位
往上移
中间
往下移

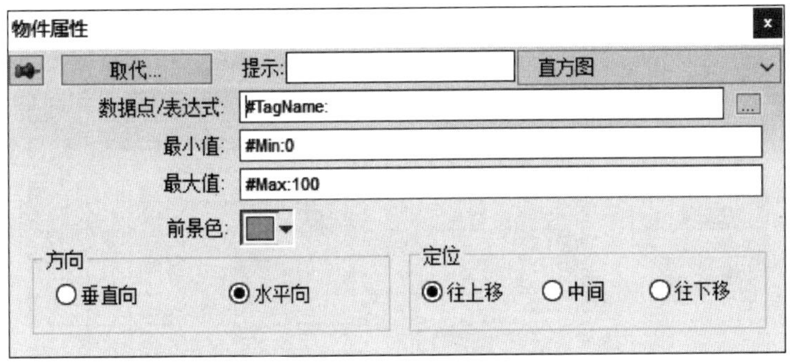

图 4-166　直方图设置

（9）按照上述方法同时复制两个矩形框（矩形框 2 和矩形框 3），并完成“直方图”与“可视性/位置”设置。矩形框 2 设置如图 4-167 和图 4-168 所示，矩形框 3 设置如图 4-169 和图 4-170 所示。这里颜色设置为百分比小于 80%为橙色，80%～90%为蓝色，90%～100%为绿色。

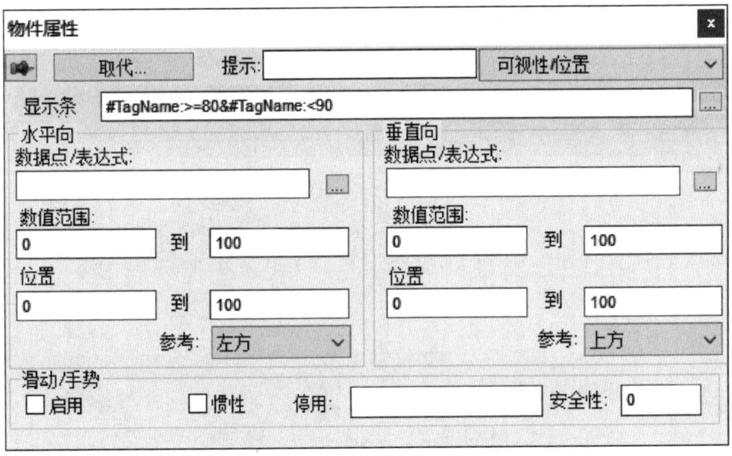

物件属性
取代...
提示:
可视性/位置
显示条
#TagName:>=80&#TagName:<90
水平向
数据点/表达式:
数值范围:
0
到
100
位置
0
到
100
参考:
左方
垂直向
数据点/表达式:
数值范围:
0
到
100
位置
0
到
100
参考:
上方
滑动/手势
启用
惯性
停用:
安全性:
0

图 4-167　矩形框 2 可视性/位置设置

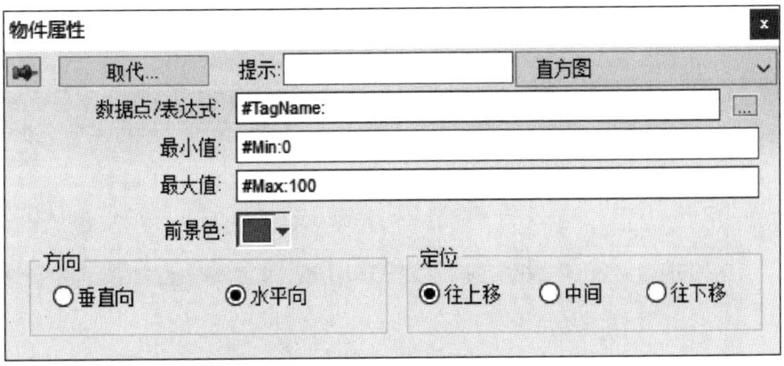

物件属性
取代...
提示:
直方图
数据点/表达式:
#TagName:
最小值:
#Min:0
最大值:
#Max:100
前景色:
方向
垂直向
水平向
定位
往上移
中间
往下移

图 4-168　矩形框 2 直方图设置

物件属性
取代... 提示: 可视性/位置
显示条 #TagName:>=90
水平向
数据点/表达式:
数值范围: 0 到 100
位置 0 到 100
参考: 左方
垂直向
数据点/表达式:
数值范围: 0 到 100
位置 0 到 100
参考: 上方
滑动/手势
启用 惯性 停用: 安全性: 0

图 4-169 矩形框 3 可视性/位置设置

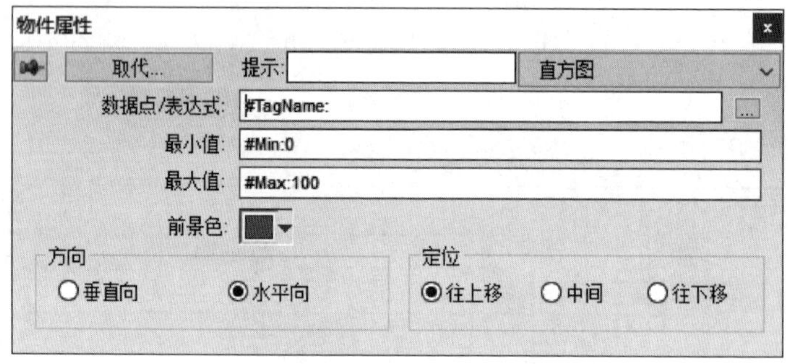

图 4-170 矩形框 3 直方图设置

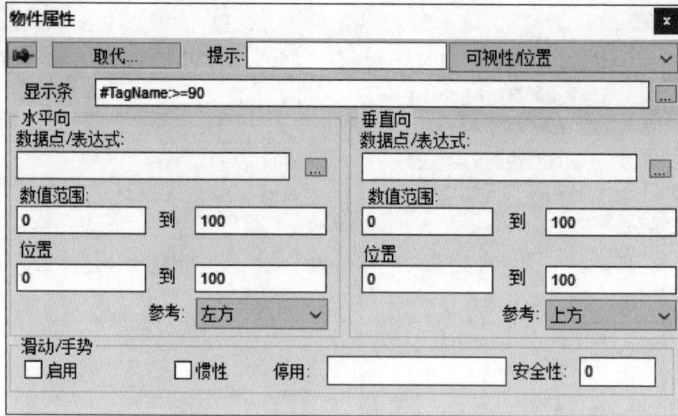

（10）同时选中三个矩形框，并设置为置中对齐。三个矩形框合并为一个，创建组合件，如图 4-171 所示。

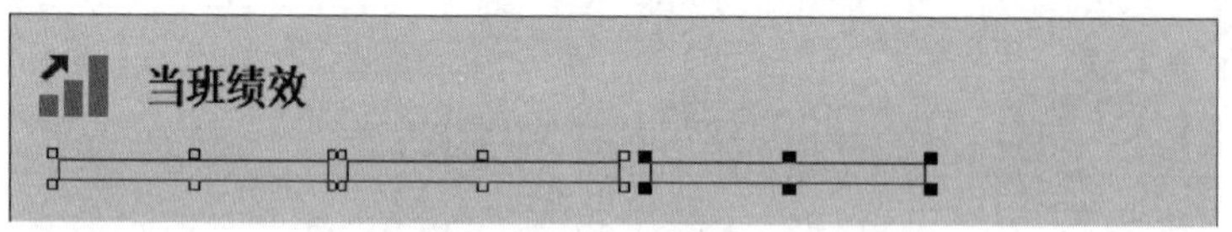

图 4-171 创建组合件

（11）插入文字描述，如图 4-172 所示。

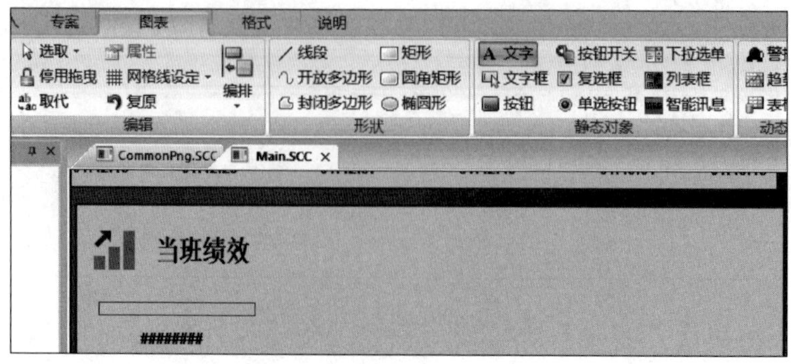

图 4-172 插入文字描述

（12）绘制矩形框，并设置矩形框属性，如图 4-173 和图 4-174 所示。

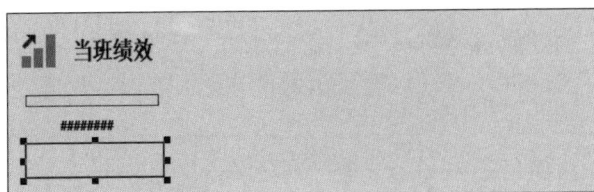

图 4-173　绘制矩形框

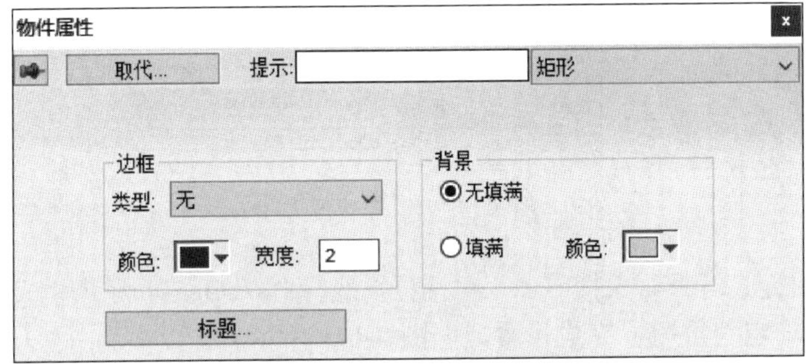

图 4-174　矩形框属性设置

（13）添加标题，输入标题内容，如图 4-175 所示；设置标题尺寸，如图 4-176 所示。

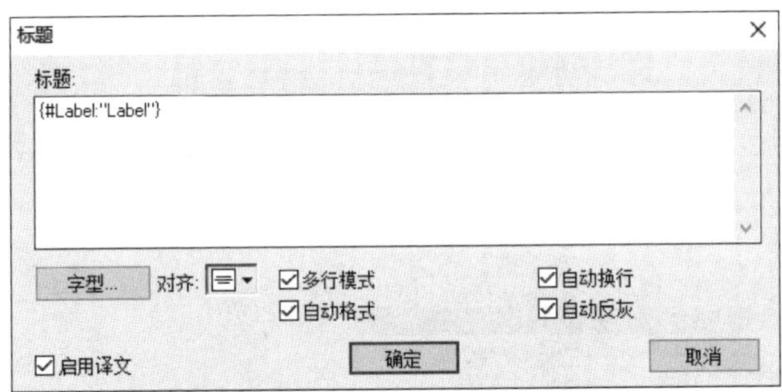

图 4-175　输入标题内容

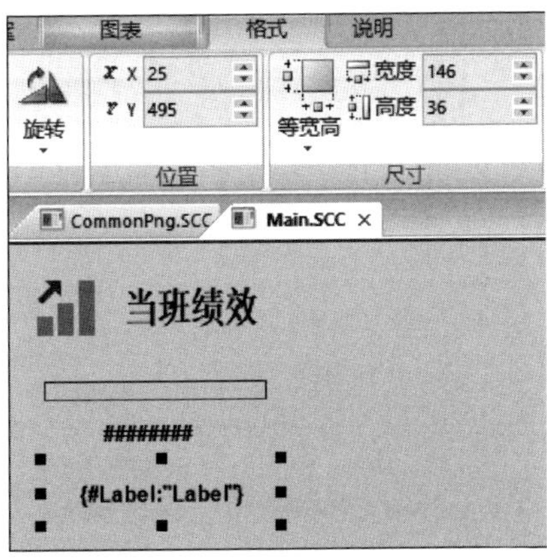

图 4-176　设置标题尺寸

（14）选择上述矩形框及文字，创建组合件，并保存为“MyVauleDash.sym”。

（15）组合件创建完成后，编辑组合件。

① 在组合件的“物件属性”对话中，将“Label”“Max”“Min”对应的“数值”字段分别设置为“总绩效”“100”“0”（这里显示为百分比），如图 4-177 所示。

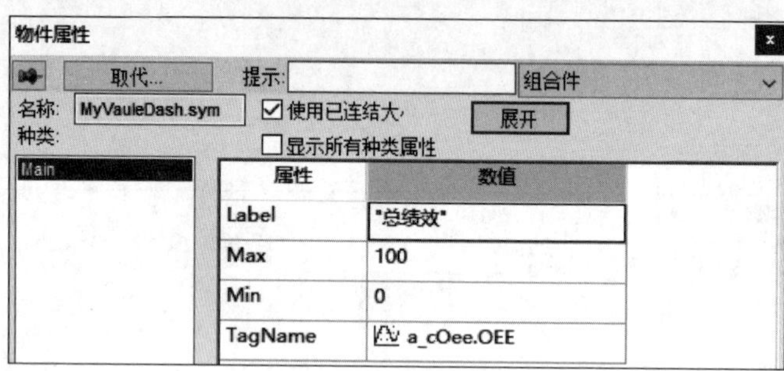

图 4-177 组合件设置

② 双击空白处打开“对象搜寻器”对话框，选择“a_cOee”，单击“成员”按钮，选择“OEE”，单击“确定”按钮，完成设置，如图 4-178 所示。

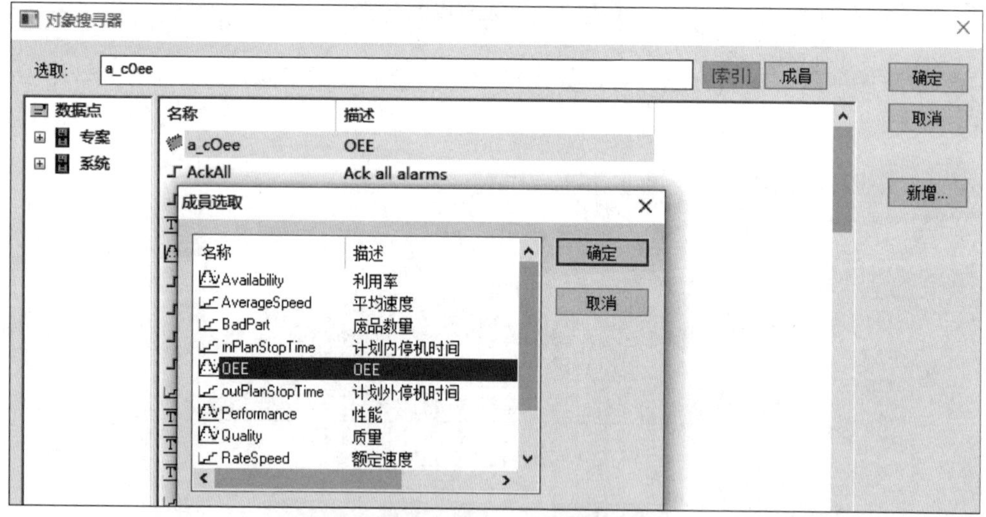

图 4-178 OEE 数据点设置

（16）采用同样的方法，完成“时间可用率”“速度性能”“质量合格率”3 个组合件的设置。设置完成的显示如图 4-179 所示。

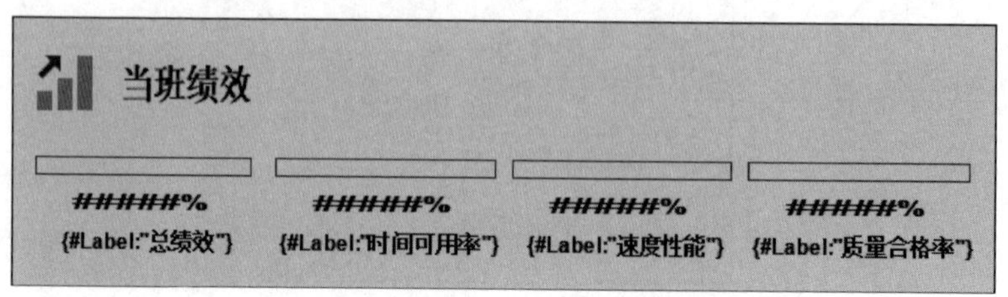

图 4-179 组合件设置完成后的显示

（17）创建“停机次数”组合件。

① 绘制矩形，设置其物件属性，并将标题设置为{Format（"%h"，$a_cOee.inPlanStopTime）}，如图 4-180 和图 4-181 所示。

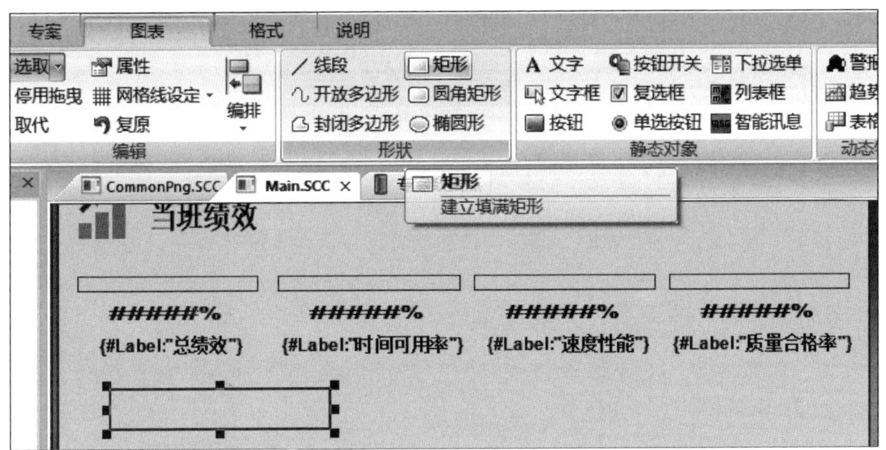

图 4-180　绘制矩形

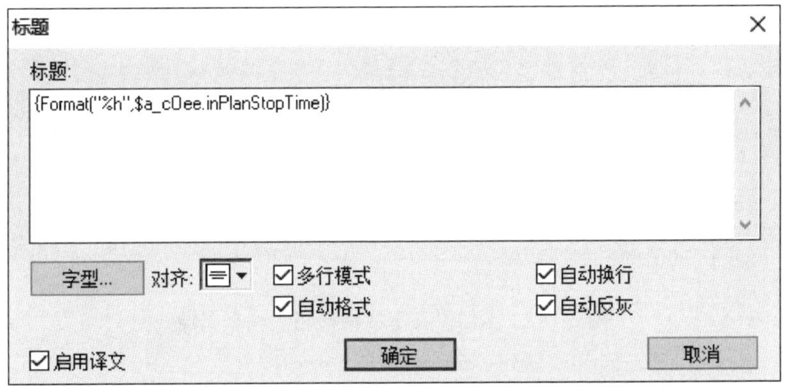

图 4-181　标题设置

② 插入文字描述，如图 4-182 所示。

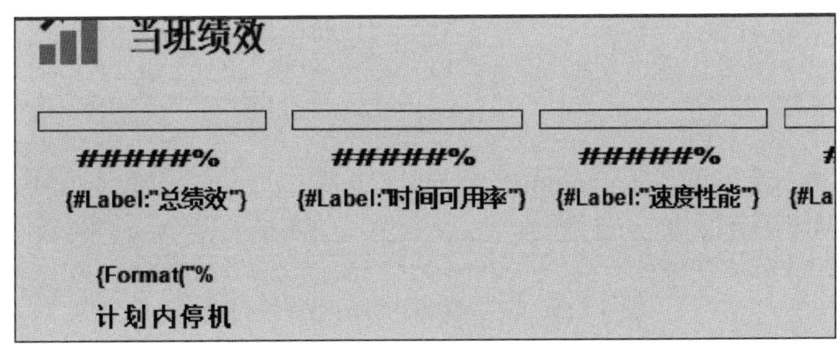

图 4-182　插入文字描述

（18）完成“计划外停机”设置，方法同上，添加完成后如图 4-183 所示。

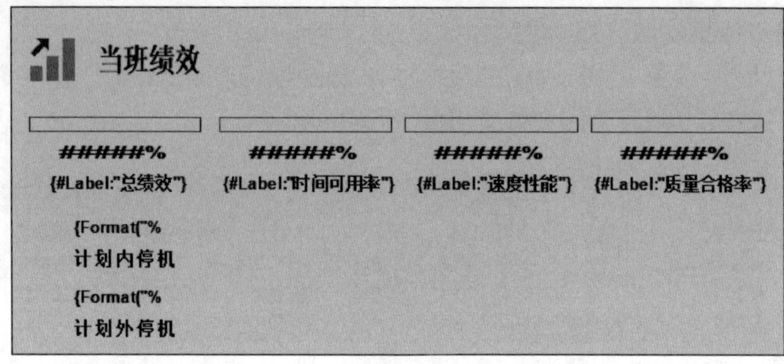

图 4-183 添加“计划外停机”组合件完成

（19）添加速度与产量组合件并进行设置。

① 选择文字并添加“文字数据链路”动态属性，文字数据链路动态属性设置时选择对应数据点，如图 4-184 和图 4-185 所示。

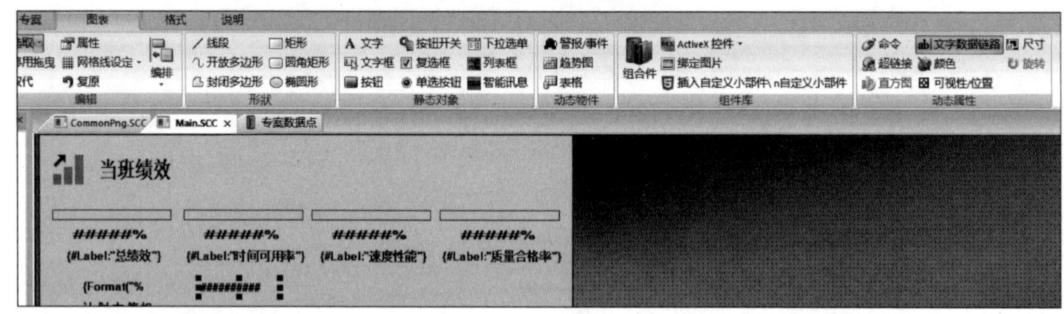

图 4-184 添加“文字数据链路”动态属性

物件属性
取代...
提示:
文字数据链路
数据点/表达式: a_cOee.AverageSpeed
格式: 自动
启用输入
返回文字...
最小值:
最大值:
停用:
密码
自动大小
RTL
安全性: 0
电子签章
要求确认
虚拟键盘: <使用预设>

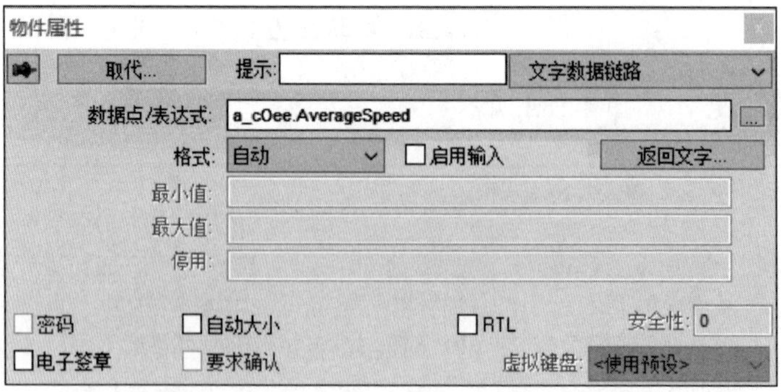

图 4-185 文字数据链路动态属性设置

② 设置文字描述为“平均速度”，如图 4-186 所示。

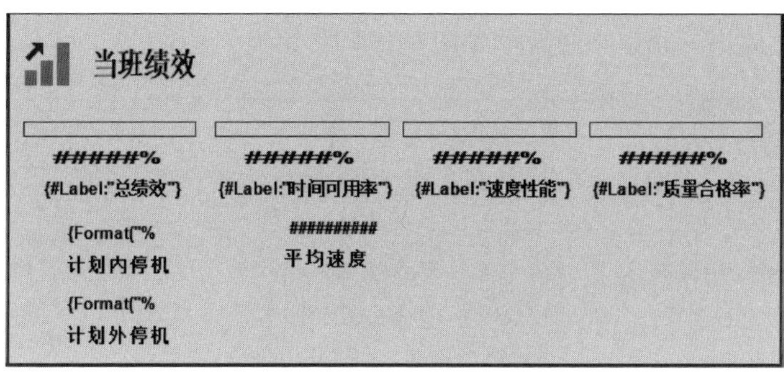

图 4-186　添加文字描述

（20）同时完成“额定速度”“总产量”、“废品”等组合件创建（方法同上），如图 4-187、图 4-188、图 4-189 所示。

图 4-187　“额定速度”文字数据链路设置

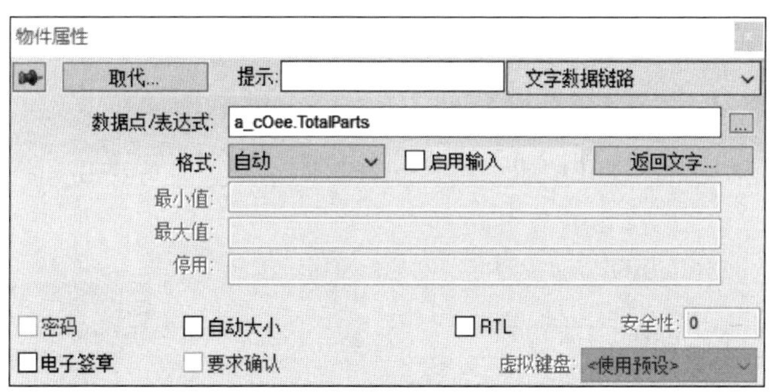

图 4-188　“总产量”文字数据链路设置

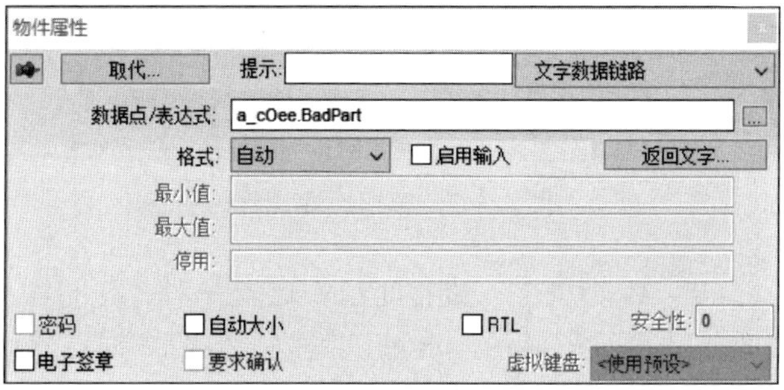

图 4-189　“废品”文字数据链路设置

（21）绘制完成后，完整画面显示如图 4-190 所示。

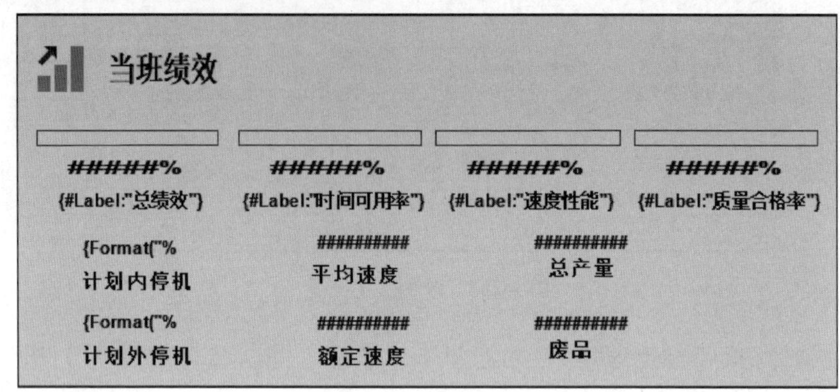

图 4-190　完整画面显示

（22）完成显示画面后进行模拟验证。

① 添加验证按钮，如图 4-191 所示。

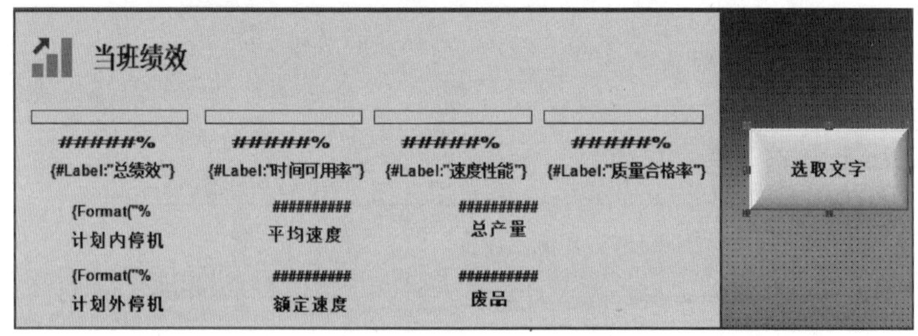

图 4-191　添加验证按钮

② 双击“选取文字”，打开按钮“物件属性”对话框，进行按钮属性设置，如图 4-192 所示。

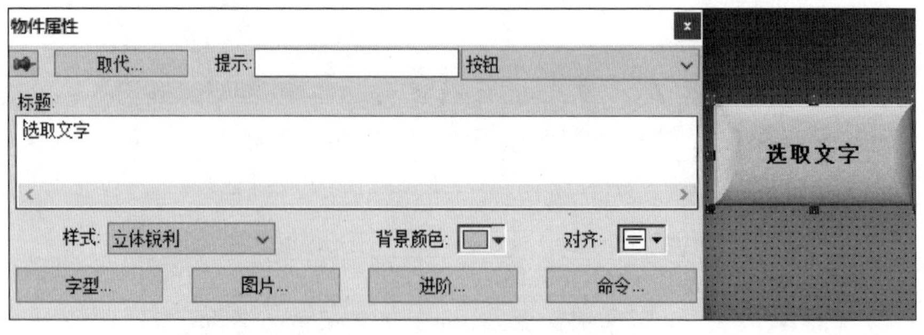

图 4-192　按钮属性设置

③ 单击“命令”按钮，编辑程序，进行验证。这里先对“时间可用率”进行验证。编辑命令属性为“按着时”输入对应显示，这里设置按下按钮数据点累计加为 5；“松开时”数据显示为 0，如图 4-193 所示。

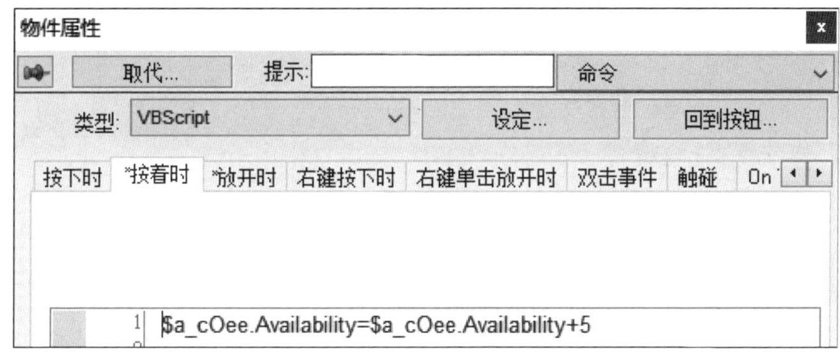

图 4-193　按钮“按着时”程序编辑

④ “时间可用率”验证结果如图 4-194 所示。

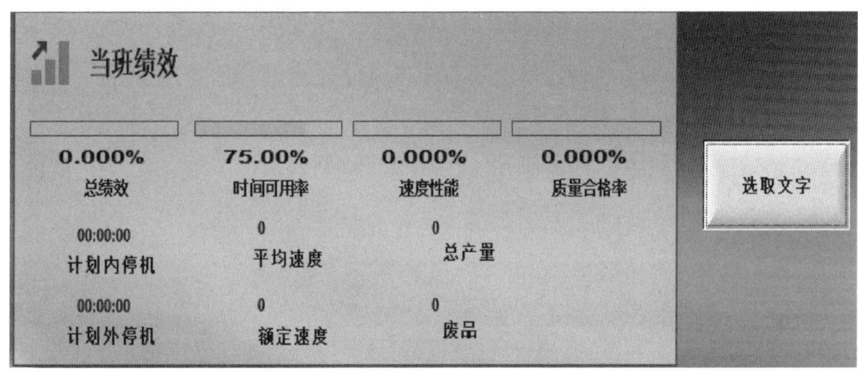

图 4-194　“时间可用率”验证结果

⑤ 利用单个按钮可以对整个画面进行验证。“按着时”和“按下时”整个界面验证示例代码分别如图 4-195 和图 4-196 所示。

```
$a_cOee.Availability=$a_cOee.Availability+5
$a_cOee.OEE=$a_cOee.OEE+3
$a_cOee.Performance=$a_cOee.Performance+2
$a_cOee.Quality=$a_cOee.Quality+6
$a_cOee.AverageSpeed=$a_cOee.AverageSpeed+5
$a_cOee.RateSpeed=$a_cOee.RateSpeed+4
$a_cOee.inPlanStopTime=$a_cOee.inPlanStopTime+1
$a_cOee.outPlanStopTime=$a_cOee.outPlanStopTime+1
$a_cOee.TotalParts=$a_cOee.TotalParts+5
$a_cOee.BadPart=$a_cOee.BadPart+3
```

图 4-195　“按着时”整个画面验证示例代码

```
$a_cOee.Availability=0
$a_cOee.OEE=0
$a_cOee.Performance=0
$a_cOee.Quality=0
$a_cOee.AverageSpeed=0
$a_cOee.RateSpeed=0
$a_cOee.inPlanStopTime=0
$a_cOee.outPlanStopTime=0
$a_cOee.TotalParts=0
$a_cOee.BadPart=0
```

图 4-196　“松开时”整个画面验证示例代码

⑥ 当班绩效显示画面验证结果如图 4-197 所示。

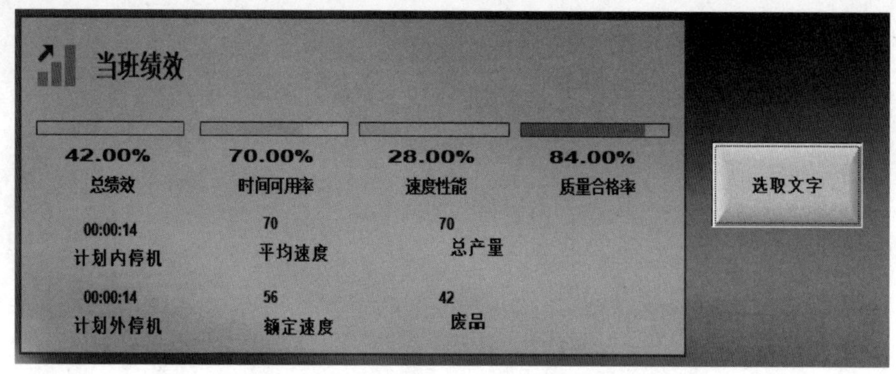

图 4-197　当班绩效显示画面验证结果

拓展训练 1

添加组合件，设置水平直方图、颜色等动态属性，通过添加按钮验证，完成当班绩效画面绘制。

（23）绘制绩效分析画面（OEE 画面）并添加详细展开介绍。绩效分析画面如图 4-198 所示。

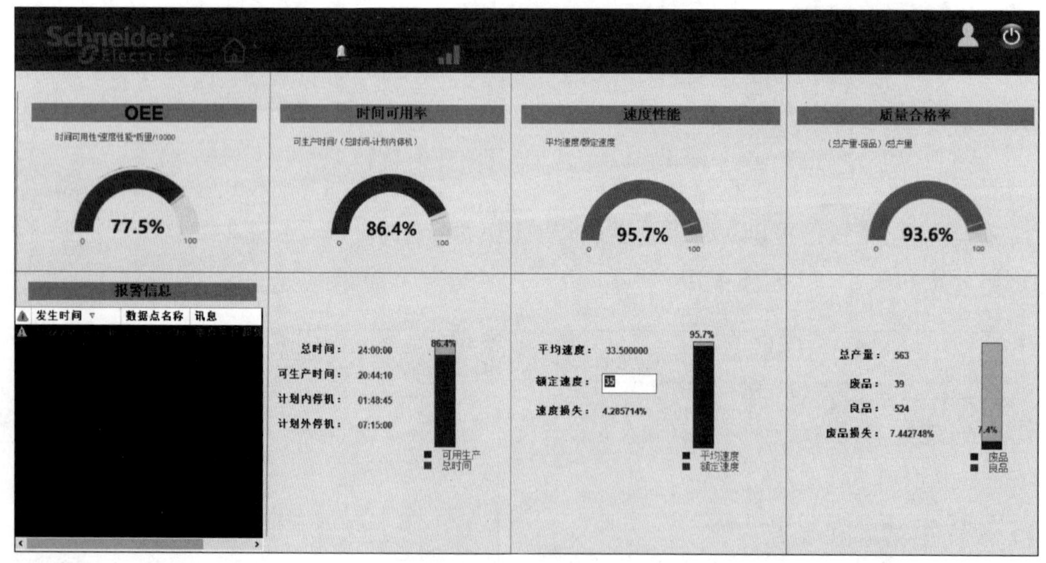

图 4-198　绩效分析画面

（24）OEE 画面绘制。插入“OEE 空白画面”，并绘制相应的模块（通过静态及动态属性的结合应用自行完成），如图 4-199 所示。

注意：在这里 OEE 描述为“时间可用性*速度性能*质量/10000”，绘制方法为采用模拟直方图。

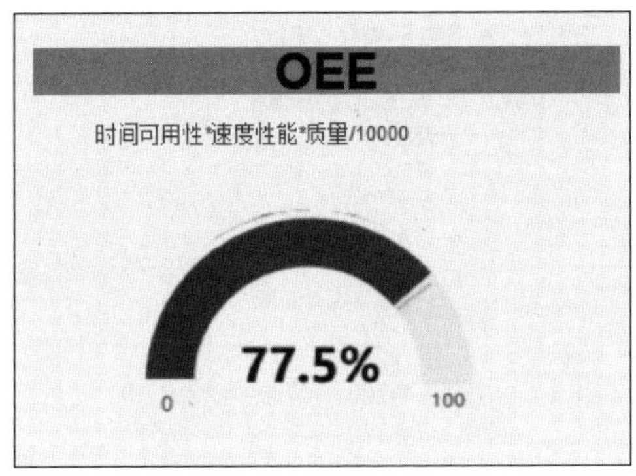

图 4-199　OEE 画面

（25）采用同样的方法绘制时间可用率、速度性能及质量合格率画面。时间可用率描述为“可生产时间/（总时间-计划内停机）”，速度性能描述为“平均速度/额定速度”，质量合格率描述为“（总产量-废品）/总产量”，分别如图 4-200、图 4-201、图 4-202 所示。

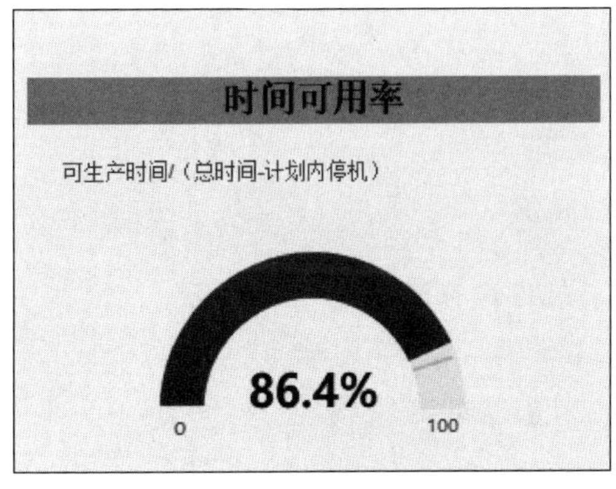

图 4-200　时间可用率画面

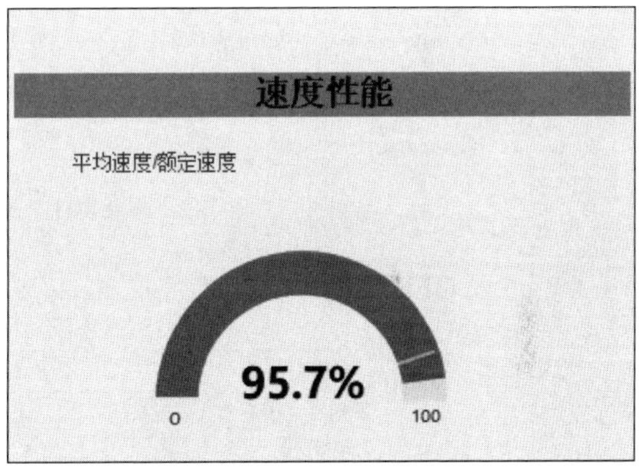

图 4-201　速度性能画面

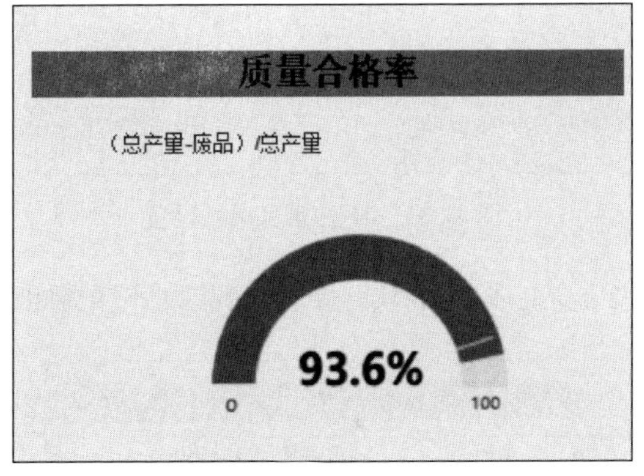

图 4-202　质量合格率画面

（26）插入 OEE 实时警报信息显示。

① 在项目管理员窗口中选择“工作”选项卡，选择“警报”文件夹并右击，在快捷菜单中选择“插入”命令，如图 4-203 所示。

图 4-203　警报插入

② 完成警报信息设置。设置“废品数量”数据点及“上限”和“上上限”的值，并编辑讯息内容，如图 4-204 所示。

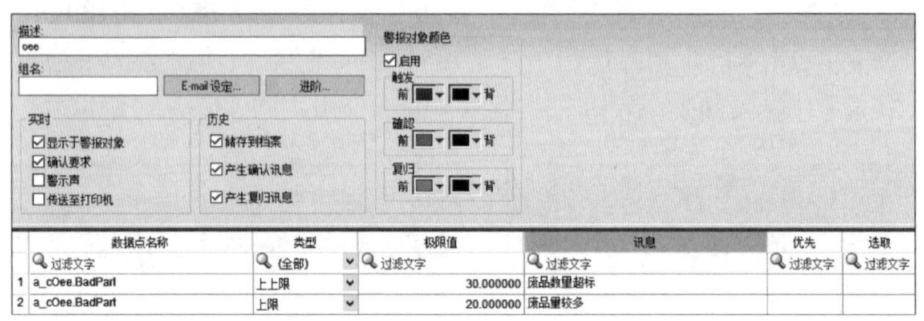

图 4-204　警报信息设置

③ 进入 OEE 画面，插入“警报/事件”并进行属性设置，如图 4-205 所示。

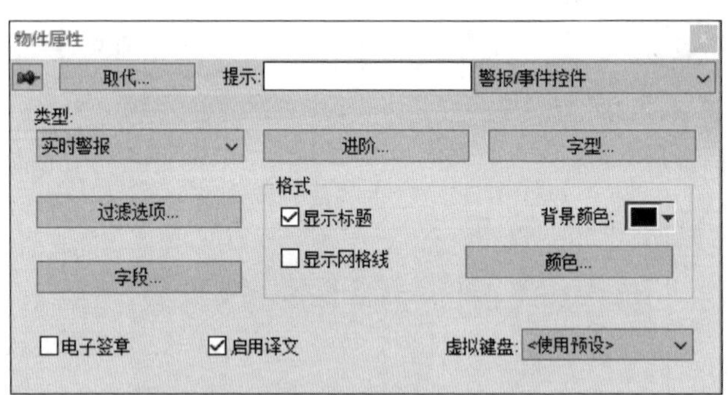

图 4-205　警报/事件属性设置

④ “警报/事件”属性设置完成后，将实时展示“废品数量”的警报信息，如图 4-206 所示。

图 4-206　警报信息展示

（27）完成剩余数据点信息采集。这里主要用到组合件、文本、矩形框等，如图 4-207 所示。

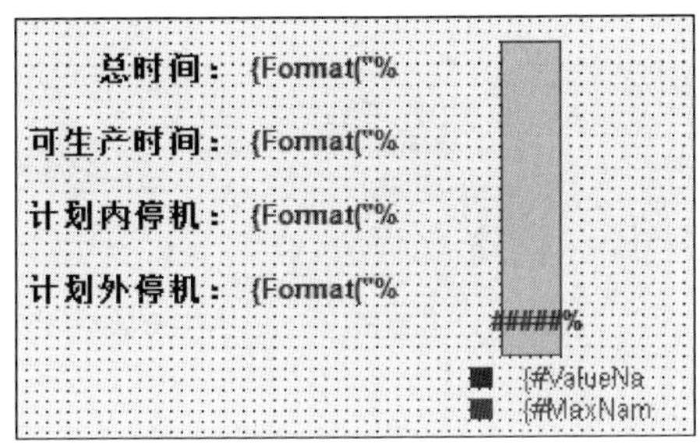

图 4-207　时间可用率信息

① 文本输入文字。

② 矩形标题采用 Format（）函数，如图 4-208 所示。

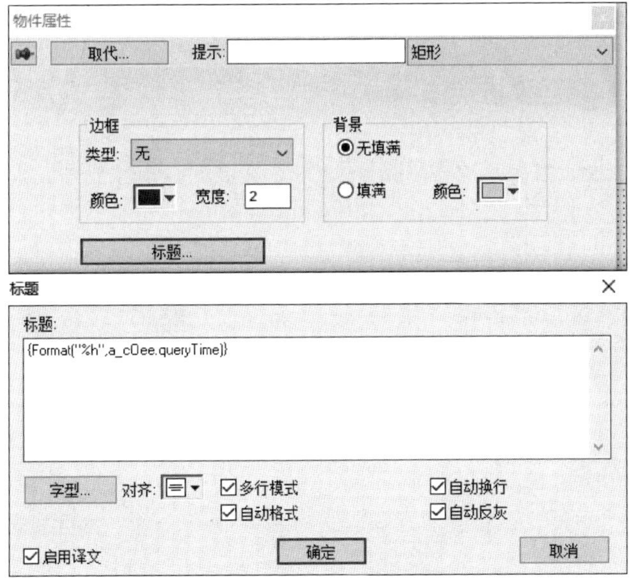

图 4-208　Format（）函数

③ 绘制矩形框并设置直方图动态属性，如图 4-209 所示。

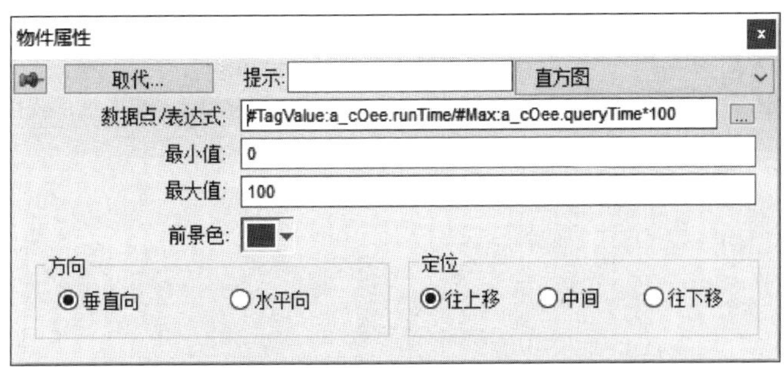

图 4-209　直方图动态属性设置

④ 进行“文字”设置，并添加“文字链路”“可视性/位置”动态属性，如图 4-210、图 4-211、图 4-212 所示。

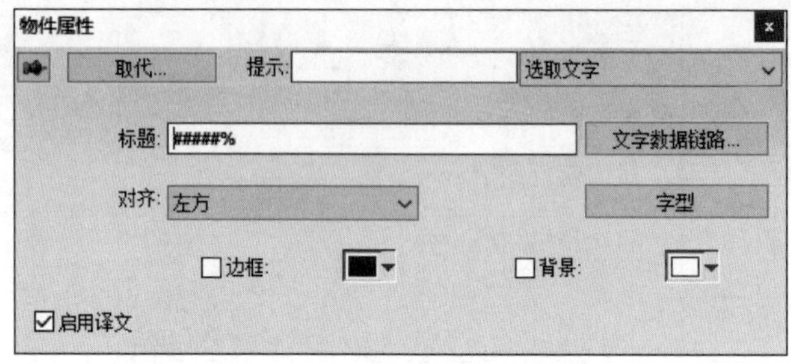

图 4-210　“文字”设置

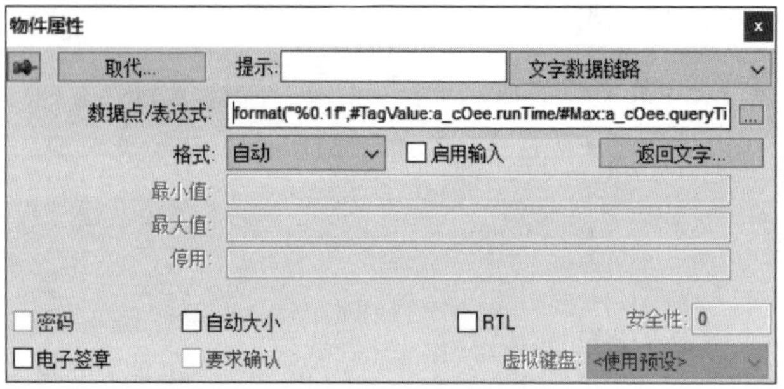

图 4-211　“文字链路”设置

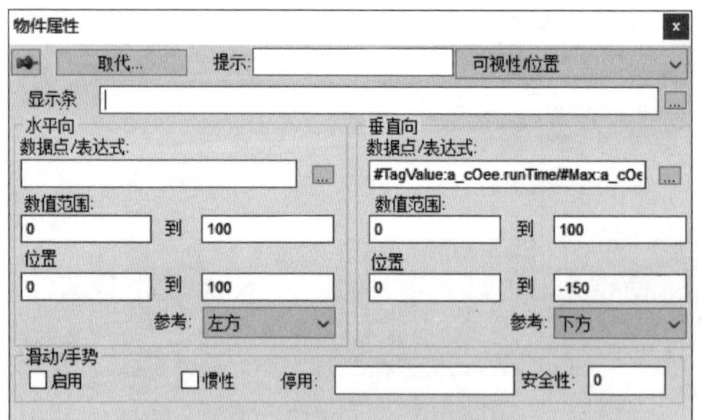

图 4-212　“可视性/位置”设置

⑤ 显示文本信息设置，如图 4-213 所示。

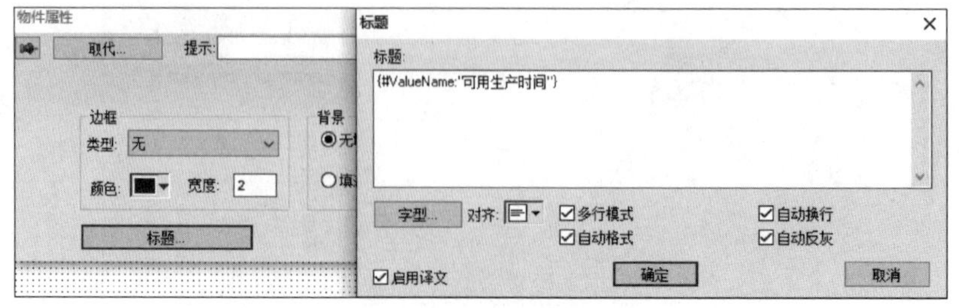

图 4-213　显示文本信息设置

⑥ 设置完成后，建立组合件并链接到数据点，如图 4-214 所示。

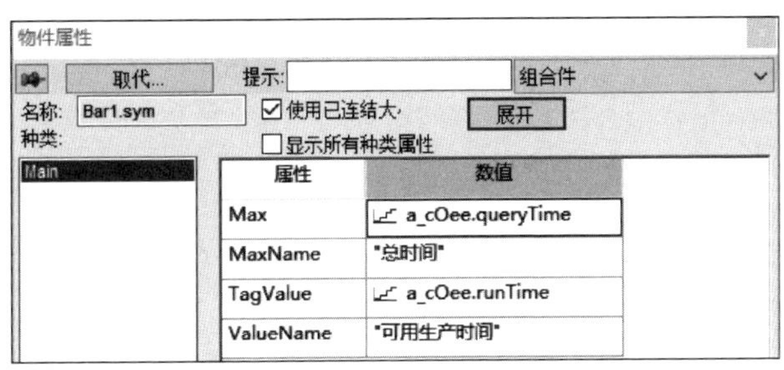

图 4-214　“时间可用率”数据点链接

（28）根据步骤（27）完成“速度性能”与“质量合格率”信息设置，并链接到对应数据点，分别如图 4-215 和图 4-216 所示。

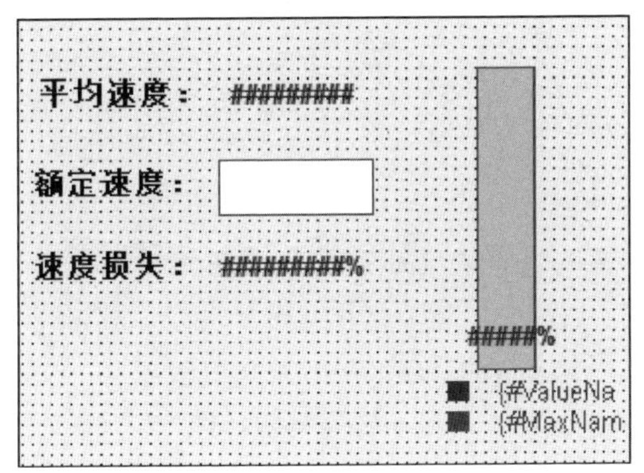

图 4-215　“速度性能”信息设置

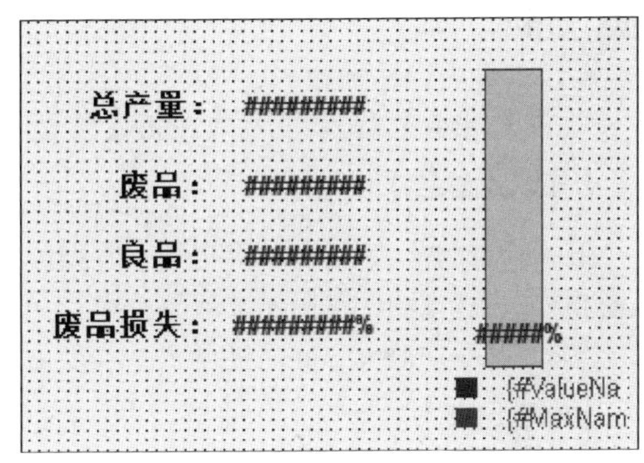

图 4-216　“质量合格率”信息设置

（29）采用“VB 脚本”验证。在项目管理员窗口依次选择“全局”→“程序”→“主要程序”“Bar”，添加新的 Bar 功能函数进行验证，具体如图 4-217 和图 4-218 所示。

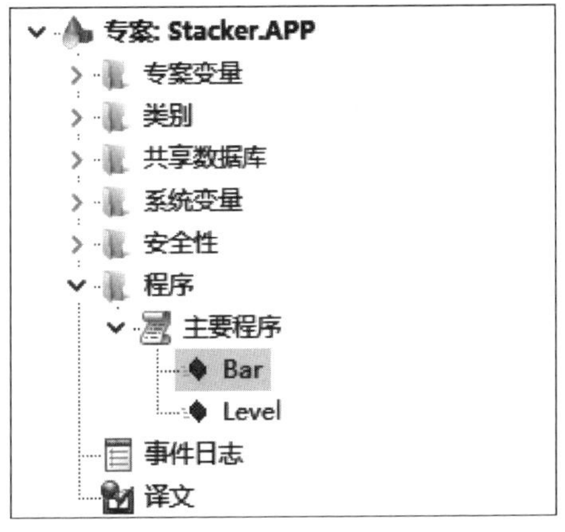

图 4-217　添加 Bar 功能函数

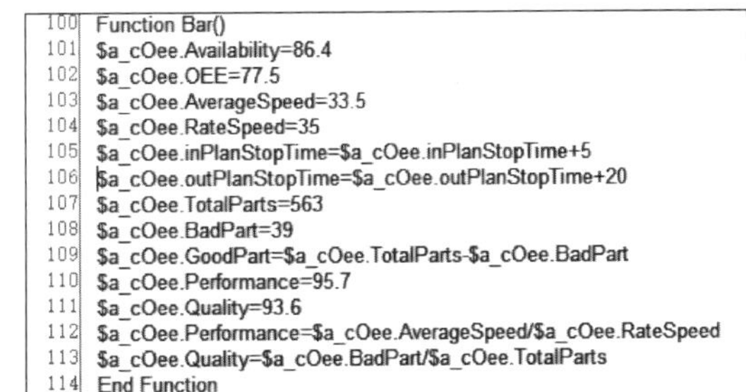

Function Bar()
$a_cOee.Availability=86.4
$a_cOee.OEE=77.5
$a_cOee.AverageSpeed=33.5
$a_cOee.RateSpeed=35
$a_cOee.inPlanStopTime=$a_cOee.inPlanStopTime+5
$a_cOee.outPlanStopTime=$a_cOee.outPlanStopTime+20
$a_cOee.TotalParts=563
$a_cOee.BadPart=39
$a_cOee.GoodPart=$a_cOee.TotalParts-$a_cOee.BadPart
$a_cOee.Performance=95.7
$a_cOee.Quality=93.6
$a_cOee.Performance=$a_cOee.AverageSpeed/$a_cOee.RateSpeed
$a_cOee.Quality=$a_cOee.BadPart/$a_cOee.TotalParts
End Function

图 4-218　Bar 功能函数代码

（30）运行后，完整绩效分析画面如图 4-219 所示。

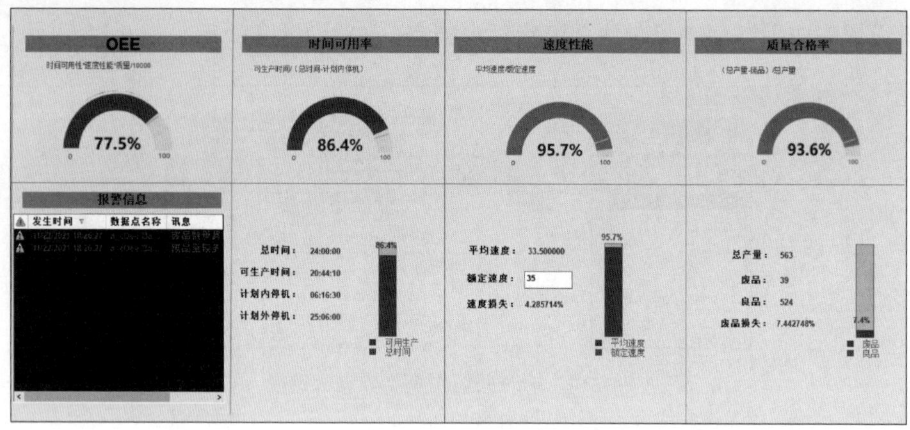

图 4-219　完整绩效分析画面

拓展训练

设置 Function（）功能函数，完成绩效分析界面详细显示。

【知识点总结】

1. 通过文本、矩形框、绑定图片等完成组合键的设置，能够实现数据的动态显示。
2. 水平直方图，常用于绩效分析中。
3. 通过添加 Function 功能函数，实现后台程序的自动运行。

【学习足迹】

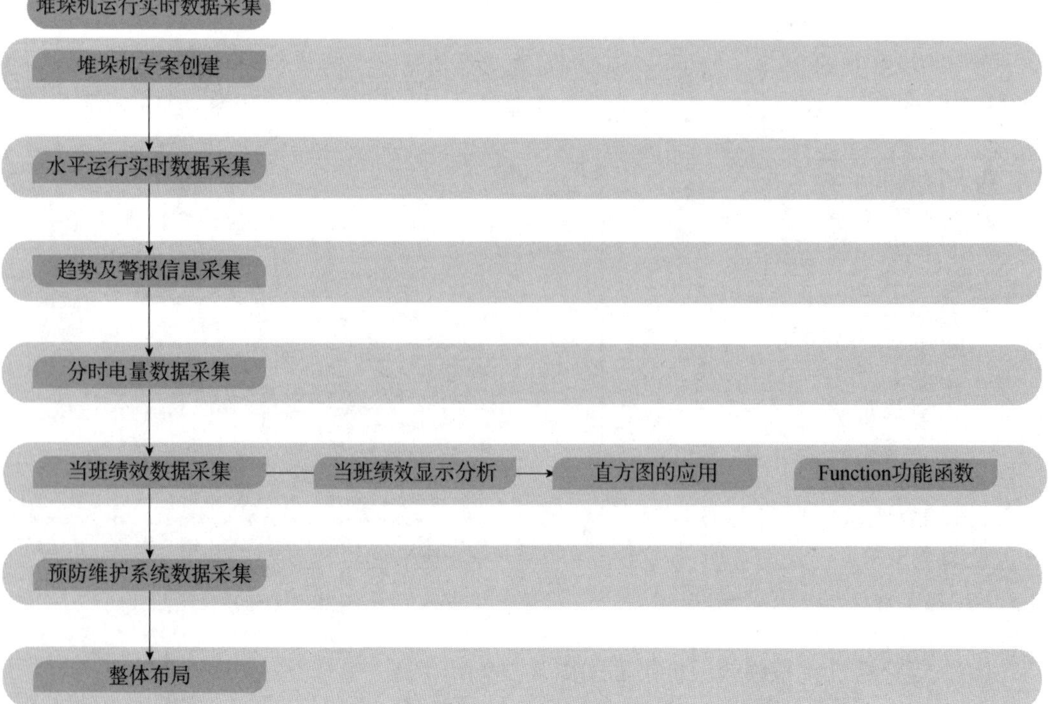

任务 4.6　预防维护系统数据采集

本任务教学计划

预防维护系统数据采集

本任务是绘制人堆垛机运行中硬件预防维护数据采集画面。预防维护画面主要是显示整个系统预测性维护内容，使得操作者能够及时了解硬件设备的状态，如图 4-220 所示。

图 4-220　预防维护画面

本任务的实施过程如下：

（1）创建类别数据点。选择“插入类别”，设定类别名称为“cWarn”，类别创建完成后在“类别：cWarn”中添加“警告等级”“警告类别”“警告信息”“警告时间”四个数据点，分别如图 4-221、图 4-222、图 4-223 所示。

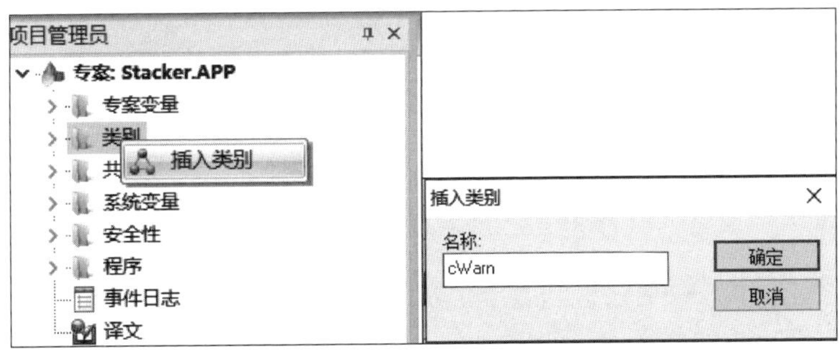

图 4-221　插入类别

图 4-222　完成 cWarn 类别创建

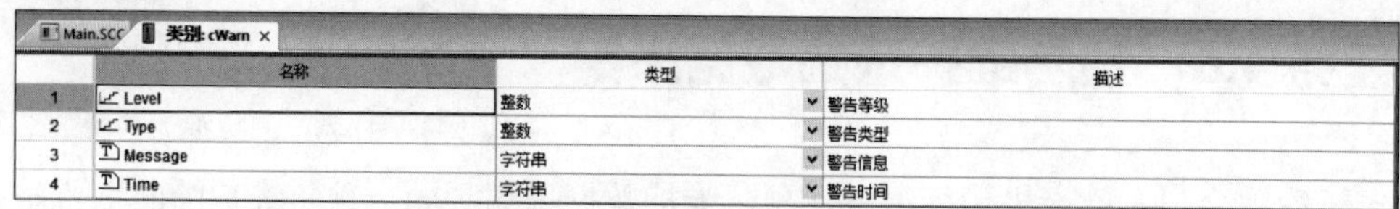

	名称	类型	描述
1	Level	整数	警告等级
2	Type	整数	警告类型
3	Message	字符串	警告信息
4	Time	字符串	警告时间

图 4-223 cWarn 类别数据点创建

（2）完成类别创建后，进一步创建数据点，选择“数组”为“3”，“类型”选择为“cWarn”，“描述”信息为“警报信息”，如图 4-224 所示。

14	PowerHour	24	实数	每小时电量
15	warn	3	cWarn	警报信息
16	WarnStep	3	整数	警报信息脚本运行变量

图 4-224 警报信息数据点创建

（3）数据点创建完成后，开始绘制显示画面，绘制矩形框并设定其宽度*高度为“626*276”。

（4）绑定图片。选择“icon_Record”图片，插入后并根据需求调整实际尺寸。

（5）添加文字“预防维护”，如图 4-225 所示。

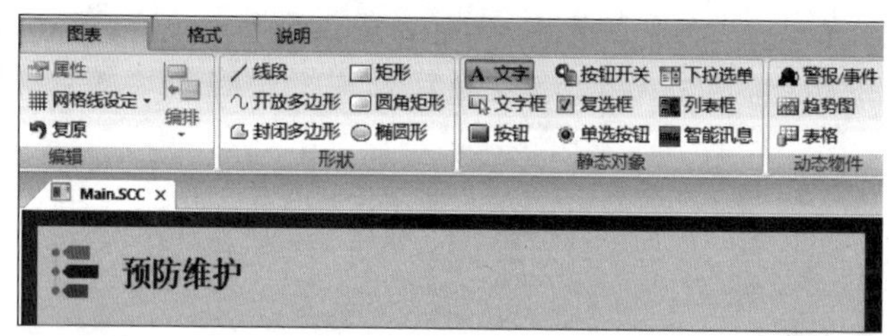

图 4-225 添加文字

（6）绘制水平警报显示组合件，如图 4-226 所示。

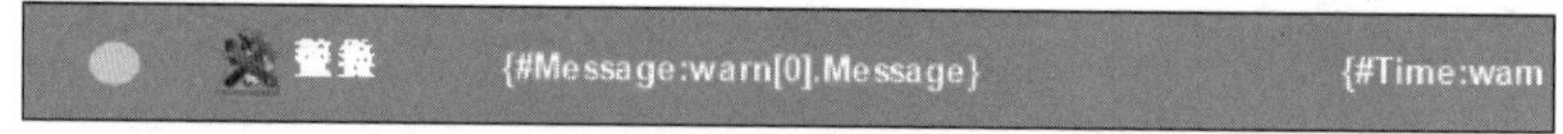

图 4-226 水平警报组合件

① 绘制矩形框并添加“可视性/位置”动态属性，完成矩形框设置与可视性设置，如图 4-227、图 4-228 所示。

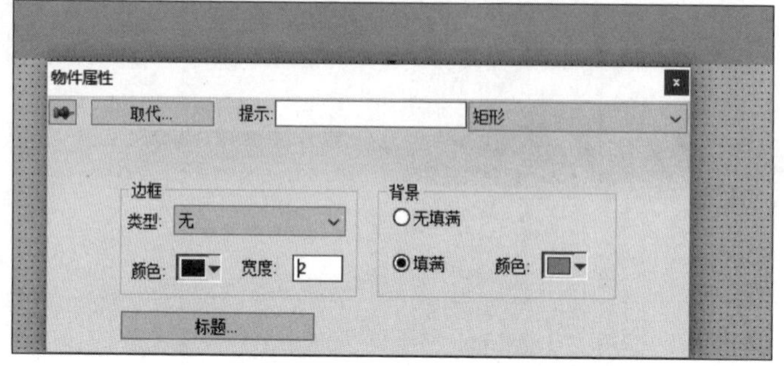

图 4-227 矩形框设置

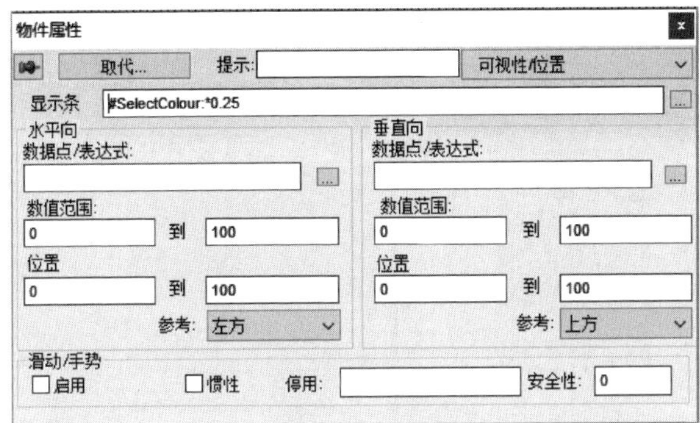

图 4-228　“可视性/位置”设置

② 绘制椭圆并设置椭圆属性，添加“颜色”属性，如图 4-229、图 4-230、图 4-231 所示。

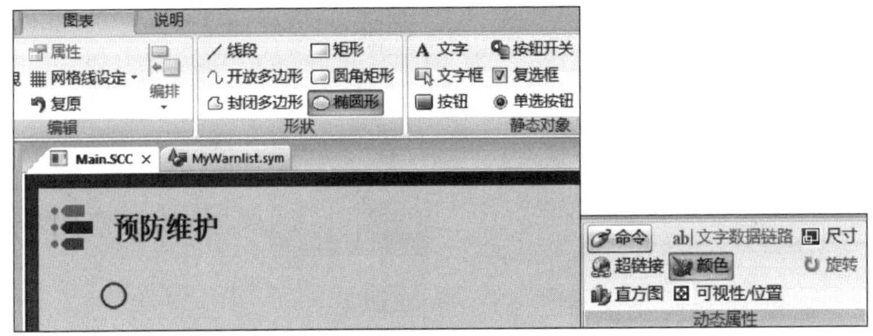

图 4-229　绘制椭圆及添加“颜色”动态属性

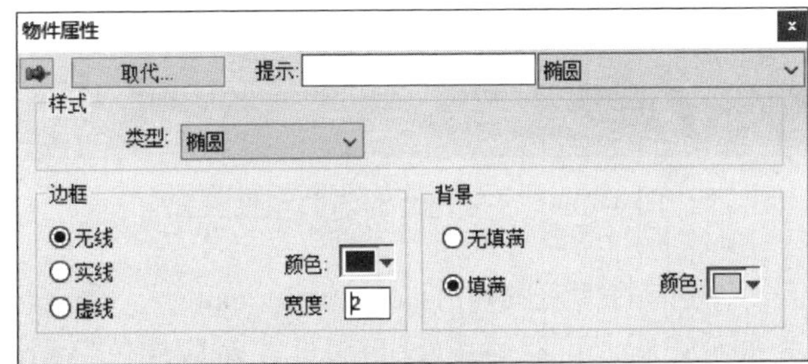

图 4-230　椭圆属性设置

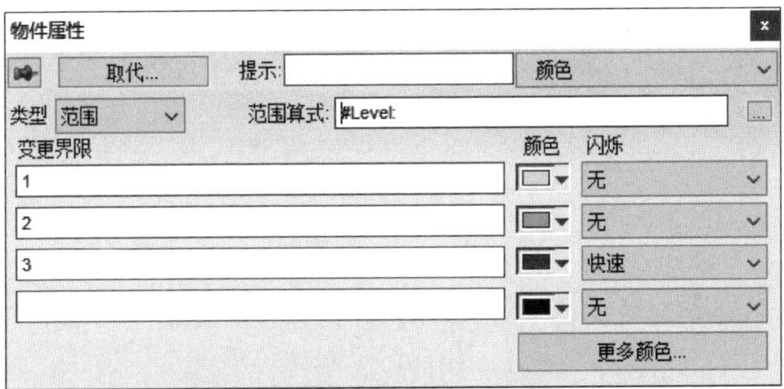

图 4-231　“颜色”属性设置

③ 绑定图片“icon_cavea”，输入标题“警告”，并将图片与标题建立为群组，为群组设置“可视性/位置”属性，对应颜色级别设置为“1”，与椭圆设置对应，如图 4-232、4-233 所示。

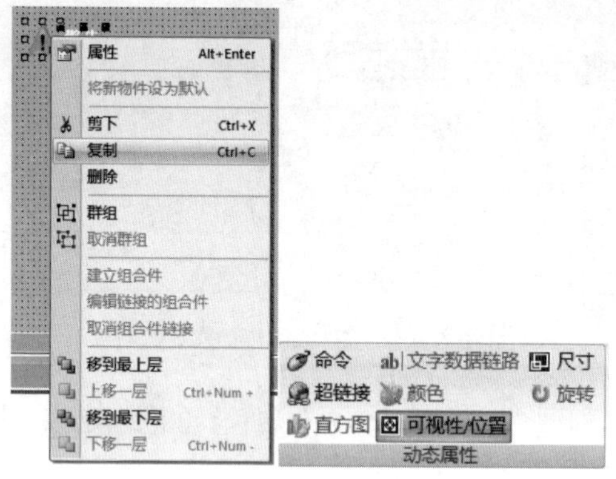

图 4-232　图片与文字的群组设置 1

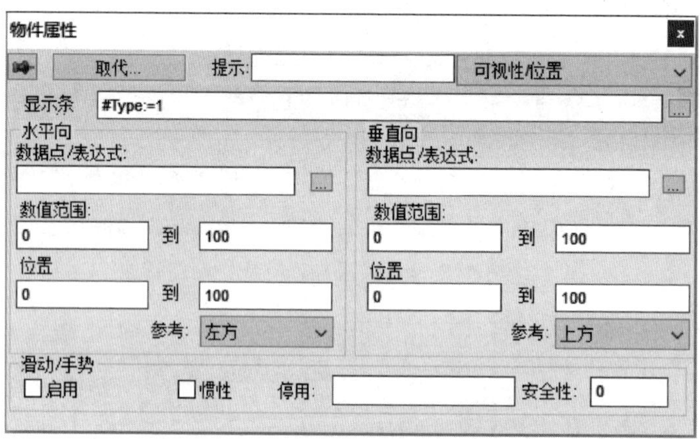

图 4-233　“可视性/位置”属性设置

④ 采用同样的方法，选择并绑定图片“icon_maintenance”，输入标题“保养”，将图片与标题建立为群组，为群组设置“可视性/位置”属性，对应颜色级别设置“2”，与椭圆设置对应，如图 4-234 所示。

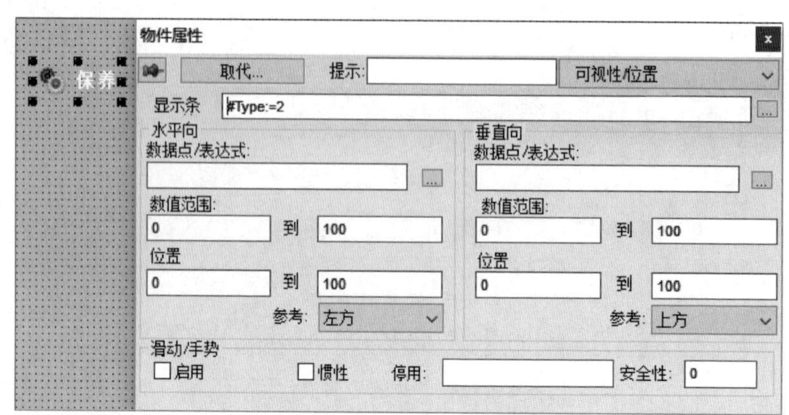

图 4-234　图片与文字的群组设置 2

⑤ 采用同样的方法，选择并绑定图片“icon_replace”，输入标题“更换”，将图片与标题建立为群组，为群组设置“可视性/位置”属性，对应颜色级别设置“3”，与椭圆设置对应，如图 4-235 所示。

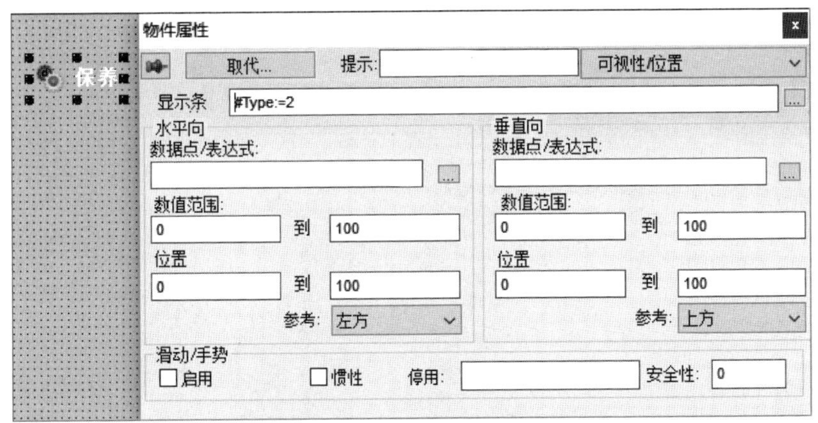

图 4-235　图片与文字的群组设置 3

⑥ 设置完成后，将“警告”“保养”“更换”居中对齐重叠，如图 4-236 所示。

图 4-236　设置群组对齐

⑦ 添加矩形框并设置显示信息，矩形框尺寸为“260*25”，将标题设置为“{#Message:""}”，如图 4-237 所示。

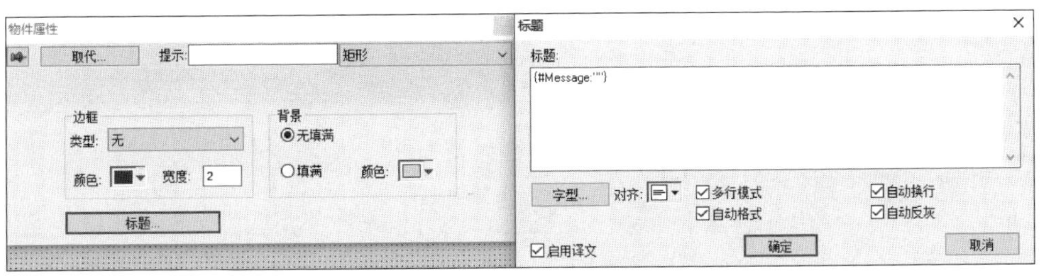

图 4-237　信息显示标题设置

⑧ 添加矩形框并设置显示时间，矩形框尺寸为“80*25”，标题设置为“{#Time：""}”，方法同上。

⑨ 完成后全选中，创建组合件，命名为“MyWarnlist.sym”并保存，如图 4-238 所示，完整组合件如图 4-239 所示。

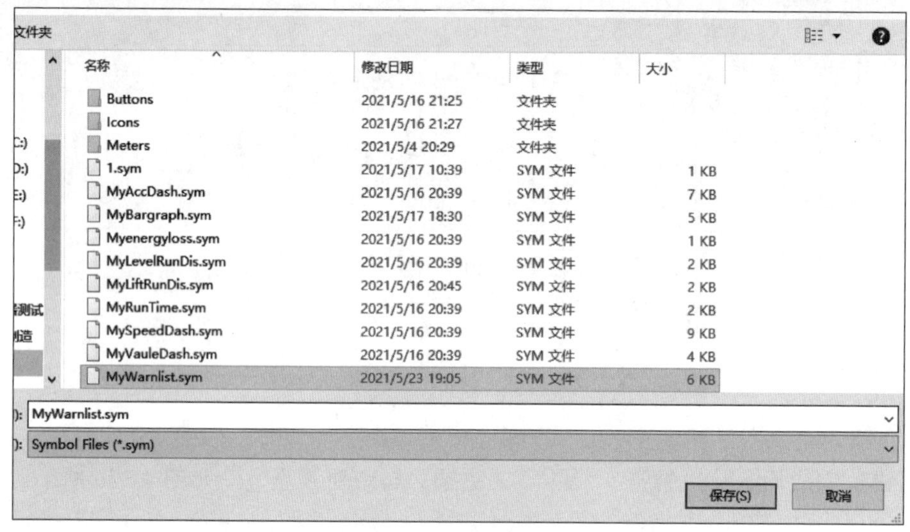

图 4-238 保存组合件

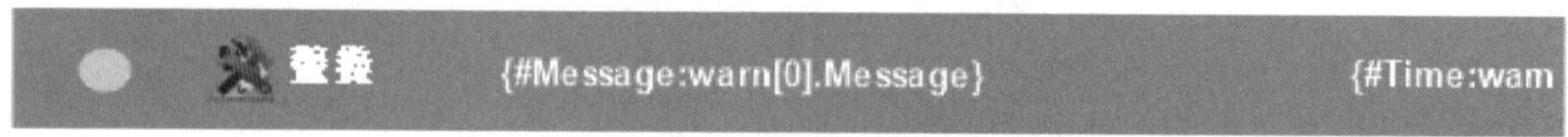

图 4-239 完整组合件

（7）组合件建立完成后，对组合件进行编辑。

① 双击“level”，在“对象搜寻器”对话框中选择“warn”，单击“索引”按钮，在“选取索引”对话框选择号码“0”，单击“确定”按钮，如图 4-240 和图 4-241 所示。

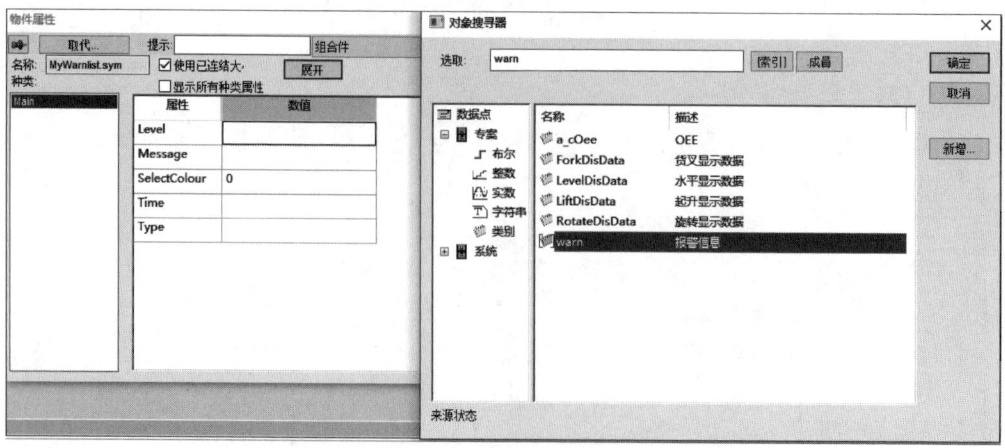

图 4-240 编辑组合件

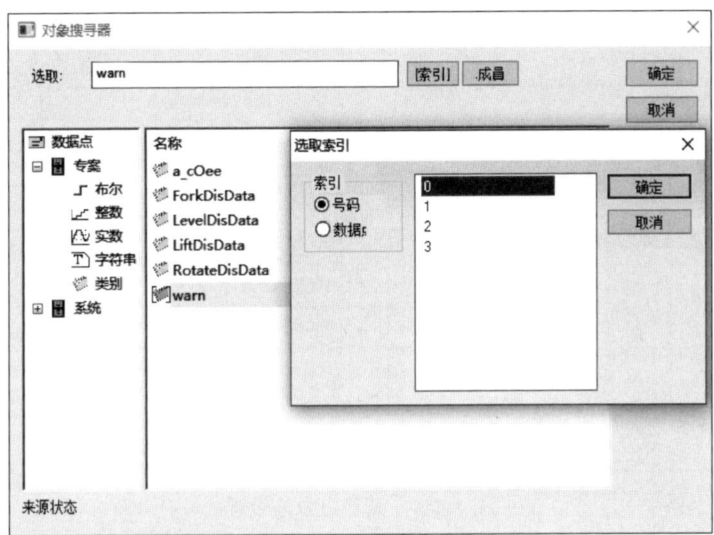

图 4-241　选择索引号码

② 单击“成员”按钮，在“成员选取”对话框中选择“警告等级”变量，单击“确定”按钮，如图 4-242 所示。警告等级设置完成如图 4-243 所示。

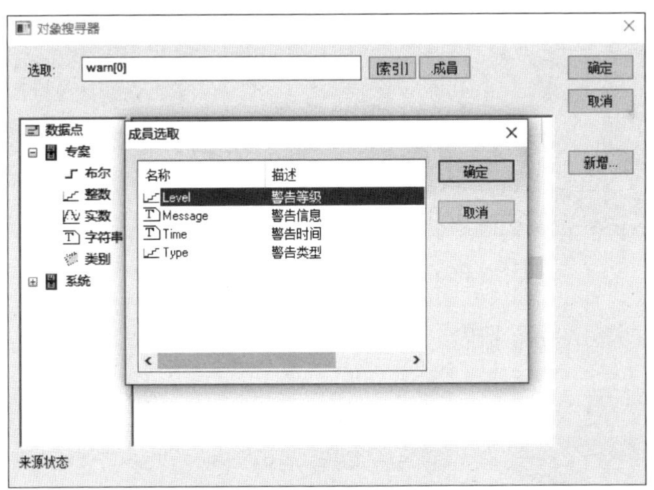

图 4-242　选择警告等级

图 4-243　警告等级设置完成

③ “信息”“时间”“类型”的设置方法同上，结果如图 4-244 所示。

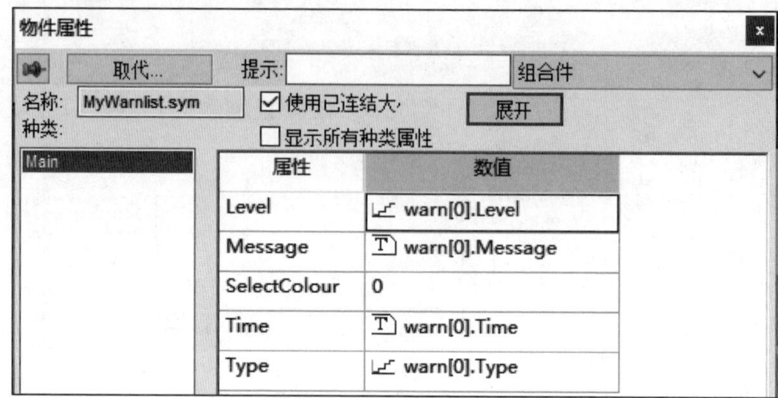

图 4-244 完整组合件设置

（8）采用同样的方法设置“油箱”“水箱” “电机”组合件，如图 4-245 所示。

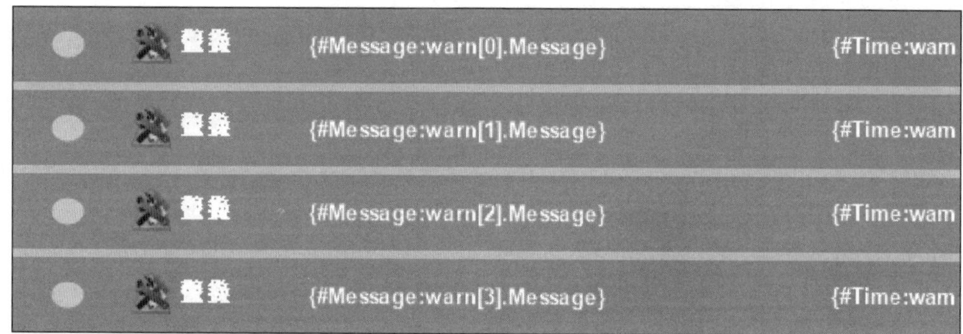

图 4-245 警报信息显示画面设置完成

（9）在组合件方插入文字标题，如图 4-246 所示。

图 4-246 插入文字标题

（10）完整显示画面绘制完成，如图 4-247 所示。

图 4-247　完整显示画面绘制完成

（11）采用脚本验证画面正确性。

① 插入验证数组“WarnStep”，设置数组类型为“整数”，规模为“3”，描述为“警报信息脚本运行变量”，如图 4-248 所示。

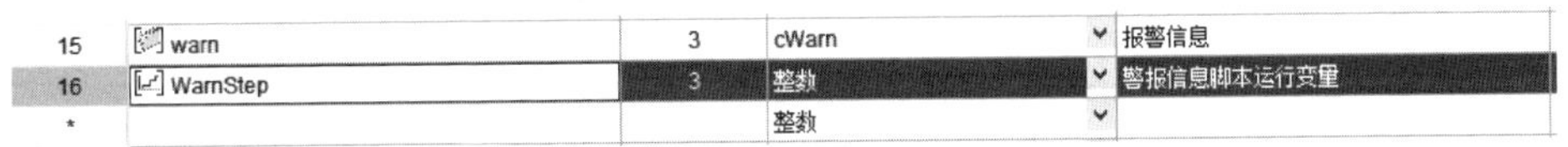

15
warn
3
cWarn
报警信息
16
WarnStep
3
整数
警报信息脚本运行变量
*
整数

图 4-248　建立验证数组数据点

② 在项目管理员窗口“工作”选项卡，右击“脚本”，在快捷菜单中选择“插入”命令，如图 4-249 所示。

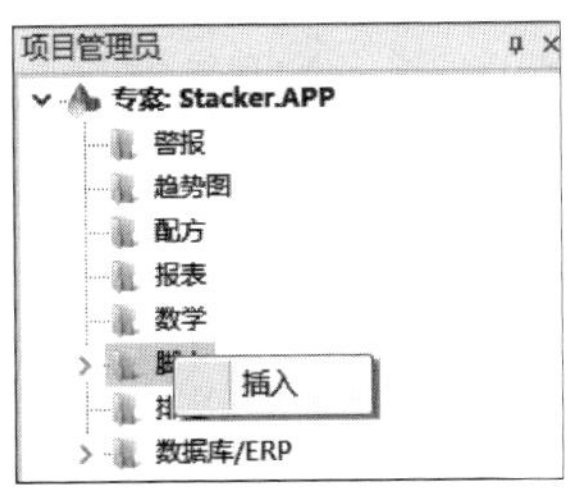

图 4-249　插入脚本

③ 脚本描述为“WarnMessage”，执行条件为“1”，并在下方空白处输入脚本代码，如图 4-250 所示。

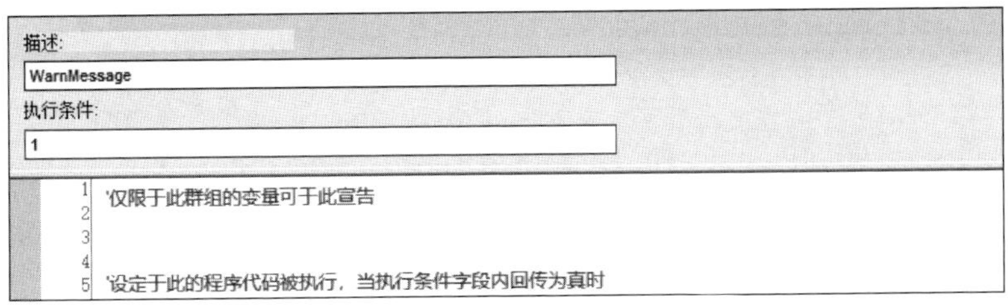

图 4-250　脚本设置

④ 第一条警告信息脚本代码，如图 4-251 所示。

描述:

WarnMessage

执行条件:

1

```
'警告信息【0】脚本运行
If $warn[0].Level = 0 Then
      $warn[0].Level = 1
      $warn[0].Type = 1
      $warn[0].Message = "水平超速，请检查恢复！"
      $warn[0].Time = $Time
End If

If $warn[0].Level = 1 And $WarnStep[0]=300 Then
      $warn[0].Level = 2
      $warn[0].Type = 2
      $warn[0].Message = "水平齿轮润滑油不足，请及时保养！"
      $warn[0].Time = $Time
End If
If $warn[0].Level = 2 And $WarnStep[0]=600 Then
      $warn[0].Level = 3
      $warn[0].Type = 3
      $warn[0].Message = "水平齿轮故障，请及时更换！"
      $warn[0].Time = $Time
End If

If $warn[0].Level = 1 Or $warn[0].Level = 2 Or $warn[0].Level = 3 Then
      $WarnStep[0]= $WarnStep[0]+1
 End If

If  $WarnStep[0]>900 Then
      $warn[0].Level = 0
      $WarnStep[0]=0
 End If
```

图 4-251　警告信息脚本代码

⑤ 第一条警告信息验证显示分别如图 4-252、图 4-253、图 4-254 所示。

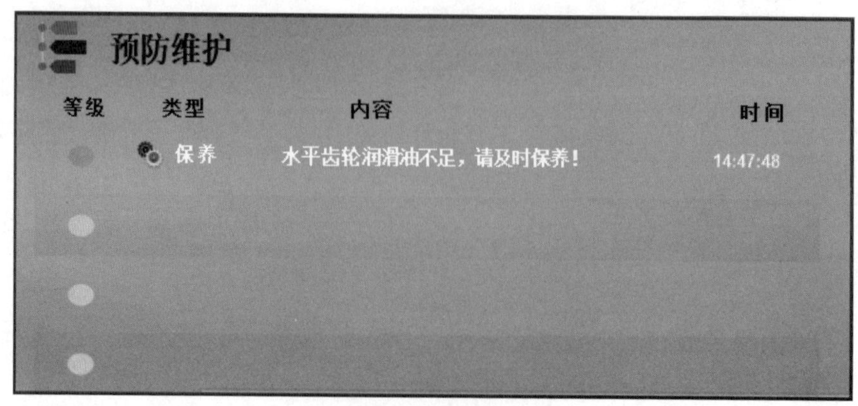

图 4-252　保养信息显示

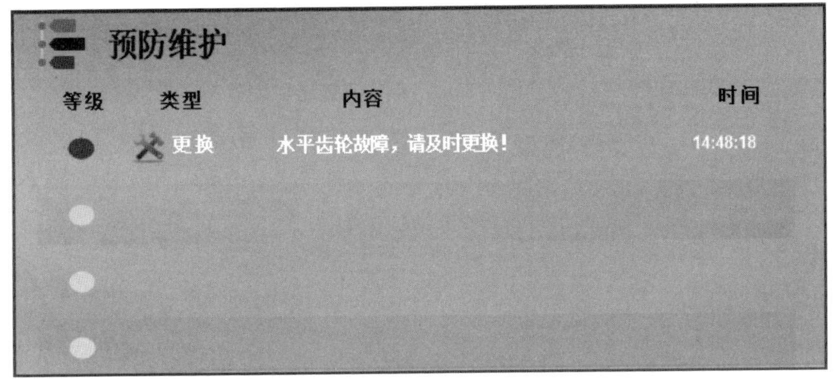

图 4-253　更换信息显示

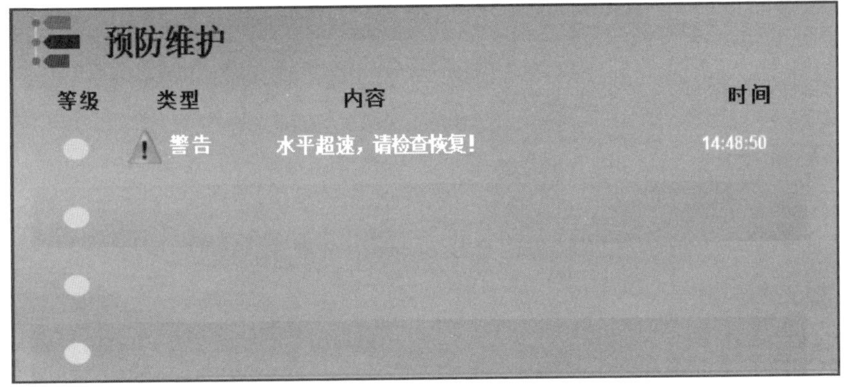

图 4-254　警告信息显示

⑥ 采用同样的方式，输入第二条警告信息脚本代码，如图 4-255 所示。

```
'警告信息【1】脚本运行
If $warn[1].Level = 0 Then
    $warn[1].Level = 1
    $warn[1].Type = 1
    $warn[1].Message = "油箱溢出，请检查！"
    $warn[1].Time = $Time
End If
If $warn[1].Level = 1 And $WarnStep[1]=150 Then
    $warn[1].Level = 2
    $warn[1].Type = 2
    $warn[1].Message = "油箱油量不足，请及时保养！"
    $warn[1].Time = $Time
End If
If $warn[1].Level = 2 And $WarnStep[1]=450 Then
    $warn[1].Level = 3
    $warn[1].Type = 3
    $warn[1].Message = "油箱故障，请及时更换！"
    $warn[1].Time = $Time
End If
If $warn[1].Level = 1 Or $warn[1].Level = 2 Or $warn[1].Level = 3 Then
    $WarnStep[1]= $WarnStep[1]+1
End If
```

图 4-255　第二条警告信息脚本代码

⑦ 同样，完成剩下几个警告信息显示画面验证，最后结果如图 4-256 所示。

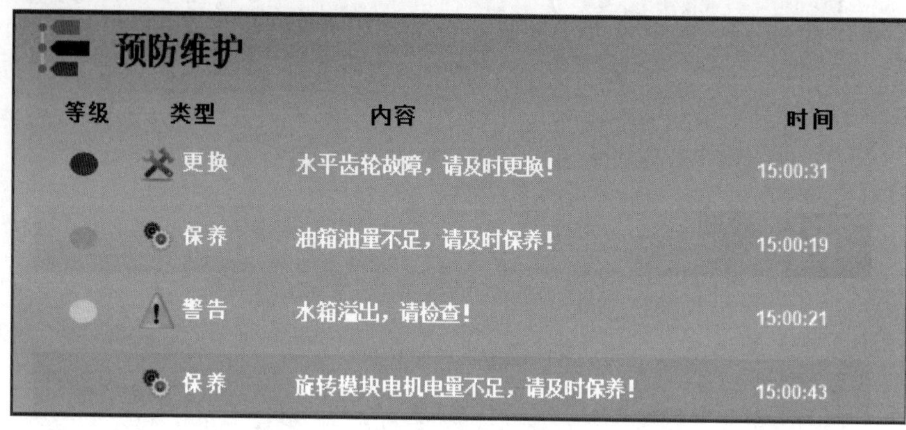

图 4-256　完整预防维护信息显示画面

拓展训练

设置工作脚本，完成预防维护信息显示。

【知识点总结】

多种信息选择显示（如警告、保养、更换等）可以通过绑定组合件设置信息种类编号，再通过脚本信息完成对应运行设置。

【学习足迹】

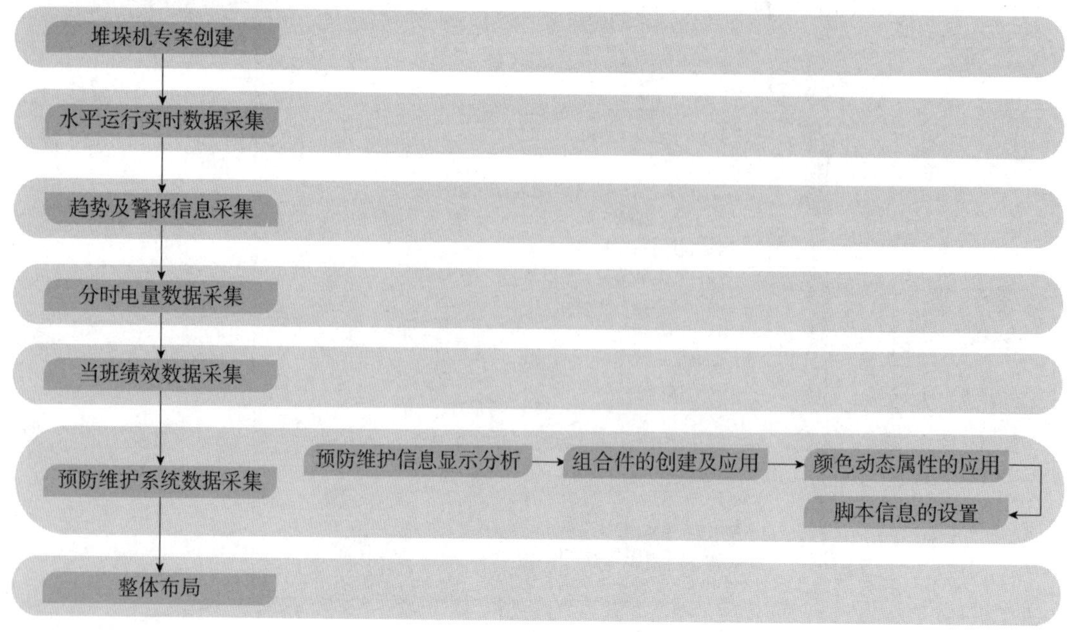

任务 4.7　整体布局

本任务教学计划

整体布局

本任务是创建 Title 画面、开启新画面、设置画面群组等，具体包括插入公司 Logo、开启新画面、建立画面群组及整体布局。

本任务的实施过程如下。

（1）新建画面。在项目管理员窗口“图表”选项卡选中“画面”并右击，在快捷菜单中选择“插入”命令，插入新的画面“Title”并设置画面属性，如图 4-257、4-258 所示。

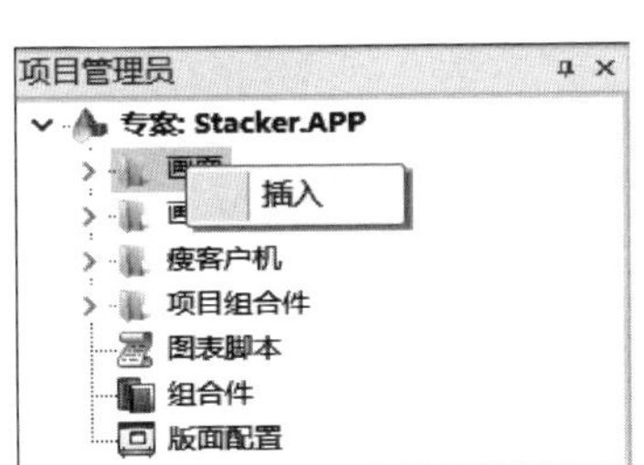

图 4-257　创建 Title 画面

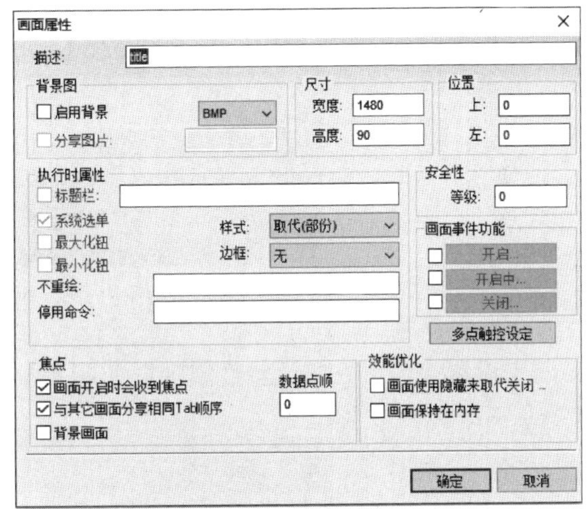

图 4-258　设置 Title 画面属性

（2）为 Title 画面设置适当的背景颜色，设置完成后的显示如图 4-259 所示。

图 4-259　画面背景设置完成后的显示

（3）绑定 Logo 图片。选择图片“icon_logo”并绑定，如图 4-260 所示。绑定 Logo 图片显示如图 4-261 所示。

图 4-260　绑定 Logo 图片

图 4-261　绑定 Logo 图片显示

（4）插入文字并链接系统变量“Date”和“Time”数据点，同时建立退出开关（“关机”按钮），如图 4-262 所示。

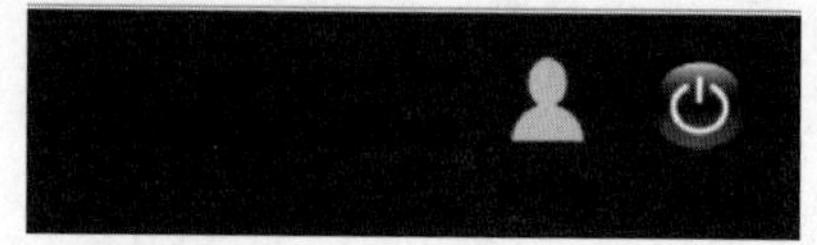

图 4-262　退出开关

（5）为“关机”按钮添加动态属性“命令”，如图 4-263 所示。

图 4-263　添加动态属性“命令”

（6）设置“关机”按钮物件属性，如图 4-264 所示。

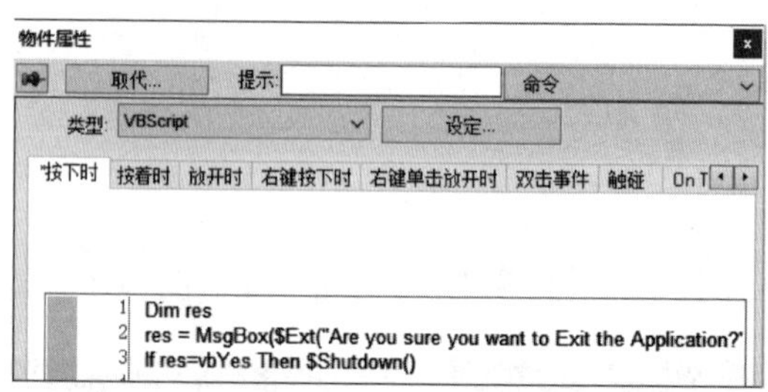

图 4-264　设置“关机”按钮物件属性

（7）绘制矩形框，标题设置为“主页”，绑定图片，添加“命令”动态属性，命令类型选择为“开启画面”，“开启画面”选择“Main”，如图 4-265 和图 4-266 所示。

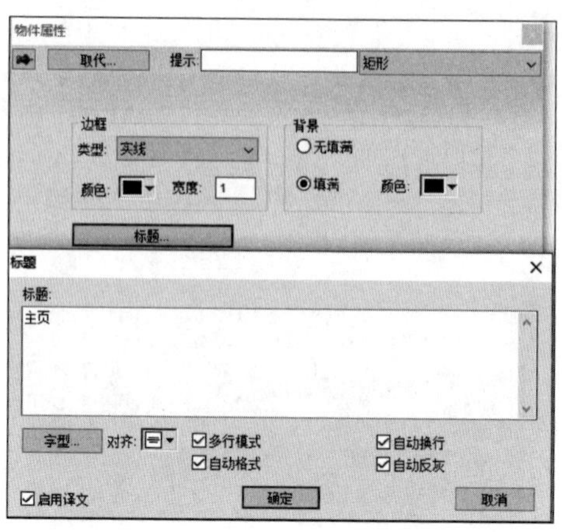

图 4-265　主页设置

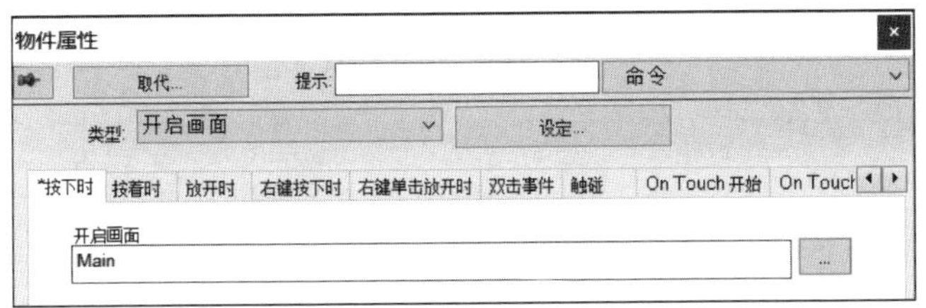

图 4-266　设置“命令”为“开启 Main 画面”

（8）设置完成后，单击右键建立群组，如图 4-267 所示。

图 4-267　主页画面

（9）采用同样的方式设置“预警信息”与“绩效分析”，分别开启“Trend 画面”及“OEE 画面”，分别展示预警信息与绩效分析，如图 4-268 所示。

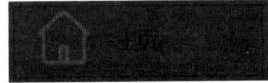

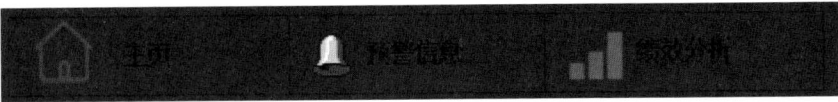

图 4-268　画面开启

（10）创建画面群组，将要同时显示的画面选中，如图 4-269 和图 4-270 所示。

图 4-269　创建画面群组

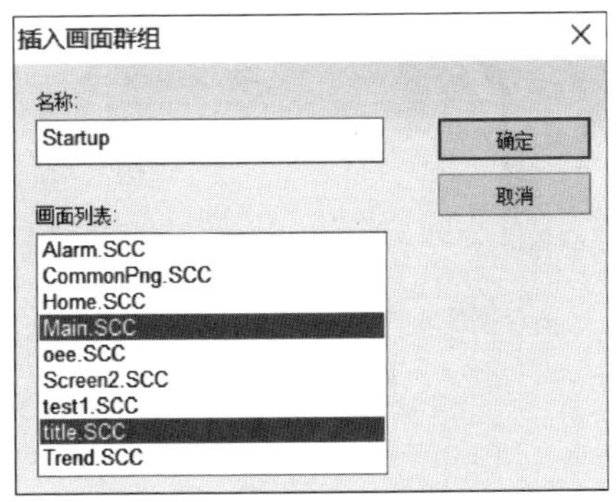

图 4-270　设置画面群组

（11）将创建的画面群组设置“设为启动”，如图 4-271 所示。

图 4-271　设置画面群组为启动项

（12）启动完成后“主页”显示结果如图 4-272 所示。

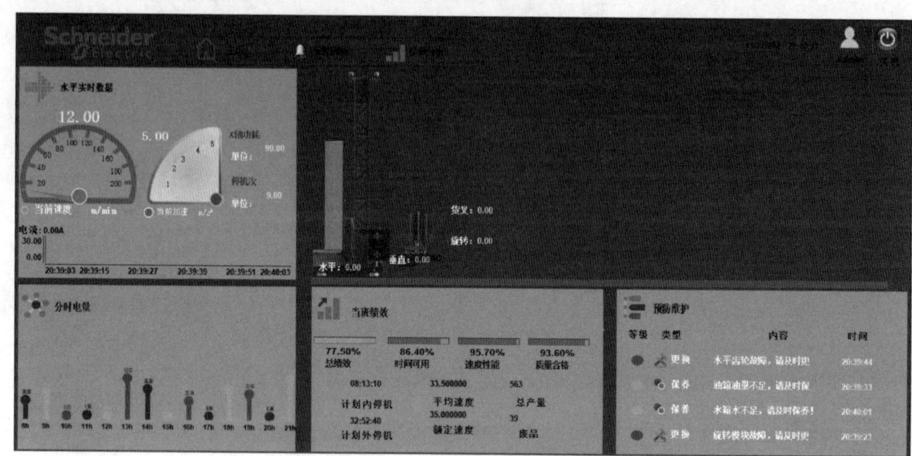

图 4-272 “主页”显示结果

（13）选择“警报信息”显示画面，如图 4-273 所示。

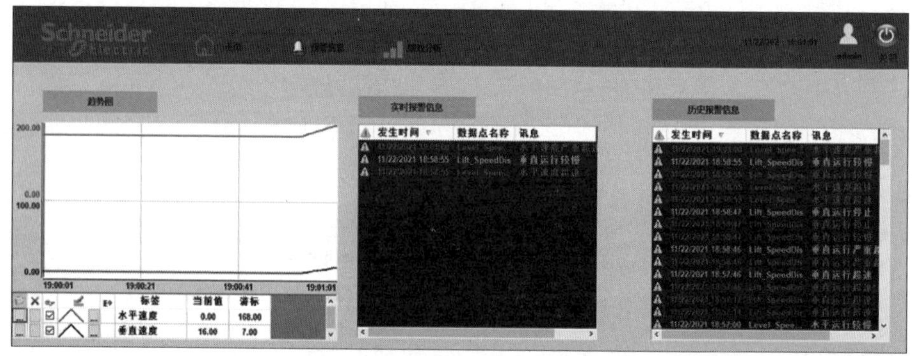

图 4-273 “警报信息”显示画面

（14）选择“绩效分析”显示画面，如图 4-274 所示。

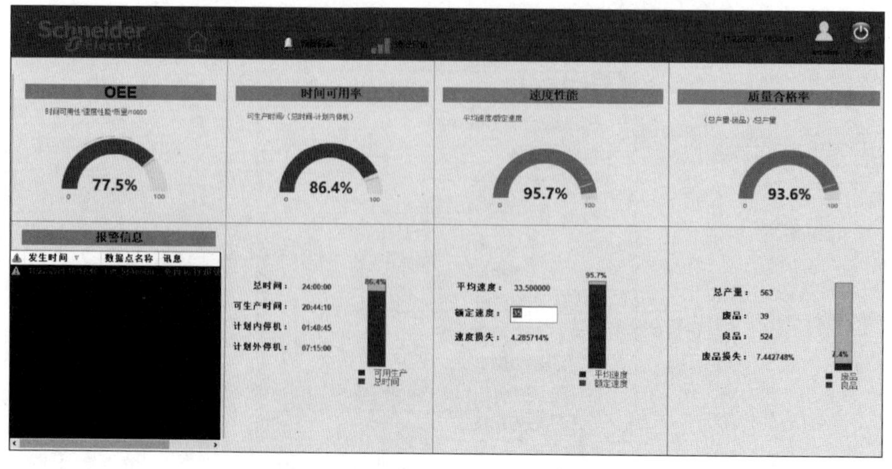

图 4-274 “绩效分析”显示画面

拓展训练

回顾项目 4，完成多个界面的切换与播放。

【知识点总结】

1. 多个画面的开启可以通过设置按钮为开启新画面实现。
2. 通过设置画面群组实现多个画面同时显示。

【学习足迹】

项目总结

本项目实现了堆垛机运行实时数据采集界面的绘制，模拟采集了水平运行实时数据采集、趋势及预警信息采集、分时电量数据采集、当班绩效情况采集及预防维护系统数据采集，通过不同画面显示了不同信息，实现多界面切换与打开。

任务 4.8　实践操作计划及练习

完成实践操作计划及练习，填写表 4-1。

表 4-1　实践操作计划及练习

姓名		日期	
班级		开始时间	
地点		完成时间	
序号	工作步骤	工具	笔记
1	堆垛机专案新建		
2	水平实时数据采集		
3	趋势及警报信息采集		
4	分时电量数据采集		
5	当班绩效数据采集		
6	预防维护系统数据采集		
7	整体布局		

完成自我评价，填写表 4-2。

表 4-2　自我评价

姓名		班级		权重	分值	实际得分
完成量				1.0	10	
准备充分程度				1.0	10	
计划合理程度				1.5	15	
堆垛机专案新建无误				1.0	10	
水平实时数据采集设置无误				1.0	10	
趋势及预防维护信息采集设置无误				1.5	15	
分时电量、当班绩效数据采集验证无误				1.0	10	
预防维护系统及整体布局无误				1.0	10	
规范程度				1.0	10	
合计					100	
值得改进的地方						
自我评价	□非常满意　□满意　□不太满意　□不满意					

注：本评价不计入指导教师评价。

完成指导教师评价，填写表 4-3。

表 4-3　指导老师评价

姓名		班级		权重	分值	实际得分
完成量				1.0	10	
准备充分程度				1.0	10	
计划合理程度				1.5	15	
画面创建及背景设置无误				1.0	10	
绑定图片无误				1.0	10	
命令动态属性设置无误				1.5	15	
画面组设置及任务验证执行无误				1.0	10	
完成时间				1.0	10	
规范程度				1.0	10	
合计					100	
值得改进的地方						
指导教师评价	□优秀　□良好　□中　□及格　□不及格